Kosmoi – Peter Eötvös

PFAU

Eine Publikation der Hochschule für Musik der Musik-Akademie der Stadt Basel und des Musikwissenschaftlichen Instituts der Universität Basel

Mit diesem Band über den Komponisten und Dirigenten Peter Eötvös setzt die Hochschule für Musik die Publikationsreihe fort, die sie mit *Unterbrochene Zeichen* über Klaus Huber begonnen hat. Peter Eötvös war, nach Heinz Holliger im Studienjahr 2005/06, der zweite gemeinsame Gastprofessor des Musikwissenschaftlichen Instituts der Universität Basel und der Hochschule für Musik der Musik-Akademie der Stadt Basel. Wir danken allen Partnerinstitutionen für ihren Beitrag zur Realisierung des Gesamtprojektes und dem Herausgeber Michael Kunkel für die kompetente und intensive Führung dieser Publikation.
Stephan Schmidt
Direktor Hochschule für Musik

Kosmoi

Peter Eötvös an der Hochschule für Musik der
Musik-Akademie der Stadt Basel –
Schriften, Gespräche, Dokumente

herausgegeben von
Michael Kunkel

Mus 570 Eöt/2

Stadtbibliothek
(2457591:11.01.2008)
CoT:629010

PFAU

ISBN 978-3-89727-364-1
© 2007 bei den Autoren und dem PFAU-Verlag, Saarbrücken
Alle Rechte vorbehalten.

Umschlaggestaltung: Sigrid Konrad
Umschlagabbildung: Peter Eötvös, *Kosmos* für Klavier (Fassung 1985), Entwurf, Abbildung mit freundlicher Genehmigung der Paul Sacher Stiftung, Basel; Peter Eötvös, Zeichnung zu *Kosmos*, Wachskreide auf Konzertflügel (1998), Photo: Mari Mezei.

Satz: PFAU-Verlag
Printed in Germany

PFAU-Verlag · Postfach 102314 · D 66023 Saarbrücken
www.pfau-verlag.de · info@pfau-verlag.de

Inhalt

Vorwort   9

Stumme Musik

Gerhard Rühm
Gebet   13

Weöres Sándor
Néma zene   14

Sándor Weöres
Stumme Musik   15

As I Crossed a Bridge of Dreams – Libretto   20

Gespräche mit Peter Eötvös

„Das Beste ist, wenn man sich selber beeinflußt"
Peter Eötvös im Gespräch mit Bálint András Varga   29

Zeiten der Gärung
Peter Eötvös im Gespräch mit Tamás Váczi über elektronische Musik   35

„Meine Musik ist Theatermusik"
Peter Eötvös im Gespräch mit Martin Lorber   43

Stille sehen – Unsichtbares hören
Peter Eötvös im Gespräch mit Armin Köhler über das „Klangtheater"
As I Crossed a Bridge of Dreams (1998–99)   57

Dirigieren als Praxis der Veränderung
Peter Eötvös im Gespräch mit Max Nyffeler   60

Zirkus und Chanson
Peter Eötvös im Gespräch mit Christian Carlstedt über *Le Balcon* (2001–02)   66

Klangbildaufnahmen wie von einem Photographen
Peter Eötvös im Gespräch mit Wolfgang Sandner   68

„Musikmachen beginnt mit der Artikulation"
Peter Eötvös im Gespräch mit Zoltán Farkas   75

Projektionen
Peter Eötvös im Gespräch mit Ulrich Mosch über *Shadows* (1995–96/1997)   87

Dialog über ein Doppelleben
Peter Eötvös im Gespräch mit Michael Kunkel und Torsten Möller   97

Kontexte

Péter Laki
Jenseits des Wortes
Die Sprachmagie von Sándor Weöres in der ungarischen Musik von
Zoltán Kodály bis Peter Eötvös — 115

László Sáry
Eine Brutstätte der Neuen Musik in Ungarn
Erinnerungen an Peter Eötvös und das Budapester Új zenei stúdió
(Studio für Neue Musik) — 147

Simon Obert
Musik als Ort der Erinnerung
Peter Eötvös' *Erdenklavier – Himmelklavier* (2003) und das Genre der
Trauer- und Gedenkmusik — 151

Corinna Jarosch
Die klingende Seite der Bilder
Zum japanischen Hintergrund von Peter Eötvös' „Klangtheater"
As I Crossed a Bridge of Dreams (1998–99) — 180

Über Peter Eötvös

Michael Kunkel
Zukunftsmusik
Das Klavierstück *Kosmos* (1961/1999) von Peter Eötvös — 187

Balz Trümpy
Bild einer Seele
Peter Eötvös' *Psychokosmos* (1993) — 221

Ulrich Mosch
Konstruktives versus „improvisierendes" Komponieren
Zu Peter Eötvös' Schaffen der achtziger und neunziger Jahre am Beispiel von
Chinese Opera (1986) und *Shadows* (1995–96/1997) — 245

Torsten Möller
Spiele mit reflektierter Unmittelbarkeit
Peter Eötvös: Komponierender Interpret oder interpretierender Komponist? — 268

Elisabeth Schwind
„Wohin ist alles nur entschwunden"
Peter Eötvös' Oper *Drei Schwestern* (1996–97) — 278

Podium

Ulrich Mosch und Simon Obert
„Komponieren heute"
Themen und Fragen zum Roundtable am 29. November 2005 — 287

mathias spahlinger
thesen zum roundtable   289

Musik aus einem Guß?
Ein Roundtable zum Thema „Komponieren heute" mit Peter Eötvös,
Georg Friedrich Haas, Roland Moser, Isabel Mundry, Mathias Spahlinger
und Ulrich Mosch (Moderation)   290

Dokumentation

Das Peter-Eötvös-Studienjahr 2005/06
an der Hochschule für Musik der Musik-Akademie der Stadt Basel   309
Werkverzeichnis Peter Eötvös   312
Diskographie   317
Filmographie   320
Bibliographie (Auswahl)   321
Nachweise   327
Peter Eötvös – Biographie   329
Die Autorinnen und Autoren   330

In memoriam György Ligeti

Vorwort

Der Komponist und Dirigent Peter Eötvös war, nach Heinz Holliger im Studienjahr 2003/04, der zweite gemeinsame Gastprofessor des Musikwissenschaftlichen Instituts der Universität Basel und der Hochschule für Musik der Musik-Akademie der Stadt Basel. Die Aktivitäten des Studienjahrs 2005/06 besaßen ihr Zentrum im Schaffen von Eötvös. Bekanntlich bewegt Eötvös sich mit erstaunlicher Selbstverständlichkeit in verschiedensten Musikwelten. Sein Aktionsradius als komponierender, interpretierender und lehrender Musiker ist von globaler Dimension. Die musikalische Biographie von Eötvös umfaßt zahlreiche zentrale Persönlichkeiten (etwa Zoltán Kodály, Karlheinz Stockhausen, Pierre Boulez), Institutionen und Orte (unter anderem das Elektronische Studio des WDR Köln, Új zenei stúdió Budapest, IRCAM Paris) der jüngeren Musik- und Kulturgeschichte. Angesichts seiner geistigen Physiognomie erscheinen übliche Arbeitsteilungen und Polaritäten – Komponieren/Interpretieren/Improvisieren, Tradition/Avantgarde, Unterhaltung/E-Musik etc. –, auf die sich das Funktionieren des westlichen Musikbetriebs gründet, fragwürdig. Das Schaffen von Eötvös ist nicht auf eine bestimmte Ästhetik, einzelne Genres oder Gattungen zu verengen. Es begreifen heißt, die verschiedenen Kontexte auszuloten, innerhalb derer es sich ereignet; es bedeutet ferner, diese Kontexte in Beziehung zu setzen. Genau hierin lag das vordringliche Ziel des Studienjahrs, in dessen Lauf Studierende, Dozenten und Musikwissenschaftler die Möglichkeit nutzten, den weitverzweigten Spuren von Eötvös zu folgen, um angemessene Interpretationen – im Klang wie im Wort – seiner Werke zu ermöglichen (siehe das Verzeichnis der Veranstaltungen, S. 309 ff.).
Indessen ist die Vielfalt Eötvös' kaum im Sinne einer postmodernen Beliebigkeitsmentalität aufzufassen. Die Konzentration, Intensität und Verbindlichkeit seiner Arbeitsweise waren entscheidende Voraussetzungen für das Gelingen des Eötvös-Jahres. Der vorliegende Band dokumentiert diese Haltung zunächst in der Edition wichtiger Äußerungen von Eötvös, die er fast ausschließlich in Gesprächsform – die Bibliographie im Anhang belegt, wie gefragt er als Interviewpartner ist – machte. „Ich habe keine Theorie, ich kann mit den Leuten nur praktisch umgehen", sagt Eötvös in einem der hier abgedruckten Gespräche, die zum Teil auch Arbeits- und Zeitzeugenberichte sind. Auch wenn Eötvös nicht als Musikschriftsteller – als „Theoretiker" – hervorgetreten ist, teilt sich in den Dialogen ein zumeist aus konkreten praktischen Fragestellungen erwachsendes anspruchsvolles Musikdenken mit, das ebenso unangestrengt wie treffsicher auf Nervenpunkte des Musikdiskurses zu zielen vermag. Aufgenommen wurden einige substantielle Gespräche, die grundlegenden Charakter besitzen, an entlegenen Orten oder noch gar nicht veröffentlicht sind oder Informationen zu jüngeren Werken enthalten. Schon publizierte Gespräche werden grundsätzlich in ihrer vollständigen Originalgestalt (oder deren Übersetzung) wiedergegeben. So wird nicht zuletzt die Entwicklung von Eötvös über zwei Jahrzehnte in direkter Rede nachvollziehbar.
Eine weitere Grundlage dieser Sammlung bilden die Vorträge und ein öffentliches Podiumsgespräch des Basler Eötvös-Jahres. Es wurde die Gelegenheit ergriffen, jene an der Musikhochschule und an der Universität begonnenen Diskurse unter der Regie der neugeschaffenen Forschungsabteilung der Musikhochschule Basel in der vorliegenden Publikation weiterzuführen und zu vertiefen. Werke aus verschiedenen Schaffenspha-

sen von Eötvös werden hier zum ersten Mal analytisch aufgearbeitet und in unterschiedlichen Kontexten untersucht. Schwer zugängliche literarische Dokumente, die Eötvös in jüngeren Werken aufgreift, eröffnen diesen Band. Er wird beschlossen durch einen Anhang mit Werkverzeichnis, Bibliographie und Diskographie.

Von Eötvös' kosmopolitischer Haltung kündet, daß er darum gebeten hat, seinen Vornamen in diesem Buch nicht in ungarischer Schreibweise („Péter") wiederzugeben. Gleichwohl ist die Zugehörigkeit zum ungarischen Kulturkreis als grundlegende Identitätsschicht des vielgestaltigen Musikwesens Eötvös klar zu erkennen. Es muß betont werden, daß die Konzentration auf gewisse „ungarische" Fragestellungen in diesem Buch nicht mit der Absicht verbunden ist, Eötvös in dubioser Weise auf einen bestimmten Nationalcharakter festzulegen. Vielmehr geht es darum, den ungarischen Hintergrund auch nicht ungarisch-kundigen Lesern verständlich zu machen und eine Perspektive zu ermöglichen, die vielen aufgrund unüberwindlich scheinender Sprachbarrieren gewöhnlich verschlossen bleibt. Zu diesem Zweck werden drei wichtige ungarische Gespräche mit Eötvös in deutscher Übersetzung und Sándor Weöres' Gedicht *Néma zene* („Stumme Musik"), das Eötvös in seinen Werken *Atlantis* (1995) und *IMA* (2001–02) verwendet, im Original mit einer deutschen Übertragung wiedergegeben. Die bedeutende Rolle von Weöres' Poetik in der ungarischen Musik wird im Beitrag von Péter Laki eingehend untersucht. Als Zeitzeuge kommt der Komponist László Sáry zu Wort und berichtet von der Zusammenarbeit mit Peter Eötvös im Új zenei stúdió (Studio für Neue Musik), dem legendären Budapester Zentrum für experimentelle Musik in den siebziger und achtziger Jahren. Über die (Un-)Möglichkeiten musikalischer Produktion und Rezeption im Ungarn der sozialistischen Ära gibt Eötvös in vielen der hier gesammelten Gespräche Auskunft; auch für die adäquate Betrachtung von Eötvös' frühem Stück *Kosmos* (1961/1999) ist es erforderlich, die politische Situation zur (ersten) Entstehungszeit zu diskutieren. In vielen Beiträgen ist von einem anderen großen ungarischen Kosmopoliten die Rede: György Ligeti, der am 12. Juni 2006 in Wien verstarb. Seinem Andenken ist dieses Buch gewidmet.

Zu Dank verpflichtet bin ich etlichen Verlagen, Autoren, Redaktionen, Veranstaltern und Herausgebern, die den Nachdruck von Texten und Noten gestattet haben: Genannt seien János Demény (Editio Musica Budapest), Gisela Gronemeyer (*MusikTexte*, Köln), Gabriele Keienburg (Theater Freiburg), Armin Köhler (Donaueschinger Musiktage), Schott Music (Mainz) und Michael Zwenzner (G. Ricordi & Co., München). Die Paul Sacher Stiftung, Basel, hat die Faksimilierung einiger Eötvös-Manuskripte ermöglicht und ihrer Publikation zugestimmt, wofür Robert Piencikowski als Kurator der Sammlung Peter Eötvös sehr gedankt sei. Auch Ulrich Mosch, der unter anderem das Werkverzeichnis und die Diskographie erstellte, und Blanka Šiška, die die Bibliographie zusammenstellte, sei für ihre Mitarbeit gedankt. Stephan Schmidt, der Direktor der Hochschule für Musik der Musik-Akademie der Stadt Basel, hat das Publikationsprojekt tatkräftig unterstützt. Besonderer Dank gebührt Péter Laki (Cleveland/USA), der ungarische Texte für dieses Buch ins Deutsche übersetzt hat und mir als Kenner der ungarischen Musik beratend zur Seite stand, Erika Regös (Basel) für die Übertragung des Weöres-Gedichts, Sigrid Konrad (PFAU-Verlag, Saarbrücken) für die verlegerische Betreuung des Buches und Thomas Gerlich (Basel) für das engagierte Lektorat – sowie Peter Eötvös, der jegliche Art von Fragen stets geduldig beantwortet hat.

Basel, im Mai 2007   Michael Kunkel

Stumme Musik

Gerhard Rühm

Gebet

a a u
e e o i

a da hu
e de bo i
da ha u
de e do bi
ba ba u
be be o ni
na a bu
me he so mi
ma ma su
e ne so ji
sa sa ju
je e ho di
ga ja gu
e ge do i
a na nu
ne he go gi
wa da du
we we o wi
sa ha wu
e se mo hi
a sa hu
me me wo i
na na mu
se de no si
a na u
e de jo i
a a nu
e de o i
a a u
e e o i

Peter Eötvös verwendet das Gedicht in seiner Komposition *IMA* („Gebet") für gemischten Chor und Orchester (2001–02).

Weöres Sándor

Néma zene

                     hajdan   az ős
                 érző   hamva
              jácintkő kehelyben
                  megfeketülten
                        magányos madár
aki
    elindult és
        leszállt hogy
            elpusztítsa szétszórt regéit
          tündöklésében   valamennyi
      jelenvaló   sárkánynak
           amikor végül is egymásra találunk
Ó TÉRJ VISSZA

                  Ő
                 lóg
        szétroncsoltan égi szövevényben
     fénylő   sötét
keretbe   az Én   szegélyén
zárulva   robbanó
    tűzzel
    megsemmisíteni a jelen napokban egy végzetes órán
       mindent   és semmit
akármíly kincs volt   se tudva róla
                kiáltás
     a mi zürzavarunk   veri fel a völgyet
       örvényes   dobokkal csengőkkel
                                és elhal
     csillag   köntöseit
                           vetkőzve
             a mélyben
   a magasságban egyedülvaló fogsoron
   kerek pillátlan   épségben   örökös
   nézésen függ   töretlen   állkapocs malmában
     a jövendő   a buja   emésztés vermében
   előre gyalázott   has homályában
      ékessége   csatorna szégyenében
         mégis   irgalmazz ha lehet

Sándor Weöres

Stumme Musik

                einst   des Ahnen
            fühlende   Asche
              im hyazinthenen Kelch
              schwarz geworden
                        einsamer Vogel
der
    aufbrach und
        sich niederließ um
            seine zerstreuten Sagen zu zerstören
        im Funkeln   sämtlicher
    anwesender   Drachen
            wenn wir uns schließlich finden
O KEHR' ZURÜCK

                Er
              baumelt
            zerschmettert im Himmelsgewebe
    in einen leuchtenden   dunklen
Rahmen   an des Ichs   Kante
eingeschlossen   mit explodierendem
        Feuer
    zu vernichten in diesen Tagen in einer unheilvollen Stunde
        alles   und nichts
was für ein Schatz es auch immer war   nichts davon wissend
                  Schrei
    unser Durcheinander   stört das Tal auf
      ein wirbelhafter   mit Trommeln und Schellen
                        und verklingt
    Stern   sich seiner Gewänder
                      entkleidend
                in der Tiefe
  in der Höhe auf einsamer Zahnreihe
rund unbewimpert   unversehrt   ständig
  der Blick an dem hängt   ungebrochen   in der Mühle des Kiefers
    das Kommende   das Lüsterne   in der Grube der Verdauung
  und im Voraus geschmäht   in der Dunkelheit des Bauches
      seine Zierde   in der Schande der Gosse
        dennoch   erbarme dich wenn du kannst

```
                    a ragaszkodó
                                        legörnyedt vének
                        összegyűlnek    kaparnak
                        mi volt         az árkokban
                        EZ VOLT:


        Ég
                szűz        szem        szárny
        Nap     hold        gyöngy      szél
           anya szív        kedv        sír
           lomb út          sár         –



                    ahol a teljes éjszaka
              homályos                   hullámaiban
              csillagai                  felmosdatván
      olvassák                           ama boldog arcot
                                         ébreszti
                                         a gyászolót
                                                  ölében
       akiben a tetem virraszt                    örökkön
                    abban eloldja tüzes kerekét a leterült Adonis
                              és alágördül
                              a hegyekre
                              a tengerekre
                              a föld alá
                              és tovább ahol
        zsoltár kezdődik újból
                        a látatlan tiszta világért
                    mely nem az évekkel sűlyedt habokba
                    a redőtlen szerelmi korszakért ami folyton elsötétült
                        így szülte a tört ént a világtalant
                          s a törzs nem is meri egymásban feloldani többé
        a semmiből éle-   sen kiált a
             MEDVE                mélybe merült
             magára maradt         Atlas és Nimrod
             mindfeszesebb
             idő-gyűrűkben         megindul végzetes útján
             sebesen forogva       leoltott lámpással
             ketté bomolva         hóna alatt fejével
             hogy senki se tudja   szárnyas szelleme nélkül
                melyik              sárkányok tetemén
         a gyászos    a gyászolt       az élő            a holt
```

                        die beharrlichen
                                                niedergekrümmten Greise
                        versammeln sich   scharren
            was war   in den Gräben
            DAS WAR:

        Himmel
                    Jungfrau   Auge   Flügel
    Sonne   Mond   Perle   Wind
            Mutter Herz   Lust   Grab
            Laub   Weg   Schlamm   –

                        wo die ganze Nacht
            Sterne   in ihren Wellen
    verschwommene   waschend
    es lesen   jenes selige Gesicht
                                                weckt
                                                den Trauernden
                                                in ihrem Schoß
            in dem der Leichnam wacht   immer
                    in ihm löst sein feuriges Rad der niedergestreckte Adonis
                                und rollt hinunter
                                    auf die Berge
                                    auf die Meere
                                    unter die Erde
                                    und weiter wo
ein Psalm von neuem beginnt
    für die unsichtbare *Atlantis* die unsichtbare reine Welt
    die nicht mit den Jahren *versank* in Schäumen
        für *die* faltenlose *Zeit in der* Liebe die sich ständig verdunkelte
            so gebar sie *es geschah* das gebrochene Ich den blinden Weltlosen
        und der Körper *weiß* nicht wagt auch nicht mehr sie ineinander aufzulösen
aus dem Nichts ruft schrill *niemand* ruft der
                BÄR   tauchte ins Tiefe
            blieb allein   Atlas und Nimrod
            in immer strafferen
            Zeit-Ringen   geht los auf seinem letzten Weg
            sich schnell drehend   mit gelöschter Lampe
            in zwei zerfallend   den Kopf unter dem Arm
            damit niemand wisse   ohne seine beflügelte Seele
                welcher ist   auf den Leichen der Drachen
    der Trauernde   der Betrauerte   der Lebende   der Tote

post silencium tinnit vox profunda
    csend
        a suhanás jelen van
            megszólal Atlantis elfeledt hangja

incipit citatum. GENESIS I. 1–3
  1. Ath paoxangwythai bmoumstaa XOUNGMO
     n ythairoma vy scu rxemnathoa
  2. e rxeghao smaogi sconen xiámchylli eonghu llych słuan
     sciy chmallachái woon eonghei scu elxnácothoa
     vlu liyp AATLENA EMEÁTH anghtechli n quoxumoaxan
  3. scuploawtl stworn ceu GNAMO:
     emathei qoetiwyuti:
     vy ghmang qoghluxewuchti

og örvény forog örvény foMINDEN VISSZA TÉR örvény forog

post silencium tinnit vox profunda
       Stille
             das Huschen ist da
                   es ertönt Atlantis' vergessene Stimme

incipit citatum. GENESIS I. 1–3
  1. Ath paoxangwythai bmoumstaa XOUNGMO
     n ythairoma vy scu rxemnathoa
  2. e rxeghao smaogi sconen xiámchylli eonghu llych sluan
     sciy chmallachái woon eonghei scu elxnácothoa
     vlu liyp AATLENA EMEÁTH anghtechli n quoxumoaxan
  3. scuploawtl stworn ceu GNAMO:
     emathei qoetiwyuti:
     vy ghmang qoghluxewuchti

eht sich Wirbel dreht sich Wirbel drALLES KEHRT ZURÜCK Wirbel dreht sich

Peter Eötvös verwendet Teile dieses Gedichts in seinen Kompositionen *Atlantis* für Bariton, Knabensopran, Cimbalom, virtuellen Chor (3 Synthesizer) und Orchester (1995) und *IMA* („Gebet") für gemischten Chor und Orchester (2001–02).

As I Crossed a Bridge of Dreams – Libretto

Speaking cellist:
*When the tolling of the temple bell
Told me that dawn and my vigil's end had come at last
I felt as though I'd passed a hundred Autumn nights.*

*Why wait the tolling of the temple bell
On a day that took such heavy toll of all our hopes?*

*You promised to return.
How long must I still wait till you fulfil that vow?
Spring did not forget the tree
Whose branches once were white with frost.*

*Do not give up your waiting!
One unawaited and who made no vow
Will soon, I hear, visit the plum tree's trailing branch.*

3 Speakers:
*Cross it, and trouble lies ahead.
Do not cross, and still you're trouble-bound.*

I. (Spring)

Old Lady:
Each Spring when the flowers blossomed and were blown away I was sadly reminded that this was the season when my nurse had died.
At the very beginning of the Fifth Month, as I gazed at the pure white orange blossoms near the eaves of our house, the scene inspired me to write the poem:

Old Lady/
Solo trombone:
*It is their scent alone
That tells me what those scattered orange blossoms are.
Else I should have thought they were
Untimely flakes of snow.*

II. (Dream with the cat)

Old Lady:
Late one Spring night I heard a prolonged miaow. I looked up with a start and saw an extremely pretty cat.
Where on earth was it from, I wondered. Just then my sister came behind the curtain.

Alto (Sister):
Hush! Hush!

Soprano (Young Lady): Not a word to anyone! It's a darling cat. Let's keep it!

Old Lady: The cat was very friendly, and we looked after her with great care until one day my sister fell ill and I decided to keep our cat in the northern wing of the house. She miaowed loudly.

Alto (Sister): What's happened? Where's our cat? Bring her here!

Soprano (Young Lady): Why? Why?

Alto (Sister): I've had a dream. Our cat came to me and said:

Baritone (Cat): I am the daughter of the Major Counsellor, and it is in this form that I have been reborn. Because of some karma between us, your sister grew very fond of me and so I have stayed in this house for a time.

Alto (Sister): When I awoke, I realized that the words in my dream were the miaowing of our cat.

Old Lady: This dream moved me deeply and I thereafter never sent the cat to the northern wing. In the Fourth Month of the following year there was a fire in our house and the cat was burnt to death. How pathetic that she should have died like this!

Soprano (Young Lady): It really is extraordinary!

Old Lady/
Solo trombone:
That smoke we watched above her pyre
Has vanished utterly.
How can she have hoped to find the grave
Among the bamboo grasses of the plain.

Night after night I lie awake,
Listening to the rustle of the bamboo leaves,
And a strange sadness fills my heart.

III. (The moon)

Soprano and Alto: How long must I still wait till you fulfil that vow?
Spring did not forget the tree whose branches
once were white with frost.

When the tolling of the temple bell
Told me that dawn and my vigil's end had come at last
I felt as though I'd passed a hundred Autumn nights.

Old Lady:	There was another person with whom I had been on close terms. One bright moonlit night after she had left, I lay thinking fondly about a similar evening when I stayed up with her, gazing at the moon and not getting a wink of sleep all night.
Old Lady/Solo trombone/ Sousaphone:	*I saw her in my dream,* *And now my bed is all afloat with tears.* *Tell her how much I yearn for her,* *Oh moon, as now you glide towards the West.*
Soprano and Alto:	You promised to return. How long must I still wait till you fulfil that vow? Spring did not forget the tree, whose branches once were white with frost.
Old Lady:	When I awoke, the moon hung near the western ridge of the hills, and it seemed to me that it's face was wet with tears.
Old Lady:	*Sadly I see the year is drawing to an end* *And the night is giving way to dawn,* *While moonbeams wanly shine upon my sleeves.*
Baritone:	Do not give up your waiting!
Soprano and Alto:	One unawaited and who made no vow will soon, I hear, visit the plum tree's trailing branch. How long must I still wait?
Old Lady:	*If only I could share this moon* *With one whose feelings are like mine –* *This moon that lights the mountain village* *in the Autumn dawn!*
Soprano and Alto:	Why wait the tolling of the temple bell on a day that took such heavy toll of all our hopes?

IV. (Mirror-dream)

Old Lady:	Mother ... ordered ... a mirror ... to be made for Hase ... for Hase Temple. H-A-S-E Temple. She decided to send a priest ... to send a priest ... in her place ... and gave him ... the following instructions:
Alto (Mother):	You must pray for a dream about my daughter's future.

Old Lady:	On his return ... the priest reported ... to Mother:
Baritone (Priest):	I prayed devoutly before the altar, then I went to sleep ... and dreamt that a noble-looking lady appeared. Raising the mirror that you had dedicated to the temple she said:
3 Speakers (Dream Lady):	Very strange! Look what is reflected here ...
Baritone (Priest):	She pointed to the mirror ...
3 Speakers (Dream Lady):	The sight fills one with grief.
Baritone (Priest):	In the mirror she saw a figure ... rolling on the floor in weeping and lamentation.
3 Speakers (Dream Lady):	Very sad, is it not? But now: look at this!
Old Lady:	Then she showed the other ...
Baritone (Priest):	side. ... beyond the room one could see the ... plum blossoms and cherry blossoms in the garden, and the singing warblers were flying from tree to tree.
Solo trombone (music)	*To whom shall I show it,* *To whose ears shall I bring it –* *This dawn in the mountain village,* *This music of the hototogisu as he greets another day?*
3 Speakers (Dream Lady):	This makes one happy, does it not? ...
Baritone (Priest):	... said the lady, and that was the end of my dream.
Old Lady:	Though the priest's dream ... concerned my own future ..., I paid no attention to it at the time, but composed the poem
Old Lady/Trombones:	*Fate ... fate is no friend of mine –* *Such was my bitter thought.* *But life has now become a happy thing indeed.*
V. *(Dark night)*	
Soprano:	Together we scoured the windswept coast, but found no shells that we could use, and only our sleeves were spattered by the surf.

Alto:	Had she not hoped to find some seaweed growing in the bay, this diver never would have searched the windswept shore, peering for some gap among the waves.
Old Lady:	On a very dark night I and another lady-in-waiting stayed near the door of the chapel. As we lay there, chatting and listening to the priests, a gentleman approached. He talked in a quiet, gentle way and I could tell that he was a man of perfect qualities.
Baritone:	There is a special elegance and charme, about dark nights like this. Do you ladies not agree? If everything were lit up by the moon the brightness would only embarrass one.
Old Lady:	It was a dark, starless night and the rain made a delightful patter on the leaves.
Baritone:	Still no news of blossom time! Has Spring not come this year, Or did the flowers forget to bloom?
Old Lady:	Then he started speaking about the sadness of the world, and there was something so sensitive about his manner that, for all my usual shyness, I found it hard to remain stiff and aloof.

> *Should I be spared to live beyond tonight,*
> *Spring evenings will remain within my heart*
> *In memory of how we met.*

	After he had left us, it occurred to me that he still had no idea who I was.

VI. (Remembrance)

Old Lady:	In the Eighth Month of the following year I accompanied the Princess to the Imperial Palace. Among those present was the gentleman I had met on that rainy night; but, having no idea that he was there, I stayed in my room. I heard the voice of a man. He stopped directly in front of my room and said something. As he heard my reply, it all seemed to come back to him.
Baritone (Gentleman):	I have never forgotten that rainy night, not even for a moment. How I long to go back to it!

Solo trombone/
Soprano (Young Lady): *How could it stay so clearly in your mind?*
There was nothing but the patter of the rain on leaves.

Baritone (Gentleman): If we should ever have another such rainy night, I should like to play the lute for you. I shall play my very best.

Old Lady: I wanted to hear him and waited for a suitable time.
It never came.

Old Lady/
computer piano: *You promised to return.*
Spring did not forget the tree
Whose branches once were white with frost.
How long must I still wait till you fulfil that vow?

Do not give up your waiting!
One unawaited and who made no vow
Will soon, I hear, visit the plum tree's trailing branch.

VII. (Bells)

Old Lady: One quiet Spring evening I heard that he was visiting the Princess's Palace. I was about to creep out of my room, but there were many people outside and the reception rooms were crowded with the usual throng.
He must have had the same feelings as I, … but because of all the hubbub he had left without even seeing me …

Trombones (music): *It was the flute's fault, for it passed too soon*
And did not wait for Reed Leaf to reply.

Old Lady: … Now it was too late.
I remembered that, when Mother had dedicated a mirror at Hase Temple, the priest had dreamt about a weeping figure rolling on the floor. Such was my present state, that was the end of it all.

Old Lady/
computer piano *When the tolling of the temple bell*
Told me that dawn and my vigil's end had come at last
I felt as though I'd passed a hundred Autumn nights.

Why wait the tolling of the temple bell
On a day that took such heavy toll of all our hopes?

Gespräche mit Peter Eötvös

„Das Beste ist, wenn man sich selber beeinflußt"
Peter Eötvös im Gespräch mit Bálint András Varga

1.

In den Gesprächen, die ich 1973 mit Witold Lutosławski führte, sagte dieser: „Es war im Jahr 1960, daß ich einen Ausschnitt aus dem Klavierkonzert von John Cage hörte, und diese fünf Minuten waren dazu angetan, mein Leben von Grund auf zu verändern. Es war ein seltsamer Augenblick, aber ich kann Ihnen erklären, was sich ereignet hatte. Oft hören Komponisten gar nicht die Musik, die eben gespielt wird; sie dient ihnen nur als Impuls für etwas gänzlich anderes – für die Entstehung von Musik in ihrer Phantasie. Es ist das eine Art doppeltes Denken, eine gewisse Schizophrenie – wir hören etwas und schaffen gleichzeitig ein anderes. So erging es mir bei Cages Klavierkonzert. Als ich ihm lauschte, wurde mir plötzlich klar, daß ich eine Musik schreiben könnte, die sich von der früheren gänzlich unterscheidet. Daß ich mich nicht unbedingt vom kleinen Detail aus auf das Ganze hin vorwärts zu bewegen brauche, sondern daß es auch den umgekehrten Weg gibt – ich würde vom Chaos ausgehen und allmählich Ordnung in ihm schaffen. So war es, als ich begann, die Jeux vénitiens *zu komponieren. Wenn Sie diese Musik mit dem Konzert von Cage vergleichen, werden Sie feststellen, daß beide Kompositionen einander nicht im mindesten ähneln. – Und als ich dann fünf Jahre später Cages Stück ein zweites Mal hörte, blieb jener Effekt aus: Mir war, als hörte ich etwas völlig Neues, ein anderes Werk als damals. Vielleicht lag das daran, daß ich beim ersten Mal gar nicht richtig zugehört hatte, sondern nur mit meiner eigenen Musik befaßt war."*
Hattest Du ein ähnliches Erlebnis, dergestalt, daß die Begegnung mit dem Werk eines anderen Komponisten Dein musikalisches Denken radikal verändert hat?

Die ersten großen Erlebnisse, die unser ganzes Leben bestimmen, stammen aus der Kindheit. Mit vier Jahren wußte ich bereits, daß ich Komponist werden wollte; zwischen dem Alter von sechs und vierzehn Jahren war es vor allem Béla Bartók, der mich beeinflußte. Für mich war er der Ausgangspunkt. *Der wunderbare Mandarin, Herzog Blaubarts Burg, Musik für Saiteninstrumente, Schlagzeug und Celesta, Az éjszaka zenéje* [„Nacht-Musik"] aus dem Zyklus *Im Freien*, die *Sonate für zwei Klaviere und Schlagzeug* – das waren die grundlegenden Stücke. Ab 14 Jahren, also 1958, hat mich die elektronische Musik am meisten interessiert, da fand ich am meisten zu mir selbst.

Wie kamst Du zu elektronischen Aufnahmen in Budapest, im Jahre 1958?

Rudolf Maros brachte oft Aufnahmen aus Darmstadt mit. Auch [János] Viski hatte einige interessante Tonbänder. In Budapest konnte man alles finden. In den sechziger Jahren wurde es dann immer leichter; ich erinnere mich zum Beispiel an László Végh, der regelmäßig Abende veranstaltete, wo man sich zeitgenössische Musik anhörte. Es gab einen Avantgarde-Kreis, mit Leuten, die sich für Neue Musik interessierten und auch in der Lage waren, sich die neuesten Werke zu verschaffen. Ab 1962 komponierte ich ziemlich viel elektronische Musik im Filmstudio, obwohl die Mittel sehr primitiv waren. Als ich 1966 nach Köln ging, um zu studieren (da gab es eines der besten elektronischen Musikstudios), brauchte ich gar nichts nachzuholen, ich kannte bereits alles.

Kannst Du einige Beispiele nennen?

Stockhausens *Studien I* und *II*, *Gruppen* (wovon ich an der Musikakademie einen Klavierauszug für 3 Klaviere und 12 Hände machte), der *Gesang der Jünglinge*. *Kontakte* kannte ich jedoch noch nicht, obwohl das das wichtigste elektronische Stück der Zeit war. Ich hatte die beiden *Improvisations sur Mallarmé* von Boulez abgeschrieben, weil die Partitur nicht zu kaufen war. Doch sind die einzelnen Werke nicht so wichtig wie die Masse des Ganzen. Unter den einzelnen Werken gab es Scheußlichkeiten wie *Kain und Abel* von Badings oder *Voile d'Orphée* von Pierre Henry. Das sind wertlose Stücke, doch haben selbst diese befruchtend auf mein Denken gewirkt, gerade so, wie sogar ein schlechtes Buch die Vorstellungskraft eines Kindes bewegen kann.

Ich habe das Klaviersolo in der Instrumentalversion von *Kontakte* ungefähr 25mal in Konzerten gespielt, und gerade jetzt bin ich im Begriff, für das BBC-Orchester eine orchestrale Fassung von *Studie II* zu schreiben. Diese Arbeit hat in mir einige Jugenderlebnisse wachgerufen; sie hat eine unglaublich bunte Welt mit ihren Erinnerungen an Farben, Lichter, Klänge und Gerüche wiedererweckt. Die Musik anderer wirkt also nicht nur auf meine Musik, sondern auf mein ganzes Wesen. Und wenn wir schon von Wirkungen sprechen: der Jazz übt eine sehr starke Wirkung auf mich aus; das ist die einzige Musik, die mich entspannen kann. Der Jazz löst in mir jeden physischen und geistigen Druck auf – ich könnte ihn in jedem Augenblick hören.

Wonach ich mich am meisten sehne, ist, mich mit meiner eigenen Musik zu beschäftigen. Dazu habe ich leider nicht genug Zeit. Ich bräuchte längere Perioden: Wenn ich nur zwei Tage habe, kann ich nicht einmal beginnen zu denken. Jede Unterbrechung ist derart störend, daß alles, was in zwei Tagen zustande käme, bis zur nächsten Gelegenheit wieder ausgewischt wäre. Ich könnte dann die Arbeit wieder von vorne anfangen.

Immerhin hast Du ziemlich viel komponiert. Was hat Dich dabei beeinflußt?

Da könnte ich kaum Beispiele nennen. Im Jahre 1961 schrieb ich ein Klavierstück mit dem Titel *Kosmos*. Es war von Webern beeinflußt, auch von Bartók – *Az éjszaka zenéje* [„Nacht-Musik"] –, doch am meisten von der Weltraumfahrt Gagarins; das war ja der ursprüngliche Grund, warum ich das Stück geschrieben habe. Es gab darin viele elektronische Elemente, auf das Klavier übertragen. Meine Madrigale wurden von Gesualdo beeinflußt; meine Kammermusik von gar niemandem.

Nicht einmal von Stockhausen?

Nein. Ich schrieb, was aus mir selbst herauskam; das ist offenbar die Summe vieler Einflüsse. Die musikalischen Einflüsse sind für mich viel weniger wichtig als die, die aus der Malerei, der Bildhauerei oder der Architektur kommen, oder die, die ich während eines Spaziergangs aufnehme. Musikalische Einflüsse haben bloß eine technische Bedeutung: Wenn jemand ein Problem schon gelöst hat, brauche ich keine Zeit damit zu verbringen, es neu zu erarbeiten. Es bleiben sowieso genug Aufgaben, die jeder für sich lösen muß. Um zu den Bildenden Künsten zurückzukommen: Mit vierzehn Jahren war ich von Paul Klee und Henry Moore stärker beeinflußt als von welcher Musik auch immer.

Diese Einflüsse müssen sehr indirekt in Erscheinung treten – vielleicht in der Form oder in der Stimmführung.

In beidem. Was die Form betrifft – ich habe unlängst mit Ligeti darüber gesprochen. Es hieß einmal, daß für mich die musikalische Form wie ein physischer Gegenstand sei. Ich sehe die Musikstücke in einer objektiven Form vor mir, in ihrer räumlichen Ausdehnung. Ich nehme ein Stück wie einen Block wahr, einen großen Stein oder eine Feder. Wenn ich eine Partitur lese, tue ich es nicht immer ihrem wirklichen Ablauf nach. Ich kann mit dem Lesen etwa am Schluß beginnen, und wenn ich da von hinten nach vorn weitergehe, kann ich das gleiche Erlebnis vom Stück haben, wie wenn ich am Anfang beginnen würde. In meinem Hirn bildet sich eine Vorstellung von diesem Block, der vor mir steht, und ich kann ihn von jeder Seite erschließen. Ich brauche mich nur in einem einzigen Detail zu vertiefen, um mir vom Ganzen ein Bild zu machen. Mit einer gewissen Übung kann man sogar eine 50seitige Partitur mit einem einzigen Blick überblicken. Wenn ich komponiere, entsteht in mir zuerst die Masse, die Dichte des Stücks. Wie ein Bildhauer entscheide ich zuerst, ob ich mit Holz, Lehm oder Stein arbeiten soll. Beim Dirigieren verhält es sich ganz ähnlich. Ich denke nicht an Vorgänge, sondern an den Punkt innerhalb des Blocks, wo wir uns gerade befinden. Das Klangmaterial ist für mich eine Art Masse, die eine Geschwindigkeit, eine Strömung, eine Spannung hat. Für mich gibt es keine „Melodien" oder „Harmonien"; auf diese reagiere ich nicht. Ich nehme die Harmonie als eine Dichte wahr. Demgemäß hat sich auch mein Gedächtnis ausgebildet. Ich kann nur mit Schwierigkeit etwas auswendig lernen; ich lese die Partitur in jedem Augenblick neu.

Kommen wir noch darauf zurück, daß Du technische Lösungen von anderen übernommen hast. Kannst Du einige Beispiele dafür nennen?

Es gibt keinen Fall, bei dem ich von jemandem etwas bewußt übernommen hätte.

Bezüglich Kosmos *hast du Webern und Bartók erwähnt.*

Einige Elemente kommen schon vor. Meine *Windsequenzen* sind keinem anderen Stück ähnlich, doch wenn sie schon an irgendetwas erinnern, so ist es die japanische zeremonielle Musik. Mein Chorwerk *Endless Eight* weist auch keine besonderen Einflüsse auf, eine gewisse Steve-Reich-Reminiszenz ausgenommen, die mir damals sympathisch war. Was ich aber bei ihm akzeptieren kann, kann ich bei mir selbst nicht mehr akzeptieren. So kann sich etwas leicht in sein Gegenteil verkehren; die „Einflüsse" können sich völlig verwandeln. Das Beste ist allerdings, wenn man sich selber beeinflußt …
Für mich bedeutet das Komponieren nicht, daß ich etwas erfinden muß. Die Stücke, die ich schreibe, *existieren* bereits, ich muß sie nur aufschreiben. Nachher reinige und „erziehe" ich das Material jahrelang, um die schriftliche Mitteilung für den Spieler so einfach und klar zu machen wie möglich. Da ich so viel dirigiere, habe ich viele praktische Sachen gelernt. Die Kompositionen sind dieselben geblieben, aber ich habe in Erfahrung gebracht, daß es mehrere Wege gibt, sie den Aufführenden nahezubringen.

2.

Ein Komponist ist umgeben von Klängen, Geräuschen, dem Rohstoff seines Berufs. Sind sie für Dich von Bedeutung, sind sie eher gleichgültig oder stören sie Dich, willst Du dich lieber von ihnen isolieren?

Musik ist Klang. Ihr Grundmaterial kann alles Tönende sein, vom Geräusch zur Stille. Doch ist alles, was einen Ton gibt, noch lange nicht Musik. Die Töne werden erst zur Musik, wenn zwischen ihnen ein gewisser „musikalischer" Zusammenhang entsteht. Komponieren heißt im wesentlichen, diese Zusammenhänge zu erschaffen oder zu entdecken. Da das Musizieren eine spezifisch menschliche Tätigkeit ist, wird die tönende Welt nur dann zur Musik, wenn das menschliche Bewußtsein in ihr eine Struktur entdeckt hat. Die Geräusche der Straße sind an und für sich noch keine Musik, doch wenn ich einen Teil daraus herausnehme, sagen wir, eine Einheit von sieben Sekunden, die mit einer Autohupe anfängt, sich mit Straßenlärm fortsetzt und mit dem Klingeln einer Straßenbahn endet, ist das schon eine dreiteilige musikalische Einheit. Cages Klavierstück *4'33"* stellt das Gegenbeispiel dar. Da gibt es, für vier Minuten und dreiunddreißig Sekunden, nur Stille in drei Sätzen. Das ist auch Musik. In meinem *Mese* [„Märchen"] wird der gesprochene Text der ungarischen Volksmärchen, in der *Grillenmusik* dagegen das Zirpen der Grillen zu Musik.

Ich erwähne diese extremen Beispiele, um klarzumachen: was in der Umgangssprache als „musikalischer Ton" bezeichnet wird (das heißt generell die Instrumente und die Singstimme), stellt nur einen kleinen Teil des musikalischen Grundmaterials dar.

Den Begriff des Tons gibt es für mich in zweierlei Vorgängen. Der eine ist ein Vorgang der Verengung und Ausbreitung – von Geräuschen mit einer großen Bandbreite (der Ton eines Düsenflugzeugs oder eines Beckens) hin zu Tönen, die eine kleinere Breite haben und deren Frequenz genauer bestimmbar ist (ein Amboß oder ein Vibraphon), zurück zur breitbändigen Stille (Waldesstille, die Stille unseres inneren Gehörs).

Der zweite Vorgang ist eher spekulativ, doch für mich ist er die Grundlage musikalischen Denkens. Ich könnte ihn als „die Verdichtung der Zeit" beschreiben. Jeder Ton ist eine Schwingung, deshalb kann jede Schwingung, jede Wiederholung zum „Ton" werden. Beginnen wir mit einer extrem langsamen Wiederholung, wie z.B. dem Jahr. Wenn ich sie zwölfmal beschleunige, bekomme ich eine Schwingung, die einen Monat dauert. Beschleunige ich sie noch dreißigmal, wird sie zu einem Tag. Beschleunige ich sie noch einmal um das Vierundzwanzigfache, so dauert die Stimmung eine Stunde. Weitere sechzigmal beschleunigt, bekomme ich eine minutenlange Schwingung; das Ohr hört sie zwar noch nicht, doch ist sie bereits als musikalische Form wahrnehmbar. Wird es noch sechzigmal schneller, bekomme ich eine Sekundenschwingung, die wir als Metrum wahrnehmen. Beschleunige ich das weitere sechzehn Mal, entsteht der tiefste noch hörbare Ton, 16 Hertz. Von hier an können wir die Schwingungen – die Wiederholungen der Zeit – bis zu ungefähr 16 000 Hz als hörbare Töne wahrnehmen. Dieses zeitliche Spiel kann endlos fortgesetzt werden, indem man die Schwingungen verlangsamt oder beschleunigt.

Das Wesentliche an diesem gedanklichen Vorgang, vom Standpunkt des Komponierens, ist die *Einheit* der Form, des Rhythmus, der Töne und der Klangfarben, auf die *Zeit* als abstrakten Begriff bezogen. Das bereits erwähnte Werk von Stockhausen, *Kon-*

takte, ist das grundlegende Stück dieser Denkweise; meine 1972 entstandene *Elektrochronik* entwickelt sie dann weiter.

In letzter Zeit beschäftige ich mich viel mit Raumakustik: Ich habe Klänge gefunden, die weder Geräusche noch Stille sind, die keine genau definierbare Tonhöhe haben, die aber ein gewisses Raumgefühl erwecken.

Darf ich Dich jetzt an die ursprüngliche Frage erinnern: wie wirken die Klänge der Außenwelt auf Dich, auf Deine Musik?

Das geht in beide Richtungen. Die Außenwelt erscheint zwar in meiner Musik, doch schaffe ich auch selber die Außenwelt. Das kann ich mir nur als eine Kettenreaktion vorstellen. Was immer wir schreiben, ist eine Erscheinung der Außenwelt. Ich bin bloß ein Transformator in diesem Vorgang. Was ich produziere, wird einen anderen Komponisten beeinflussen usw. Beethoven wurde von Dingen aus seiner Zeit beeinflußt, da hat er seine Quartette komponiert, die mich heute beeinflussen; und ich mache etwas anderes, das wieder jemanden beeinflussen wird. Es ist eine Kettenreaktion, nichts anders.

Warum gebrauchst Du aber die Stimme des Windes in seiner konkreten Form in Windsequenzen?

Ich finde das gar nicht so konkret. Worauf es für mich ankommt, ist gerade die Neutralität des Klanges: er hat keine bestimmte Tonhöhe. Ich hätte auch einen anderen solchen Klang verwenden können, aber ich hatte nichts besseres gefunden. Man könnte ihn aber auswechseln, und die Funktion bliebe dieselbe. Neulich fiel mir ein, das Stück für Kammerorchester zu bearbeiten. Da wird es keinen Wind mehr geben, da kann ich das schon orchestrieren – obwohl ich viele Instrumente brauchen werde, um dieses breitere Frequenzband zu erreichen. In der Originalversion lag es auf der Hand (oder besser gesagt: im Mund), daß einer dastand und einen *SCHSCHSCH*-Klang produzierte. Dasselbe ließe sich auch durch Filter und Geräuschgeneratoren herstellen, aber es wäre leblos und würde viel Arbeit kosten. Etwas Einfacheres als jemand, der dasteht und mit dem Mund diesen Klang produziert, gibt es nicht.

3.

Wieweit können wir von persönlichem Stil sprechen, und wo beginnt die Selbstwiederholung?

Neulich las ich eine Aufsatzsammlung von Busoni. Er erwähnt da, daß ihm oft vorgeworfen wurde, die Werke anderer Komponisten immer wieder zu bearbeiten, zu transkribieren. Bach hat aber sich selber „bearbeitet", sagt Busoni, denn er schrieb, Jahrzehnte hindurch, jeden Tag dasselbe; im Wesentlichen hat sich dabei gar nichts geändert. Dem kann ich hinzufügen: jeder Komponist schreibt dasselbe sein ganzes Leben lang, und während einer bestimmten historischen Epoche schreiben alle dasselbe. Im Grunde genommen ist alles Selbstwiederholung. Das ist ein Grundzug unseres Lebens. Jeder Mensch tut und sagt dasselbe, schaut, riecht oder hört auf dieselbe Weise – und doch ist es immer anders. Ich verurteile es nicht, wenn jemand sich selbst wiederholt.

Für manche ist es lebenswichtig, es zu tun. Es gibt Schöpfer, denen es sehr leicht fällt, die Richtung zu wechseln – z.B. Picasso. Das ist eine Frage der Vitalität: man bewegt sich schneller, hat einen geschwinderen Lebenspuls, kann also gewisse Strecken in weniger Zeit zurücklegen als andere. Manche würden vielleicht 500 Jahre brauchen, um eine Strecke zurückzulegen; andere, wie Petőfi, Mozart oder Schubert, haben schon mit dreißig das Ende ihres Weges erreicht und einen Bogen abgelaufen, für den andere dreimal so viel Zeit benötigen würden.

Was mich betrifft: leider komponiere ich nicht jeden Tag, so schreibe ich keine Serien. Deswegen unterscheiden sich meine Stücke ziemlich stark voneinander, wenn ich das richtig sehe. Wenn ich regelmäßig arbeiten könnte, hätte sich meine Methode wahrscheinlich anders entwickelt.

1986

Zeiten der Gärung
Peter Eötvös im Gespräch mit Tamás Váczi über elektronische Musik

Ihre Reise nach Köln als 22jähriger Stipendiat muß Ihr ganzes Leben bestimmt haben. Wie erinnern Sie sich an diese Zeit?

Ich war mit 14 Jahren von Kodály an die Musikakademie aufgenommen worden. Es gab damals einen Ausschuß, der sich junge Talente anhörte. Unter anderen begannen Valéria Szervánszky und Péter Szak ihre Studien im selben Jahr wie ich. Mit 19 Jahren hatte ich den Lehrgang für Komposition absolviert. Da bat ich die Hochschule um zwei Jahre Aufschub, um berufstätig bleiben zu können. Ich komponierte viel während dieser zwei Jahre; mit 21 erhielt ich dann mein Diplom. Da hätte ich in die Armee gehen müssen. Wir überlegten uns, was zu tun wäre; schließlich habe ich mich für das Dirigierstudium angemeldet. Ich hatte da keinen Erfolg, und man gab mir den Rat, mir ein Stipendium zu verschaffen und im Ausland weiterzustudieren. Das Dirigieren kam für mich bloß als eine ergänzende Tätigkeit zum Komponieren in Frage; es fiel mir nicht ein, Dirigent zu werden. Ich erkundigte mich, wie man nach Moskau oder Leningrad kommen könnte, aber es war einfach unmöglich, Informationen zu bekommen. Wenn mir jemand damals geholfen hätte, wäre ich nach Leningrad gegangen. Ich wollte eine strenge Schule, wo man einen am Hals packte und einem alles reinstopfte. Ich bewarb mich um ein deutsches Stipendium, und in einer Woche erhielt ich die Antwort, daß ich ohne weiteres in die Bundesrepublik reisen dürfe. Köln war die einzige deutsche Stadt, die irgendeine Anziehungskraft auf mich ausübte, und zwar des WDR-Orchesters wegen, von dem ich damals schon viel gehört hatte als einem der wichtigsten Ensembles, die zeitgenössische Musik spielten. Überdies war ja auch noch das Kölner elektronische Studio des WDR da. So kam ich nach Köln.

Das war gewiß ein sehr großer Wechsel. Wie kam Ihnen damals die Situation in Ungarn vor, von Köln aus gesehen?

Wir schrieben das Jahr 1966. Seit dem Anfang der sechziger Jahre war in Ungarn schon eine Tendenz der Öffnung zu spüren. Das kulturelle Leben begann sich zu verändern. Es war eine Zeit der Gärung, der zunehmenden Freiheit. In jenen Jahren fuhr Rudolf Maros regelmäßig nach Darmstadt und brachte viele Aufnahmen mit nach Hause. Er lud mich zu sich nach Hause ein, wie es János Viski auch tat – dort hörten wir uns Werke an und besprachen sie. Wir wußten ganz genau, was im Westen vor sich ging. Später lernten wir viele Aufnahmen der Musique concrète aus dem Pariser Studio von Pierre Schaeffer kennen. Wir hatten die Werke Pierre Henrys gehört, kannten das Material des Mailänder Studios sowie Stockhausens *Gesang der Jünglinge* aus dem Jahr 1956. *Kontakte* hatten wir damals allerdings noch nicht gehört.
Von größter Wichtigkeit für uns war ein gewisser Dr. László Végh, ein Arzt, der sich für moderne Musik begeisterte. Es bildete sich um ihn ein Kreis; wir hörten uns Aufnahmen aus seiner Sammlung an. Manchmal saßen an die achtzig Leute in seiner Wohnung. So kannten wir bereits Varèse und Webern, die damals in Budapest noch gar nicht zu hören waren.

Das erzähle ich nur, weil, als ich 1966 nach Köln kam, man dort sehr staunte, daß da einer aus Ungarn gekommen war, der alles kannte. Die Namen, die Titel, die Werke, die Techniken ... Ich wußte genau, was los war. 1963 war ich schon einmal für eine kurze Zeit nach Wien gereist, und dort kaufte ich mir die Partitur von Stockhausens *Gruppen* bei Universal. Ich machte einen Klavierauszug daraus: Ich übertrug die drei Orchester auf drei Klaviere vierhändig – also sechs Spieler. Für mich bedeuteten diese Sachen die „Gärung", die Bewegung des geistigen Lebens zu jener Zeit. Die Bibliothek der Musikakademie hatte ein Exemplar der *Improvisations sur Mallarmé* von Boulez. Ich borgte es mir aus und schrieb es mir mit der Hand ab ... Ich war nicht nur von der westlichen Kultur angezogen, sondern von allem, was damals geschah. Die polnische Musik oder Jewtuschenko waren genauso wichtig für mich.

Für die jungen Leute von heute ist dergleichen nicht mehr typisch.

Leider nicht. Aber nicht nur in Ungarn. Anderswo ist es auch nicht typisch.

Sie meinen, daß Europa vor 1968 voller Illusionen war?

Gewiß. Ich kann das aber nicht genau beurteilen, weil auch ich damals voller Illusionen war.

Wie erinnern Sie sich an die Leute, die in den sechziger Jahren im Kölner Studio arbeiteten?

Sie waren damals auch noch jung. 1966 war Stockhausen schon längst weltberühmt, dabei erst 38 Jahre alt. Kagel war noch jünger, vielleicht 34.

Wie sehen Sie die musikgeschichtliche Rolle der elektronischen Musik? Was ist ihr letzter Sinn, und wie könnten Sie ihren damaligen Stand beschreiben?

Im Anfang gab es drei verschiedene Richtungen. Die erste war die auf Tonband aufgenommene elektronische Musik; wir könnten sie auch Kölner Stil nennen. Der bekannteste Vertreter dieser Richtung ist Stockhausen. Die zweite Richtung war die Musique concrète, wie sie in Paris am Ende der vierziger und Anfang der fünfziger Jahre erarbeitet wurde. Ihre Wurzeln gehen noch weiter zurück, in die Ära des Dada und des Futurismus. Ein gutes Beispiel ist Varèse. Seine frühen Ideen hätten eine Welt von Geräuschen benötigt, die er elektronisch noch nicht erzeugen konnte; dank seiner phantastischen Instrumentationskunst erzielte er aber Klänge, die schon fast elektronisch wirkten.

Könnten wir sagen, daß Varèse zu früh geboren wurde?

Nein, er war gerade zur rechten Zeit geboren, weil er mit seinem Werk Dinge in Gang brachte, mit denen er wahrhaftig seiner Zeit voraus war. Die zweite Richtung in der elektronischen Musik ist also das Manipulieren einer Welt von Geräuschen auf dem Tonband.

In einem gewissen Sinne ist die Tätigkeit von John Cage auch mit dieser Idee verwandt.

Ja.

Für Cage ist die ganze Welt ein tönendes Gebilde und daher Musik. Er schließt nichts aus, während die Musique concrète doch schon einiges ausklammert …

Ja, die Musique concrète versucht, aus Geräuschen eine Komposition herzustellen. Den Gegenpol dazu vertritt das Kölner Studio, zuerst Herbert Eimert und dann, von seiner Idee ausgehend, Karlheinz Stockhausen, der schon mit 25 Jahren mit dem sogenannten „reinen Ton" komponierte.

Mit dem Sinuston also?

Genau. In der Entwicklung der Komposition mit Sinustönen spielte auch Karel Goeyvaerts eine sehr wichtige Rolle. Er hat gesagt, daß der Sinuston *wunderschön* sei, weil er die Basis für alles bilde und man alles daraus aufbauen könne. Man hörte im Studio dem Sinusgenerator zu und sagte: was wir hören, ist der *Kern*. Die Suche nach den Wurzeln und dem Kern war damals eine typische Haltung. Man wollte eine neue Welt aufbauen und suchte nach den Keimen dieser neuen Welt. Vergessen wir nicht, daß der Krieg damals – 1949/50 – erst seit einigen Jahren beendet war. Es gab Ruinen überall … Zum Aufbau der neuen Welt gehörte auch, daß man einen neuen Ton fand. Und der Sinuston war der Keim des neuen Tons.

Der Sinuston als Atomkern … Das kann man auch als das Symbol einer ganzen Epoche auffassen. Doch wenn ich es als Symbol betrachte, dann scheint diesem Keim doch das Organische zu fehlen …

Nein.

… weil ein Sinuston nie wie der Ton einer Geige sein kann. Ich meine nicht nur das Obertonsystem, das dem Geigenton bereits immanent ist, sondern die Tatsache, daß der Geigenton sich nie vollkommen aus Sinustönen reproduzieren läßt.

Nein, das ist falsch. Alle Töne können aus Sinustönen reproduziert werden, auch der Geigenton.

Auch die Agogik, oder die Feinheiten, die von den Eigentümlichkeiten der Bogenführung herrühren?

Heute schon, allerdings. Das ist eine extrem komplizierte Sache. Es gehören so viele Parameter zur Erzeugung eines Geigentons, daß es damals wirklich noch nicht realisierbar war.

Ist die Zahl der Parameter nicht unendlich?

Ich glaube nicht. Die heutige Computertechnologie vermag es schon, in diesem Ausmaß zu produzieren; oder mindestens steuert sie dieser Richtung entgegen.

Kann also zum Beispiel die Mikrostruktur eines Oboentons synthetisiert werden?

Ja, das ist sogar einfacher als der Geigenton, der sehr kompliziert ist.

Und was ist am kompliziertesten – die menschliche Stimme?

Interessanterweise nicht. Die kann ganz genau reproduziert werden. Das ist in Paris bereits ganz originaltreu realisiert worden. Phantastisch singen die Maschinen die Arie der Königin der Nacht!

Und was ist dann am kompliziertesten, wenn es die menschliche Stimme nicht ist?

Die Streicher – so scheint es wenigstens heute. Ihre Dynamik, ihre Obertonbereiche verändern sich fortdauernd, und es ist äußerst schwierig, den zeitlichen Ablauf dieser Veränderungen festzustellen und dann zu imitieren. Ein Bläserton ist viel leichter zu erzeugen, er bleibt viel länger stehen. Der Streicherton verändert sich immer, gerade wegen der Bewegungen des Bogens.

Rein akustisch könnte man alles aus Sinustönen reproduzieren?

Wir müssen uns den Sinuston vorstellen wie die Grundfarben, aus denen alle Farben abzuleiten sind.

Betrachten wir aber die Singstimme oder die Musik schlechthin als ein Medium, das sich für den Ausdruck gewisser Gefühle eignet, dann ist es doch schwer vorstellbar, daß sich die Gefühle dermaßen rationalisieren lassen. Es ist schwer zu denken, daß man den Vortrag eines gewissen Sängers so reduzieren könnte, daß nichts dabei verlorenginge.

Dazu möchte ich zweierlei bemerken. Zum ersten können wir ja die Filmkunst des frühen 20. Jahrhunderts auch nicht als „reduziertes Theater" betrachten. Man kann nicht sagen, daß der Film doch nicht ganz so sei, wie das Theater, wo man noch alles fühlen konnte. Es ist ganz einfach etwas Neues entstanden. Selbst wenn der Ausgangspunkt derselbe war, hat der Film ganz neue Resultate erzielt, die mit dem Theater gar nichts mehr zu tun haben. Andererseits: daß die Stimme eines Sängers so klingt und nicht anders, hängt damit zusammen, daß sämtliche Parameter: das Timbre, das Register, sogar der menschliche Charakter in einer unwiederholbaren und typischen Eigenart zusammentreffen, aber das heißt nicht, daß das Ganze nicht analysierbar sei. Man kann heute Maria Callas auf dem Computer reproduzieren, und die Reproduktion wird genauso klingen wie Maria Callas. Ein wahres Problem bestünde darin, wenn der Computer-Techniker einen neuen Charakter zu erfinden hätte, der genauso bedeutend sein sollte wie Maria Callas. Das wäre eine Frage des Reichtums an Mitteln, über die der Programmierer verfügt.

Ich meinte, ein Klangereignis – ein lebendiges Phänomen – ließe sich zersetzen bis ins letzte Atom, aber umgekehrt könnte man dasselbe Phänomen aus denselben Atomen höchstens als Imitation zusammensetzen.

Nein, das ist nicht so. Das traf nur am Anfang der elektronischen Musik zu Beginn der fünfziger Jahre zu. In *Studie I* und *Studie II* ging Stockhausen noch davon aus, einige Sinustöne zu nehmen und diese über- oder nebeneinanderzustellen. Als Resultat erhielt er keinen Akkord, sondern ein gewisses Timbre. Wenn ich jetzt dieselben fünf Töne auf eine andere Weise nebeneinanderstelle, arbeite ich immer noch mit nur fünf Tönen, erhalte aber ein ganz anderes Timbre. Mit fünf Tönen kann ich also jeweils ein anderes Timbre erhalten, und keines ist den anderen ähnlich. Das war der Ausgangspunkt.

Stockhausen und die anderen wollten nicht imitieren, sondern eine neue Welt schaffen, und das ist ihnen auch gelungen. Ein Werk wie *Kontakte* stellt eine völlig einheitliche und selbständige Klangwelt dar; 1960 entstanden, ist es wahrscheinlich das beste Stück in dieser elektronischen Literatur. Es imitiert nichts und kann mit nichts verglichen werden; es ist eine Schöpfung ersten Grades.

Welcher Raum ist dadurch für die Komponisten erschlossen worden? Im Prinzip konnten sie jetzt mit den unendlichen Möglichkeiten des Klanges spielen ...

Es ist wichtig zu betonen, daß es sich nur um Komponisten handelt, die zu experimentieren bereit sind. Zu jedem Zeitalter hat es sehr gute Komponisten gegeben, die keine Neigung zum Experimentieren fühlten. Die elektronische Musik ist nur für diejenigen interessant, die diese experimentelle Energie haben. Doch haben wir die dritte Richtung der elektronischen Musik noch nicht erwähnt. Diese dritte Richtung könnte in die Kategorie des Radiospiels eingeordnet werden. Gute Beispiele dafür wären *Artikulation* von Ligeti, die Radiospiele Kagels, oder mein *Mese* [„Märchen"], das ich 1968 im Kölner Studio geschaffen habe. Diese Werke gehen weder von der Welt der Geräusche aus noch von der Welt der reinen Töne. Sie mischen Texte und Geräusche wie in einem Radiospiel und versuchen, einem gewissen Geschehen klingende Form zu geben, und zwar auf eine Weise, die weder auf der Bühne noch im Leben, sondern nur auf dem Tonband möglich ist.

Ligeti hat jedoch gesagt, daß Artikulation *keine Programmusik sei.*

Es hat kein Programm, ist aber doch eine Art Radiospiel. Es setzt sich aus Sprache und Sprachartikulation zusammen. Selbst wenn es keine Programmusik ist, besitzt es doch ein gewisses außermusikalisches Assoziationssystem.

Kann man zum Beispiel darüber lachen?

Man kann sogar darüber lachen, weil es ein Geschehen beinhaltet, uns Dinge mitteilt, und diese Mitteilungen eine verbale Form haben.

Nicht vielmehr eine gestische?

Eine verbal-gestische, doch vor allem eine verbale, weil wir die ganze Zeit menschliche Artikulationen hören, wie in den Soundtracks von Zeichentrickfilmen. Das wäre also die dritte Richtung. Nun haben sich diese drei Richtungen Gott weiß wie weit entwickelt, und inzwischen ist noch eine vierte aufgetaucht, und diese ist jetzt vorherrschend: die Computermusik. Diese beschäftigt sich heute vor allem damit, die nötige technische Basis für die Tonerzeugung zu finden. Das ist alles viel komplizierter als zuvor, weil wir jetzt über die Erzeugung von Milliarden von Sinustönen sprechen.

Heißt das, daß der Computer in die Musikgeschichte eingegangen ist?

Das ist schon längst geschehen.

In den fünfziger Jahren brauchte man im elektronischen Studio noch keinen Computer.

Der Computer ist in die Musikgeschichte eingegangen, als klar wurde, daß er bei der Herstellung von Klängen und Klangereignissen nützlich sein kann. Er verfügt über ein Gedächtnis, er kann Informationen speichern, er kann Töne erzeugen, modulieren, manipulieren usw.

Wie könnten Sie den Unterschied zwischen der frühen elektronischen Musik der fünfziger Jahre und der heutigen Lage charakterisieren?

Von der Technik her ist der Unterschied so groß wie zwischen den ersten Dampflokomotiven und den Schnellzügen von heute. Beide können dieselbe Distanz zurücklegen, aber die Zeit, die sie dazu benötigen, und die Kapazität sind verschieden. Die elektronische Technik der fünfziger Jahre war „analog", die der achtziger Jahre „digital". Die Zukunft gehört grundsätzlich der digitalen Technik. Wie ich schon gesagt habe, komponierte man in den fünfziger Jahren mit fünf Sinustönen; heute dagegen arbeitet man am IRCAM mit Zehntausenden von Generatoren, die alle gleichzeitig klingen, und gerade dieser Reichtum ermöglicht die Erzeugung des früher erwähnten Geigentons.

Ganz nebenbei: wieviel kostet die Herstellung so eines Apparates?

Es kostet immer weniger; je mehr man davon herstellt, desto billiger wird es.

Und wieviel hat der Maschinenpark von IRCAM gekostet?

Das kann man gar nicht schätzen. Milliarden.

Wie kann dann ein Land wie Ungarn an dieser Arbeit partizipieren?

Es ist durchaus möglich, und man sieht sogar die ersten Anzeichen. Iván Patachich, Márta Grabócz und andere sind gerade im Begriff, ein Studio aufzubauen; es geschieht zur günstigsten Zeit, denn vor fünf Jahren hätte das noch zehn- bis fünfzehnmal mehr gekostet. Der Preis dieser Maschinen nimmt jeden Tag ab, gerade so wie die großen Computerfirmen auch ihre Preise jeden Tag mehr herabsetzen ...

Die vierte Richtung der elektronischen Musik ist also imstande, alle bisherigen Ergebnisse zu synthetisieren?

In technischer Hinsicht, ja. Ästhetisch gesehen verspricht diese Richtung aber eine ganz andere Welt.

Und diese Ästhetik, wovon hängt sie ab?

Sie wird wahrscheinlich von den Personen bestimmt, die das Ganze leiten, von ihrem Geschmack und ästhetischen Sinn. Im Kölner Stil der elektronischen Musik zum Beispiel ist Stockhausen selbst nach dreißig Jahren noch die bestimmende Persönlichkeit geblieben. In der Musique concrète sind viele weniger bedeutende Stücke entstanden, und ich könnte keine einzige Persönlichkeit nennen, die der ganzen Richtung einen individuellen Stempel aufgedrückt hätte. Bei der dritten Richtung, unter den Radiospiel-Autoren, finden wir sogar drei wichtige Namen: Berio, Kagel und Ligeti ...

Schade, daß Ligeti auf diesem Weg nicht weitergegangen ist.

Es ist wirklich schade. Er hätte auch in der ersten Richtung gute Werke schreiben können, hat aber bald das Studio verlassen.

Warum hat Ligeti mit seinen elektronischen Experimenten aufgehört?

Ich glaube, er hat mit ihnen gar nicht erst begonnen. Er lebte in Köln und hatte die Gelegenheit, ins Studio zu gehen; er hat also ausprobiert, was man da machen könnte. Was er da aber versucht hat, war mehr mit seinen persönlichen Interessen – *Aventures, Nouvelles Aventures* – verbunden. Bis heute halte ich diese für die originellsten und besten Ligeti-Stücke. Sie sind wahre Meisterwerke. Ich bedaure es schrecklich, daß er zum Beispiel in *Le Grand Macabre* nicht in dieser Richtung weitergegangen ist.

Le Grand Macabre *hat aber doch viel von diesen kompositorischen Erfahrungen profitiert …*

Nicht genug. Ich schätze eine einzige *Aventure* mehr als den ganzen *Grand Macabre*.

Wie könnten Sie das IRCAM, die dort geleistete Arbeit, kurz beschreiben? Welche Perspektiven und Möglichkeiten bietet es?

Vor allem muß man wissen, daß das IRCAM ein Forschungszentrum ist; ich könnte sogar sagen, ein technologisches Forschungsinstitut, dessen Forschungsgebiet alles umfaßt, das klingt, das heißt nicht nur die Musik, sondern alle akustischen Phänomene. Es wird auf verschiedenen Gebieten gearbeitet; das wichtigste davon ist die Computermusik, die selber zwei Teilgebiete umfaßt – einerseits die Erzeugung aller Klänge, die durch den Computer realisierbar sind, in aller ihrer Komplexität; andererseits die Computerprogramme, die nicht nur Klänge, sondern auch Formen erzeugen können. Ein weiteres wichtiges Forschungsgebiet des IRCAM ist die Analyse der vorhandenen Instrumente und deren Weiterentwicklung anhand der Analyse. Natürlich arbeitet daran auch die Instrumentenindustrie. Wenn jemand mit einer instrumentaltechnischen Aufgabe kommt, stellt ihm das IRCAM seine Einrichtungen und Möglichkeiten zur Verfügung. Zum Beispiel arbeitet ein Fachmann schon seit zwei Jahren bei IRCAM an neuen Sordino-Typen für die Tuba. Viele experimentieren auch mit der Flöte: Aus Ungarn war István Matuz lange Zeit dort. Es gibt auch Experimente, bei denen man ein Instrument mit einem Computer verbindet. Da steuert der Computer nicht nur sich selbst, sondern er steht auch mit dem Instrumentalisten in ständiger Verbindung; er analysiert, was der Musiker spielt und übernimmt noch andere Aufgaben oder Funktionen. Vor zwei Jahren ist ein Programm entstanden, bei dem jede Klappe der Flöte mit einem Kontakt versehen war; diese wurden mit dem Computer verbunden, und so konnte jede Klappe ein bestimmtes Programm in Gang setzen. Heute kann ein Computer bereits eine Flöte oder eine Geige mit einem Klavierton begleiten, sogar einen ganzen Satz hindurch. Es ist die Aufgabe des Computers, auf das Spiel des Solisten zu reagieren, als ob er ein lebendiger Spieler wäre. Man hat gewisse Programme gestaltet, die es ermöglichen, daß der Computer das Spiel des Solisten dekodiert. Wenn der Solist einen falschen Ton spielt, muß der Computer entscheiden, ob das wirklich falsch war, oder ob der Solist in eine andere Richtung weitergegangen ist. Das hat mit statistischen Proportionen zu tun, und der Computer kann „Fehler" nur bis zu einem gewissen

Punkt akzeptieren. Bei einem größeren „Fehler" „sagt" er: halt! Er kann nicht weiter, weil er „nicht versteht", was passiert ist. Genau wie ein lebendiger Musiker.
Das Wesentliche an der Computermusik ist also, daß sie den Entwicklungsprozessen der instrumentalen Musik eine neue Richtung gibt und neue klangliche Elemente einführt, von denen man früher nur träumen konnte: z.B. den perfekten Übergang zwischen dem Flöten- und dem Klarinettenton. Das alles kann nur mit dem Film verglichen werden: wie interessant ist es, wenn eine weibliche Figur allmählich zu einer männlichen wird ...

Gibt es da nur einen einzigen Weg, oder kann man den Flötenton auf tausend verschiedene Weisen in einen Klarinettenton verwandeln?

Nein, das würde zu weit in andere Richtungen führen. Beide Instrumente besitzen ihre eigenen Charakteristika, und die beiden lassen sich nur auf eine einzige Weise ineinander verschmelzen, da gibt es nicht viel Raum zum Variieren.

Es gibt nur wenige Varianten?

Ich würde sagen, es gibt nur eine einzige. Erst jetzt beginnen wir zu verstehen – dank des Computers –, was für ein komplizierter Prozeß das Instrumentalspiel ist. Vorläufig sind wir bei der technischen Analyse der menschlichen Bewegungsfunktionen. Doch irgendwann können wir die Entwicklungsstufe erreichen, wo der vom Menschen gesteuerte Computer mit der menschlichen Tätigkeit gleichrangig wird und einige Aufgaben sogar besser ausführen kann als der Mensch selbst.
Heute haben wir billige elektronische Instrumente wie die Yamaha-Synthesizers der Familie DX. Diese sind derartig vorherrschend geworden, daß heute schon kaum einer mehr ein Stück schreibt, in dem nicht ein DX-7 vorkommt. Die traditionellen Instrumente werden zwar nach wie vor viel benutzt, aber die Komponisten scheinen die Notwendigkeit zu fühlen, das Klangbild durch etwas anderes zu erweitern als durch die so viel benutzten Schlaginstrumente.

Welche Folgen hat das alles für die Musikpädagogik?

Das ist eine ungeheuer wichtige Frage. Hoffentlich wird sich auch die Musikpädagogik verwandeln. Die Kinder sind sehr empfänglich für die Technologie, sie begreifen Dinge viel schneller als wir Erwachsenen. Um nur ein einziges Beispiel aus Paris zu erwähnen: György Kurtág junior beschäftigt sich mit elektronischer Musikpädagogik, und zwar mit Hilfe des Computers. Er gibt den Kindern einen DX-7 in die Hand und läßt sie frei damit improvisieren. Er macht Hörübungen mit ihnen, und sagt: drückt diesen Knopf, versucht dies, versucht jenes ... Und die Kinder reagieren mit der größten Natürlichkeit. Für sie ist diese Welt völlig durchschaubar. Die Bedienung der Computertasten ist für ein sechsjähriges Kind eine Selbstverständlichkeit. Diese Pädagogik lehrt die Kinder sehen und hören; die Kinder werden viel selbständiger und gehen nicht mehr von Vorurteilen, sondern von Fakten und eigenen Erfahrungen aus.

1986

„Meine Musik ist Theatermusik"
Peter Eötvös im Gespräch mit Martin Lorber

Herr Eötvös, wenn ich mir Ihre Werkliste anschaue, dann fällt mir auf, daß es eine ganze Reihe von Werken gibt, die konkret Bezug zur älteren Musik nehmen. Ich denke da zum Beispiel an das Streichquartett Korrespondenz *(1992–93) oder an die Chorstücke* Drei Madrigalkomödien *(1963–89).* Korrespondenz *zitiert Briefstellen von Wolfgang Amadeus und Leopold Mozart. Die* Madrigalkomödien *nehmen Bezug auf Gesualdo. Warum gerade diese Komponisten? Gibt es kompositionstechnische Anleihen, Zitate, oder welcher Art ist der Bezug zur älteren Musik?*

Eine schöpferische Tätigkeit basiert eigentlich immer auf der Beziehung zu den älteren Zeiten. Nicht auf Tradition, sondern auf den Vorfahren. Ob es eine musikalische Beziehung ist oder eine literarische oder der Komponist sich durch irgendwelche Bilder oder Skulpturen inspirieren läßt, das ist eigentlich zweitrangig. Die Auswahl von diesen beiden Komponisten gründet sich nicht auf musikgeschichtliche Überlegungen, sondern auf die persönliche, höchst dramatische Lebensgeschichte der beiden, die mich sozusagen theatralisch sehr interessiert hat.
Das Streichquartett, das den Titel *Korrespondenz* trägt, beruht auf dem kurzen Briefwechsel zwischen Vater und Sohn Mozart in den Pariser Jahren. Diese Jahre waren vielleicht die dramatischsten zwei Jahre im Leben von Wolfgang Amadeus Mozart. Die Mutter ist in dieser Zeit in Paris ganz plötzlich gestorben, und die Situation war so gespannt zwischen Wolfgang und Leopold, daß Wolfgang eine Zeitlang nicht gewagt hat, dem Vater zu schreiben, daß die Mutter gestorben ist. Mozart mochte Paris nicht, er hat in den Menschen der damaligen Zeit nur Karikaturen gesehen, das kommt in jedem Brief vor.
Meine Haltung in diesem Streichquartett ist eine theatralische Haltung. Die Texte werden so behandelt, wie die Rezitative in einer Oper. *Korrespondenz* ist eigentlich ein Dialog: die Bratsche verkörpert Wolfgang und das Violoncello Leopold. Dazu kommen dann noch die zwei Violinen, die die Seele verkörpern.

Wie ist denn das Verhältnis von Musik und Sprache in diesem Streichquartett genau zu verstehen? Gehen Sie dem phonetischen Material nach oder mehr dem dramatischen Gehalt? Was war auf der kompositionstechnischen Ebene die Idee, die hinter diesem Streichquartett steckt?

Die erste Linie ist auf jeden Fall die dramatische. Ich habe das alles so konzipiert, als ob ich das auf der Bühne sehen beziehungsweise inszenieren würde. Der ganze Textverlauf, die Reaktionen, Dynamik, Tempo, Rhythmus werden aus der dramatischen Situation abgeleitet. Technisch gesehen habe ich mir in *Korrespondenz* die Aufgabe gestellt, ein Recitativo für Instrumente zu schreiben. Sie kennen den Begriff des Sprechgesangs, wie er im *Pierrot lunaire* von Schönberg verwendet wird. Diese Art des Sprechgesangs habe ich in meinem Streichquartett auf die Instrumente übertragen, die ich „Sprechinstrumente" nenne. Diese Texte sind gar nicht mal interpretiert, sondern eins zu eins übersetzt. Ich habe die Vokale jeweils mit einem speziellen Intervall verbunden. Ein

Abbildung 1: Peter Eötvös, *Korrespondenz*, Szenen für Streichquartett (1992–93), Takt 1 ff. (© by BMG Ricordi, München)

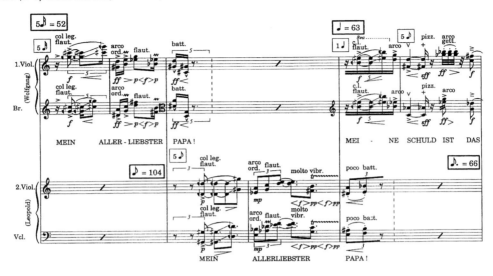

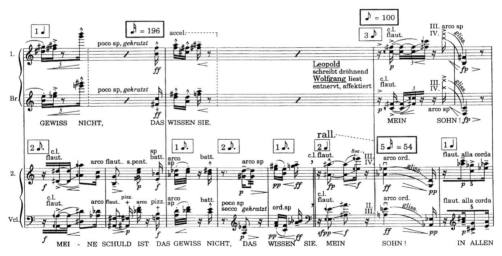

breites Intervall, wie eine Septime oder eine große Sext, entspricht immer dem Vokal „u", eine kleine Sekunde in hoher Lage dem Vokal „i". Meine Vorstellung war, daß wenn ich das oft genug wiederhole, allmählich – auch wenn man den Text nicht wörtlich spricht – eine Vokallinie, eine melodische Linie, die diesem Vokalgehalt entspricht, entsteht. Und daraus kann man langsam ableiten – fast unbewußt als Zuhörer –, daß es sich genauso wie in der Sprache um eine Vokallinie handelt. Auf die Konsonanten habe ich zum Teil verzichten müssen. Man könnte sie zwar mit den Streichinstrumenten wunderbar realisieren, zum Beispiel einen harten Konsonanten als ein Pizzikato, ein „s", „sch" oder „f" mit einem Bogentremolo, dadurch wäre aber eine unglaubliche

Überhäufung entstanden, was wiederum die Sprachverständlichkeit oder überhaupt die Kontextverständlichkeit begrenzt hätte. Deswegen habe ich da nur die stärksten Merkmale eines Worts herausgenommen. Die Vokale habe ich ständig behalten und die Konsonanten nur so dosiert, daß sie noch die dramatische Spannung mitgestalten können. Ich habe den Text in der Partitur für die Musiker darunter geschrieben, nicht damit sie das sprechen, sondern daß die Artikulation so gestaltet werden kann wie das Wort, das darunter steht. Dadurch erwarte ich eine sprachartige Kommunikation, die auch von den Musikern zum Publikum übertragen wird.

Dann gibt es ja noch jene Stellen, bei denen die Geiger und der Bratschist ihre Instrumente zwischen die Knie nehmen und glissandoartig spielen. Sind das spezielle Textstellen?

In den Briefen sind auch französische Zitate verwendet. Die Briefe stammen ja aus den zwei Jahren, wo sich Wolfgang in Paris aufgehalten hat. Da gab es Leute, die Wolfgang für den Vater bespitzelt und dem Vater mitgeteilt haben, was der Junge gerade macht. In den Briefen, die der Vater dem Sohn nach Paris geschickt hat, waren nun französische Zitate, die die Freunde dem Vater aus Paris geschrieben haben, enthalten. Das heißt, Mozart liest in den vom Vater geschriebenen Briefe die französischen Zitate, die eigentlich schon von jemanden anders von Paris nach Salzburg geschrieben wurden, es ist wirklich ein mehrmaliges Hin und Her und das kann man nur ironisch betrachten und bearbeiten. Die Spieler des Streichquartetts nehmen alle ihr Instrument in eine Celloposition, weil das Cello ja der Rolle des Vaters entspricht. In dieser Celloposition kann man auf eine ganz spezielle Art spielen. Es ist eine Art Flautandospiel, bei dem die Tonhöhen glissandoartig gebildet werden, so daß eine ziemliche hohe Sprachähnlichkeit erzeugt werden kann. Ich habe diesen Effekt zum ersten Mal gehört, als ich in Bologna an der Oper gearbeitet habe. Dort gab es einen wunderbaren Bratschisten, der seine Kollegen in der Pause damit unterhalten hat, daß er die Bratsche, so wie man ein Cello hält, auf den Schoß nahm und in der Flautando-Glissando-Spielweise ganze Witze erzählt hat. Er konnte die Sprache derartig gut imitieren, daß die Leute tatsächlich die Wörter verstanden haben. Ich habe diese Technik in den Teilen, wo französisch gesprochen wird, verwendet. Die französische Sprache hat einen derartig großen Ambitus, den man wunderbar auf diese Weise imitieren kann.

Ist diese Art der Sprachvertonung nicht schon in Ihrer Komposition Madrigalkomödien *bereits angelegt?*

Es kommt tatsächlich so etwas vor. Nur: die Sprachverständlichkeit ist in allen Vokalwerken immer ein Problem. Wenn ich in die Oper gehe, muß ich ehrlich sagen, ich habe den Text noch kaum verstanden. Ich bin aber eigentlich auch gar nicht sicher, ob die Wort- oder die Sinnverständlichkeit unbedingt gegeben sein muß. Ich glaube vielmehr, daß die Mischung von Text und Musik als Einheit das bringt, was man dann „verstehen" muß. Ich glaube, daß der Geräuschgehalt, der Farbengehalt der Vokale und Konsonanten grundsätzlich ein musikalisches Element darstellt. Sehr viele Sänger aber haben eine Vorliebe, die Geräusche wegzulassen. Nur wirklich ganz große Künstler haben den Mut, mit den Konsonanten zu arbeiten. Nur durch sie aber wird die Sache verständlich und deswegen interessant. Was wir hören, erscheint dann wie eine

Materie, man kann es anfassen, es ist rauh an der Oberfläche, es ist nicht abgeglättet und nicht lackiert. In den *Madrigalkomödien* habe ich versucht, diese Rauhigkeit der Sprache zu behalten. Die Konsonanten gebrauche ich auf eine Weise, daß ich zum Beispiel das Wort „al" nicht auf die gewöhnliche Weise auf dem „a" stehen lasse, sondern sofort auf das „l" gehe. Dadurch erreiche ich eine andere Klangfarbe, eine sofort leichtere Dynamik. Und wenn ich zum Beispiel bei „gioir" das „r" ein bißchen verlängere, dann erscheint das schon wie ein Schlagzeugklang, in dem Moment wird das Wort weiterkomponiert, es bleibt nicht nur bei dem Wortgehalt, sondern es bekommt schon musikalische Kategorien. Ich zerlege die Sprache in ihre einzelnen Elemente, so daß der Text ganz allmählich entstehen kann. Zum Beispiel wird das Wort „moro" vom Chor innerhalb von zwei Minuten allmählich zusammengestellt, es entsteht sehr langsam, die Silbe „mo" klingt wie ein Gongschlag am Anfang, und dieser gongschlagartige Klang wird so lange wiederholt, bis es allmählich mit dem rollenden „r" weitergehen kann.

Aber auch das szenische Element spielt ja eine große Rolle in den Madrigalkomödien.

Die Texte stammen zwar aus dem sechsten Madrigalbuch von Gesualdo, ich verwende sie aber nicht im Gesualdo-Stil, sondern im Banchieri-Stil. Banchieri war das musikalische Pendant der commedia dell'arte. Die Madrigalkomödien, die er geschrieben hat, waren musikalisch eigentlich das gleiche wie etwa ein Goldonisches Theaterwerk. Diese sehr frische, sehr abwechslungsreiche, oft karikaturhafte Haltung habe ich in meinen drei *Madrigalkomödien* übernommen.
Das erste Stück heißt *Insetti galanti*. Die galanten Insekten, die verliebten kleinen Moskitos, Mücken und Fliegen, die in einer Sommernacht umherschwirren, verlieben sich im Kerzenlicht. Sie fliegen um eine Kerzenflamme herum. Die Flamme versinnbildlicht die Liebe, und so wie die kleinen Biester in die Flamme hineinfallen, so fallen sie auch in die Liebe und verbrennen darinnen. In der ersten Madrigalkomödie steht insofern die Sprache im Vordergrund, als ich die Tonhöhe nicht fixiert habe. Für die Sänger ist es so notiert, daß sie wissen, wann sie hoch oder tief singen beziehungsweise sprechen können, und zwar stets in einer Art Flüstersprache. Was wir hören, sind eigentlich die Insekten, also lauter kleine dünne Tönchen, alles nasal gesungen. Ich habe als Ausführungsangabe in der Partitur notiert: „Bitte singen beziehungsweise sprechen Sie so, wie es in der commedia dell'arte üblich war, aus der Erfahrung, die Sie von Walt-Disney-Filmen kennen". Die Figürchen genauso ausgefallen, verrückt, verdreht, wie das in den Walt-Disney-Zeichentrickfilmen der Fall ist. Die Stimmen sollen nie real klingen, es wird ständig hoch und tief, in Glissandi gesprochen. Und aus der rhythmischen Behandlung der Sprache entsteht dann eine Situation, die an eine Moskitonacht erinnert. Das stärkste Merkmal der Sommernächte, in denen wir die Grillen hören, ist ja diese sehr spezielle metrische Einteilung, wann die Grillen starten, wie lange sie summen und wann sie aufhören, und der Haupteindruck von der ersten Madrigalkomödie ist eben die spezielle Zeitanordnung von Summen oder Nicht-Summen.
In der zweiten Madrigalkomödie sind zwei Sprachen verwendet. Zuerst wiederum ein Text von Gesualdo, *Al mio gioir*, und in der Schlußszene, weil das ein Hochzeitsmadrigal ist, habe ich den deutschen Minnesang *Ich bin din / du bist min* verwendet. In der Mitte steht das Hochzeitspaar, links und rechts stehen Leute vom Dorf. Das Madrigal

Abbildung 2: Peter Eötvös, *Insetti galanti*, Madrigalkomödie Nr. 1 für Vokalensemble (12 Stimmen), Takt 1 ff. (© by Editions Salabert, Paris)

ist der verkürzte Ablauf einer Hochzeitszeremonie: vor der Kirche, die Trauung in der Kirche, die Hochzeitsnacht, wo die Familie eine kleine Serenade gibt und durch die Türlöcher in das Schlafzimmer schaut und so weiter.

Das dritte Stück habe ich 1963 neunzehnjährig als Hommage zum dreihundertfünfzigsten Todestag von Gesualdo geschrieben. Der Text des berühmten Madrigals *Moro lasso* (Laß mich sterben), den ich hier verwendet habe, setzt eine verzweifelte dramatische Situation voraus: die Sänger, die Akteure sind eigentlich schon tot, wenn sie singen. Sie tragen nur eine Maske, die einen lebendigen Menschen darstellt. Aus dieser eigentlich absurden Situation ist das Ganze aufgebaut. Das Collegium vocale von Wolfgang Fromme in Köln hat das szenisch immer mit den eigenen Photos der Sänger auf den Masken aufgeführt, und wenn sie die Masken weggenommen haben, waren dahinter nur geschlossene Augen und Todesstille.

Immer wieder ist jetzt der Begriff des Theaters und des szenischen Elements in ihrer Musik aufgetaucht. Hat diese Hinwendung zum Szenischen und Theatralischen, die sich in fast allen Ihren Werken festmachen läßt, biographische Gründe? Ich glaube, daß Sie früher viel für Film und Theater komponiert haben?

Mein ganzes Leben ist eigentlich eine einzige Liebe ans Theater. Ich war in Budapest sechzehn Jahre alt und studierte an der Hochschule Komposition, als ich von der Filmhochschule gefragt wurde, eine Filmbegleitmusik zu improvisieren. Das konnte ich gut, und allmählich kam ich in diesen Kreis hinein, und plötzlich war ich dann an mehreren Budapester Theatern „der Komponist" und habe da ein Stück nach dem anderen vertont. Ich lebte praktisch in diesen Theatern. Und Sie können sich vorstellen, daß für einen Sechzehn-, Siebzehnjährigen diese Welt wirklich ein Wunder ist. Wenn ich nicht Musiker wäre, das heißt wenn meine natürliche Begabung nicht musikalisch wäre, dann würde ich wahrscheinlich doch im Theater leben wollen. Alles, was ich mache, hat eine sehr starke Beziehung zum Theater. Ich glaube, was mir immer vorschwebt, ist ein Art Theater mit Hilfe der Musik zu realisieren. Ich möchte, daß beim Zuhörer durch einen akustischen Empfang die gleiche Vision erzeugt wird, als wäre er im Theater. Für mich ist es eine wunderbare Vorstellung, eine Zukunftsvision, daß wir Sichtbares hörbar oder Hörbares sichtbar machen.

Wenn diese Zeit im Theater eine so bedeutende Rolle in Ihrer künstlerischen Entwicklung hatte, gab es da eigentlich noch Raum für andere, musikalische Einflüsse? Wo sind denn Ihre musikalischen Wurzeln?

Meine Wurzeln, das ist schwer zu sagen, denn man wird als Kind in eine Musikkultur hineingeboren, die man nicht bewußt ändern kann, man wird gezwungen, in diese Musikkultur einzutreten, wenn man Musiker werden möchte. In meinem Fall eben in unsere europäische Musikkultur beziehungsweise in die spezifisch ungarische Musikkultur. Aber die ganze Musikerausbildung, von der musikalischen Früherziehung bis zur Hochschule, ist eigentlich eine unglaubliche Einengung. Man müßte einem Kind ganz am Anfang, wenn es für Musik empfänglich und empfindlich ist, eine viel größere Palette zuerst zeigen und dann herausfinden, wofür dieses Kind eine stärkere Beziehung hat. Mit der größeren Palette meine ich einfach sehr viel verschiedene Musik aus den verschiedensten Kulturen vorspielen und aus der Reaktion sehen, in welche Richtung dieses Kind mehr neigt. Ich finde es katastrophal, daß die musikalische Früherziehung mit den banalsten, den primitivsten Sachen anfängt, gerade in einem Alter, in dem man absolut offen ist für alles. Wenn ich schon von meinen Wurzeln spreche, glaube ich, daß ich diese musikalischen Wurzeln eigentlich von mir abstreifen möchte. Ich möchte als Wurzel eher betrachten, daß ich ziemlich naturgebunden bin, in meiner Musik kommt sehr viel Erdnahes vor. Wind, Steine, Licht spielen eine große Rolle. Andererseits gibt es in meinen Kompositionen zwei Linien, die ich mikroskopisch und kosmisch nennen könnte. Ich habe eine Neigung, die Sachen mikroskopisch zu betrachten, zum Beispiel in *Elektrochronik* (1972–74) oder *Intervalles Interieurs* (1972–74/1981) vergrößere ich die inneren Spannungsformen, die Bewegungsformen der Intervalle, um sie besser, hörbar beobachten zu können. Die zweite Linie, die kosmische Beziehung, beginnt schon mit meinem ersten Klavierstück von 1961, das ich auch *Kosmos* nannte. Gagarin flog damals zum ersten Mal im Weltall, und für einen siebzehnjährigen Jungen wie mich gab es nichts Schöneres als die Vorstellung, daß die Welt größer ist als hier auf der Erde. Eine dritte Wurzel ist natürlich die, von der wir schon gesprochen haben, dieses Theatralische, daß alle meine Werke irgendwo doch Theaterstücke sind, egal ob die nun von einem Musiker oder von einem Streichquartett ausgeführt werden. Meine Musik ist Theatermusik, es ist keine Begleitmusik, sondern Theater in sich.

Kann es sein, daß das vielleicht Ausdruck einer spezifisch ungarischen Haltung ist?

Das ist schon möglich. Pierre Boulez sagte mir einmal, daß er diese gestische Behandlung der Musik als sehr „osteuropäisch" empfindet. Er meinte das auch für Dirigenten, daß die ungarische Dirigentenfamilie, die hauptsächlich nach dem Zweiten Weltkrieg in Amerika sehr bekannt geworden ist – Reiner, Széll, Ormandi, Solti –, sich gerade dadurch qualifiziert und spezifiziert hat, daß sie diese gestische Form in die Musik hineingebracht hat, gegenüber der deutschen oder französischen Dirigententradition, die eigentlich objektiver, sachlicher an die Sache ging.

In Ihrem neuen Orchesterwerk Psychokosmos *(1993) verwenden Sie ein Cimbalom als Soloinstrument. Spielen da nicht auch ihre ungarischen Wurzeln eine Rolle, daß Sie dieses ungarische Volksinstrument einsetzen?*

In erster Linie ist es dieser zauberhafte Klang, diese merkwürdige Resonanz des Cimbaloms, die mich schon seit langem interessiert; meine Abschlußkomposition vom Kompositionsstudium war auch schon ein Stück für Cimbalom. Der besondere Klang des Cimbaloms kommt daher, daß die Saiten, die für dieselbe Tonhöhe eingestimmt sind, sich leicht verstimmen können und durch diese leichte Verstimmung entsteht eine kleine Schwebung, ein klanglicher Schimmer. Und dadurch, daß man mit verschiedenen Schlegeln darauf spielen kann – mit weichen, härteren Holzschlegeln, Metallschlegeln und so weiter –, sind die Klangfarbenmöglichkeiten und die Anschlagsmöglichkeiten äußerst reich.

Als ich im Februar [1994] in Stuttgart die Uraufführung von Psychokosmos *mit dem Radio-Sinfonieorchester Stuttgart hörte, hatte ich den Eindruck, daß das Zarte und auch das Sehnsüchtige im Klang des Cimbaloms Ihrer Musik besonders entgegenkommt.*

Das stimmt. *Psychokosmos* ist ein Stück, das vor dreißig Jahren hätte geschrieben werden müssen. Ich hatte damals zwar schon das Material, die musikalischen Ideen, aber noch zu wenig kompositions- und instrumentationstechnische Kenntnisse, das Cimbalom mit einem großen Orchester zu verbinden. Das ist überhaupt zum ersten Mal, daß ich eine so große Formation instrumentiert habe. Die größte Besetzung war in *Chinese Opera* (1986), die aber nur neunundzwanzig Musiker beschäftigt. Die Spezialität von *Chinese Opera* war gerade, daß da die neunundzwanzig Musiker mindestens eine so große Lautstärke erreichen wie in *Psychokosmos* die achtzig. Im Grunde ist die Instrumentation der *Chinese Opera* viel entwickelter, weil hier mit wenig Mitteln ein sehr großer Wirkungsgrad erreicht wird. *Psychokosmos* ist eine Art Selbstbildnis. Und das Cimbalom könnte die Augen des Malers darstellen. Weil das Stück aber wie gesagt nur aus frühen Skizzen und Materialien besteht, die ich in den Jahren 1960 bis 1963 und 1972 bis 1975 geschrieben habe, ist das Stück auch ein Rückblick. Ein Rückblick auf mich selbst. Es ist so, wie wenn ein fünfzigjähriger Maler seine Jugendzeit portraitiert, ein Selbstportrait aus der Erinnerung.

Wie ist denn das Verhältnis zwischen dem Dirigenten Peter Eötvös und dem Komponisten Peter Eötvös? Gibt es da Beziehungen, profitieren Sie als Komponist davon, daß Sie als Dirigent die Partituren anderer Komponisten studieren, oder spielt das gar keine Rolle in Ihrer Kompositionstätigkeit?

Es gibt ja einige Beispiele für Komponisten-Dirigenten in unserem Jahrhundert: Mahler, Boulez, Maderna, Bernstein, Gielen, Zender ... Eigentlich ist das die gleiche Sache von zwei Seiten. Einerseits wird die Musik geschrieben, andererseits realisiert. Und in einem bestimmten Prozentsatz ist jeder Dirigent irgendwo auch Komponist. Und das ist eigentlich auch selbstverständlich und natürlich, denn der Form- und Farbsinn, den ein Dirigent haben muß, wenn er ein Werk realisiert, ist eigentlich verwandt mit dem kompositorischen Denken. Wenn jemand diesen Form- und Farbsinn nicht hat, dann kann er nur sehr schwer Komponist oder eben Dirigent werden.
Ich habe bei mir festgestellt, daß sich beides – Komponieren und Dirigieren – sehr positiv aufeinander auswirkt. Wenn ich dirigiere, nütze ich meine kompositorischen Kenntnisse, gerade was Form, Dynamik oder Farbe betrifft. Aber auch die rhythmische Genauigkeit, die bei der Komposition genauso vorhanden sein muß, sonst notiert man falsch. Und umgekehrt, wenn ich komponiere, nutze ich die praktischen Erfahrungen des Dirigierens. Ich habe auch, wenn ich ein Stück schreibe, oft schon ganz konkrete Probenvorstellungen. Ob die Instrumente, die in einem Stück zusammenspielen, sehr verschieden gruppiert vorkommen oder nicht. Es ist viel besser, wenn ich bestimmte Details gruppiert haben kann, dann kann ich für diese Gruppe eine separate Probe ausschreiben, ohne daß das ganze Orchester dasitzen muß. Das ist heutzutage ein sehr wichtiger Aspekt. Ich leide als Dirigent sehr oft darunter, daß die Probenzeit zu kurz ist. Meist gibt es bei den Orchestern ja nur zwei Probentage, und am dritten Tag ist das Konzert. Das ist natürlich ein absolut lächerlicher Unsinn. In dieser Situation kann man überhaupt nichts anderes machen, als Stücke zu spielen, die schon tausendmal gespielt wurden. Immer nur ein Tiefgekühltes leicht aufwärmen und dann servieren: Was für eine schlechte Küche wäre das? Daß ein Orchester sagt: „Wir möchten dieses Stück machen und dafür brauchen wir drei oder vier Wochen Zeit zum Einstudieren", das

kommt wirklich nicht vor. Man müßte eigentlich die ganze Struktur des Orchesterbetriebs in Frage stellen.

Diese Kritik an den überkommenen Strukturen in den Orchestern heute schlägt sich ja auch in Ihren neueren Orchesterwerken nieder; ich denke da an Triangel *(1993, rev. 2001) und* Steine *(1985–90, rev. 1992), wo die Interpreten und Dirigenten ganz neue Aufgaben und Kompetenzen übertragen bekommen. Hat das mit Ihren Erfahrungen als Dirigent zu tun?*

Ja, selbstverständlich. In den früheren Zeiten hat sich, sobald eine neue Musiksprache entstanden ist, immer auch eine ganz bestimmte Struktur des Musiklebens herum entwickelt. Zur Zeit Beethovens kamen diese Konzertformen auf, die wir heute eigentlich immer noch kennen, und die Hofmusik als solche ist in ihrer Bedeutung vollkommen zurückgegangen. Also konnte Beethoven seine Sinfonien ganz anders konzipieren, als das zum Beispiel noch bei Haydn der Fall war. Im zwanzigsten Jahrhundert hat sich zwar das musikalische Denken vollkommen verändert, das instrumentale Denken aber, die Ausführungsform, ist absolut konservativ geblieben, praktisch in den Formen des neunzehnten Jahrhunderts, abgesehen von einigen Ensembles oder Solospielern, die diese Veränderung mitvollzogen haben. Wenn ich in meinen Werken – in Anführungsstrichen – kritische oder sogar karikierte Formen für diese Situation finde, dann ist das eher eine Zeiterscheinung. Diese Werke werden später wohl nur einen historischen Wert haben, um zu sagen: „Aha, so verrückt war damals die Welt".

Was passiert denn in diesen Werken genau?

Steine besteht aus zwei Teilen. Es sind zweiundzwanzig Musiker auf der Bühne, und in der ersten Hälfte des Stücks spielen sie ganz ohne Dirigenten. Es ist aber keine Improvisation, ich gebe den Musikern vielmehr „Aufgabenstellungen". So bitte ich zum Beispiel den Baßklarinettisten, mit dem Cello Kontakt aufzunehmen und eine bestimmte Sache zusammen auszuführen. Oder die Oboe und die zwei Posaunen auf der linken und auf der rechten Seite. Durch diese Spielanweisungen schaffe ich Kontakte, die normalerweise in einem Orchester nicht entstehen können, weil in einem Orchester immer ein General vorne steht und bestimmt und das Ganze wirklich eine Einbahnstraße ist. Alle schauen nur diesen Dirigenten vorne an, und nur das, was er macht, wird realisiert. Insgesamt haben die Musiker relativ wenig Kontakt miteinander. Diese ungünstige Situation versuche ich auf diese Weise aufzulösen.

Und welche Erfahrungen haben die Musiker gemacht mit so einer Partitur?

Sie glauben nicht, wie merkwürdig auf die Musiker dieses Stück wirkt. Wenn eine Posaune zum ersten Mal in ihrem Leben Kontakt mit einer Oboe aufnimmt, zusammen spielt und versucht, in einem relativ komplizierten Klanggebilde von weitem den Klang der Oboe herauszuhören. Vorher waren diese Probleme ziemlich selten da, weil der Dirigent geschlagen hat und alle haben mit dem Schlag gespielt; gleichzeitig zwar, aber unbewußt, also ohne inneren Kontakt.

Warum haben Sie in diesem Stück eigentlich Kieselsteine verwendet?

Das kommt aus einem Wortspiel: ich habe das Stück 1985 zum sechzigsten Geburtstag von Pierre Boulez geschrieben. Pierre heißt Stein, mein Name Peter hat ja die gleiche Bedeutung, und so konnte ich mit den Kieselsteinen diese Verbindung schön zum Ausdruck bringen. Außerdem waren für mich die Kieselsteine, dadurch daß sie einen sehr schönen, hellen Anschlag haben und eine kurze, aber sehr schöne Resonanz, klanglich sehr gut als Zeitteilung in diesem Stück zu integrieren. Es hat aber noch einen anderen Grund: Sie kennen das sicher auch von der Musikerpraxis, daß in Orchesterwerken immer sehr viel tacet geschrieben wird, besonders für Bläser, Teile, wo sie nur warten – sie könnten zuhören, aber das passiert nicht immer, die sind einfach passiv in diesem Moment. Und um diesen tacet-Zustand zu vermeiden, habe ich die Kieselsteine genommen, jedem der Musiker zwei Stück in die Hände gedrückt und gesagt: „Wenn du nicht auf dem Instrument spielst, dann hast du eine Stille um dich herum, diese Stille kannst du mit den Steinschlägen gliedern". Jeder Musiker soll aber nur dann schlagen, wenn er die nötige Stille gefunden hat, in die sein Ton hineinpassen kann und in der er diese Stille noch weiter gliedern kann. Das ist die Rolle des Steins.

Kommen wir auf Ihr Werk Triangel *für einen kreativen Schlagzeuger und Orchester.*

In *Triangel* ist meine Rolle als Komponist wiederum nur die, daß ich bestimmte Aufgaben stelle. Ich finde dieses Stück in der Hinsicht sehr wichtig, daß ich eine Möglichkeit für einen Schlagzeugsolisten schaffen wollte, sich selbst zu formen beziehungsweise alles, was er an technischer und musikalischer Erfahrung hat, darstellen zu können. Was ein Komponist den Schlagzeugsolisten anbieten kann, ist im Vergleich mit dem, was die selber besitzen oder was die selber denken, oft sehr begrenzt, sogar sehr arm. Ein Komponist hat normalerweise nicht so viel technische Erfahrung mit Schlaginstrumenten wie die Schlagzeuger selbst. Und selbst wenn ich diese komplizierten Rhythmen notieren würde, kann der Schlagzeuger sie natürlich spielen, aber das wird ihm eine Qual. Da habe ich mich gefragt, ob es nicht besser ist, ihm einen bestimmten Rahmen zu lassen und zu sagen: „Spiele bitte innerhalb dieses Rahmens einen Rhythmus, der von dir aus kommt, aber der noch der Situation angepaßt ist". Die Rahmen, meine ich, sind nötig, weil meiner Erfahrung nach die Schlagzeuger zwar eine sehr große Klangphantasie, eine große rhythmische Phantasie und eine unglaubliche Schlagfertigkeit haben, meistens aber kein Formgefühl. Also das, was ich als Komponist geben kann, ist die Großform, der Großablauf, damit das Stück keine Improvisation wird. In *Triangel* gibt es keinen einzigen Ton, der improvisiert ist. Ich stelle eine Situation her, und aus dieser Situation heraus kann der Solist seine Vielfältigkeit dann entwickeln. In *Triangel* sind es drei Gruppen, Holzbläser, Blechbläser und Streicher (daneben gibt noch eine kleine Hintergrundgruppe, das ist ein Elektroklavier und noch zwei klein besetzte Schlagzeuge), und der Solist hat ständig mit den Instrumentalgruppen zu tun, er schlägt etwas vor, die spielen ihm nach, das muß er verändern, er muß die Reaktionen der Musiker wieder in seine Musik integrieren. Dieses ständige Zuhören-Müssen, die musikalische Kommunikation, ist das typische Merkmal von *Triangel*.

Eine ganz andere Seite Ihrer Musik kommt, denke ich, in Ihrem ebenfalls kürzlich uraufgeführten Schlagzeug-Stück Psalm 151 (in memoriam Frank Zappa) *(1993) zum Vorschein: eine rituelle Seite. Hängt das vielleicht damit zusammen, daß das Werk für Schlagzeug geschrieben ist?*

Das Rituelle liegt in meiner Natur. Ich würde eigentlich alle meine Stücke als rituelle Stücke bezeichnen, weil das Rituelle die ursprünglichste Form ist, in der Gestik und Klang in absoluter Einheit erscheinen. Wenn ich nicht nur aus unserer europäischen Kultur heraus denken würde, würde ich am liebsten immer rituelle Situationen herstellen. Im *Psalm 151* ist das folgenderweise gelöst: die Instrumente – sieben Röhrenglocken, zwei Klangplatten und zwei Buckelgongs – werden in einem Kreis aufgestellt. In der Mitte steht eine Große Trommel. Der Schlagzeuger macht jedes Mal, wenn er eine Strophe auf der Großen Trommel gespielt hat, bei dem Refrain eine Runde, und zwar immer in derselben Reihenfolge: Röhrenglocken, Plattenglocke, Gong. Anschließend kommt er wieder zurück, spielt eine Strophe und wieder einen Refrain. Dieses ständige Kreisen zwischen den Instrumenten erzeugt eine rituelle Handlung, in der jede Geste, jeder Schlegel eine spezielle Funktion bekommt. Die besondere Art, wie die Röhrenglocken, Platten und der Gong behandelt werden – einerseits gesungen, weil sie eine konkrete Tonhöhe haben, andererseits genauso geschlagen, wie Tiere oder Menschen geschlagen werden –, war mir sehr wichtig. Selbst das Fell der Großen Trommel kann man eigentlich als menschliche Haut betrachten, die man streicheln kann, die man schlagen kann, die man ankratzen kann. Ich glaube, diese sensuelle Art des Stücks ist das, was hier eine sehr spezielle theatralische und rituelle Form darstellt.

Was bedeutet denn der Titel Psalm 151?

Es gibt in der Bibel insgesamt einhundertfünfzig Psalmen, und alle einhundertfünfzig sind Lobgesänge. Ich habe sie durchgelesen und habe etwas gesucht, wo irgendwo eine Art Protest vorkäme, aber ich habe nichts gefunden. Ich brauchte aber diese Spannung, diese Protesthaltung. Deswegen habe ich 150 + 1 geschaffen, daher kommt diese Nummer 151, das ist der, der nicht in der Bibel steht. Dieser Protestausdruck verbindet das Stück mit der Person Frank Zappa, der ja auch auf seine Weise ein Protestkünstler war.

Sie haben 1993 ein pädagogisches Institut für den dirigentischen Nachwuchs gegründet. Warum so ein Institut neben Ihrer Arbeit an der Musikhochschule Karlsruhe?

Ich sehe meine Funktion im europäischen Musikleben sehr speziell verbunden dadurch, daß ich Komponist und Dirigent bin. Ich bin in den letzten fünfzehn Jahren Dirigent von sehr vielen Uraufführungen gewesen. Und Uraufführungen sind meiner Meinung nach die wichtigsten Bestandteile einer Musikkultur. Sie wissen sicher auch, daß sehr viele Dirigenten sagen: „Ich mache ein neues Stück nur, wenn der Komponist nicht dabei ist". Das ist in meinen Augen der größte Unfug. Ich finde, jeder Dirigent sollte den Komponisten als Partner betrachten. Es stimmt nicht, daß ein Komponist bei den Proben stört. Der Komponist ist derjenige, der die musikalischen Gedanken anbietet, und für die Ausführenden sollte es oberste Priorität haben, den Intentionen des Komponisten so gut wie möglich zu folgen. Unsere schriftliche Musikkultur ist einerseits praktisch, andererseits aber auch sehr unvollkommen. Es gibt unglaublich viele Fehlerquellen. Man kann nicht alles genau beschreiben, das heißt alle Informationen, die ein Komponist während der Proben den Dirigenten weitergeben kann, sind wesentlich für einen Dirigenten. Deswegen ist, finde ich, meine Rolle als Komponist-Dirigent, der beide Seiten versteht und praktiziert, für die junge Generation auch eine sehr ver-

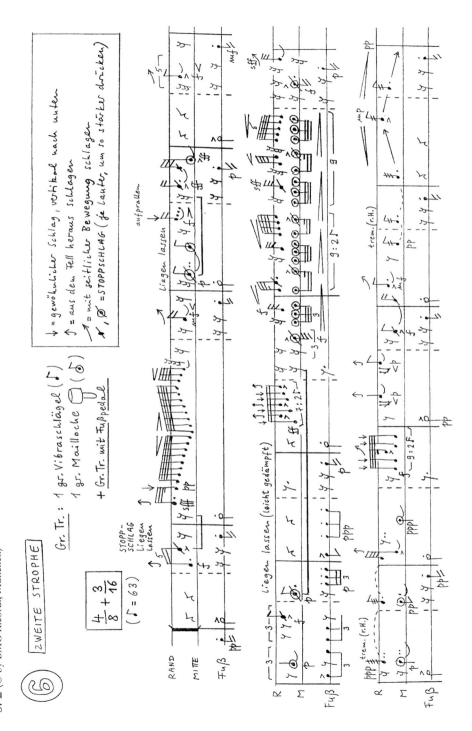

Abbildung 3: Peter Eötvös, *Psalm 151 (in memoriam Frank Zappa)* für Schlagzeug solo oder vier Schlagzeuger (1993), Partitur, S. 2 (© by BMG Ricordi, München)

antwortungsvolle Aufgabe. Ich fühle mich verpflichtet, eine junge Generation auszubilden und meine Erfahrungen weiterzugeben. Ich habe mit den wichtigsten Komponisten der zweiten Hälfte unseres Jahrhunderts zusammengearbeitet, ich habe sehr viel erlebt, sehr viele Informationen bekommen, und diese Informationen muß ich weitergeben.

Das Institut, das ich vor ein paar Jahren aufgebaut habe und tatsächlich seit 1993 aktiv praktiziert [inzwischen ist es von Budapest in die Niederlande übergesiedelt[1]], hat die Aufgabe, diesen jungen Dirigenten auch eine Chance zu geben, mit Komponisten zusammenzuarbeiten, mit wichtigen musikalischen Institutionen in Berührung zu kommen, die richtige Arbeit eines Orchesters aus der Nähe kennenzulernen und auch einer Fachwelt vorstellen zu können, um einen direkten Einstieg zu ermöglichen.

1994

---

1 Ende 2007 findet das Eötvös-Institut seinen festen Sitz im neu eröffneten Budapester Musikzentrum.

Stille sehen – Unsichtbares hören
Peter Eötvös im Gespräch mit Armin Köhler über das „Klangtheater"
As I Crossed a Bridge of Dreams (1998–99)

Vorlage Deiner szenischen Musik As I Crossed a Bridge of Dreams *ist eine Sammlung von Erinnerungen einer anonymen japanischen Frau aus dem 11. Jahrhundert, die später als Lady Sarashina bekannt wurde. Warum hast du gerade dieses Buch als Vorlage gewählt, was reizt Dich als Musiker an dieser Vorlage?*

Ich muß Dich korrigieren. Sie heißt nicht Lady Sarashina, sondern sie wird nur so genannt; der Name der anonymen Schreiberin ist nach wie vor unbekannt. Ausgangspunkt für das Projekt war der Wunsch Michael Svobodas nach einem Concerto für Posaune und Orchester. Da ich an dieser Gattung nicht sonderlich interessiert bin, schlug ich ihm stattdessen ein szenisches Projekt vor, bei dem er eine zentrale solistische „Rolle" spielen sollte. Auf der Suche nach dem geeigneten Stoff stieß ich auf Anregung des Chefdramaturgen des Düsseldorfer Opernhauses, Timothy Coleman, auf dieses Buch. Schnell stellte sich heraus, daß es genau das war, was ich suchte. Zum einen, weil es in einer englischen Fassung vorliegt, die mir für den Amerikaner Svoboda geeignet erschien. Und zum anderen, weil sich darin Realität, Traum und unheimliche Ereignisse ständig durchdringen und auf so eigentümliche Weise mischen, daß sie meinen Vorstellungen für einen szenisch-musikalischen Entwurf kongenial entsprechen. Selbst das, was bei Lady Sarashina als Wirklichkeit erscheint, ist keine Realität. Ihr Problem war, daß sie permanent geträumt hat. Ihre Erzählung, gewissermaßen ein Tagebuch, legt offen, daß sie einen Tagtraum lebte und so zwischen Traum und Realität gar nicht mehr zu unterscheiden vermochte. Diese Mischung war genau die richtige Basis für meine „Traumklänge", die die Grundlage der musikalischen Konzeption von *As I Crossed a Bridge of Dreams* bilden.

Du hast nur sieben Teile aus dem Buch ausgewählt. Nach welchen Kriterien bist Du bei der Auswahl vorgegangen?

Gemeinsam mit meiner Frau habe ich jene Teile ausgewählt, die eine Aktion oder ein Ereignis so klar vermitteln, daß dieses dem Hörer trotz der starken Komprimierung und der poetischen Verfremdung präsent wird. Es handelt sich um sehr kurze Geschichten, die in mir Bilder freisetzen, welche zugleich eine visuelle wie auch eine klingende Seite haben: der Traum mit der Katze beispielsweise oder die erste Begegnung mit einem Mann, einem geheimnisvollen Edelmann. Ganz typisch für das von mir gewählte einfache Prinzip der Kongruenz zwischen Bild- und Klangwelt in diesem Stück ist jener Teil, in dem eine Nacht vom Mondaufgang bis zum Sonnenaufgang beschrieben wird. Gerade dieser Abschnitt hat mich zugleich visuell wie auch klanglich angesprochen und mich auf die Idee gebracht, ein Sousaphon in das Ensemble zu integrieren, dessen großer Schalltrichter mit einer Lampe versehen die Assoziation eines wandelnden Mondes hervorruft.

Ich hatte ja das Glück, die Entstehung verfolgen zu dürfen. Innerhalb von zwei Jahren hast Du die Untertitel mehrfach geändert. Anfänglich hieß es „Musiktheater", später „Szenische Musik" und „Monodrama". Vielleicht heißt es am Schluß auch noch ganz anders. Wie auch immer, diese Wandlungen sind ein deutliches Zeichen dafür, daß sich das Stück einer eindeutigen Zuordnung zu einer Gattung zu entziehen scheint.

Die Klangwelt dieses Stücks vereint in sich einige typische Gattungen und Formen dieses Jahrhunderts: radiophonisches Hörspiel, die Geräuschspuren von Zeichentrickfilmen, also Soundtracks von Cartoons, elektronische Klangtransformationen, Raumklang, Akustische Kunst sowie Film- und Theatermusik. Diese kombinierte ich mit sehr einfachen visuellen Elementen, die dazu beitragen sollen, die komplexen musikalischen Vorgänge leichter einzuordnen. Ich würde es heute „Klangtheater" nennen oder aber in einem engeren Sinne von einem visualisierten, live aufgeführten Hörspiel sprechen. Nicht nur der Text, sondern auch die ästhetischen Prinzipien kommen aus dem alten Japan. Vor diesem Hintergrund ist eines meiner elementaren Anliegen zu sehen: während ich für die Augen die Stille darstellen möchte, bringe ich für die Ohren das Unsichtbare zum Klingen.

Musik zum Sehen, Bilder zum Hören. Beide Wahrnehmungsformen bewegen sich mithin jeweils an ihren ausfransenden Rändern. Die Musik wird überwiegend sehr zurückhaltend sein, sehr kontemplativ, etwas melancholisch (?), und die Bilder werden mehr oder weniger nur angedeutet. Bei allen dramaturgischen und visuellen Ausgangspunkten wird aber eines offenkundig, wenn Du das Stück beschreibst: Du denkst zu allererst und nahezu ausschließlich musikalisch, und auch die Dramaturgie ist letztendlich rein vom Klang geprägt.

Genauso ist es. Ausgangspunkt aller meiner Vorstellungen ist der Klang. Deshalb habe ich auch diese spezielle instrumentale und vokale Besetzung gewählt. Da haben wir zunächst einmal einige Solo-Instrumente, eine Altposaune zum Beispiel. Eigentlich wollte ich die Solo-Posaune mit anderen Posaunen kombinieren, die wie ein Schatten im Hintergrund der Bühne stehen beziehungsweise die Funktion haben, eine Vergrößerung des Solo-Instruments darzustellen. Eine vergrößerte Alt-Posaune ist aber zu allererst eine Kontrabaßposaune – mit ihren drei Meter Länge bei ausgezogenem Zug ein imposantes Bild. Die Kontrabaßposaune gewissermaßen als Verdopplung, Vergrößerung und Schatten der Altposaune. Derartige Verdopplungen und Vergrößerungen sind ein zentrales dramaturgisches Moment von *As I Crossed a Bridge of Dreams*. Gerade bei und mit den beiden Posaunen habe ich dieses Prinzip auf die Spitze getrieben. Denn Gérard Buquet hat seine Kontrabaßposaune mit einem Doppeltrichter versehen – einen Trichter nach vorn, wie wir es kennen, und einen nach hinten, umschaltbar mit einem Ventil, so daß der Klang nach zwei Seiten gelenkt werden kann. Daraufhin hat auch Michael Svoboda sein Instrument um einen zweiten Trichter erweitert. Und schon habe ich, wieder auf sehr einfache Weise, einen „doppelten Schatten", denn jedes der beiden solistischen Instrumente kann über den rückwärtsgerichteten Trichter einen eigenen Klang-Schatten erzeugen, der im übrigen über einen Harmonizer elektronisch transformiert und moduliert wird. Andere merkwürdige Besetzungen sind die unsichtbaren Spieler auf der Bühne: drei Violinen, zwei Violen, zwei Celli und zwei

Kontrabässe, die die volle Breite der Bühne einnehmen und auf diese Weise ein sehr leises Klangdekor bilden.

Im Zuschauerraum finden sich drei elektronisch unverstärkte Klarinetten: links, rechts und hinter dem Publikum. Sie haben die Funktion, einen kontinuierlichen nicht modulierten Klangkreis im Raum zu bilden, der das Publikum umschließt. Über diesem Kreis hängen zwölf Lautsprecher, die die anderen Klangquellen abbilden. Ich teile also den Raum in einen natürlichen Klangkreis und in eine über diesem Kreis hängende Lautsprecherinstallation. Diese Laut-Sprecher müßte ich eigentlich Leise-Sprecher nennen, denn aus ihnen kommen ausschließlich extrem leise Klänge: sehr nah aufgenommene Klänge des Schlagzeugs oder die leise gesprochenen Texte von den drei Sprechern sowie jene der Rezitatorin – eine Rolle, die in Donaueschingen Claire Blum übernommen hat, eine berühmte Shakespeare-Schauspielerin, die unter anderem mit Laurence Olivier und Charlie Chaplin zusammengearbeitet hat. Während letztere aus allen Lautsprechern gleichmäßig verteilt erklingt, werden die Klänge der Sprecher und des Schlagzeugs im Raum bewegt.

Am Schluß findet sich dann noch ein für dieses Stück typisches klanglich-visuelles Ereignis: das Computerklavier, das ohne Spieler spielt. Der Hintergrund dieser Szene ist der Auftritt eines Edelmanns am Hofe, in den sich Lady Sarashina verliebt. Weil er später nie wieder an den Hof zurückkehrte, sollte diese Begegnung zwischen den beiden die einzige bleiben. Nur einmal hatte sie das Gefühl, er sei wieder da und sie seien sich nochmals begegnet. Aber auch hier offenbart sich wieder die Ambivalenz von Wirklichkeit und Fiktion. Diese „Fast-Begegnung", diese doppelsinnige Situation, wollte ich mit dem Selbstspielklavier in den letzten beiden Szenen umschreiben. Wir sehen die sich bewegenden Tasten, als würde dort jemand sitzen und spielen – wir hören Klänge, obwohl gar niemand spielt.

Diese Lady Sarashina – was ist das für eine Frau? Thea Brejzek, die Regisseurin in Donaueschingen, spricht von einer dem Mythos Melancholie verfallenen Frau, die in eben diesem Mythos Tröstung sucht. Wie siehst Du sie als Musiker?

Ich sehe sie als ein immerlebendes Wesen. Für mich ist sie nicht eine eintausend Jahre alte Frau, sondern eine Frau von heute, die auch vor tausend Jahren gelebt hat. Das verblüffendste an diesem Buch war für mich, wie selbstverständlich gegenwärtig Sarashina uns heute ist.

Donaueschingen, 1999

Dirigieren als Praxis der Veränderung
Peter Eötvös im Gespräch mit Max Nyffeler

Herr Eötvös, Sie dirigieren vor allem Musik der Gegenwart, darunter viele Uraufführungen. Wie unterscheidet sich Ihre Arbeit von derjenigen Ihrer Kollegen mit einem traditionellen Repertoire?

Die Arbeit mit unbekannten oder sogar neuen Stücken ist völlig anders als die Arbeit eines Dirigenten, der Repertoirestücke aufführt. Auch dieser hat es ja nicht leicht, seine eigenen Vorstellungen umzusetzen. Das Orchester hat eine vorgefaßte Meinung, und das ist meist die Meinung des letzten Dirigenten oder von jemandem, dessen Auffassung sich dem Orchester aus welchen Gründen auch immer am stärksten eingeprägt hat. Da muß man entsprechende Techniken finden, um die Musiker von der Notwendigkeit einer Änderung zu überzeugen. Doch mit unbekannten Werken muß ein Dirigent ganz anders umgehen. Die Probendisposition liegt in seiner Verantwortung, er muß auch über Teilproben mit einzelnen Orchestergruppen entscheiden, und dies wegen der zunehmend komplexen Planungsverläufe manchmal schon ein Jahr vor der Uraufführung. Dabei können sich vom Zeithaushalt her zu viele Teilproben ebenso kontraproduktiv auswirken wie zu wenige. Das richtige Maß zu treffen, ist reine Erfahrungssache. Bei Harrison Birtwistles *Earth Dances* zum Beispiel machten wir insgesamt 23 Proben – ein wahrer Guinness-Rekord. Dem Stück war es aber angemessen. Was die künstlerische Seite angeht, so muß der Uraufführungsdirigent eine Vision von einem Werk haben, vergleichbar einem Regisseur, der ein neues Theaterstück inszeniert. Diese Vision kann ruhig falsch sein, aber er muß sie haben. Beim ersten Hören lernt er das Stück vielleicht noch besser kennen und entwickelt seine Vorstellungen weiter.
Oft passiert es ja, daß die Musik ganz anders läuft, als er sich gedacht hat. Das sehe ich aber nicht als Fehler oder Unfähigkeit, sondern eher als Technik des Lesens und Lernens.

Wie entwickelt sich bei Ihnen die Vorstellung von einem neuen Werk?

Beim Lesen – und das ist der Unterschied zum Realisieren und zum Hören – kann man eine Partiturseite zusammenfassen, eine Klangsumme ziehen. Man liest nicht wie ein Cursor. Man liest den Anfang und hört innerlich schon das, was später kommt. Es ist ähnlich wie beim Komponieren. Man kann es auf zweierlei Art tun: Entweder man setzt das Ganze aus einzelnen Elementen allmählich zusammen, Steinchen über Steinchen, oder man hat eine Gesamtvorstellung im inneren Ohr und versucht, diesen Gesamtklang zu formen, zu differenzieren, aus ihm die einzelnen Elemente herauszuholen. Die zweite Art, und das ist auch meine, ist mit der Malerei vergleichbar: Der Maler stellt sich das Bild ebenfalls in seiner Ganzheit vor, auch wenn er es sukzessive malt.

Wo kann man das lernen?

An der Hochschule leider nicht. Die Hochschulausbildung zielt auf den Aufbau eines Repertoires. Das ist zweifellos eine ihrer Aufgaben. Aber ebenso wichtig wäre, parallel zum Studium des traditionellen Repertoires neue, unbekannte Werke zu lernen, um die Fähigkeit zu trainieren, das Besondere einer Partitur schnell zu erkennen.

Wie wäre eine solche Fähigkeit beschaffen?

Ich möchte einen Vergleich mit Schauspielern machen. Sie kommen zu einer ersten Leseprobe, setzen sich zusammen an einen Tisch und beginnen zu lesen. Wenn sie sich nun von Wort zu Wort durch den Text buchstabieren, dann sagt man irgendwann: Handwerklich mögen sie zwar in Ordnung sein, aber sie haben keinerlei Kenntnisse von der Materie. Bei Schauspielern kommt das allerdings kaum je vor, denn man kann von ihnen erwarten, daß, wenn sie einen Sartre in die Hand nehmen, ihn gleich beim ersten Lesen ganz anders sprechen als etwa einen Molière. Sie lesen nicht einzelne Wörter, sondern gehen sofort auf den Sinn der Sätze ein. Doch die meisten Musiker haben dieses Problem, wenn sie etwas Neues lernen. Oft verstehen sie den Sinn nicht gleich. Ein Dirigent, der diesen Sinn versteht, kann da sehr viel helfen. Das müßte man mit dem Dirigentennachwuchs üben, doch es wird leider in der Regel nicht gemacht.

Unterrichten Sie in Ihren Kursen nur Dirigieren, oder spielt die Komposition auch eine Rolle?

Ich versuche, beides miteinander zu verbinden. Das erste Mal, in Wien 1994 mit dem Klangforum, luden wir auch Lachenmann und Bussotti als Lehrer ein. Ziel dieses Seminars war, den Komponisten die Aufgaben eines Dirigenten klarzumachen, und umgekehrt die Dirigenten zu ermuntern, mit den Komponisten einen permanenten Dialog zu führen. Die Komponisten beantworteten die Fragen der Dirigenten, und wenn umgekehrt ein Dirigent sagte: „Hör mal, so geht das nicht, das kann ich nicht machen", dann sollte das der Komponist akzeptieren.
Im letzten Sommer gab ich im Centre Acanthes in Villeneuve lez Avignon einen Kurs für Komponisten, die eigene Werke dirigierten. Vier von fünf hatten noch nie dirigiert. Ich stellte sie vor das Ensemble hin und sagte: Es geht eigentlich nur um zwei Sachen. Erstens mußt du eine sehr präzise Vorstellung von deinem eigenen Stück haben. Und zweitens gibt es keine dirigentische Technik, es gibt nur die Überzeugungskraft, und die hat man hat oder man hat sie nicht. Du kannst dich hinstellen und nur die Augen oder den Kopf bewegen, und das Orchester beginnt zu spielen, wenn du das überzeugend machst. Es geht um ein Grundverhalten.

Vor jeder Technik gibt es also bereits eine Körpersprache, die funktionieren muß?

Es gibt natürlich eine sehr feine Kommunikationstechnik mit den Händen, die man entwickeln kann. Aber das Dirigieren beruht grundsätzlich auf der Begabung, diesen Kontakt durch die Persönlichkeit – durch den Blick, die Geste, die Reaktion – herzustellen. Man könnte es auch Ausstrahlung nennen. Wenn jemand diese Gabe nicht besitzt, dann ist er kein Dirigent. Handtechnik allein genügt nicht. Aber ich muß anfügen, daß es bei meinem Dirigierkurs für Komponisten nicht darum ging, aus ihnen professionelle Dirigenten zu machen. Sie sollten durch diese Erfahrung etwas über die Realisierung einer Partitur lernen und daraus Schlüsse ziehen für ihr Komponieren.

Ist die Methode der unmittelbaren praktischen Erfahrung nur für dirigierende Komponisten oder auch für angehende Dirigenten geeignet?

Ich würde auch mit den Dirigierstudenten an einer Hochschule diesen Versuch wagen, ohne ihnen zu erklären, wie man dirigiert. Sie einfach hinstellen und sagen: Probier mal! Versuch dich zu verständigen! Nach meiner Erfahrung blockiert man die eigene Dirigiersprache, wenn man sich zu lange auf die Schlagtechnik konzentriert. Das war auch mein Schicksal. Etwa sechs Jahre lang dirigierte ich nicht, nachdem ich die Hochschule beendet hatte. So konnte ich die Schlagtechnik so gut wie ganz vergessen, und als ich neu begann, war das meine eigene Sprache. Das war die Rettung für mich.

Technik bedeutet in dieser Hinsicht auch immer Formalisierung und Verallgemeinerung. Der Schlag wird vereinheitlicht.

So etwas finde ich absolut falsch. Dirigieren ist eine persönliche Frage, auch die Gestik. Wenn ein Lehrer seinen Schüler zu sehr anweist, wie „man" schlägt, dann prägt er ihm seine eigene Persönlichkeit auf, anstatt aus ihm herauszuholen, was er als körperspezifische Gestik in sich hat. Ein dünner Mensch dirigiert ganz anders als ein dicker. Ein dicker muß nur die Finger bewegen, und schon funktioniert es.

Die Frage des persönlichen Dirigierstils hat in der traditionellen Musik ein starkes Gewicht. Gibt es unter den großen Dirigenten der Vergangenheit – Furtwängler, Karajan, Toscanini etc. – einige, die Sie besonders fasziniert oder sogar beeinflußt haben?

Ich kann sehr gegensätzliche oder sogar widersprüchliche Beispiele geben. Grundsätzlich finde ich, jeder Dirigent sollte so viel Neugierde aufbringen, daß er von einem anderen Dirigenten abguckt, was dieser macht, um es sofort auszuprobieren. Ähnlich wie ein Schauspieler, der einen bestimmten Tonfall, eine ganz bestimmte Gestik ausprobiert und nachspricht. Er merkt dann sehr schnell: Das bin ich oder das bin ich nicht. Wenn es nicht zu ihm paßt, sagt er sich: Der macht das wunderbar, aber das ist nicht meine Sache. Aber wenn es zu ihm paßt, dann übernimmt er es natürlich.

Können Sie Beispiele aus Ihrer eigenen Erfahrung nennen?

Da ist einmal Fritz Busch. In meiner Studienzeit habe ich ein paar kurze Filmausschnitte von ihm gesehen und Mozart-Aufnahmen aus Glyndebourne gehört. Die musikalische Qualität war einfach bezaubernd – alles so rein und so einfach. Ich frage mich heute noch, wie er das zustande brachte. Man sieht einen kleinen Mann, der dirigiert ganz sachlich und kühl, und es funktioniert. Man steht vor einem Rätsel. Woher wissen die Musiker, was sie spielen müssen, wenn er das gestisch nicht anzeigt? Das Gegenteil ist Toscanini, der wirklich jeden Ton diktiert und haargenau zeigt, was er hören möchte. Bei ihm braucht ein Musiker nur diese Gestik abzulesen und genau so zu spielen, dann ist es gut. Das hat mich sehr beeindruckt, wenn es für mich auch kein Vorbild war.

Was halten Sie von einem Dirigenten wie Carlos Kleiber?

Ich habe ihn nur einmal live erlebt, als er mit den Münchner Philharmonikern auf Tournee war. Von dem Konzert war ich so berührt, daß ich zum ersten Mal in meinem

Leben geweint habe. Es war mir bis dahin absolut unvorstellbar, daß mir mit einer Beethoven-Sinfonie so etwas passieren könnte. Man saß da und war einfach weg. Einige Musiker sagten mir hinterher: „Ach, weißt du, er probt ja schon sehr, sehr eigenartig. Die Arbeit mit ihm ist furchtbar schwierig. Man kann bei ihm nie mehr als zwei Töne spielen, dann bricht er gleich ab, singt vor und verlangt, daß man die Stelle wiederhole, und so geht das stundenlang ..." Aber so müßte man eigentlich arbeiten! Einen Monat oder länger mit dem Orchester proben und die Musiker dahin bringen, wie die Schauspieler in einem neuen Theaterstück jeden Tonfall so einzustudieren und zu verinnerlichen, daß die Interpretation wirklich ihre eigene Leistung ist.

Was für Anregungen haben Sie in schlagtechnischer Hinsicht von anderen Dirigenten empfangen?

Die Schlagtechnik von Boulez war natürlich vollkommen neu und anregend für mich. Aber ich möchte auch diejenige von Karajan erwähnen, die mir seinerzeit als ein kleines Wunder erschien.

Was war daran so ungewöhnlich?

Die intensive Formgebung und das sehr starke Strömungs-Masse-Verhältnis. Er konzentriert sich auf die Gestik, nicht auf den Puls! Die Pulsierung überläßt er sozusagen dem Konzertmeister. Der Konzertmeister ist derjenige, der mit dem Kopf den Takt schlägt. Dafür hat er den Kopf und die Hände frei für anderes. Was er damit auslöst, kann man nur mit einer gewaltigen Wassermenge vergleichen, die durch ein Rohr fließt, das er mit seinen Gesten formt. Er gestaltet eine Art Hüllkurve. Damit entsteht diese Vorstellung einer strömenden Masse, die er lenkt. Das finde ich hochinteressant. Auf der andern Seite gibt es Leute mit einer fabelhaften Schlagtechnik. Lorin Maazel ist da beispielhaft. Seine Schlagtechnik ist sehr raffiniert und sehr präzis. Das ist etwas, was ein junger Dirigent lernen kann und lernen muß. Es gibt also sehr unterschiedliche Ansätze – jeder Dirigent hat andere Qualitäten.

Einen Monat lang mit einem Orchester proben, wie Sie es vorhin als wünschenswert bezeichneten, ist angesichts des herrschenden Betriebs ja wohl eine utopische Vorstellung.

Vielleicht, aber man muß der heutigen Praxis etwas anderes entgegenstellen. Heute wird jede Woche ein neues Programm einstudiert, wobei man noch von Glück reden kann, wenn man fünf Probentage hat und am sechsten dann das Konzert stattfindet. Meistens wird drei Tage geprobt, und dann folgen drei Tage Konzert. Das ist eine Praxis, die absolut null Wert hat. Ich habe andere Vorstellungen. Die einzige ehrliche Arbeitsweise ist die von Kleiber. Das kommt dem entgegen, was auch Stockhausen ständig verlangt – nur Produktionen zu machen, die für sich selbst stehen können. Heute läuft es doch so: Man engagiert einen sehr fähigen Dirigenten, der erarbeitet mit einem sehr fähigen Orchester rasch einige durchaus gute Stücke, was dann auch gar nicht so schlecht klappt. Doch dann ist Schluß, fertig, adieu, und schon steht der nächste Dirigent vor der Tür bzw. vor dem Orchester. Das finde ich Unsinn.

Worin liegen Ihrer Meinung nach die Ursachen dieser Praxis?

Ich glaube, die Struktur des Konzertlebens hat sich in die falsche Richtung entwickelt. Vor 120 Jahren nahm man sich noch viel mehr Zeit für eine Produktion, man konnte viel sorgfältiger arbeiten als heute. Ich möchte noch einmal den Vergleich mit dem Theater machen. Eine Inszenierung kann man nicht einfach in einer Woche auf die Beine stellen, auch nicht mit sehr guten Schauspielern. In den letzten zehn Jahren haben sich die Fähigkeiten der Orchestermusiker zwar sprunghaft verbessert, und die Musiker sind unendlich viel kooperativer geworden. Doch es wäre ein Irrtum zu glauben, daß deswegen einfach die Probenzeit reduziert werden könnte. Mit Blick auf das verbesserte Handwerk mag sich das anbieten, aus künstlerischer Sicht wäre es aber falsch. Künstlerische Qualität braucht Zeit, gerade bei kollektiven Prozessen. Und das kostet leider Geld. Man sollte nicht aus den falschen Motiven sparen.

Wie müßte ein Musikleben organisiert sein, um bessere künstlerische Resultate zu gewährleisten?

Eine Reform müßte nicht vom Punkt Null ausgehen, sondern könnte auf bestehende Strukturen aufbauen, zum Beispiel auf die Festivalstruktur. Das heißt: Man plant in größeren Veranstaltungsblöcken und arbeitet zwei bis drei Wochen an einem einzigen Projekt, was eine höchstmögliche Qualität garantiert. Ein solches Programm wird dann natürlich nicht nur einmal gespielt, sondern eine ganze Tournee hängt daran, zum Teil mit Wiederholungen bei einem Festival. Damit sich der Aufwand lohnt, müßte auch eine CD- oder DVD-Produktion dazu kommen. Heute gibt es viele Möglichkeiten. Früher konnte man höchstens ein Konzert und eine Schallplattenaufnahme machen, heute ist es anders. Es ist zwar aufwendig, eine Tournee zu organisieren, aber auf diese Weise ließe sich ein hübsches Karussell in Gang bringen.

Ähnlich hat Pierre Boulez bei seiner Milleniumstournee mit dem London Symphony Orchestra oder bei der Tournee vom vergangenen September mit dem Ensemble Modern Orchestra gearbeitet.

Ja. Beim EMO bekam er praktisch soviel Zeit, wie er wollte.

Haben Sie auch schon solche Projekte gemacht?

Nein. Man könnte heute aber zum Beispiel mit Jugendorchestern so arbeiten, etwa mit dem Gustav Mahler-Jugendorchester, der Jungen Deutschen Philharmonie oder dem Europäischen Jugendorchester. Im Moment geht das meist nur mit Nachwuchsorchestern, und natürlich auch mit dem EMO. Mit festen Orchestern ist das noch nicht üblich, doch wird es wahrscheinlich bald nötig sein, denn die haben große Schwierigkeiten, überhaupt weiter zu existieren.

Könnte eine solche projektbezogene Arbeitsweise im normalen Abonnementsbetrieb überhaupt verwirklicht werden?

Ich finde Abonnementkonzertreihen nicht mehr zeitgemäß. Man müßte andere Strategien finden. Ich kann ein Beispiel aus dem Opernbereich anführen – das, was im Moment mit meinen *Drei Schwestern* (1996–97) geschieht. Seit 1998 haben wir eine Grundbesetzung für die Gesangssolisten, und die singt jetzt schon bei der achten Produktion mit. Das heißt, die touren durch die Welt. Dazu kommen fallweise neu hinzugezogene Sänger, so daß es inzwischen zwei bis drei Besetzungen gibt, die das Stück kennen. Meine nächste Produktion, *Le Balcon* nach Jean Genet, die für den nächsten Sommer in Aix-en-Provence geplant ist, wird grundsätzlich so organisiert, daß nach der Premiere sofort weitere Produktionen folgen – mit den gleichen Sängern, und zunächst auch mit dem gleichen Orchester. Solche Produktionen, die in Kooperation mit mehreren Partnern geplant werden, sind für neue Werke effektiver. Für die Boulez-Tournee mit dem LSO habe ich auch *zeroPoints* (1999) so geschrieben. Die sieben Veranstalter haben das zusammen finanziert. Das könnte ein zeitgemäßes Modell sein. Aber auf keinen Fall das Abonnementsystem. Das entspricht dem Stand vom Anfang des 20. Jahrhunderts.

Vermitteln Sie solche Dinge auch den Teilnehmern Ihrer Dirigierkurse?

Selbstverständlich. Bei den Kursen in meinem Institut sollen die jungen Dirigentinnen und Dirigenten grundsätzlich lernen, daß Dirigieren ein sehr komplexer Beruf ist, der eine starke Persönlichkeit erfordert. Musikalische Qualitäten und eine gute Schlagtechnik allein genügen nicht. Es braucht auch Kompetenz im Umgang mit Musikern und Veranstaltern, Technik und Medien. Auch müssen die Kursteilnehmer lernen, mit den finanziellen Ressourcen sorgfältig umzugehen – keine Probenzeit zu vergeuden, Leute nicht umsonst zu bestellen usw. Ich verlange von ihnen, daß sie so arbeiten, als ob sie alles aus eigener Tasche bezahlen müßten. Bei jeder Entscheidung wird gefragt: Was kostet das? Jemand wie Paul Sacher war da beispielhaft. Er wußte genau, wie viel Proben er braucht, wie er das bezahlt und was er heraus bekommt. Auch das gehört zu den Dingen, die ein Dirigent heute beherrschen muß.

Donaueschingen, 20. Oktober 2001

Zirkus und Chanson
Peter Eötvös im Gespräch mit Christian Carlstedt über *Le Balcon* (2001–02)

Herr Eötvös, nach der äußerst erfolgreichen Oper Drei Schwestern (1996–97) *haben Sie für die Festspiele in Aix-en-Provence 2002 ihre zweite große Oper komponiert:* Le Balcon.

Die Bestellung kam vom Ensemble InterContemporain. Wir haben einen Stoff gesucht, bei dem dieses renommierte Instrumentalensemble aktiv auf der Bühne beteiligt sein könnte. Nachdem ich zusammen mit dem Regisseur Stanislas Nordey etwa dreißig verschiedene Werke der französischen Literatur durchgelesen hatte, sah ich in dem Genet-Stück die Möglichkeit, das Ensemble als Bordellmusiker, als Salonorchester auf die Bühne zu setzen. Ich hatte die Idee, einige Musiker aus dem Orchester heraustreten zu lassen, und zwar als Salonmöbel, als menschengroße, musizierende Lampenständer.

Nun saß das Orchester aber bei der Uraufführung nicht auf der Bühne.

Da die von den Veranstaltern gewünschte große Bühne in Aix-en-Provence keine Tiefe hat, konnten wir die Musiker nicht dort hinsetzen, es war zu wenig Platz. So konnte ich nur die musizierenden Lampen auf der Bühne behalten.

Lag den Drei Schwestern *ein Drama von Anton Tschechow zugrunde, so ist es bei* Le Balcon *ein Schauspiel von Jean Genet. Was wollten Sie mit Ihrer Musik dem Genet-Schauspiel zugewinnen?*

Bei Genet hat mich vor allem der Abstraktionsgrad des Stückes interessiert. Dessen absurde Grundsituation mit dem permanenten Rollenspiel beschreibt, wie sich herausgestellt hat, sehr konkret unsere Gesellschaft, und zwar nicht nur die der fünfziger Jahre, sondern generell. Ich konnte bei diesem Stück eine spezielle Musiksprache entwickeln, die auch zu dem französischen Ensemble, dem französischen Festival und dem französischen Publikum paßte. So kam diese betont französische Produktion zustande.

Sie haben versucht, für jedes der zehn Bilder einen spezifischen Musikstil oder -tonfall zu finden. Es gibt Musik, die an Zirkus oder an Jazz erinnert …

Für Genet ist die Revolution auch ein Schauspiel, ein Rollenspiel. Deshalb erklingt, wenn von der Revolution gesprochen wird, eine „theatralische" Zirkusmusik. Der Zirkus ist für mich die Basis aller Künste, denn hier wird mit dem Leben gespielt. Im Zirkus muß alles hundertprozentig funktionieren. Die Zirkusmusik ist also keinesfalls abwertend gemeint, sondern beschreibt einen präzisen Ort: Hier wird gespielt. Es ist die Grundeinstellung des Stücks, daß alles nur gespielt wird und nichts echt ist.

Ich habe insgesamt einen musikalischen Stil gesucht, der den fünfziger Jahren, der Entstehungszeit des Stücks, entspricht, obwohl ich Genet heute noch genauso gültig finde. Auch wenn ich keine Zitate verwende, habe ich eine Musikwelt komponiert, wie ich sie von meiner Kindheit in den fünfziger und sechziger Jahren noch in Erinnerung hatte. Das war damals ein anderer Klang. Jede Epoche hat überhaupt ihren charakteristischen Klang. Es hat mich bei der Uraufführung gewundert, wie wenig das verstanden wurde. Wenn man aus der Avantgardemusik kommt, erwarten viele immer nur Avantgardeklänge. Ich aber komponiere Musik, die zu Genet, zu *Le Balcon* paßt. Die Musik zu den *Drei Schwestern* paßt meiner Meinung nach genau zu dem Tschechow-Stück. Viele Komponisten haben bei allem, was sie machen, den gleichen Stil. Bei mir ist das nicht der Fall.

Würden Sie Le Balcon *in seiner Synthese verschiedenster Stile als postmodern bezeichnen?*

Nein. In der Opernliteratur gibt es ähnliche Stilwanderungen, zum Beispiel Strawinskys *The Rake's Progress* oder der *Rosenkavalier* von Richard Strauss. In *Le Balcon* habe ich die verschiedenen Stile so gewählt, wie es die einzelnen Szenen erfordern. Ich habe zum Beispiel für die siebte Szene mit dem Gesandten des Hofes einen barocken Stil gewählt, weil die Funktion des Gesandten am Hof seit Jahrhunderten dieselbe ist. Diese Person kommt aus einer fremden Zeit. Der Gesandte ist der Unsichtbare, der über dem König oder der Königin steht, der das ganze System in der Hand hat und es in Bewegung hält. Deshalb haben auch Irma oder der Polizeichef diese Person noch nie gesehen. Die Barockhaltung in der Musik hat auch damit zu tun, daß Jean-Baptiste Lully als Hauptrepräsentant der französischen Hofmusik eine Verbindung zwischen Hof und Bürgertum geschaffen hat. Seine Musik war genauso gültig für den Hof wie für die Bürger. Deswegen erklingen in der siebten Szene einige Akkordverbindungen à la Lully.

Der Gesangsgestus der einzelnen Charaktere reicht vom verzierten Koloraturgesang (Carmen) bis zu Chansons. Vor allem die Rolle der Irma ist nicht als eigentliche Opernpartie konzipiert. Wieso haben Sie diese Rolle so angelegt?

Weil Irma die Hauptfigur ist, die in der Gesellschaft am wenigsten spielt. Sie wird gezwungen zu spielen. Auch die Rolle „Königin" nimmt sie nur unter Zwang an. Sie ist also die einzige, die „echt" ist – neben Carmen und Roger. Genets Carmen ist eine ähnliche Gestalt wie bei Bizet. Carmen soll Irmas Nachfolgerin werden. Deswegen habe ich für beide eine andere Haltung, einen anderen Stil gewählt: Sie singen gewissermaßen in ihrer Echtheit. Für Irma habe ich die große französische Chansonsängerin der dreißiger Jahre Fréhel als Vorbild gewählt. Fréhel ist vom Typ her so etwas wie das weibliche Pendant zu Jean Gabin. Sie hatte einen ganz bestimmten Chansonstil, den die Darstellerin der Irma möglichst imitieren sollte.

Sie haben die Oper zunächst für eine kleine Orchesterbesetzung von 20 Musikern komponiert. Gibt es noch den Plan, das Werk für eine größere Besetzung zu überarbeiten?

Meine Erfahrung in der Premiere war, daß eine ruhig liegende Klangmasse fehlt. Weil die Bläser sehr viel solistisch spielen, fehlten mir die gehaltenen Akkorde. Ursprünglich wollte ich deshalb den Streicherapparat vergrößern. Stattdessen habe jetzt eine Hammondorgel dazu genommen. Diese Fassung wird in Freiburg zum ersten Mal aufgeführt.[1]

Freiburg, April 2003

---

1 Die Freiburger Premiere von *Le Balcon* fand am 26. April 2003 statt.

Klangbildaufnahmen wie von einem Photographen
Peter Eötvös im Gespräch mit Wolfgang Sandner

Herr Eötvös, wie kommt ein Junge aus Székelyudvarhely nach Budapest?

Es war während des Krieges in meinem Geburtsjahr 1944. Mein Vater wurde als Soldat nach Budapest beordert. Als die Russen sozusagen von rechts kamen, mußten wir sehr schnell nach links ausweichen. Ich habe aus Transsylvanien nur ein Gefühl mitgenommen, das aber mein ganzes Leben bestimmt hat: Ich fühle, daß ich dorthin gehöre, auch was Musik angeht. Wenn ich Musik aus dieser Gegend höre, empfinde ich sie als meine Muttersprache.

Kommt György Kurtág nicht auch daher?

Ja, auch Béla Bartók und György Ligeti. Merkwürdigerweise kommen wir alle vier aus einem relativ kleinen Gebiet im heutigen Rumänien. Die Weltoffenheit und die multikulturelle Grundeinstellung dieser Gegend haben wir wohl – ich hoffe es zumindest – in unseren Genen. Mehrere Völker haben dort zusammengelebt, die Kulturen sich gegenseitig befruchtet. Manches davon wird man auch in *Atlantis* (1995) hören können. Vor dreißig, vierzig Jahren habe ich eine Sammlung des ungarischen Volksmusikforschers László Lajtha bekommen, mit Gesängen und notierter Instrumentalmusik, besonders für Geige. Ich spürte eine unglaublich starke Verwandtschaft mit dieser Musik, so daß ich in *Atlantis* im Stil dieses Geigenspiels nach jedem Satz eine Coda eingefügt habe. Zum Teil ist es bearbeitete Musik, zum Teil neu komponierte. In *Atlantis* geht es ja um eine verschwundene Kultur. Die Kultur Transsylvaniens ist auch gefährdet, merkwürdigerweise nicht durch Politik, sondern wegen des allgemeinen Desinteresses der Bevölkerung. Die neue Generation interessiert sich nicht für die eigenen Wurzeln.

Wie verlief Ihre musikalische Ausbildung?

Ich bin in Miskolc, in Nordungarn, aufgewachsen. Meine Mutter gründete dort eine Musikschule. Bis zu meinem 14. Lebensjahr habe ich dort die Grundschule und die Musikschule besucht. Dann sollte ich nach dem ungarischen System ins Gymnasium kommen, als ich von einer außerordentlichen Aufnahme für junge Talente an die Budapester Musikakademie erfuhr, die Zoltán Kodály organisiert hat. Kodály hat fünf Jungstudenten aufgenommen, ich war einer davon. Mit 19 schloß ich dann das normale Kompositionsstudium ab. In diesen vier, fünf Jahren in Budapest habe ich also vormittags das Gymnasium besucht, nachmittags die Musikhochschule, abends Konzerte. In den letzten drei Jahren während meines Studiums habe ich auch in verschiedenen Theatern gearbeitet und viel Filmmusik geschrieben.

Woran hat sich die Musik jener Zeit in Ungarn orientiert?

Die Musik stand wie alles unter staatlicher Kontrolle. Westlich orientierte Musik war zwar nicht verboten, aber auch nicht gerne gesehen. Beim Film war das etwas anders. Polnische Filme haben einen großen Einfluß ausgeübt: Polanski, Andrzej Wajda. Die

hon sehr stark an Truffaut und der Nouvelle vague. Es wirkte
tliche Kultur. In diesen Filmen gab es auch ganz andere Mu-
arischen Film wurde das bald darauf geradezu verlangt. Man
Mach mal so etwas, wir müssen jetzt neue Klänge haben. Was
schule verboten wurde, genau das wurde dann von mir in der
ollkommen offen, habe viele Informationen bekommen über
s Köln, aus Paris, von der Schaeffer-Schule. Pierre Schaeffer
ete fand ich äußerst interessant. Von Stockhausen und Boulez
alles. Es gab damals in Ungarn eine offizielle Kultur und einen
nd. Was oben nicht geduldet wurde, wanderte ab in den Unter-
ktionierte wie das offizielle Musikleben. Man ließ es zu, weil
konnte. Ich gehörte eigentlich zu dieser Schicht.

...... als Stipendiat des DAAD nach Deutschland?

Ja, ich habe mich selbst beworben. Innerhalb einer Woche bekam ich Antwort und konnte nach Köln gehen, wo ich hinwollte. 1968 ging ich zurück nach Budapest und habe weiter Filmmusik gemacht. 1970 hat mich Stockhausen dann in sein Ensemble aufgenommen, wobei ich früher schon oft bei ihm mitgespielt hatte. 1970 waren wir dann sechs Monate in Osaka. Danach habe ich eine Stelle als Techniker im Musikstudio des WDR bekommen, wo ich bis 1979 blieb. Dann ging ich nach Paris.

Wurden Ihre Werke von damals, etwa die Sprachkomposition Mese *(1968), durch die Musik von Stockhausen geprägt?*

Ja, durch seinen *Gesang der Jünglinge*. An *Mese* habe ich von Januar bis März 1968 gearbeitet. Stockhausen hat dafür die Abmischung im Studio gemacht. Der Einfluß durch *Gesang der Jünglinge* war selbstverständlich da. Nur hatte ich damals die Vorstellung, Sprache sei selbst Musik. Deswegen brauchte ich keine anderen Töne, keine elektronischen Klänge. Was mich am stärksten interessiert hat, war die Dramaturgie des Stücks. Ich habe aus etwa hundert Märchen versucht ein Märchen zu erstellen, das alle Märchenkategorien enthält, eine Art Supermärchen. Die Texte habe ich auf drei Stimmen so verteilt, daß die mittlere Stimme die Originaltonhöhe behält, während die anderen gleichzeitig in schnellerer und langsamerer Geschwindigkeit denselben Text verwenden. Wir hören also zunächst eine transformierte Form, dann kommt die richtige Information, schließlich folgt eine verlangsamte Form wie eine Reminiszenz. Den dramaturgischen Ablauf finde ich auch heute noch interessant. So ist *Mese* für mich in gewisser Weise meine erste „Oper".

Sie haben sicher nicht ohne Grund den Begriff „Dramaturgie" verwendet. Denken Sie auch bei Instrumentalwerken in Kategorien des Theaters?

Musik ist für mich ein Medium zur Kommunikation. Ich möchte etwas erzählen – mit Texten kann ich es nicht, malen kann ich auch nicht. Für mich bleiben die Töne, um – ich möchte es eigentlich vermeiden zu sagen – Gefühle zu vermitteln. Aber darum geht es. Nur möchte ich nicht mißverstanden werden. Es geht mehr oder weniger um Gefühle, aber nicht nur um menschliche. Ich habe eher eine pantheistische Einstellung, für mich lebt alles. Ich suche Kontakt, zur Natur, zu Menschen, zu Steinen. Ich teile also nicht nur etwas mit, ich bekomme auch eine Rückmeldung. Diese Kontakte erzeugen eine permanente Wellenbewegung von Sympathie, Angst, Haß, Zuneigung, Abneigung. Das ist der Grund, warum ich überhaupt Musik schreibe. Ich suche nur Themen, bei denen ich diesen permanenten Kontakt herstellen kann. Bei Tschechow war das sehr eindeutig. Und ich hoffe, bei Genet auch.

Als ich Le Balcon *(2001–02) in Freiburg sah, habe ich Sie hinter den Posen und der Scheinwelt, den Jazz-Elementen, nicht entdeckt. Mir schien, Sie zeigen etwas, aber nicht sich.*

Ich würde lieber etwas anderes hören. Für mich sollte dabei meine Liebe zu den fünfziger Jahren, zur Welt der Chansons zum Ausdruck kommen. Aber wir finden kaum Sänger, die so etwas realisieren können.

Vielleicht hat mich die Inszenierung daran gehindert, die Musik zu verstehen. Denn alles, was mit Chansons zusammenhängt, wirkt mimosenhaft. Es verschließt sich, wenn man es zu fest anpackt. Es ist schwer, diesen Gestus zu erzielen. Man darf die Übertreibung nicht übertreiben. Das ist eine Gratwanderung der künstlichen Gefühle. In Frankreich gibt es dafür einen Sinn, vor allem in der Öffentlichkeit. Wenn man etwa Jacques Chirac reden sieht, wird einem der Abstand zu deutschen Politikern erst richtig bewußt.

Ja, ich finde Chirac auch interessant mit seiner ganzen Art der Pantomime, die er betreibt.

Ein anderes Thema: Wenn man die Frühwerke von Anton Webern hört, spürt man, daß er kein Revolutionär war, sondern ein Evolutionär. Er kam von Brahms und der romantischen Musik. Man kann seine Entwicklung mit der von Kandinsky vergleichen. Die abstrakten Gemälde, die nach Kandinskys frühen Landschaftsbildern etwa nach 1908 entstanden, sind im Grunde Landschaftsbilder ohne Landschaft, so wie die Werke von Webern romantische Musik sind, bei der nur die tonale Harmonik fehlt. Aber diese Art der musikalischen Evolution von der Romantik bis zur seriellen Musik scheint abgeschlossen zu sein. Komponisten heute können nicht auf eine ähnlich konsequente Abfolge bauen. Sehen Sie das auch so?

Ja, heute gibt es ein pluralistisches Geflecht. Diese Entwicklungsform, wie Sie sie bei Webern beschrieben haben, fehlt. Ich komponiere auch nicht, um die musikalische Sprache weiterzuentwickeln. Ich mache permanente Klangbildaufnahmen, wie ein Photograph. Für mich ist es interessanter, die Verschiedenheit der Welt zu sehen und an ihr teilzuhaben, sagen wir: durch weiches Tasten. Ich probiere, ob ich da drin bin, ob es mich erträgt oder wir uns gegenseitig ertragen. Man wird durch jede Form von Kultur geprägt. Ich wäre glücklich, wenn ich am Ende meines Lebens das Gefühl hätte, die Welt durch mich hindurchgelassen zu haben und daß etwas hängengeblieben ist in mir wie in einem Sieb. Möglichst viel Afrika, Asien. Die Welt ist mir gerade groß oder klein genug – wie man will –, daß ich alles mitnehmen möchte. Nicht nur in der Kunst. Die Musik ist nur ein Bereich, eine Möglichkeit, ein Aspekt. Ich bin nicht der Typ Musiker, der nur Musiker ist. Ich glaube, das Wort „Klangbild" kommt meinem Werk sehr nahe.

Möchten Sie denn der Welt etwas geben, oder möchten Sie von ihr etwas bekommen?

Nein, ich möchte schon geben.

Aber das, was Sie jetzt gesagt haben, klingt so, als erwarteten Sie von der Welt etwas.

Nein, ich öffne mich nur und lasse alles durch. Und etwas bleibt zurück wie in einem Sieb. Als ich 1970 in Japan war, habe ich Zen-Buddhismus als eine sehr wichtige Haltung für mich mitgenommen. Sie hilft, das Leben einzuordnen. Bei *Drei Schwestern* (1996–97) taucht eine ganz andere Welt auf, Tschechow, die Russen. Bei Genet gibt es wieder eine vollkommen andere Haltung. Im November kommt in Paris eine Produktion von mir zu Tony Kushners *Angels in America* (2002–04) heraus. Das ist wieder eine andere Welt. Ich möchte mit jedem Projekt in eine neue Denkart einsteigen, in ein neues Milieu. Bei Kushner ist es New York. Es ist ein sehr dramatisches Stück, etwa wie *Die Pest* von Albert Camus. Danach beschäftige ich mich mit einem afghanischen Stück von Rahimi, einem etwa vierzigjährigen Schriftsteller, der in Paris lebt und ein wunderschönes Buch geschrieben hat: *Terre et cendre* („Erde und Asche"). Die Novelle beschreibt die Bombardierung eines Dorfes in Afghanistan. Ein Großvater, der mit seinem Enkel überlebt hat, möchte seinem Sohn, der jenseits des Berges arbeitet, die Nachricht vom Tod der Mutter und aller anderen Dorfbewohner überbringen. Das Buch ist ein einziger Monolog des alten Mannes: Wie sage ich das meinem Sohn? Rahimi sagt selbst, der Text sei im persischen Original so geschrieben, daß jedes Wort eine melodische und rhythmische Qualität besitzt. Die Wörter wurden ausgewählt, um wie ein Instrument zu wirken, wie eine Trommel etwa. Für Perser ist das verständlich, für mich völlig neu. Aber mich interessiert, in diese Denkart einzudringen. „Denkart" ist auch ein gutes Wort zur Charakterisierung. Überall entdecke ich etwas, von dem ich sage, das bin ich auch.

Es scheint, als sei heute kompositorisch alles möglich. Vieles aus unterschiedlichsten Musikkulturen dient als Material. Es ist nur die Frage, wie man diese verschiedenen Materialien kombiniert. Was stiftet musikalischen Sinn? Schubert hatte dieses Problem zwar auch, aber damals gab es eine gültige Klangsprache, die man benutzen konnte. Eine solche verbindliche Sprache existiert nicht mehr. Was also macht heute dem Hörer klar, daß nach einem bestimmten Ton zwingend dieser andere kommen muß? Haben Sie damit auch Schwierigkeiten?

Nein, nicht in dieser Art. Komponieren besteht für mich aus Verzauberung der Zuhörer durch Klang. Beethoven hat die Klangoberfläche rauh gemacht. Nach ihm kamen Berlioz, Wagner, Mahler, um den Klang noch mehr zu öffnen. Bei Beethoven war zum ersten Mal Holz zu spüren oder Stein, irgendetwas Massives. Bei Berlioz und bei Wagner begann man plötzlich zu fliegen. Es war keine Musik zum Tanzen mehr, zum Anhören, es war eine Musik zum Mitschweben. Debussys Haltung ist die gleiche, Strawinsky hatte das ebenfalls, auch Bartók. Insofern habe ich auch kein Problem mit der Tonabfolge. Es interessiert mich nicht, welcher Ton folgen muß. Mich interessiert die Technik, mit der ich das Unglaubliche zum Klingen bringen kann. In *Atlantis* habe ich es geschafft, die Phantasiewelt wirklich aufscheinen zu lassen. In der Oper wird das geradezu gefordert. Schade, wenn in der Oper keine Verzauberung geschieht.

Sind Sie der Meinung, daß ein Komponist heute zwingend etwas von Technik verstehen muß, selbst wenn er sie nicht anwendet? So wie man heute im Alltag mit einem Computer rechnen muß, vielleicht ein Mobiltelephon haben und mit Elektronik umgehen können muß, damit man wenigstens Geld von der Bank abheben kann?

Ich würde sagen, ja. Die Elektronik ist die neue, adäquate Instrumentenfamilie am Ende des 20. Jahrhunderts. Die Chance liegt gerade darin, mit ihr beliebig Klänge produzieren zu können. Instrumentenmacher haben früher nichts anderes getan. Adolphe Sax hat ein neues Instrument erfunden, weil er diesen Klang hörte, der gefehlt hat. Wie die verschiedenen Jahrhunderte verschiedene Instrumente optimal entwickelt haben – Streicher, Holzbläser, Blech, Schlagzeug –, so haben wir die nächste Familie der Elektronik entwickelt. Die Formen können sehr unterschiedlich sein. Aber ein Klang wie in Stockhausens *Hymnen* ist in seinem Reichtum unerreichbar für alle instrumentale Musik. Es sind wirkliche Traumklänge. Ich kenne im Moment sehr wenige Komponisten, die keine Beziehung zur Elektronik gehabt haben. Es besteht keine Pflicht dazu. Aber es wäre genau so, wie wenn jemand mit Schlaginstrumenten nichts anfangen kann. Elektronik ist eine instrumentale Kategorie, aber eine offene, grenzenlose.

IRCAM, Hilversum, Köln verbinden sich immer mit einer bestimmten Klangästhetik. Das widerspricht ein bißchen dem, was Sie von der Offenheit der Elektronik gesagt haben. Anscheinend ist doch der Einfluß der Apparate, vielleicht auch der eines Gurus, der dahinter steht, entscheidend?

Das liegt an den Menschen, die nicht erfinderisch genug sind. Bei mir kommt die Beziehung zur Elektronik aus meiner allerersten Phase mit Filmmusik in Ungarn. Damals wollten wir einen neuen Klang herstellen nach dem Beispiel westlicher elektronischer Studios, aber mit den einfachsten Mitteln. Das elektronische Studio in Köln war dann absolut meine Welt. Ich hätte nie daran gedacht, daß ich im Leben irgendwann noch einmal etwas anderes machen würde. Mich hatte aber eher die Live-Elektronik interessiert. Deswegen habe ich damals auch gar keine eigenen Stücke realisiert. Die Live-Elektronik war etwas, was mich auch viel mehr bewegt hat als andere Konzertformen. Was ich bis heute davon zurückbehalten habe, ist die Elektroakustik, die ich überall mit einer absoluten Selbstverständlichkeit anwende, das heißt Verstärkung in unterschiedlichster Form, ganz versteckt, aber immer gemischt mit natürlicher Akustik. Im Gegensatz zu Karlheinz Stockhausen. Denn wenn er verstärkt, dann möglichst alles. Für ihn sind die verstärkten Klänge als Einheit wichtig.

Mit welchem Ihrer Werke sollte man sich beschäftigen, um am besten das Wesentliche Ihrer Komponierweise zu erfassen?

Es ist schwer, ein Werk zu nennen. *Shadows* für Flöte, Klarinette und Ensemble (1995–96/1997) ist ein ziemlich genaues Selbstbildnis. *Atlantis* finde ich auch sehr charakteristisch und typisch. Eigentlich auch jede Oper, gerade deshalb, weil sie so verschieden sind. Sie sind sehr bewußt verschieden, und das bin ich. Ich möchte kein Stück wie das andere, mit einer einzigen Thematik. Jede Oper muß eine eigene Sprache, eine eigene Welt, eine eigene stilistische Klangsprache haben.

Mich überzeugt sehr Ihr Replica *(1998), ein wunderschönes Stück.*

Ja, es funktioniert gut. Das bin ich zwar, aber das wird von zu viel Stilgebundenheit verdeckt.

War das eine Auftragskomposition?

Ja, ein Auftrag der Mailänder Scala. Es ist mit *Drei Schwestern* gleichzeitig entstanden. Sehr viele Teile besitzen Ähnlichkeit, manches ist sogar identisch oder eine Bearbeitung. Aber wie diese Teile in *Drei Schwestern* erscheinen, das bin ich. Wie sie in *Replica* verwendet werden, das ist die Scala. Ich meine das durchaus nicht negativ. Denn für die Scala wollte ich ausdrücklich etwas Theatralisches machen, eine Szene. Ich kannte als Dirigent das Orchester der Scala sehr gut. Zehn, 15 Jahre lang bestanden da schon Kontakte. In der orchestralen Ausarbeitung bin ich davon ausgegangen, daß sie so gespielt wird wie eine Opernorchester-Begleitung. Das Orchester musiziert sehr fein, sein Pianissimo ist wirklich unglaublich. Da wird mit den Ohren gespielt, mit spitzen Ohren. Ein phantastisches Orchester, was Opernbegleitung angeht. Ich habe *Replica* oft aufgeführt und überall Schwierigkeiten mit sinfonischen Orchestern gehabt. Sie besitzen keine Fähigkeit so zuzuhören, so zu begleiten, so zu spielen. Sie spielen, was sie in den Noten sehen.

Stellen Sie sich einmal vor, aus der Musikgeschichte würde ein Komponist einfach gestrichen, seine Existenz eliminiert, etwa wie auf Photos unter Stalin emigrierte Künstler herausretuschiert wurden. Von welchem Komponisten könnten Sie sich vorstellen, daß durch sein Fehlen Ihre eigene kompositorische Entwicklung anders verlaufen wäre?

Als Vierjähriger habe ich Bartók durch kleine Klavierstücke kennengelernt: *Mikrokozmosz*, *Gyermekeknek*. Wenn man diese Stücke so früh spielt, spricht man diese Sprache. Ich dirigiere Bartók heute so, als wäre es meine eigene Musik. Ich verstehe sie und brauche nicht theoretisch herauszufinden, was das ist. Das ist so stark bestimmend, wie für einen Schriftsteller die Muttersprache. Man kann natürlich auch in anderen Sprachen schreiben, aber in der Muttersprache sagt man es etwas anders. Meine musikalische Muttersprache ist Bartók, damit habe ich angefangen. Ich habe aber auch bestimmte geheime Kontaktpersonen, die mich zwar nicht kontrollieren, aber mich sozusagen ständig im Auge behalten. Das ist Monteverdi, das ist Gesualdo. Zu ihnen fühle ich eine ständige Verbindung. Nicht stilistisch. Aber es sind Personen, von denen ich sage, daß ich sie verstehe. Auch Mussorgsky, Varèse, Miles Davis.

Miles Davis?

Ja. Miles Davis spricht mich sofort an. In meiner Kindheit – ich war vielleicht 14, 15 – kamen dann Boulez und Stockhausen hinzu. Es geschah auf ebenso natürliche Weise. Ich war noch sehr jung, sehr weich, deshalb ist das auch geblieben. Mahler ist mir auch sehr wichtig mit seiner Phantasiemusik, die ständig ausbricht, irgendwo wegfließt.

Würden Sie sich dagegen wehren, als Polystilist zu gelten?

Ja, und als Eklektiker. Aber: Im Mai habe ich in Paris für ein Festival sieben Programme zusammengestellt, zum Teil mit eigenen Werken, selbst und von anderen dirigiert. Dazu habe ich Chick Corea eingeladen. Bei ihm schätze und bewundere ich seine Offenheit für alle Musikformen. Wahrscheinlich sehr ähnlich zu meiner Auffassung wechselt er alle zwei Jahre das Milieu. Er tauscht seine Musiker aus, es kommt ein anderer Stil, etwas Südamerikanisches, dann ein Streichquartett und der Versuch, es in Jazz einzubinden. Ein anderer ist John McLaughlin. Das sind für mich verwandte Personen, die in einem größeren Musikmelos existieren und mit vielen verschiedenen Formen etwas anfangen können, sich herantasten. Aber nicht als Kostprobe, darum geht es nicht. Es ist mehr als das.

Eine skurrile Frage zum Schluß. Der russische Dirigent Yuri Temirkanov hat einmal auf die Frage, wer der größte russische Komponist sei, geantwortet: Johann Sebastian Bach. Was er meinte, war, Bach sei so groß, daß er auch alle russischen Komponisten überstrahle und so auch für die Russen der bedeutendste Komponist sei. Würden Sie dem zustimmen mit der Größe Bachs?

Ich bin vorsichtig mit dieser Art des Denkens. Was ich für sehr wichtig halte, ist Kreativität. Gäbe es mehr kreative Menschen, wäre die Welt besser. Wir sollten nicht so sehr darauf achten, wer der Größte ist, sondern wie man Menschen den Weg zur Kreativität ebnet. Beim Jazz hat man das verwirklicht: Die Leute kamen von der Straße und sind kreativ geworden. Die Zigeuner haben es auf ihre Weise erreicht. Für die Literatur wäre das auch eine Beschränkung, wenn man ständig sagte: Ja, aber Goethe. Was ist alles andere im Vergleich zu Goethe! Das interessiert niemanden. Denn Goethe ist ohnehin ständig in meinem Kopf, wie Beethoven. Ich trete hundertmal am Tag in Beziehung zu ihm, mit seinen Notenbildern, op. 110, den Streichquartetten. Temirkanov hat natürlich recht. Aber die Haltung kommt mir vor wie aus der zweiten Hälfte des 19. Jahrhunderts, wo es wichtig war, Heroen und Leitbilder zu haben. Denn durch sie wurde die bürgerliche Gesellschaft geformt. Für mich ist das selbstverständlich mit Bach. Aber es gibt so viele Künstler. Und viele Galaxien.

2004

„Musikmachen beginnt mit der Artikulation"
Peter Eötvös im Gespräch mit Zoltán Farkas

Du ziehst nach Ungarn zurück. Die Nachricht hat mich sehr gefreut, doch auch überrascht, denn in Ungarn sind wir doch eher an Umzüge in entgegengesetzter Richtung gewöhnt. Was bedeutet eigentlich dieser Umzug, in Hinblick auf Deine Arbeitspläne?

Ich möchte immer in Budapest sein, wenn ich komponiere. Wenn ich dirigiere, muß ich ja sowieso ständig irgendwo hinfliegen. In den letzten Jahren habe ich es mit großen Schwierigkeiten geschafft, sechs Monate im Jahr für das Komponieren frei zu halten. Es ist wichtig, daß diese Perioden in einem einzigen Block bleiben, denn am Anfang des Komponierens brauche ich einen ganz leeren Kopf. All die Informationen, die man als Dirigent im Gehirn anhäuft, sind für die Komposition sehr schädlich. Manchmal dauert es volle drei Wochen, bis das dirigierte Material im Kopf ausklingt, und es ist schwer, abzuwarten, bis ich mich endlich mit meinen eigenen Gedanken beschäftigen kann. Ich weiß nicht, wie andere das machen – jeder hat seine eigene Methode, seine eigene Technik. Bei mir rühren die Pläne fortwährend im Kopf herum und nehmen immer mehr Informationen in sich auf. Zu konkretisieren beginnt sich die Komposition erst, wenn sie niedergeschrieben wird. Ich kann nicht mit dem Computer schreiben, weil es für mich die Arbeit mit dem Bleistift ist, die unmittelbar als Ton erscheint. Bevor also eine Notenkugel fertig wird, höre ich sie schon, und sie wird so groß, wie ich sie höre. In der Handschrift der *Cantata profana* kann man etwas Ähnliches sehen. Bartók hat die halben Noten der Hörner einfach größer geschrieben. Manuskripte enthalten viel mehr Information über das Verhältnis zwischen Graphik und Tonvorstellung, als es bei gedruckten Noten der Fall ist. Deswegen ziehe ich es vor, wenn möglich, aus dem Manuskript zu dirigieren.

Was hat Deine Rückkehr nach Ungarn motiviert?

Für mich war das eine Sache des emotionalen Verhältnisses, ein physisches Bedürfnis, weil bei uns die Luft und der Sonnenschein einfach so sind, weil man ungarisch spricht, weil man ins Theater gehen kann. In Budapest spielen die Kinos gute Filme, anders als in vielen Städten im Ausland, wo man einfach nicht ins Kino gehen kann, weil nur kommerzielle Filme gezeigt werden. Ich bin also sechs Monate im Jahr in Ungarn, die anderen sechs Monate reise ich ständig in der Welt herum.

Du hast oft davon erzählt, wie wichtig Filmmusik für Deine Jugendzeit war. Auch von András Szöllősy weiß ich, daß in den sechziger Jahren das Filmstudio dasjenige Gebiet der ungarischen Kompositionsszene war, wo man am ehesten tun konnte, was man wollte; dabei lernte man auch mit der Zeit umzugehen und überhaupt sich auszudrükken. Die Filmmusik war also eine gute Schule, die einem Disziplin und auch Freiheit beibrachte; sie war zugleich vom normativen Druck der „Schule", des offiziellen Kompositionsunterrichts, völlig frei geblieben. Anderseits hast Du auch davon erzählt, daß Du in Budapest nicht in die Dirigierklasse aufgenommen worden warst. Später hast Du in Köln dirigieren gelernt, bist jedoch als Dirigent erst aufgetreten, nachdem Du, wie Du es selber gesagt hast, das Gelernte, Gott sei Dank, bereits vergessen hattest. Ich glaube, Du teilst mit vielen anderen die Ansicht, daß das Leben erst beginne, wenn man die Schule vergißt. Trotzdem hast Du selber eine Schule gegründet, das Internationale Eötvös-Institut. Offensichtlich willst Du keine Schule leiten, die man im Leben dann so rasch wie möglich vergessen muß. Wie würdest Du die Tätigkeit des Instituts beschreiben, und wie verwirklicht es das Prinzip „non scholae, sed vitae discimus"?

Als ich mich an der Budapester Hochschule für die Dirigierklasse bewarb, wurde ich mit vollem Recht abgewiesen. Ich wußte ja gar nichts. Ich hatte bereits mein Diplom für Komposition und verfügte über weitgehende Erfahrungen in Orchesteraufnahmen im Filmstudio, aber als ich bei András Kórodi Beethovens *Erste Symphonie* zu dirigieren begann und den ersten Geigen den Einsatz gab, war ich total verwirrt, weil die Geigen nicht dort spielten, wo ich sie erwartet hatte. Im Filmstudio sitzen die Musiker nämlich anders als im Orchester. Sie sitzen, wie es für das Mikrophon gut ist, oder wie ich es will. Meine Abweisung von der Dirigierklasse in Budapest hat eine Lawine in Gang gesetzt; ich bin ins Ausland gegangen, weil ich meine Studien in Budapest nicht fortsetzen konnte. Dann folgte ein Ereignis dem andern. Das Institut haben wir 1992 gegründet, zuerst mit dem Ziel, der jungen Generation die Hilfe und die Informationen zu vermitteln, die ich selber weder in Budapest, noch an der Kölner Hochschule bekommen hatte. Man steht da in seinen Zwanzigern mit einem Diplom in der Hand und hat nicht die leiseste Ahnung, was man damit anfangen soll. Kann man sich bei jemandem melden? Braucht ein Dirigent einen Manager? Wie kann man ohne Manager auskommen? Ich habe alle diese Stufen durchgemacht.

Das Eötvös-Institut ist zustandegekommen, um Hilfe und Informationen dieser Art zu vermitteln. 1992 sah es so aus, als würde es in Gödöllő eröffnet werden. Damals begann die Restauration des Schlosses von Gödöllő; es gibt dort eine wunderbare Reitschule, dort hätten wir gut arbeiten können. Mein Vorhaben war, aus jungen Leuten, die gerade die Hochschule absolviert haben, ein Orchester zu bilden, um dann zwei bis drei Jahre zusammen zu arbeiten. Ich hätte die Musiker inzwischen auf Probespiele vorbereitet, denn Probespiele sind im Leben der Instrumentalisten sehr wichtig. Gödöllő hätte ein idealer Ort für so eine Schule werden können, doch fehlte es an Zeit und Geld, und aus den Plänen wurde nichts.

1994 siedelten wir nach Holland über, wo ich der Chefdirigent des Rundfunkkammerorchesters wurde. Von dort haben wir dann einige Seminare und Kurse organisiert – immer weniger, weil die Zeit einfach nicht ausreichte. Es gab Seminare, die ich so anzukündigen versuchte, daß sie von unserem Institut veranstaltet würden, doch ohne meine persönliche Teilnahme. Da haben die Leute gesagt, daß sie nicht interessiert seien, denn sie wollten mit mir persönlich Kontakt haben. Einige gemeinsame Projekte mit verschiedenen Festivals, wie z.B. in Avignon, sind seitdem auch zustandegekommen. Vor zwei oder drei Jahren bin ich an die Hochschule in Karlsruhe zurückgegangen, weil mir dort eine Dirigierklasse angeboten wurde, in der ich tun kann, was ich will. Das will viel heißen, denn meistens wird streng bestimmt, was man zu unterrichten hat. Jede Schule hat ja ihren eigenen Lehrplan. Ich aber hatte freie Hand bekommen, nicht nur das Lehrmaterial betreffend, sondern auch in der Methode. Ich beschränkte die Klasse auf fünf oder sechs Studenten pro Semester. Dafür übernahm die Hochschule die Reisekosten dieser Studenten, damit sie mich zu meinen Projekten mit großen Orchestern begleiten konnten. Da sitzen sie die ganze Woche in den Proben. Morgens bin ich mit dem Orchester, nach dem Mittagessen bis zum Abend mit den Schülern zusammen. Daraus ergibt sich ein phantastisches Arbeitstempo, denn sie lernen zum Teil das Programm, das ich dirigiere; sie lernen es mit mir, da sie sehen, wie sich die Interpretation während der Proben entwickelt. Der Nachmittag beginnt mit einer Auswertung des Vormittags. Sie sagen mir, was ich gut oder falsch gemacht habe; nachher gehen wir zu ihren Programmen über. Das hängt auch damit zusammen, daß in Deutschland die großen Orchester der mittleren Kategorie jungen Dirigenten viele Gelegenheiten bieten. Sie können mindestens zweimal im Monat zu großen Orchestern gehen und verschiedene Programme dirigieren. Die Orchester arbeiten mit den Hochschulen der Region zusammen; so besteht für die Dirigierstudenten eine praktisch kontinuierliche Möglichkeit, mit großen Orchestern zu arbeiten. Das ist das gegenwärtige Modell, das ich sehr interessant und nützlich finde.

Gibt es ungarische Teilnehmer am Eötvös-Institut?

Nein.

Auch früher nicht?

Am Anfang arbeitete ich mit einem ganzen [ungarischen] Team zusammen: László Tihanyi, Zsolt Nagy, Gergely Vajda. Sie bildeten den geistigen Kreis der ersten Phase. Heute sind alle drei selbständige Meister.

Wie bewähren sich die Absolventen der Schule?

Bereits in Gödöllő hatten wir ein Jahr der regelmäßigen Zusammenarbeit; ich habe die Absolventen von dort mit mir zu zwei oder drei europäischen Orchestern mitgenommen. Einer der Dirigenten aus dieser Gruppe heißt Kwamé Ryan. Später wurde er Direktor der Freiburger Oper; sein Vertrag ist dieses Jahr abgelaufen, und ich habe gesehen, daß er jetzt an der Bastille dirigiert. Seine Karriere läuft am erfolgreichsten. Ich verfolge die Laufbahn meiner Studenten; auch sie bleiben im Kontakt mit mir. Mein Anfangsziel war ja auch, Klassen und Gruppen zu schaffen, die lebenslang miteinander in Kontakt bleiben. Man merkt erst später, daß die Gruppenbildungen aus Hochschulzeiten ein ganzes Leben lang bestehen können; man kann sich gegenseitig unterstützen. Es lohnt sich, darauf zu setzen, daß diese Freundschaften nicht zu Ende gehen, denn das ganze Leben wird ja später zu einem Spiel um Positionen. Man trifft auf alte Bekannte, wo man es am wenigstens erwartet, und für den Aufbau einer Karriere ist es sehr wichtig, ob man bekannt ist oder nicht. Persönliche Bekanntschaften sind unersetzlich. Die jungen Dirigenten, die jetzt in Karlsruhe mit mir arbeiten, sind bereits bei den Berliner und Münchner Philharmonikern gewesen, bei der BBC und anderen Orchestern. Und das reicht, um wieder eingeladen zu werden. „Na ja, sie sind schon mal hier gewesen" – so heißt es selbst nach dreißig Jahren. Beziehungen aufrechterhalten – das ist einer der wichtigsten Punkte der Teamarbeit.

Du willst nicht nur Dirigenten, sondern auch Orchestermusiker ausbilden. Und Du tust es nicht wie ein Durchschnittsdirigent, sondern anders: wenn Du auf eine Verhaltensweise oder eine Gewohnheit stößt, die Dir nicht gefällt, erfindest Du etwas – eine Kom-

position etwa –, um die Situation zu korrigieren. Erzähle mir bitte ein bißchen davon, was für eine Musikermentalität Du mit der Komposition Steine *(1985–90, rev. 1992) korrigieren wolltest, und wozu Du die Musiker durch das Stück* Triangel *(1993, rev. 2001) erziehen willst.*

Vor zehn oder fünfzehn Jahren habe ich einige pädagogische Werke für Ensembles und Orchester geschrieben. *Steine* entstand zu Pierre Boulez' sechzigstem Geburtstag. Der Titel ist ein Wortspiel: Pierre wie auch Peter bedeutet „Stein"; man könnte den Titel etwa so übersetzen: „von Stein zu Stein". Bei Boulez merkt man denselben grundsätzlichen Zug des Verhaltens wie bei mir: das ständige Wechselspiel von Pädagogik und Praxis, bzw. Komponieren und Dirigieren. Wir sind uns nahe, gerade weil unser Charakter und unsere Beziehung zur Musik so ähnlich sind.

Im ersten Teil von *Steine* nimmt der Dirigent nicht in seiner gewöhnlichen Rolle am Spiel teil. Er gibt den Musikern verschiedene Aufgaben, erlaubt ihnen aber, die Möglichkeiten ihres Zusammenspiels selber herauszubilden. Die Orchestermitglieder spielen stehend, mit der Ausnahme derer, die sitzen müssen (Cello, Baßklarinette). Das Stück beginnt, und jemand, der Oboist zum Beispiel, fängt an. Er spielt eine kurze Phrase und gibt sie an einen Kollegen weiter. Der übernimmt sie und gibt sie abermals weiter. Das heißt, sie stellen mit einer einzigen Bewegung eine Beziehung her; sie führen ihre Gesten gegenseitig weiter. Danach entfaltet sich ein Spiel zwischen zwei Geigern. Eins der Grundprobleme des Geigenspiels ist der Auf- bzw. Abstrich. In den Proben bleiben wir immer wieder stehen, um zu entscheiden, ob diese oder jene Stelle mit Auf- oder Abstrich zu spielen sei. Mit dieser Idee spiele ich dann im Stück. Die beiden Geiger stehen einander gegenüber, ziemlich weit voneinander entfernt; der eine spielt einen Ton im Abstrich, und der andere hat zur Aufgabe, denselben Ton verkehrt, das heißt im Aufstrich zu spielen. Das geht einfach konträr zu den Pawlowschen Reflexen, denn wenn ein Geiger sieht, daß der andere einen Abstrich spielt, will er automatisch dasselbe tun. Er muß also sein Gehirn umprogrammieren, was eine Zeitlang dauert.

Das macht allen Spaß: das Publikum sieht, was da vor sich geht, und den Musikern macht es auch Spaß, denn es bedeutet eine ernsthafte Aufgabe für sie. Darauf folgen im Stück verschiedene Imitationen in kleineren oder größeren Gruppen. Jemand spielt irgendetwas vor, der andere wiederholt es, versucht dasselbe zu spielen; das geht so weit, bis das Modell die Grenze des Erkennbaren überschreitet. Die Idee ist mir gekommen, als ich einmal in Stuttgart Béla Bartóks *Wunderbaren Mandarin* dirigierte und dem Posaunisten sagte, er solle einmal auf das Fagott hören. „Das Fagott? Ich habe noch nie gehört, was das Fagott spielt. Ich höre nur die Tuba." Und es stellte sich heraus, daß das durchaus kein Scherz war, sie denken tatsächlich, der Dirigent wäre dazu da, um ihnen zu winken, damit sie ihm aus der Hand spielen können. Darum diktiert im nächsten Teil von *Steine* eben der Fagottist dem Posaunisten. Der Posaunist muß auf drei Töne antworten, je nach dem, welchen Ton er auf seinem Instrument gefunden hat. Hat er den richtigen Ton gefunden, gibt er eine richtige Antwort; wenn nicht, dann antwortet er falsch, und das hört das ganze Publikum. Um die Mitte des Stückes übernimmt der Dirigent die Leitung, und es folgt ein dirigierter Abschnitt.

Ich gab jedem Musiker zwei kleine Kieselsteine in die Hand, mit dem einzigen Hinweis, daß sie, wenn sie gerade nicht spielen, sondern einen Augenblick der Stille hören, in diese Stille ein Geklirr der Steine plazieren sollen. So wird in diesem Stück das Verhältnis zwischen Stille und Ton moduliert. Es gibt keine Pausen als solche. Die Musiker sind nicht müßig, selbst wenn sie nicht spielen; dann nehmen sie halt die Steine und machen irgendwo ein Geräusch. Das ist die Geschichte von *Steine*. Ich komponierte das Stück nicht für ein Orchester, sondern für ein Ensemble, und für ein Ensemble ist diese Art des Zusammenspiels ein viel vertrauteres Gebiet. Doch war auch das Orchester in Stuttgart, das Sinfonieorchester des Rundfunks also, zu meiner Überraschung ganz begeistert von dem Stück, denn sie durften endlich einmal aufstehen und einander zuhören, wodurch eine sehr gute Arbeitsstimmung entstand.

Bleiben wir noch ein wenig bei Deiner Dirigententätigkeit. Du hast Dich selbst einmal einen „Testpiloten" der neuen Musik genannt, der neue Stücke ausprobiert. Du findest es viel interessanter, neue Stücke zum Klingen zu bringen (Du sagtest, es wäre sogar das einzige wirklich Interessante). Daraus folgt, daß Du vielen mittelmäßigen oder einfach schlechten Werken begegnet bist. Du sagtest auch, daß Du selbst aus schlechten Werken viel lernst. In dieser Hinsicht ist ein Dirigent oder Komponist in einer weit besseren Lage als ein Kritiker. Der Kritiker nämlich, wenn er es mit einem schlechten Werk zu tun hat, investiert seine Energien in das Anhören des Werks sowie in die Formulierung und das Aussprechen seiner Meinung, lernt aber wahrscheinlich nicht so viel daraus wie derjenige, der das Stück aufführt oder komponiert. Kannst Du an einem konkreten Beispiel zeigen, was sich aus einem schlechten Werk lernen läßt?

Man lernt aus der Schlechtheit des Werkes selbst. Wenn die Orchestration schlecht ist, merkt man, warum sie schlecht ist; dann bleibt es ein ewiges Beispiel, wie man es nicht tun darf. Über die Form kann man auch viel auf diese Weise lernen. Grundsätzlich ist aber die Orchestration das wichtigste Gebiet. Was ich sehr häufig sehe und was mich immer wieder überrascht ist die große Anzahl von Partituren, die ich bekomme, in denen jede Artikulation fehlt. Viele junge und nicht mehr so junge Komponisten schreiben ihre Noten so, daß sie Tonhöhen und Rhythmen genau angeben, das Material irgendwie orchestrieren; dynamische Zeichen gibt es dann nur wenige und Artikulationszeichen gar keine. Dieser Partiturtyp macht zwei Drittel von dem aus, das ich erhalte. Ich verstehe nicht, warum das so gemacht wird. Für mich beginnt das Musikmachen mit der Artikulation. Sie ist das Wichtigste. Dann erst kommt der Rhythmus, anschließend die Dynamik, und ich würde sagen, daß die Tonhöhe am allerletzten Platz steht, also ganz im Gegenteil dazu, was man sich in der Musik allgemein vorstellt.
Auch in meiner Arbeit mit Dirigierstudenten stelle ich die Artikulation an die erste Stelle. Wir arbeiten immer gruppenweise, denn so lernen wir einfach viel mehr. Ich lasse zu, daß sie sich gegenseitig kritisieren. Das Klavier ist aus diesem Spiel ganz verbannt; im Dirigierunterricht ist sein Gebrauch verboten. Das Klavier ist der schlechteste Partner des Dirigenten, weil es ihm Dinge vorspielt, die er nie im Leben im Orchester hören wird. Darüber hinaus ist die Reaktion eines Pianisten gar nicht dieselbe wie die eines Orchestermusikers; der Pianist nimmt dem Dirigenten die Vorstellung von der Musik weg. Er löscht sie aus, indem er ihm etwas vorspielt; dann braucht er sich nichts mehr vorzustellen, denn es reicht völlig, wenn er in die Tasten greift, um die Stimmen mehr oder weniger synchron zu halten.
Andere Instrumente sind aber nicht verbannt, und einige sind mir sogar sehr willkommen. Es ist immer eine Freude, mit einem Geiger oder einem Klarinettisten zu arbei-

ten. Für den jungen Dirigenten ist es sehr wichtig, mit einigen Instrumentalisten (nicht Pianisten) zusammenzuarbeiten, denn er lernt dadurch zu reagieren und Anweisungen zu geben. Wenn die ganze Klasse zusammen ist, dirigieren sie immer singend. Sie müssen die Musik, die sie dirigieren, vorsagen, und diese Artikulation besitzt ein bestimmtes Textsystem. Es gibt gewisse Vokale und Konsonanten, mit denen die Musik genau artikuliert werden kann, und daraus ersieht man, daß ein Abschnitt nicht einmal eine feste Tonhöhe oder Melodie zu haben braucht. Das Wesentliche ist, daß der Dirigent seinen „Text" sagt. Wenn dieser Text erschienen ist, dann können Rhythmus, Dynamik usw. automatisch darübergelegt werden; dann versuchen wir, das Stück rein vorzusingen. Diese Reihenfolge ergab sich also aus der Praxis, und nicht umgekehrt.

In Deiner Einführung zum Film Le Balcon *(2001–02) hast Du gestern darüber gesprochen, wie sehr sich dieses Stück stilistisch von früheren Opern unterscheidet. Du wüßtest nicht, was Dein Personalstil sei, denn man müsse jedem Werk sein eigenes Idiom oder seinen eigenen Stil zurechtschneidern. Das scheint aber der Leichtigkeit zu widersprechen, mit der Du sogar zu einem vor dreißig Jahren komponierten Stück zurückfindest, um es zu korrigieren oder es um neue Ideen zu bereichern. Projizierst Du in solchen Fällen die neueren Spracherfahrungen in das alte Stück hinein, oder vervollkommnest Du die damalige Sprache im Besitz neuer technischer Kenntnisse?*

Beides. Daß Musik wie *Le Balcon* entstehen kann, kommt wahrscheinlich von meiner Liebe zum Film. Seit ungefähr zehn Jahren halte ich die Gestaltung der Klangmassen für meine wichtigste Aufgabe. In *Atlantis* (1995) habe ich zum ersten Mal eine neue Art von Orchestration erreicht: es war mir gelungen zu vermeiden, daß ein Orchester wie ein „Orchester" klingt. Da entstand eine Klangfülle ganz anderer Größenordnung. Das alles ging in erster Linie vom Ton des Surround-Sound-Kinos aus. Ich kann mich erinnern, wie bezaubert ich war, als ich zum ersten Mal in solch einem Kino saß. Die Töne strömten auf einen von jeder Richtung aus in einer solchen Menge zu – es war ein unglaubliches Erlebnis. Seitdem suche ich nach der Technik, die es ermöglicht, mit wenigen Musikern dieselbe Klangfülle zu erreichen. Das ist an sich nichts Neues, denn Mahler hat schon vor hundert Jahren dasselbe Tonbild und dieselbe Technik gesucht und auch gefunden. Ich aber kann nicht von der Mahlerschen Orchestration ausgehen, weil ich für mein eigenes Material ganz andere Tonbilder und musikalische Stile benötige. Es ist mir gestern abend aufgefallen, daß das Erlebnis der Tonfülle, die mir dieser Apparat[1] bringt, ungefähr dasselbe ist wie das, was ich erlebe, wenn ich dirigierend vor dem Orchester stehe. Für einen Dirigenten ist das Erlebnis der Tonfülle, der Tonquantität anders als für das Publikum im Saal. Auf mich strömen die Töne mit einer weit größeren Energie zu, weil ich mittendrin stehe.

Durch den Gebrauch von Mikrophonen und Lautsprechern können wir ein Tonbild erreichen, das bisher noch gar nicht möglich war, und zwar das „Nahehören". Ich stelle dem Wort „Lautsprecher" den „Leisesprecher" gegenüber, der es ermöglicht, das Mikrophon so nahe zur Tonquelle zu bringen, bis man den Ton genauso hört wie der Musiker, der ihn hervorbringt. Ein Geiger hört sein Instrument nämlich ganz anders, als

---

1   Die technische Einrichtung *MIDEM* wurde vom Budapest Music Center vorgeführt und den Balatonföldvárer Musik-Tagen zur Verfügung gestellt.

der Zuhörer im Saal es hört. Wenn wir aber das Mikrophon in die Position rücken, in der sich das Ohr des Geigers befindet, können wir dieses Klangerlebnis durch den Lautsprecher dem Publikum vermitteln. Das Publikum hört einen Klang, den es noch nie in einem Konzert erlebt hat. Das ist die Grundlage dafür, daß in meiner nächsten Oper, *Angels in America* [2002–04], die im Châtelet in Paris aufgeführt werden wird, jeder Sänger und jeder Instrumentalist ein Mikrophon erhält, das dem Publikum diesen leisen, intimen Klang vermitteln kann.

Du hast einmal gesagt, Du hättest vor den großen Orchesterwerken der neunziger Jahre nichts für Orchester komponiert, weil Deine Kenntnisse des Orchesters, von Deinen dirigentischen Erfahrungen her, größer waren als das, was Du als Komponist zu diesem Medium zu sagen hattest. Hattest Du es früher erfolglos versucht, oder wußtest Du, daß Du es noch nicht versuchen darfst?

1986 schrieb ich mein erstes Stück für eine größere Besetzung. Das war *Chinese Opera*, komponiert anläßlich des zehnjährigen Jubiläums des Ensemble InterContemporain. Damals sah ich meine Aufgabe darin, aus den 28 oder 29 Mitgliedern des InterContemporain die Klangfülle eines großen Orchesters herauszubringen (anscheinend ging es mir schon damals um die Klangfülle). Dazu boten sich verschiedene Techniken an. Die eine war die Stereo-Sitzordnung. Wenn man dieselbe Besetzung rechts und links aufstellt, ergibt das eine größere Klangenergie, weil dieselbe Anzahl von Musikern für den Zuhörer einen größeren Raum bespielt. Die Anregung dazu erhielt ich, als ich in der BBC ein Stück von Bernd Alois Zimmermann dirigierte. Bei diesem Werk [*Dialoge. Konzert für zwei Klaviere und großes Orchester* (1960, rev. 1965)] sitzen die Musiker weit auseinander, wie auf einem Schachbrett. In der Probe bei der BBC ließ ich aber die vier Flötisten nebeneinander sitzen, damit sie miteinander in Kontakt traten und damit jeder wußte, was der andere spielte. Wir haben also das Stück in der traditionellen Sitzordnung geprobt, dann wurde in der Pause das Orchester neu geordnet. So habe ich erfahren, was für einen Unterschied die Sitzordnung machen kann, was das Klangerlebnis und die Klangfülle betrifft.
Die andere Technik, durch die Klangenergie und Klangfülle hervorgerufen wird, ist natürlich der Gebrauch der Obertöne. Je größer die Anzahl verwandter Obertöne in einem Akkord ist, desto wirkungsvoller ist der Gesamtklang. *Chinese Opera* wurde nur für ein Quasi-Orchester geschrieben, doch wurde es schon orchestral konzipiert; das Werk hat sich bis heute gut behauptet. 1992 wurde ein anderes Orchesterwerk von mir, *Pierre-Idyll*, uraufgeführt. Wir haben es mit dem Frankfurter Rundfunkorchester gespielt, und es hat mir gar nicht gefallen. Wir spielten das Stück ein einziges Mal, dann klappte ich die Partitur zu und legte sie weg. Das war das negative Beispiel, das schlechte Stück, an dem ich gelernt habe, was ich nie mehr tun soll. Danach kam *Psychokosmos* (1993), das Stück, das mir das Erlebnis der sogenannten improvisatorischen Komposition gab, und dann stellte ich mich auf eine ganz andere Denkweise um. *Atlantis* komponierte ich von 1994 bis 1995; in zwei Jahren war es mir also prinzipiell gelungen, zu einer Technik zu finden, die meiner Meinung nach funktioniert.

Ich fühle mich ein wenig unwohl vor der nächsten Frage, denn es könnte sein, daß sie einer Indiskretion gleichkommt, die vielleicht in so einem öffentlichen Gespräch nicht am Platz ist. Am Ende von Judit Keles Portraitfilm The Seventh Door *sagst Du, daß Du die*

Leidenschaft nicht kennt. Die Leidenschaft triebe einen bloß hin und her, Du aber wolltest Deine Angelegenheiten, die Lenkung Deines Schicksals in die eigene Hand nehmen. Mir scheint das unglaubliche Ausmaß an Bewußtheit, mit dem Du Deine Karriere gestaltest, fast beängstigend. Hat diese Bewußtheit zu keinen Verlusten geführt? Oder erlebst Du das auf ganz andere Weise?

Auf ganz andere Weise. Was ich im Laufe meines ganzes Lebens erlebt habe, ist dieses: Es ergeben sich Situationen, und entweder erkennt man sie, oder man erkennt sie nicht. Ich gestalte meine Karriere nicht; vielmehr füge ich mich in das Karrierensystem ein, und dann führt ein Schritt zum nächsten. Das ist nicht dasselbe, wie eine Karriere aufzubauen, denn ich denke nicht so, daß ich in fünf Jahren da oder dort sein muß, und deswegen irgendwo hingehe, mich vorstelle, usw… Um ein banales Beispiel zu erwähnen: 1977, als ich in Deutschland lebte, hat das Orchester in Solingen den Musikdirektor-Posten ausgeschrieben. Ich ging zum Probedirigat und erhielt den zweiten Platz. Den Posten bekam ich nicht. Ich dachte mir: gut, es wird schon was anderes kommen, inzwischen arbeite ich weiter. Zwei Wochen später kam eine Einladung, das Eröffnungskonzert des IRCAM in Paris zu dirigieren. Ich ging hin. Boulez war auch da; er hörte sich die drei Proben an, und nach der dritten Probe lud er mich ein, Musikdirektor zu werden. Was wäre geschehen, wenn ich die Stelle in Solingen bekommen hätte? Was wäre geschehen, wenn ich an der Budapester Hochschule aufgenommen worden wäre? Das alles sind nicht Schritte, die man bewußt macht. Man muß und man kann das Leben einfach so nehmen, wie es ist. In einem gewissen Moment muß ich entscheiden, welchen Weg ich gehen soll, und dann gehe ich weiter in die gewählte Richtung. Meiner Erfahrung nach ist das Wichtigste, nie einen Rückschritt zu machen; man soll auch nicht weiter über einen getanen Schritt nachdenken. Bin ich bereits auf einem gewissen Weg, dann muß ich weitergehen, bis zur nächsten Kurve.

Gerne sprechen bei uns maßgebliche Persönlichkeiten über eine Endzeit unserer Kultur. Es gibt auch schaffende Künstler unter ihnen, und diese Erkenntnis kann sich gegebenenfalls auch auf ihre Werke auswirken, die Angst und Traurigkeit beinhalten. Atlantis *und* IMA *[„Gebet"] (2001–02) zeigen deutlich, daß auch Du an die Apokalypse und die letzten Tage unserer Zivilisation denkst. Doch scheint Deine Haltung angesichts der bevorstehenden Katastrophe keine tragische zu sein. Einige Deiner Werke greifen auf archaische Schichten der menschlichen Kultur zurück, und zugleich bezeugen sie Dein Interesse an Science-fiction. Dieser Faszination zieht sich – von* Kosmos *(1961/99) bis hin zu* Atlantis *und* IMA *– durch Dein Gesamtwerk, ist seit Deiner Kindheit aktuell geblieben. Vielleicht ist es vom Standpunkt des Kosmos aus gesehen gar nicht so tragisch, was mit unserer europäischen Kultur geschieht?*

Als ich an meiner Oper *As I Crossed a Bridge of Dreams* (1998–99) arbeitete, deren Text von einer japanischen Frau im Jahre 1008, also vor tausend Jahren, geschrieben wurde (sie war Dichterin und kaiserliche Hofdame in Japan), fand ich, daß sie in ihrem Buch lauter Dinge erzählt, die so sind, als wären sie heute geschrieben. Ihre Gefühlswelt, ihre Sprache, ihre Begegnungen – das war alles so identisch mit der heutigen Denkweise und Gefühlswelt. Das zeigt, wie sich Kulturen entwickeln, daß sie von einem Punkt ausgehen, einen Gipfel erreichen, wonach ihr Niedergang einsetzt. In allen Großkulturen sind diese Gipfelpunkte gleichwertig. Was die japanische Kultur vor tausend Jahren erreicht hat, erscheint uns heute als vertraut, weil unsere kulturelle Entwicklung heute ungefähr auf dem gleichen Niveau steht. Die Situation in Ägypten war wahrscheinlich ähnlich, und wenn es Atlantis gegeben hat, dann könnte die Kultur von Atlantis auch so gewesen sein. Wichtig ist die Periode, in der sich Kulturen entwickeln, ist der Zeitpunkt, an dem sie ihren Gipfelpunkt erreichen, und die Zeit ihres Niedergangs. Insofern müssen wir immer über das Verschwinden der Kulturen sprechen; der Vorgang ist dramatisch, aber nicht tragisch. Natürlich ist es wichtig, in welche Phase der kulturellen Entwicklung man hineingeboren ist. Ich meinerseits würde nicht gerne im Mittelalter leben, aber gerne in der Renaissance, deren geistiges Klima ich sehr gut akzeptieren könnte. Ich hätte mich bei den Griechen sicher wohl gefühlt, in Rom bin ich nicht mehr so sicher, die Ära der japanischen Entwicklung hätte mich wahrscheinlich interessiert ...

Ein jeder muß es selber erfahren und sich entscheiden, ob er die Kultur in ihrer gegenwärtigen Phase irgendwie voranbringen kann, ob er diese Phase annimmt, so wie sie ist, oder ob er sich lieber in eine andere Gesellschaft wünscht. Das Spezielle am Aufbau der heutigen Welt ist (natürlich ist es möglich, daß es schon immer so war), daß sehr viele kulturelle Niveaus zur gleichen Zeit existieren. Für uns bedeutet Atlantis die ewige Hoffnung, daß es einmal eine ideale Welt gegeben hat und daß wir wieder einmal so etwas wie die einstige Hochkultur von Atlantis erreichen könnten. Am Ende eines jeden Satzes von *Atlantis* spielen die Streicher Musik aus dem siebenbürgischen Dorf Szék. 1992 oder 1993 hat Pál Schiffer einen Dokumentarfilm über Siebenbürgen gedreht. In diesem Film stellt sich heraus, daß die junge Generation sich nicht mehr für ihre eigene Kultur interessiert. Wenn sie tanzen wollen, gehen sie nicht ins traditionelle Tanzhaus, sondern in die Disco; überhaupt verliert sich die Pflege jener Kultur, die zu Bartóks Zeit noch lebendig war, dermaßen, daß in einigen Jahrzehnten die fundamentale Kultur Siebenbürgens verschwunden sein könnte. Und zwar nicht infolge irgendeines politischen Drucks, sondern infolge eines Mangels an Interesse. Deswegen kam Széker Musik an das Ende jedes Satzes wie ein Refrain: sie ist eine der Kulturen, die vom Untergang bedroht sind.

Wenn man sich beide Werke nacheinander anhört, wird es klar, daß IMA *die Fortsetzung von* Atlantis *ist, sowohl vom Klang als auch von der Behandlung der Klangmassen her. Du hast einmal auf den dramaturgischen Faden hingewiesen, der vom künstlichen „Unterwasserchor" in* Atlantis *zum wirklichen Chor in* IMA *führt ...*

Atlantis habe ich 1994 komponiert, das Projekt hatte mich aber schon seit 1966 beschäftigt, als ich zum ersten Mal das Gedicht *Néma zene* [„Stumme Musik"] von Sándor Weöres las. Dieses Gedicht ist graphisch so angeordnet, daß sich ein Doppelgedicht ergibt: ein Gedicht innerhalb des Gedichts. Die Teile in der Mitte der Zeilen haben ihren eigenen Sinn.

      für die unsichtbare *Atlantis* die unsichtbare reine Welt
    die nicht mit den Jahren *versank* in Schäumen
        für *die* faltenlose *Zeit in der* Liebe die sich ständig verdunkelte
           so gebar sie *es geschah* das gebrochene Ich den blinden Weltlosen
              und der Körper *weiß* nicht wagt auch nicht mehr sie ineinander aufzulösen
aus dem Nichts ruft schrill *niemand* ruft der[2]

Das war der Teil, der mich am meisten interessierte, denn in jenem Moment wurde es mir klar, daß sich diese Dualität der linearen und vertikalen Lektüre auch musikalisch realisieren ließe. Zuerst dachte ich an einen Kinderchor. Die vertikale Lektüre ergibt: „*Atlantis versank die Zeit in der es geschah weiß niemand*". Diesen inneren Text entfaltete ich im zweiten Satz mit dem Knabensopran und dem Bariton. Der Bariton singt die horizontalen Linien, das Kind die vertikalen. Weöres schreibt am Ende des Gedichts: „Wirbel dreht sich, Wirbel dreht sich" – kontinuierlich, wie eine Tapete. Bei mir erschien dieser Wirbel 1966 so, daß ich mir Bewegungen vorstellte, die zwischen den hohen und den niedrigen Tönen wirbelartig zum Zentrum führten. Bildhaft war das sehr einfach, ich konnte es aber bis zum heutigen Tag nicht ins Zeitliche umsetzen. Ich habe mich gut zwei Jahrzehnte lang mit dem Problem herumgeschlagen, bis ich es endlich ganz zur Seite schob und mich *Atlantis* auf ganz andere Weise näherte. *IMA* gehört auch mit zu diesem Gedicht; es ist in einer Nonsens-Sprache geschrieben, in einer Art seltsamen „Ursprache", in der sanskritische, lateinische und verschiedene exotische afrikanische Sprachen vermischt sind. Der archaische Charakter dieser Sprache zog mich an. Der Klang basiert auf eine einzige Formel, die ganz einfach ist: zwei Quinten sind nebeneinandergestellt, z. B. C–G und As–Es, eine kleine Sekunde höher, also ganz unmittelbar miteinander verbunden. Wenn ich die Noten neu ordne, in der Reihenfolge C–As–G–Es, dann sind es zwei kleine Sexten; die Noten bleiben dieselben, aber ihre Spannungsverhältnisse sind ganz anders. Der Punkt zwischen G und As interessierte mich am meisten; das ist eine Schwingung, die eine Doppelfunktion haben kann, und das ist die Basis von *IMA*.

Für mich ist es hochinteressant, daß sich der Grundgedanke Deiner Werke in ein paar Noten und Intervallstrukturen zusammenfassen läßt. Ich war verblüfft, als ich hörte, wie Du die ganze Dramaturgie der Drei Schwestern *auf eine einzige Dreifalt zurückführen konntest – auf eine Dreiklangformel, also auf ganz einfache Intervallverhältnisse.*

Laß mich noch etwas über *Atlantis* sagen, das damit zusammenhängt. Der Sage nach waren die ersten zehn Könige von Atlantis fünf Zwillingspaare. Die Mutter hieß Kleito, der Vater Poseidon, und einer der Söhne des ersten Zwillingspaares war Atlas. Der erste Buchstabe von Atlas ist „A", der letzte „Es", und das habe ich als Symbol verwendet, weil das ganze Stück mit den Tönen A und Es beginnt, die ja auch das Wort „Atlantis" umrahmen. Der erste Akkord, der von den Streichern aufgestellt und vom Knabensopran gesungen wird, ist eine zehngliedrige Serie von verminderten Quinten. Es gibt fünf Zwillingspaare, und jedes wird von einem Tritonus repräsentiert. Die ganze Zahlenmystik von *Atlantis* basiert auf den Zahlen Fünf und Zehn; deswegen ist das Stück mit fünf Flöten besetzt. Ja, jedes Instrument kommt fünf- oder zehnmal vor. Solche Symbole, die ich sehr stark finde, helfen natürlich nur mir beim Komponieren, da sie einen Anhaltspunkt geben, mit dessen Hilfe ich in irgendeine Richtung weitergehen kann.

Was sind Deine nächsten Kompositionspläne?

---

2 Deutsche Übertragung von Erika Regös; für das Original von Sándor Weöres siehe in diesem Band, S. 14 ff.

Ich arbeite gleichzeitig an zwei verschiedenen Werkketten. Die erste Kette ist die Serie von Opernplänen, die in einer bestimmten Zeitspanne verwirklicht werden müssen. Es gibt Pläne, für die die Zeit gar nicht ausreicht, andere sind so wichtig, daß sie auf jeden Fall verwirklicht werden müssen. Meine erste Oper, *Drei Schwestern*, wurde für die Lyoner Oper geschrieben, die zweite, *As I Crossed a Bridge of Dreams*, für das Donaueschinger Festival, die dritte, *Le Balcon* (2002–04), für das Festival von Aix-en-Provence. Die Premiere von *Angels in America* (2002–04) wird nächsten November [2004] im Châtelet in Paris stattfinden. Über die nächsten Opernprojekte verhandle ich schon seit zwei oder drei Jahren; denn die Komposition eines Stückes kann sechs bis zehn Jahre dauern. Ich schreibe ein neues Werk für die Lyoner Oper, und zwar auf einen persischen Text. Es handelt sich um einen Einakter nach einer Novelle eines in Paris lebenden afghanischen Schriftstellers. Das nächste Projekt, für die Sommersaison in Glyndebourne, behandelt den Kurzroman von Márquez: *Liebe und andere Dämonen*. Ein weiteres Projekt ist für 2010 an der Staatsoper München geplant – das Thema ist noch nicht bestimmt, aber ich wurde gebeten, vom groß besetzten Chor des Opernhauses Gebrauch zu machen.

Die zweite Werkkette besteht aus orchestralen Werken, bzw. Konzerten. Seit Januar arbeite ich an einem Klavierkonzert für Pierre-Laurent Aimard [*CAP-KO, Concerto for Acoustical Piano, Keyboard and Orchestra* (2005)]. Da wird zu jedem Ton, den der Pianist spielt, gleichzeitig ein anderer Ton hinzugefügt. Die Distanz zwischen den beiden Tönen wird von einem zweiten Spieler auf einem anderen Tasteninstrument kontrolliert: es kann eine Quarte sein oder auch ein Ton, der drei Oktaven höher liegt. Das Wesen dieses „doppelten" Tons ist dasselbe, wie bei der Mischung zweier Farben, wenn eine neue Qualität, eine neue Farbe entsteht. Sämtliche Parameter des vom Pianisten gespielten Tons werden auf den anderen Ton übertragen, das heißt, beide Töne erklingen genau im selben Moment, mit genau derselben Energie. Mit zwei Händen könnte das kein Pianist so verwirklichen. Es entsteht ein „Farbenklavier", bei dem das Intervall die Tonfarbe bestimmt. Technisch ist die Aufgabe nicht kompliziert, doch von der Kompositionsarbeit her ist sie sehr schwierig, denn alle Möglichkeiten stehen offen, und ich muß die ganze Skala „bespielen", um zu wissen, welche Intervalle die richtigen sind. Diese Technik betrifft natürlich nicht einstimmiges Material; wenn der Pianist zehn Töne spielt, klingen deren zwanzig, die alle zusammenpassen müssen. Ein anderes Projekt betrifft ein violinkonzertartiges Stück, das 2007 in Luzern uraufgeführt wird – eine Art Requiem für die sieben abgestürzten Astronauten der Columbia-Katastrophe im Jahr 2003 [*Seven (Memorial for the Columbia Astronauts)* für Solo-Violine und Orchester (2006)]. Es gibt noch ein weiteres Konzertprojekt für zwei Klarinetten (für Sabine und Wolfgang Meyer) und Streichorchester. Das sind also die Pläne für die nächsten sechs Jahre.

Zum Schluß möchte ich zu der Tatsache zurückkehren, daß Du künftig doch mehr Zeit als bisher in Ungarn verbringen wirst. Ich denke an Béla Hamvas[3]*, der in* Arlequin *schreibt: „Man kann das Leben nicht von anderen Leuten ‚wegleben'. Je intensiver man lebt, desto zugänglicher macht man dieses intensive Leben auch anderen." In diesem*

---

3   Béla Hamvas (1897–1968), einflußreicher ungarischer Philosoph und Schriftsteller.

Sinne freue ich mich ganz besonders, daß Dein sehr intensives Leben sich künftig in größerer Nähe zu uns abspielt.

Balatonföldvár, 2004

Projektionen
Peter Eötvös im Gespräch mit Ulrich Mosch über *Shadows* (1995–96/1997)

Ulrich Mosch: Guten Abend, ich begrüße Sie zu diesem Gespräch. Vielen Dank Peter Eötvös, daß Sie bereit sind, nach diesem langen Probentag noch ein wenig über Ihr Stück Shadows, *das Sie hier in der Ensemblefassung mit dem Ensemble für Neue Musik der Musikhochschule Basel einstudieren, zu sprechen. Ich fand die Probe sehr eindrücklich. Mein Kompliment an die Musikerinnen und Musiker. Das ist kein einfaches Stück. Ich hätte nun verschiedene Fragen, zunächst einmal zum Titel des Werkes. Dieser Titel hat eine musikalische und eine metaphorische Bedeutung. Die musikalische Bedeutung liegt darin, daß – wie Sie in der Partitur schreiben – die beiden Soloinstrumente Flöte und Klarinette mit instrumentalen „Schatten" ausgestattet sind: die Flöte mit dem Schatten der Holzbläser, die Klarinette mit jenem der Blechbläser plus Saxophon. Und wenn ich richtig gehört habe, ist diese Schattenfunktion unmittelbar nachzuvollziehen. Im ersten Satz zum Beispiel spielt die Klarinette immer wieder einen Ganztonleiter-Ausschnitt mit abschließendem Halbton, der von den Blechbläsern ein Stück weit übernommen, begleitet wird. Was steckt hinter dieser Idee, mit instrumentalen Schatten zu arbeiten?*

Das ist eine Erinnerung an meinen Sohn, der mit fünfundzwanzig Jahren starb. Direkt danach habe ich das Stück geschrieben: Mit „Schatten" ist eigentlich die Schattenwelt gemeint. Ich kann mir vorstellen, daß mein Sohn sich irgendwo in der Schattenwelt bewegt. In direkter Übertragung auf die akustische Verhältnisse können Schatten konstruiert werden. Daher kommt diese Idee eines Klangschattens. Dies ermöglicht, daß ein Klangobjekt viele Schatten werfen kann, im Gegensatz zum optischen Phänomen, wo es wirklich nur ein Objekt und dessen schwarzen Schatten gibt – ein optischer Schatten kann keine weitere Schatten produzieren, oder kann er das vielleicht doch?

Aus dem Publikum David Johnson: Natürlich, es gibt alle Grade von Lichtdurchlässigkeit.

Jedenfalls kann ich mir akustisch vorstellen, daß ein Schatten noch einen anderen Schatten produziert, daß in mehreren Stufen schattiert wird. Daher kommt auch die merkwürdige Sitzordnung, wonach die Holzbläser und Blechbläser mit dem Rücken zum Publikum sitzen. Dadurch erreiche ich einen indirekten Klang. Die Solisten befinden sich sozusagen an den Fokuspunkten des akustischen Geschehens. Theoretisch habe ich es mir so vorgestellt, daß, wenn sie leise und ganz nahe am Mikrophon spielen, im Saal der Klang wenig oder möglichst gar nicht direkt zu hören ist, sondern nur von hinten und von der Seite über die Lautsprecher. Und wenn sie laut spielen, abgewandt vom Mikrophon, dann kommt der Klang in natürlicher Lautstärke direkt von der Bühne her. Diese Raumklangänderungen können die Spieler selber regeln, anstatt einen Tonmeister haben zu müssen, der dann ein- und ausblendet. Im augenblicklichen Stadium der Probearbeit ist es für diese Dinge allerdings noch viel zu früh. Je größer der Saal ist – ein großer Saal wie zum Beispiel in Wien das Konzerthaus –, desto größer ist der Effekt natürlich. Da kann der leise Ton im direkten Klang der anderen Instrumente untergehen, und man hört eher die Lautsprecher. Die ersten Schattenkontakte bestehen, wie Sie schon sagten, zwischen den Solisten und der entsprechenden Bläsergruppe. Und dieser Klang, den die Bläser produzieren, wird dann in meiner Vorstellung über Kreuz zu den Streichern nach hinten projiziert. Deswegen sitzen die Streicher auch ganz hinten. Daß die Streicher aus der Entfernung kommen, hat in größeren Sälen noch mehr Wirkung. Sie können dann ruhig laut spielen, und es kommt trotzdem von weit her. Weitere Schattenverhältnisse bestehen noch zwischen der kleinen Trommel und der Paukengruppe hinten, so daß eine Art Klangschatten und eine Abstufung von hohen Tönen und tiefen Tönen entsteht, und auch die Celesta wäre eine Art Nachklang zu den beiden Solisten. Sie verbindet und produziert einen Klangraum hinter den Solisten. Das ist die Aufstellungsidee.

Ulrich Mosch: Die Klänge sind symmetrisch verteilt. Und sie haben ausdrücklich vorgeschrieben, daß die Flöte von links aus den Lautsprechern kommen soll und die Klarinette von rechts und die Schlagzeugsolisten von beiden Seiten. Hier im Saal hat das auf den hinteren Plätzen gut gewirkt. Wenn Publikum da ist und daher der Nachhall reduziert ist, wird die Wirkung, denke ich, noch stärker sein. Für mich war frappierend, daß manchmal eine Art Ping-pong entsteht, wenn die Soloinstrumente miteinander abwechseln, so daß man zwischen den beiden Seiten hin und her gerissen wird oder hin und her springt. Wenigstens in Ansätzen gab es auch das Wandern des Klangs. Aber: Warum Flöte und Klarinette? Man könnte sich bei einer solchen Anordnung auch gut vorstellen, mit zwei wirklich symmetrischen Instrumentengruppen zu arbeiten. Sie haben verschiedene Instrumente ausgewählt, auch sehr verschiedene Schattengruppen, die sehr eigen zusammengesetzt sind, bei den Blechbläsern etwa mit Saxophon. Was steckt dahinter?

Die Besetzung der beiden Soloinstrumente war gegeben. Ich hatte einen Auftrag erhalten für die Flötistin Dagmar Becker und den Klarinettisten Wolfgang Meyer, und dadurch, daß die beiden damals verheiratet waren, entstand eine Art „Familienkomposition" und eine etwas feinere Abstufung zwischen den beiden Rollen. Auf jeden Fall aber war diese Besetzung gegeben. Und die Bläser konnte ich nicht anders sinnvoll gruppieren als in Holz und Blech. Wenn ich beides vermischt hätte, hätten die Klangschatten der Solisten weniger Eigencharakter gehabt. Die Besetzung der Holzbläsergruppe ist sowieso schon ungewöhnlich: keine Flöte, nur Pikkolo, Oboe und Fagott selbstverständlich, aber dann kommen nur noch eine Baßklarinette und eine Kontrabaßklarinette hinzu. Diese Besetzung findet man selten. Und auf der anderen Seite gesellt sich zu den Blechbläsern ein Baritonsaxophon: Das ist ein wunderbares Instrument, weil es gewissermaßen die Funktion der Celli übernehmen kann. Ich hatte es einmal in Frankfurt gehört und bemerkt, daß es sechs Celli ersetzt. Wenn der Spieler einmal unten richtig auf dem C ein Forte spielt, dann brauchen wir also sechs Celli weniger. Sehr praktisch. Das Baritonsaxophon wie überhaupt das Saxophon ist bei mir ein Hauptinstrument in der Instrumentation. In letzter Zeit schreibe ich in jedem Orchesterstück auch für Saxophon. Einmal war ich von Bartók überrascht: Im *Holzgeschnitzten Prinzen* (1914–16) schreibt er für zwei Saxophone [Altsaxophon und Tenor- bzw. Baritonsaxophon], vermutlich um einen etwas süßeren Klang zu erreichen. Sie spielen nur ungefähr zwanzig Takte. Für mich war es ein großes Glück, als ich vom London Symphony Orchestra einen Auftrag bekam und die Besetzung durch das Programm gegeben war, das auch Bartóks *Holzgeschnitzten Prinz* beinhaltete. So durfte auch ich für

Saxophon schreiben, und ich habe gleich beide verwendet. Seit fünf, sechs Jahren kommt nun in jedem meiner Stücke das Saxophon vor. Ich verstehe eigentlich nicht, warum es nicht zu einem regulären Orchesterinstrument geworden ist. Ich finde, das Saxophon hat einen wunderbaren Klang, der im Orchester fehlt. Es existiert seit hundertfünfzig Jahren, wird aber trotzdem nicht regelmäßig verwendet. Gott sei Dank beschäftigen Orchester gerne Saxophonisten als Aushilfen.

Die Streicher sind symmetrisch besetzt. Ich hatte zuerst eine andere Version des Stückes gemacht, in der die Streicher doppelt so groß besetzt sind. In der ursprünglichen Version für Orchester haben wir zehn und zehn Streicher, jetzt sind es nur fünf und fünf. Dafür habe ich einen anderen dritten Satz geschrieben. Der Anfang für die Streicher klingt anders als in der Orchesterfassung. Die Wirkung ist ähnlich, aber es ist keine einfache Reduktion auf die Hälfte. Es ist wirklich neu geschrieben.

Ulrich Mosch: Darf ich zum Anfang des dritten Satzes – die einzige längere Stelle, wo die beiden Solisten ganz schweigen, wo nur die anderen Gruppen in Aktion sind, anfangs nur die Streicher, später kommen die Bläser dazu – darf ich dazu etwas fragen: Ich habe gelesen, daß dahinter eine Art Totentanz, eine zeremonielle Form steckt. Gibt es ein konkretes Modell, oder sind das nur Anspielungen?

Es ist eigentlich eine Mischung. In verschiedenen Kulturen gibt es Begräbniszeremonien, in denen man für den Verstorbenen tanzt. Diese Tänze sind nicht für den Tanzenden gedacht, sondern für den Verstorbenen, für ihn wird getanzt. Und deswegen handelt es sich meistens um langsame Tänze. In unserem Fall vertritt die Klarinette den Tanzenden in der Kadenz, und die Flöte ist die Erzählende. Was sie spielt, kommt eigentlich aus einem transsylvanischen Instrumentalstil. Es ist kein direktes Zitat, aber stilistisch gesehen entspricht es dem, was in Transsylvanien von einer Geige oder einem Pikkolo oder einem blockflötenartigen Instrument gespielt wird. Was der Klarinettist spielt, entstammt der rhythmischen Struktur nach den ungarischen langsamen Tänzen. Das betrifft zuerst einmal die synkopische Haltung: Der zweite Takt kommt genau auf der Eins, und der Auftakt zu dem Hauptschlag ist in der Tanzform ein Aufschlag mit der Ferse. Das ist das Verhältnis: Die Klarinette ist der Tänzer und die Flöte die Erzählerin in dieser Geschichte.

Ulrich Mosch: Die ersten beiden Teile des dritten Satzes empfindet man vom Charakter her als komplementär. Nach dem sehr düsteren Beginn mit den Streichern, der zum einen durch Cluster und zum anderen durch zahlreiche Pralltriller und andere Triller, die das Geräuschhafte noch verstärken, geprägt ist und manchmal fast ins Diffuse übergeht, steht eine lange deutlich und klar artikulierte Duokadenz.

Ja, sie ist sehr durchsichtig.

Ulrich Mosch: In dieser Kadenz gibt es nun in der Ensembleversion Stellen mit einem pulsierenden, in sich bewegten Klang, der in der Fassung für Kammerorchester als gerader, stehender Klang erscheint.

Tatsächlich? Das ist schade. Daran erinnere ich mich im Moment nicht genau.

Ulrich Mosch: Dadurch, daß die langen Klänge hier in sich bewegt erscheinen, ergibt sich eine ganz neue Qualität.

Es hat hier eine tänzerische Gestik.

Ulrich Mosch: Noch einmal zur Frage der Fassungen: Ein weiterer Unterschied sind die zahlreichen Wiederholungen einzelner Taktgruppen im zweiten Satz, die wie Loops oder Schleifen erscheinen.

Die sind inzwischen auch in die Kammerorchesterfassung übernommen. Es gab eine frühe Partitur, in der diese Wiederholungen noch nicht enthalten sind. Aber schon auf der CD, die wir aufgenommen haben, sind sie enthalten.[1] Hans Zender hat die Uraufführung in Baden-Baden dirigiert, und dort lag noch die erste Version vor. Danach habe ich es geändert.

Ulrich Mosch: In der Orchesterversion, die ich nur von CD kenne, wird der Anfangsteil dieses Satzes wiederholt. Aber die späteren, zum Teil lang laufenden Loops fehlen noch. Was war die Motivation für diese Änderung? Es gibt ja auch auskomponierte Wiederholungen, und des weiteren gibt es Wiederholungen bestimmter Takte oder Figuren fünf oder acht Mal. Was war die Motivation, diese Teile gegenüber dem ursprünglichen Satz zu erweitern?

In diesen Takten gibt es, wenn man das deutlich ausspielt, sehr komplexe rhythmische Gestalten. Und die kamen so schnell nacheinander, daß man sie nicht gut genug wahrnehmen konnte. Einzeln gespielt hört man das. Aber wenn so viele unterschiedliche rhythmische Strukturen schnell nacheinander kommen in diesem schnellen Tempo, dann geht das wie im Nu vorbei, und ich fand das schade. Deswegen habe ich jene Takte, wo die Rhythmik interessant war, einfach so oft wiederholt, bis ich dachte: Aha, jetzt hat man verstanden. Und dann geht es zum nächsten, und auch dieser wird wiederholt. Wo es einfach ist, verweilt man nicht, sondern geht gleich weiter.

Ulrich Mosch: Genau dem entspricht ja auch die Zeiterfahrung des Hörers: Man geht voran, und dann bleibt man plötzlich für eine Weile hängen. Es ließe sich auch anders ausdrücken: Wo nötig, kann man ganz dicht herangehen, sozusagen auf ein Detail zoomen.

Das war mir beim Komponieren noch nicht bewußt. Ich habe das Stück anfangs nicht dirigiert, sondern Zender. Und dann sitzt man unten im Publikum und denkt: Ach, schade, das habe ich jetzt nicht gehört; man sollte es wiederholen, dann hört man es besser.

Ulrich Mosch: Mir als Hörer leuchtet das sehr ein, auch die Zeiterfahrung: das plötzliche Hängenbleiben, und ebenso plötzlich geht es weiter, wie auf einer Schallplatte, wo die Nadel in einer Rille hängenbleibt und dann plötzlich weitergeht.

Ja.

---

1 Vgl. die CD BMC Records CD 007.

Ulrich Mosch: Mich würde noch eine Sache interessieren, und zwar die Funktion des Hi-Hats und der Sizzle Cymbal. Nicht zu überhören ist ja, daß diese Instrumente die Funktion haben, die Form zu artikulieren. Sie treten an formal wichtigen Stellen, also am Satzanfang oder am Satzschluß in Erscheinung. Roland Moser verwendete gestern im Seminar das sehr schöne Bild des sich öffnenden und später auch wieder schließenden Mundes.[2] Das ist ja nicht schematisch immer so. Der dritte Satz etwa fängt anders an mit großer Trommel und Pauke, und am Ende des zweiten Satzes erscheint das Hi-Hat vor der letzten Aktion der kleinen Trommel. Ist das wirklich so zu verstehen, daß dieses Ende des zweiten Satzes eine Vorbereitung auf den dritten Satz ist?

Ja, als Auftakt.

Ulrich Mosch: In der Ensemble-Version kommen dann aber 25 Sekunden Pause, die Sie jetzt in der Probe natürlich weggelassen haben.

Ich habe nur in der Probe darauf verzichtet. Im Konzert werde ich die Pause, den Moment der Stille, selbstverständlich einfügen.

Ulrich Mosch: Das heißt, die kleine Trommel klingt hier in die Stille hinein ...

Ja, es gibt eine Stille für 25 Sekunden, und dann kann es weitergehen.

Ulrich Mosch: Das ist eine sehr lange Pause. Walter Levin sagte einmal, als er über die langen Pausen im Streichquartett von Luigi Nono sprach, wo es auch 17 Sekunden, 15 Sekunden, 12 Sekunden Pause gibt, wenn man auf der Bühne sitze, empfinde man das als sehr sehr lang ...

... das *ist* extrem lang ...

Ulrich Mosch: ... und man denke eigentlich immer viel zu kurz. Hören Sie das an einer solchen Stelle innerlich organisch aus?

Ich zähle die Pause nicht durch, sondern warte eine Zeit ab, die ich noch erträglich finde. Man spürt auch die Erwartung des Publikums, man ist in Kontakt mit dem Publikum in dem Moment. Es hängt auch davon ab, wie diese zwei letzten Takte vorher gespielt werden. Wenn sie gut klappen, dann kann man die Pause länger halten, wenn sie nicht gut klappen, dann muß man schneller weitergehen, weil dann kein Auftakt entstanden ist. Deswegen lohnt es sich nicht, diese 25 Sekunden zu zählen, man muß die Idee dahinter erfassen: mein Sohn war damals fünfundzwanzig Jahre alt, als er verstarb. Es ist einfach eine Art Huldigung: jetzt Stille für Dich – und jetzt weiter, jetzt tanzen wir, jetzt kommt die Zeremonie.

Ulrich Mosch: Beim Proben eben konnten wir erleben – das mit der kleinen Trommel ist unglaublich heikel.

Ja, das ist heikel.

---

2   Seminar *Der Komponist Peter Eötvös*; siehe in diesem Band, S. 310.

Ulrich Mosch: Wenn der Schlegel eben nicht gut fällt, dann ist ...

... dann ist es aus.

Ulrich Mosch: Als Komponist und als erfahrener Dirigent, Sie haben selbst auch Schlagzeug gespielt, kennen Sie alle diese Schwierigkeiten. Und beim Komponieren ist ja im Bewußtsein, daß es schwer ist. Das schließt zunächst einmal ein Vertrauen in die Musiker ein, dann aber auch die mögliche Überraschung im Moment der Aufführung.

Diese Stelle ist sehr ungewöhnlich für die Spieler. Ich habe noch kein anderes Stück kennengelernt, in dem diese Spieltechnik der kleinen Trommel benutzt wird. Ich gehe davon aus – und das kommt aus meiner Erfahrung als Spieler der kleinen Trommel –, daß die Spannung des Trommelfells am Rand viel größer ist, und daß daher die Töne, die näher am Rand gespielt werden, höher klingen. Von dort kann man millimeterweise nach unten gehen, und wenn man es gut ausspielt und gut hinhört, dann kann man wirklich tonleiterartig – die Feineren schaffen es vielleicht chromatisch, andere diatonisch oder zumindest pentatonisch – herunterkommen. Etwa ab drei, vier Zentimetern Entfernung vom Rand hört das auf, da der Kessel seine Wirkung entfaltet. Dann wird nur noch der Kessel angeregt, und dadurch sind alle Töne fast gleich. Es gibt zwar noch kleine Abstufungen, aber die letzten drei Zentimeter vor dem Rand sind am interessantesten für die Tonhöhenerzeugung. Besonders wenn dieser Bereich mit dem Mikrophon abgetastet wird, sind die Tonhöhen absolut klar zu vernehmen. Das ist eine neue Erfahrung für die Musiker, auch im Bereich der Sinfonieorchester: Die haben so etwas noch nicht gemacht, aber sie mögen das sehr. Sobald diese Stelle kommt, sitzen sie stundenlang da und probieren nochmal und nochmal.

Ulrich Mosch: Etwas von den Möglichkeiten konnte man hier bei den verschiedenen Versionen schon hören. – Ich hätte noch eine Frage zum ersten Satz, wo die beiden Soloinstrumente sehr verschiedenes Material spielen: die Klarinette aufsteigend schnelle Ganztonleiterausschnitte, die Flöte ebenfalls Ganztonschritte, aber ganz langsam. Sie mißt den Klangraum sozusagen nach oben aus, geht immer in kleinen Schritten aufwärts, die dann irgendwann immer gebrochen werden. Nun haben Sie die beiden Instrumente zu Beginn mit zwei sehr verschiedenen Charakterbezeichnungen versehen: Bei der Klarinette steht „luftig, leicht", also das Hingehauchte, bei der Flöte „atemlos, hastig".

Das meinte ich, als ich sagte, es handele sich um eine „Familienbeziehung". Diese Bezeichnungen entsprechen den Charakteren der Spieler, das Stück ist ein Doppelportrait.

Ulrich Mosch: Für mich ist bei der Flöte, wenn ich das so höre – sie arbeitet ja mit ganz verschiedenen Mitteln: Intonationstrübungen durch Ausdrehen oder Eindrehen des Instruments, dann die Klangverfärbungen durch mehr Luft ...

... durch Erhöhung des Luftanteils. Das kommt sehr schön zur Geltung, besonders wenn man mit Mikrophon arbeitet. Auf der Flöte kann man wunderbar dosieren von tonlos, nur Luft, über eine graduelle Zunahme des Tonanteils bis hin zur klassischen Spielweise, in der man versucht, absolut nebenluftlose Klänge zu erzeugen. Die klassische Vorstellung besteht darin, einen möglichst geräuschlosen Klang zu erzeugen. Seitdem die Volksmusikspielarten und auch die des Jazz nicht mehr verboten sind, wagen auch klassische Musiker, dies auszuprobieren. Sonst ist das bis heute verboten: Ein klassischer Flötist darf solche Töne nicht spielen! Ich mußte mir schon anhören, daß jemand seinen Ansatz verliere, wenn er so spiele. Um Gottes willen.

Aus dem Publikum David Johnson: Es ist sehr schwer zu dosieren. Man konnte es vorhin beim Pikkolo hören, weil dann die Tonhöhe verschwindet.

Ulrich Mosch: Mir fiel beim Hören der Probe noch auf: Der vorgeschriebene Eindruck des Atemlos-Hastigen stellte sich vergleichsweise wenig ein, trotz der Geräuschhaftigkeit der Flöte.

Das liegt noch an der Spielweise, es ist noch nicht völlig ausgearbeitet. Was fehlt, ist die Projektion, die Ausstrahlung, etwas, was in der Hochschularbeit sehr wichtig ist. Ich versuche mitzuteilen, daß ein dreifaches Pianissimo keinesfalls heißt, den Ton nach innen zu nehmen, zu verschlucken. Es müßte so gespielt werden, daß es noch in der letzten Reihe als dreifaches Pianissimo ankommt. Es ist sehr schwer, sehr leise zu spielen und trotzdem zu projizieren. Diese Projektion ist im Moment noch nicht da; sie geht nur nach innen und noch nicht nach außen.

Ulrich Mosch: Der Unterschied zwischen Intensität und Lautstärke ...

Ja. Er ist etwas leichter zu verstehen, wenn man mit Schauspielern arbeitet, die auf der Bühne stehen und denen man sagt, sie sollen flüstern: Sie beginnen zu flüstern, und man versteht zunächst noch gar nichts. Wenn man ihnen sagt, sie sollen so flüstern, daß man es noch draußen verstehen kann, beginnen sie scharf artikulierend zu sprechen, und man versteht sofort. Sehr laut zu flüstern, das ist es, was hier gemeint ist, mit viel Luft und pianissimo spielen, so daß es nach draußen trägt.

Aus dem Publikum Marcus Weiss: Man spricht rein technisch auch von schneller Luft, also nicht nur viel Luft ...

Man kann sehr leise spielen, aber es muß tragen. Im Moment trägt es noch nicht.

Ulrich Mosch: Ich würde gerne noch einmal auf die Frage des Portraits zurückkommen. Ich habe irgendwo gelesen, daß Sie mit diesem Stück auch eine Art Selbstportrait gemacht hätten. Wenn man sich das anhört, so erscheint es als ein sehr vielseitiges Selbstportrait. Es geht um verschiedenste Situationen, um verschiedene Aspekte – zumindest höre ich das so. Nun haben sie einmal die Formulierung gebraucht, daß Ihre Musik immer Theatermusik sei. Im Hintergrund des Komponierens steht bei Ihnen offenbar die Vorstellung, daß jedes Spiel an sich schon eine Art Theatersituation ist. Die Verbindung geht ja auch über das Wort Spiel: beides, Musik wie Theater, wird gespielt. Und im ersten Satz von Shadows *tritt dieser Aspekt auch im Gestischen sehr deutlich hervor: daß diese beiden Personen auftreten, miteinander dialogisieren, gegeneinander arbeiten oder was auch immer.*

Nicht gegeneinander, nur unabhängig voneinander. Der Klarinettist läßt die Flötistin gehen, und die Flöte ist die besorgte Person, das ist die grundlegende, von mir auskomponierte Charakterkonstellation. Ich selbst fühle mich am stärksten charakterisiert in der Kadenz des dritten Satzes, überhaupt im ganzen dritten Satz. Das entspricht meiner Person am meisten, weil ich eine bestimmte musikalische Sprache verwende – ich bin geboren in Transsylvanien, und die Musik jener Gegend ist meine musikalische Muttersprache. Jene Musik ist es, die meine Welt eigentlich richtig vorstellt. Alle anderen Arten von Musik sind schon europäisch oder von der europäischen Lebensform beeinflußt. Aber wenn der Kadenzteil kommt, dann bin ich ganz konkret in meiner Heimat.

Ulrich Mosch: Gestern im Seminar war ein interessanter Diskussionspunkt die Zeiterfahrung im dritten Satz, denn diese Kadenz ist sehr lang...

... aber sie wirkt nicht lang ...

Ulrich Mosch: ... eben. Es ging um die Frage, die Sie angesprochen haben, daß dort, wenn man es in der Traditionslinie sieht, eher ein traditioneller Satztypus komponiert ist, der aber, wenn man das Stück im Saal hört, durch die räumliche Projektion eine ganz andere Seite zeigt. Wenn man im Saal sitzt, haben Sie, wenn es tatsächlich ganz funktioniert im Pianissimo, die Verteilung des Klangs auf die beiden Seiten. Es ist eigentlich so gedacht, daß dann die beiden Charaktere rechts oder links jeweils separat erscheinen. Auch der erste Teil des dritten Satzes ist, wenn man die Taktanzahl anschaut, nicht lang.

Aus dem Publikum David Johnson: Aber Sechzehntel gleich 42 ...

Ulrich Mosch: Ja, natürlich. Die Zeiterfahrung ist die der Langsamkeit. Trotzdem ist es aber nicht so, daß man es als ganz langes Stück hört, es geht vergleichsweise schnell vorbei. Das sind für mich als Hörer hochinteressante Erfahrungen, auch was das auskomponierte Tempo betrifft, daß es hier etwas ganz anderes ist als in der Kadenz mit den sehr schnellen Figuren, den Fiorituren der Flöte. Ich habe Sie beim Dirigieren beobachtet: Sie dirigieren das sehr langsam. Wir haben uns gestern im Seminar gefragt, ob die Kadenz bei der Aufnahme mit dem Klangforum Wien überhaupt dirigiert worden ist. Dort ist die Artikulation der Kadenz außerordentlich frei.

Vielleicht lag es auch daran, daß ich dort eine wunderbare Flötistin hatte, Eva Furrer. Sie verfügt über ein sehr großes Parlando-Repertoire, sie kann unglaublich flexibel eine Linie oder auch nur einen einzigen Ton führen. Ich weiß nicht mehr, ob ich das dirigiert habe – ich glaube kaum. Denn die beiden Solisten waren so phantastisch aufeinander abgestimmt, und sie hat so stark geführt, daß ich diese Aufnahme besonders gerne habe, weil das dort unglaublich fein ausgespielt wird.[3]

Ulrich Mosch: Wenn man es mitliest, klingt es nicht so, als wäre es dirigiert: Es ist zeitlich wirklich sehr frei. Zu dieser Aufnahme würde mich noch etwas anderes interessieren: Die vorhin angesprochene Pause von 25 Sekunden fehlt auf dem Tonträger gänzlich. Nicht einmal eine längere Pause gibt es, es sind nur die üblichen sechs Sekunden zwischen zwei Sätzen. Ist das dem Medium Tonträger geschuldet? Oder ist es ein Schnittfehler?

---

3   Vgl. die CD Kairos 0012082KAI.

Das wundert mich, denn ich war bei der Abmischung dabei.

Ulrich Mosch: Wir haben uns einfach gefragt, ob es ein Tribut an das Medium ist. Denn wenn das im Radio über den Sender läuft …

… im Sender ist es gefährlich …

Ulrich Mosch: … dann kommt das Pausenzeichen automatisch, nach zehn Sekunden.

Sendepause.

Ulrich Mosch: Ich würde jetzt gerne noch das Wort ins Publikum geben. Falls Sie noch Fragen zu diesem Stück haben, nutzen Sie die Gelegenheit, Peter Eötvös selbst zu befragen.

Aus dem Publikum Péter Laki: Ich möchte Sie im Kontext Ihres Gesamtschaffens gerne fragen, in welchem Verhältnis Shadows *zu den Stücken, die Sie vorher und nachher geschrieben haben, steht: ob das für Sie einen Neubeginn darstellt oder eine Kulmination. Wie würden Sie das sehen?*

Shadows schrieb ich zu einer Zeit, als ich sozusagen zum zweiten Mal angefangen habe zu komponieren. In meiner Studienzeit in Budapest studierte ich zuerst Komposition und erwarb in den sechziger Jahren das Kompositionsdiplom. Und dann war ich in Köln lange Zeit als Techniker im Westdeutschen Rundfunk tätig. In dieser Zeit habe ich weniger komponiert, weil ich weniger Zeit dafür gehabt habe. Damals, in den siebziger Jahren, hat mich besonders die Live-Elektronik interessiert. In den achtziger Jahren war ich so intensiv als Dirigent beim Ensemble InterContemporain in Paris eingespannt, daß ich kaum Zeit hatte zu komponieren. 1986 bekam ich dann einen Auftrag dieses Ensembles, worauf hin *Chinese Opera* entstanden ist, ein Stück, das bis heute gut funktioniert. Dann kam wieder eine Komponierpause, und erst 1991, als ich in Paris aufgehört habe, begann ich wieder zu komponieren. Dann kam ein Stück nach dem anderen. Damals habe ich bewußt weniger dirigiert, um mehr Zeit für das Komponieren zu haben. Nach einigen neuen kompositorischen Erfahrungen ist *Shadows* 1996 entstanden, unmittelbar davor entstand *Atlantis* (1995), und dieses Werk war für mich eher der Wendepunkt. Mit *Atlantis* fand ich etwas, von dem ich dachte, daß es nun meine eigene Musik sei. In dieser Phase vollzog sich eine sehr wichtige Veränderung: Als ich 1991 neu begann, empfand ich, daß meine frühere Musik viel zu kalkuliert sei und daß ich als junger Komponist Form und Struktur als heilig betrachtet hatte. Die Struktur war jeweils vorher schon festgelegt. Formen waren so etwas wie kleine Schubladen, zuerst wurde die Schublade hergestellt, und dann wurde sie mit Musik aufgefüllt. Schließlich empfand ich, daß das absoluter Unsinn ist und daß man es so nicht machen kann. Aber die damaligen Verhältnisse haben mich irgendwie zu jener Arbeitsweise geführt – entweder hat man strukturiert oder improvisiert. Ein Vorwurf von Seiten der Fachwelt konnte lauten: Der strukturiert nicht, der improvisiert nur. Improvisieren durfte man, solange man nicht schrieb. Aber schriftliche Improvisationen waren als zu vage verrufen und galten als unstrukturiert. Das war mein Eindruck in den sechziger Jahren. Ich stand sehr stark auch unter Weberns Einfluß, und die ganze Webernsche Haltung hat sich in meiner Musik damals in dieser „falschen" Arbeitsweise niedergeschlagen. 1992 habe ich schließlich entschieden, nicht weiter zu strukturieren, nicht von einer bestimmten präformierten Formvorstellung auszugehen, sondern einfach loszulegen, also quasi improvisierend zu komponieren. Aus dieser neuen Haltung heraus entstand als erstes *Atlantis*. Dort hat es gut funktioniert, und ich war sehr glücklich mit dieser neuen Situation. *Shadows* war das zweite Stück in dieser improvisierenden Weise, wobei natürlich solche Improvisation sehr viel Strukturierung beinhaltet, aber diese Strukturierung profitiert von einer langen Schreib- und Interpretiererfahrung, die bis in meine Jugend zurückreicht. Es wird vorher nichts festgelegt, sondern die Musik wird während der Arbeit geformt wie von einem Bildhauer, der schon sieht, was er macht, und was er macht, muß nicht ganz genau mit einer gegebenen Struktur übereinstimmen. In *Atlantis* wie auch in *Shadows* sind auch viele Erfahrungen eingeflossen, die ich inzwischen als Dirigent gemacht hatte. Was die Form betrifft, finde ich in diesem Stück besonders glücklich, daß – im dritten Satz zum Beispiel – lange Strecken sich nicht abnutzen. Das liegt auch daran, daß das Material zwar an sich konstant bleibt, aber genug Veränderungen aufweist, so daß man nicht ermüdet. Wenn es ständig nur Veränderungen gäbe, wäre es ermüdend. Wenn das Material konstant bleibt und sich darin kleine Veränderungen vollziehen, dann bleibt es frisch. Und das ist hier der Fall. Das habe ich eher als Interpret erfahren denn als Komponist.

Aus dem Publikum David Johnson: War dieses Verhalten in den frühen neunziger Jahren eine Art Freischreiben von Karlheinz [Stockhausen] und Pierre [Boulez]?

Karlheinz hat mich weniger beeinflußt, auch nicht Boulez, meine ich. Insgesamt waren die sechziger Jahre, ich war noch sehr jung damals, durch eine typische Schülerhaltung geprägt. Ich kam 1965/66 nach Darmstadt, also zu einer Zeit, als die „strukturierende" Doktrin dort alles beherrschte.

Ulrich Mosch: Weitere Fragen aus dem Publikum? Nein. Dann machen wir hier Schluß. Herzlichen Dank für das Gespräch.

Ich danke.

Musikakademie Basel, 23. November 2005

Dialog über ein Doppelleben
Peter Eötvös im Gespräch mit Michael Kunkel und Torsten Möller

Herr Eötvös, auf ihrem Weg vom Konservatorium zur Fachhochschule sind die Schweizer Musikhochschulen momentan in einem gewaltigen Umbau begriffen, im Zuge dessen Lernprozesse tendenziell quantifiziert und entindividualisiert werden, die Verantwortung vermehrt den Studierenden als Selbstverantwortung auferlegt und die Lehrer-Schülerbeziehung zunehmend entmystifiziert wird.

Das spüre ich sehr stark.

Ist das ein Glück oder ein Unglück? Was bedeutet ein Meister-Schüler-Verhältnis heute für Sie?

Ich weiß nicht, ob Sie den Film Mad Max kennen, in dem eine Simultanität von primitiven und modernen Kulturen gezeigt wird …

… wir erinnern uns dunkel.

Die *Mad-Max*-Filme handeln von einer neuzeitlichen Räuberbande, die um Treibstoff kämpft. Die Mischung der unpassenden Dinge, die allgemeine Wahllosigkeit und aggressiven Überlebenstechniken sind in unseren Tagen mehr und mehr die Realität. Die unterschiedlichen Entwicklungsphasen der gleichzeitig existierenden Kulturen prallen aufeinander, sie sind nicht mehr isoliert, nicht mehr hierarchisch. Aber diese Erscheinung ist nicht neu in der Weltgeschichte. Sie ist einem periodisch auftretenden Erneuerungsprozeß unterworfen. Wir leben in einer Übergangszeit. Unsere aktuelle pädagogische Aufgabe heute liegt in der Problematik der Massenbildung; es geht darum, die Rolle des Individuums in der Masse neu zu definieren. Was wir leider auch sehen können, ist eine Macdonaldisierung der Wertbegriffe. Wertvolles und Wertloses werden durcheinander gemischt, auf „Wert" wird eben kein Wert mehr gelegt. Manchmal ist auch eine gewisse Respektlosigkeit zu spüren – vielleicht deswegen, weil die heutige Erziehung weniger streng ist? Gestern habe ich ein Interview mit Seiji Ozawa gelesen, in dem er sagt, wie streng sein eigener Lehrer gewesen sei und daß er diese Strenge in seinem Unterricht nicht weiterführt. Er geht lieber auf die einzelnen Studenten ein und darauf, woran sie gerade arbeiten. Damit bin ich völlig einverstanden, ich praktiziere dieselbe Einstellung. Daß Studierende dazu erzogen werden, auf eigenen Füßen zu stehen, finde ich gut. Das strebe ich auch in meiner Klasse in Karlsruhe an.

Ich gehe davon aus, daß Dirigieren „Kontakt-Schaffen" bedeutet. Zwischen Dirigent und Orchester muß ein Kontakt entstehen, wobei dieser Kontakt auf sehr verschiedene Weisen zustande kommen kann. Es gibt sehr gute Dirigenten, die eine begrenzte Schlagtechnik haben, und trotzdem wunderbar mit einem Orchester Kontakt aufnehmen können, einfach durch ihre Persönlichkeit, Ausstrahlung, durch Blicke, durch wenige Wörter, die richtig plaziert sind. Und es gibt wunderbare Dirigenten mit phantastischer Schlagtechnik, die keinen Kontakt mit einem Orchester aufnehmen können. Dadurch, daß jeder Student einen anderen Charakter hat – Gott sei Dank! –, versuche ich eher den eigenen Charakter des Studenten zusammen mit ihm zu entdecken. Meine

Aufgabe ist es, Kommunikationsfähigkeit aufzubauen. Alle physischen und schlagtechnischen Fragen sind daher immer individuell auf die jeweilige Person bezogen. Es kommt vollkommen auf die Physis des jeweiligen Studenten an und darauf, wie er eine gestische Sprache entwickeln kann. Manche haben einen ganz engen Aktionsradius, und trotzdem läuft es wunderbar. Die Persönlichkeit ist so zu formen, daß alles in jedem Moment funktionieren kann und daß es keine Überraschungen gibt. Hier spielt auch eine Rolle, wie jemand das Podium betritt, wie er sich hinstellt, wie er die Leute begrüßt und wie er sie anschaut, wie er die Probe gestaltet, ohne daß es eine Sekunde Leerlauf gibt. Kurzum: Die individuelle Einstellung finde ich viel besser als frühere starre Schulvorstellungen, nach denen der Beruf des Dirigenten nur erfolgreich ausgeübt werden kann, wenn man eine ganz bestimmte Schlagtechnik und vor allem ein ganz bestimmtes Repertoire beherrscht. Als ich in Köln studierte, ging es nur um einen Bruchteil des Repertoires. Mozart, Beethoven und Brahms *mußten* sein, wir sind höchstens bis Strawinsky gekommen. In der Klassenstunde nehme ich mit jedem einzelnen verschiedene Werke durch. So können die Studenten auch solche Partituren kennenlernen, die sie selbst noch nicht gelesen haben. Dabei kommt es immer zu Diskussionen, und eigentlich wird die Hälfte des Unterrichts von den Studierenden selber gestaltet. Ich sitze dabei und lenke die Diskussionen in die Richtung, daß die Studenten von sich aus Meinungen bilden und lernen zu unterrichten. Merkwürdigerweise konnten das bisher alle. Das ist verblüffend: Selber können sie noch kaum etwas, aber den anderen beurteilen, kritisieren, das geht sehr schnell.

In meiner Klasse geht das noch einen Schritt weiter: Die Studierenden begleiten mich, wenn ich irgendwo hinfahre, wo ich selber ein größeres Projekt mit einem Orchester habe. Die ganze Klasse sitzt dann während der gesamten Probenzeit da. Die Studierenden sind somit an meine eigene Praxis angebunden. Morgens sind sie bei den Proben dabei, nachmittags setzen wir uns zusammen und arbeiten. Durch diese „Technik" entsteht auch eine gewisse Entmystifizierung. Zum Beispiel: Bereits dreimal waren meine Studenten mit mir bei den Berliner Philharmonikern. Ich weiß noch, wie mir die Berliner Philharmoniker – als ich mit ihnen in den siebziger Jahren unter Karlheinz Stockhausens Leitung dessen *Hymnen* (1966) gespielt habe – als etwas vollkommen Unerreichbares, Unantastbares vorkamen. Das finde ich sehr schädlich, es war für mich ganz ausgeschlossen daran zu denken, daß ich irgendwann dieses Orchester dirigieren könnte. Inzwischen dirigiere ich dort, und es läuft wunderbar, überhaupt kein Problem.

Dadurch, daß meine Studenten die Probenarbeit persönlich miterleben – sie können mit den Musikern sprechen, mit ihnen in der Pause Kaffee trinken –, gibt es solche Kontaktprobleme nicht. Das ist der natürliche Weg, und wenn sie einmal die Qualität haben sollten, selber dort dirigieren zu können, dann können sie von einer positiven Erfahrung profitieren. Ob sie es schaffen, ist eine andere Frage. Aber darum geht es nicht. Es geht darum, Hindernisse abzubauen. Im Unterricht möchte ich mich keineswegs über die Studenten stellen. Durch meine Erfahrung weiß ich mehr als sie und kann ihnen zu Dingen raten, aber ohne ihnen etwas vorzuschreiben – sie können auch das Gegenteil dessen, was ich vorschlage, probieren. Auf diese Weise kann im Unterricht ein gesundes Lehrer-Schüler-Verhältnis entstehen, nicht autoritär, aber auch nicht zu lax.

Wenn wir Sie richtig verstehen, geht es an Ihrem Institut um eine produktive Vermischung von individueller Förderung und Klassenprinzip, womit Sie offenbar gute Erfahrungen gemacht haben. An Musikhochschulen ist die Situation häufig anders, und Sie haben auch schon oft kritisiert, daß die Ausbildung dort Ihrer Ansicht nach den Anforderungen des zeitgenössischen Musikschaffens wie der Berufsrealität eines Musikers von heute nur bedingt gerecht wird. Welche Verbesserungsvorschläge können Sie aus Ihrer eigenen Lehrpraxis heraus machen? Wie können Musikhochschulen von Ihren Erfahrungen profitieren?

Ich kann als Beispiel die Karlsruher Musikhochschule erwähnen, wo ich ja mein eigenes Institut vertrete. Ich bin dort nicht mehr Professor wie zuvor [1992 bis 1998]. Nach meiner Zeit als Professor an der Kölner Musikhochschule [1998 bis 2001] bin ich nach Karlsruhe in neuer Funktion zurückgekehrt, um mein Modell innerhalb der Hochschule auch mit eigenen Studenten zu praktizieren, womit, was mir wichtig ist, nicht nur der Rektor, sondern auch die Kollegen einverstanden waren. Mir ist die Zusammenarbeit mit Musikhochschulen sehr wichtig, nicht nur in Karlsruhe, sondern auch in Paris, Zürich, Montréal oder Basel. Und zwar am besten in Form einer Kooperation, in der ich mein Know-how anbiete und als Gegenleistung ein Ensemble, ein Orchester oder ein Klassenzimmer erhalte und die Vororganisation von der Hochschule übernommen wird. Die Kompositionsklasse wird auch mit einbezogen, indem ich individuelle Gespräche mit einzelnen Studenten führe. Vielleicht ist es eine Charakterfrage, aber ich kann einer Kompositionsklasse keine allgemeinen Ratschläge erteilen. Ich habe keine Theorie, ich kann mit den Leuten nur praktisch umgehen. Bekomme ich etwas zu sehen und zu hören, kann ich mich sofort dazu äußern und Ratschläge geben. Ich bewege mich viel in der Welt und bin auch oft an Musikhochschulen, um mit Dirigenten und Komponisten zusammenzuarbeiten. Im Royal College of London haben wir Edgar Varèses *Octandre* (1923) an einem Tag erarbeitet: Am Vormittag nur mit den Dirigenten, ohne Musiker, am Nachmittag gab es ohne Pause drei Stunden Probe mit den Musikern, aber statt acht saßen sechzehn da, und zwar paarweise, es wurde abwechselnd gespielt. Der wesentliche Punkt ist, daß alle sechzehn von ihren eigenen Professoren intensiv vorbereitet wurden, so daß ich an nur einem Tag mit ihnen auf sehr hohem Niveau arbeiten konnte. Das ist leider nicht immer der Fall, dabei liegt die Vorbereitung der Arbeitsphasen gerade im Interesse der Musiker, denn sie arbeiten ja nicht für mich, sondern ich für sie. Ich bin auf solche Kooperationen angewiesen, denn das Eötvös-Institut hat keine Sponsoren, es wird von mir privat finanziert.

Bald bekommt das Eötvös-Institut in Budapest endlich einen festen Ort im Budapester Musikforum, das Ende 2007 eröffnet wird. In diesem Zentrum wird auch Musikpädagogik, Jazz und Neue Musik vertreten sein in einem dreistöckigem Haus mit riesiger Bibliothek, einem Studio für Computermusik, Konzertsaal und Gästezimmern. Das ist ein großzügiges Projekt, das als 24-Stunden-Betrieb konzipiert ist. Ab 2008 werde ich also meine pädagogischen Aktivitäten in dieses Haus verlagern und dort Kurse und Seminare, natürlich in internationalem Ausmaß, organisieren. Das nächste Modell, das ich in Budapest realisieren möchte, wäre ein Treffpunkt zwischen Ost und West. Dirigenten und Komponisten aus Ost und West könnten einander hier begegnen und für zwei Wochen zusammen leben. Ungarische Studenten könnten ihnen dabei behilflich sein, sich in der Stadt zu bewegen. Davon verspreche ich mir, daß Kontakte entstehen, die später fruchtbar werden können, indem die Studenten sich etwa gegenseitig einladen. Früher, als ich in Deutschland, Frankreich oder Holland gelebt habe, war ich oft überrascht, wie wenige Studenten aus östlichen Ländern dort vertreten waren. Ich habe nie einen Tschechen getroffen, kaum Polen, Bulgaren, die osteuropäische Ecke war fast ausgeschlossen, bis später viele russische Musiker kamen.

Hängt dieser Plan mit dem Projekt „Bipolar" zusammen?

Nein, „Bipolar" ist ein deutsches Kulturförderungsprojekt, von der Kulturstiftung des Bundes finanziert. Bisher gab beziehungsweise gibt es zwei Projektphasen mit Deutschland und Polen [2006] sowie Deutschland und Ungarn [2007]. Auch dieses Projekt dient dazu, daß Kulturschaffende aus verschiedenen Bereichen – Musik, Literatur, bildende Kunst, Theater, Film usw. – aus Ost und West einander besser kennenlernen. Da war ich als Jury-Mitglied eingeladen worden, weil ich beide Regionen ziemlich gut kenne. Solche Initiativen sind dringend notwendig. Es gibt in Ungarn relativ wenig Austausch im Moment. Viele hochqualifizierte Fachleute arbeiten im Ausland, aber die meisten, die in Ungarn leben, fühlen sich wohl in dem eigenen kleinen Kreis. Man muß hier gegen eine bestimmte Selbstgenügsamkeit kämpfen, beziehungsweise lernen, davon zu profitieren, daß die Grenzen endlich offen sind.

Das klingt nicht sehr ermutigend. Sie wohnen ja seit einiger Zeit wieder in Budapest. Möchten Sie uns die heutige Situation des Musiklebens in Ungarn, besonders in Hinblick auf das zeitgenössische Schaffen, etwas genauer schildern? Im „Westen" erfährt man fast nichts darüber.

Ich muß da ein bißchen ausholen und erklären, wie es vor der Wende war. In den sechziger, siebziger und achtziger Jahren gab es im Kulturleben zwei Schichten, eine offizielle und eine inoffizielle, also öffentlich geförderte kulturelle Aktivitäten und einen Underground, der alles beinhaltet hat, was offiziell nicht erlaubt war. Es war aber nicht auf besonders strenge Weise verboten und daher, anders als noch in den fünfziger Jahren, nicht lebensgefährlich, sondern einfach nicht erwünscht. Was „oben" nicht passierte, passierte „unten", aber es wurde nicht staatlich finanziert. Nur manchmal hat die damalige Regierung ein kleines Ventil geöffnet, zum Beispiel gab es eine kleine Konzertreihe, „Musik der Gegenwart", mit wichtigen Stücken und unzensierten Programmen, die vom Staat unterstützt wurde. Ende der achtziger Jahre, als ich schon in Paris war, wurde ich nach Budapest eingeladen, um einige Konzerte mit westlicher Neuer Musik zu dirigieren, die auch vom Staat organisiert waren. Die Barrieren wurden zum Ende der sozialistischen Ära allmählich abgebaut. Der damalige Geist war dennoch davon geprägt, daß etwas erlaubt war und etwas anderes nicht, und alles, was nicht erlaubt war, war viel interessanter. Das hatte zur Folge, daß das Informationskarussell sich viel schneller drehte als heute. Die heutige Praxis bewegt sich im Schneckentempo. Das einzige, was sich in den letzten Jahren in Budapest bewegte, ist, daß ein neuer Konzertsaal gebaut wurde. Das ist ein hervorragender Saal, in dem die Akustik, wie in Luzern und Birmingham, von *artec* eingerichtet wurde. Und dadurch, daß wir nun einen solchen Konzertsaal haben, hat sich in Budapest auch das Konzertleben verändert. Der erste Schritt war, an diesem Ort ein bürgerliches Publikum ansässig zu machen und es mit entsprechenden Programmen und Interpreten anzulocken. Nur bringen die Konzerte, die jetzt veranstaltet werden, die größten Orchester der Welt nach

Budapest in einer solchen Überfülle, daß ich mich langsam darüber wundere, wie das bezahlt werden kann. Das London Symphony Orchestra, das Chicago Symphony Orchestra, die Wiener Philharmoniker kommen innerhalb von drei, vier Wochen, und das schon seit Jahren. Das ist eine Kompensation dessen, was es früher nicht gab, weil kein Saal da war, in den man die Orchester hätte einladen können. Ich finde, daß sie heute etwas zu häufig eingeladen werden. Aber das Publikum kann jetzt etwas im Konzert kennenlernen, was es früher nur von Schallplatten her kannte. Leider spielen die Gastorchester, aber auch die Budapester Orchester kaum zeitgenössische Musik, so kann man nicht erfahren, wie das musikalische Denken von heute ist. Es fehlt die „Erziehung", es fehlt die „Information".

Das Problem mit der Neuen Musik ist, daß es keine zentrale Führung gibt wie in Frankreich, aber auch keine wirkungsvollen Einzelinitiativen wie in Deutschland. In Budapest gibt es weder das eine noch das andere, weswegen auch kaum etwas passiert. Eine der relativ wenigen Aktivitäten geht von einer Gruppe aus, die ÚMZE (Új Magyar zenei egyesület, dt. „Neuer Ungarischer Musikverein") genannt wird. Das ist ein Nachfolge-Ensemble des von Bartók und Kodály gegründeten Vereins aus den zwanziger Jahren, der damals leider nicht lange existieren konnte. Die Schlagzeuggruppe Amadinda ist die einzige mit internationalem Maß zu messende Gruppe für neue Musik in Ungarn. Was ich besonders bedauere, ist, daß jede Art von Konzeption fehlt, Neue Musik auch auf dem Lande zu unterstützen und zu organisieren, was in westlichen Ländern oft gut funktioniert. Hier gibt es keinerlei derartige Initiative, man müßte alles von vorne aufbauen.

Die Probleme beginnen – wie Kodály es sehr richtig erkannt hatte – bereits im Kleinkindalter. Aber heute geht es nicht um die Solmisation. Kleinkinder müßten die Chance erhalten, ganz zu Beginn ihrer Ausbildung mit verschiedensten Dingen in Berührung zu kommen. Ich habe oft mit Kollegen darüber gesprochen, daß man möglichst früh, noch vor der Grundschule, Orientierungskurse geben sollte, in denen alles enthalten ist, Pop, Jazz, Folk, Klassik, Barock, Romantik usw. Man sollte auch mehrere Instrumente anbieten, denn das Interesse für Instrumente wechselt, und man könnte besser herausfinden, was dem jeweiligen Schüler wirklich liegt. Ich finde die gängige Praxis, daß Eltern irgendetwas anordnen und Schüler Dinge lernen müssen, die sie eventuell gar nicht interessiert, wirklich verfehlt. Das ist schade. Kinder sind mit dem Musikunterricht an der Schule oft unglücklich, weil nur ein sehr kleiner Prozentsatz der Schüler dort die Möglichkeit erhält, die für sich passende Musik zu finden.

Allerdings wird Jazz in Budapest wunderbar unterrichtet, wir haben seit 40 Jahren eine Jazzschule, die sehr gut funktioniert, es gibt also auch positive Seiten. Und es gibt auch durchaus offen eingestellte Professoren, die ihre Offenheit in den Unterricht einbringen können. Ich bin hier also nicht ganz allein.

Von jüngeren ungarischen Komponisten hört man bei uns fast nichts.

In den sechziger Jahren gab es einige junge Komponisten, die weltweit gespielt wurden: Zsolt Durkó, Attila Bozay, Sándor Balassa. Heute hört man sie im Ausland selten. Große Meister sind Sándor Szokolay und András Szőllősy, leider ohne größere internationale Resonanz. Über meine Generation können wir noch später sprechen. Ligeti lebte in Österreich und in Deutschland, Kurtág arbeitet heute in Frankreich, ich selbst wohne erst seit drei Jahren wieder in Budapest, nachdem ich jeweils etwa ein Jahrzehnt

in Deutschland, in Frankreich und in Holland gelebt habe. In den westlichen Ländern sind Ligeti, Kurtág und ich am besten bekannt, auch wahrscheinlich deswegen, weil wir dort im alltäglichen Musikleben aktiv teilgenommen haben. Kurtág ist auch in Ungarn sehr bekannt, seine Werke werden viel gespielt, Ligeti und Eötvös nicht viel, aber zunehmend. Die kulturelle Situation ist immer noch ziemlich hermetisch, viele gute Komponisten des westlichen Musiklebens sind in Ungarn unbekannt. In Holland war das Bild ein etwas anderes: großer Musikimport, aber kaum Export, und darunter leiden die Holländer sehr.
Was die jüngste ungarische Generation betrifft: Balázs Horváth und László Tihanyi bekommen mehr und mehr Öffentlichkeit im Westen, zwei andere – die gerade die Schule verlassen haben – finde ich interessant: Márton Illés und Samuel Gryllus, beide leben in Westeuropa. Ein sehr begabter Komponist und Dirigent ist Gergely Vajda, er arbeitet in den USA.

Blicken wir zurück auf Ihren eigenen Werdegang als Komponist. Sie waren Mitglied des legendären Új zenei stúdió [Studio für Neue Musik]. Welche Bedeutung hat die Mitarbeit am stúdió für Ihr Komponieren?

Ich war da gleichzeitig Hauptmitglied als auch Gast, weil ich schon damals, in den siebziger Jahren, nicht permanent in Budapest gelebt habe, daher konnte ich nicht an allen Aktivitäten teilnehmen. Wir waren eine Gruppe von Gleichaltrigen, die sich noch aus Hochschulzeiten kannten und befreundet waren: Zoltán Jeney, László Sáry, László Vidovszky und András Wilheim, später kamen noch einige andere dazu. Dadurch, daß es sich um einen Freundeskreis handelte, war die Verbindung sehr eng. Sehr wichtig für uns war, Informationen über in Ungarn unbekannte Musik einzuholen und in der Gruppe aufzuarbeiten, um sie im kleinen Kreis weiterzugeben. Die anderen waren vor allem an Cage orientiert. Ich war immer unabhängig davon, Cage hat mich nicht beeinflußt, weil damals mein Kontakt zu Stockhausen sehr stark war. Cage habe ich als Information angenommen, aber nichts davon praktiziert. Meine Funktion war eigentlich, in Köln Informationen zu sammeln und nach Budapest zu bringen. Immer wenn ich hierher kam, habe ich den Korb ausgeleert und erzählt, was ich in Köln gemacht habe.

Auch hier waren Sie ein Musikvermittler.

Ja, das funktionierte, weil es mir nicht verboten war, das Land zu verlassen. Das ist auch eine Generationsfrage: Künstler, die nur wenig älter waren als ich, kamen nicht in den Genuß solcher Freizügigkeit. Umgekehrt profitierte ich im Új zenei stúdió davon, die Denkweise meiner Kollegen kennenzulernen. Innerhalb der Gruppe habe ich eine andere Ästhetik, einen anderen Kulturkreis vertreten. Ich war gleichzeitig Freund und Außenstehender. Wenn etwas Großes gemacht wurde wie die Kollektivkomposition *Hommage à Kurtág* zum fünfzigsten Geburtstag von Kurtág, war ich mit dabei.[1] Das Új zenei stúdió ist ein gutes Beispiel für eine Gruppe im Underground des ungarischen Kulturlebens, die durch eine sehr schlaue Kulturpolitik beobachtet wurde – Voraussetzung für diese Beobachtung der Aktivitäten war, daß sie nicht einfach, wie früher, ver-

---

1   Die historische Aufnahme wurde jüngst auf CD veröffentlicht: *Új Zenei Stúdió. Joint Works of Contemporary Hungarian Composers from the 1970's*, BMC Records CD 116.

boten wurden. So ließ sich kontrollieren, ob die Entwicklung einer solchen Gruppe womöglich in eine für den Staat gefährliche Richtung läuft.

War nicht auch ein Funktionär der Kommunistischen Partei eine Schlüsselfigur für das Új zenei stúdió?

Das Kulturzentrum, wo wir unsere Konzerte gehalten haben, gehörte dem Kommunistischen Jugendbund. Der freundliche Direktor des Kulturzentrums hat unsere Aktivität toleriert. Die wichtigste Person war Albert Simon, unser Mentor, unser Guru, ein wunderbarer Musiker und Dirigent. Er war Professor an der Musikakademie. Er war wirklich auch der Typ eines Gurus, besaß unglaublich feine Kenntnisse im Dirigieren und in der Musik im Allgemeinen. Nicht nur wir, sondern auch György Kurtág oder László Dobszay standen ständig mit ihm in Verbindung. Er hatte das Új zenei stúdió unter seine Fittiche genommen. Das Új zenei stúdió war eigentlich in einem Zwischenraum angesiedelt zwischen der offiziellen Kultur und dem Underground. Jedenfalls gehörte es nicht zur offiziellen Kultur, wir wurden nie ins Ausland geschickt, um die Volksrepublik Ungarn zu repräsentieren. Etwas sehr ähnliches ist damals auch im Filmbereich passiert, im Béla-Balázs-Stúdió, das vom Staat unterstützt wurde, um einen Bereich zu schaffen, in dem sich junge rebellische Regisseure austoben konnten. Hätten sie sonst keine Möglichkeit dazu erhalten, hätten sie dem Staat gefährlich werden können. Aber dadurch, daß sie in ihrem Studio Kurzfilme produzieren konnten, war das Ventil wieder wirksam.

Eine perfide Methode, um aufsässige Künstler zu neutralisieren.

Auf diese Weise wurde dem Kulturleben der Dampf abgelassen. Damals wie heute finde ich diese Politik eigentlich ziemlich klug, immer gemessen an den damaligen Verhältnissen. Es war besser, als einfach alles zu unterdrücken. Die „aufsässigen" Künstler aus dieser Zeit sind zum Teil noch da und pflegen eine Art Veteranentum. Viele sind mittlerweile als wichtige Funktionäre des Kulturlebens etabliert und sehr stolz auf ihre damaligen rebellischen Taten, anstatt heute etwas Sinnvolles oder Neues zu schaffen – sie tun es nicht, da der Widerstand fehlt. Für die Ungarn ist es schwierig, ohne Widerstand zu leben. Ohne Feindbild ist das Leben etwas unorientiert, man beginnt, gegeneinander zu kämpfen. Mit Feindbild wäre das Leben hier viel einfacher, viel effektiver.

Trotz allem kehrten Sie nach Ungarn zurück.

Nur während der Kompositionsperiode bin ich in Budapest. Die anderen sechs Monate des Jahres verbringe ich im Ausland als Dirigent. Ich kenne die halbe Welt, aber in Budapest fühle ich mich am wohlsten, hier bin ich zu Hause. Das hat mit der Sprache zu tun, es hat mit einem bestimmten Freundeskreis zu tun, hier steht der Sonnenstrahl im richtigen Winkel, die Wolken haben die richtige Form, und hier verstehe ich alle Witze. Es gibt einige großartige Musikerfreunde, das Kinoprogramm ist sehr breit, die Literatur und das Theater sind phantastisch. Es gibt in Budapest jeden Abend über 100 Theatervorstellungen. Ich gehe oft ins Theater und kann endlich alles verstehen. Denn das Theater ist etwas mehr als nur Sprache, auch in Deutschland verstehe ich die Sprache ganz gut, in Frankreich auch. Trotzdem ist es nicht dasselbe, wenn man die Sprache über die Wörter hinaus versteht.

Einigen Ihrer Werke ist eine spirituelle Aura eigen, ich denke etwa an IMA *(„Gebet", 2001–02). Ist Spiritualität für Ihr Komponieren wichtig?*

Ich bin nicht religiös, aber alle Religionen interessieren mich unter einem kulturhistorischen Aspekt. Wenn ich es richtig verstanden habe, dann stehe ich mit Sándor Weöres auf einem ähnlichen Standpunkt. In meiner Kantate *IMA* (als Fortsetzung von *Atlantis*) habe ich zwei abstrakte Texte verarbeitet, einen von Weöres und einen von Gerhard Rühm.[2] „Ima" heißt auf Ungarisch Gebet, also genauso wie das Gedicht von Rühm. Weöres hat die ersten drei Sätze der Schöpfung aus der Bibel in eine von ihm erfundene Nonsens-Sprache übersetzt, in eine urtümliche, animistische Weltsprache. Merkwürdigerweise fühle ich mich hier heimisch. Wahrscheinlich bin ich von der theatralischen Seite her an Zeremonien interessiert und in diesem Bereich empfindlich. Für mich ist die Spiritualität eher eine Disziplin, die ich sehr schätze, weil ich dadurch zu einer konsequenten, klar abgegrenzten Haltung, zu einer Ordnung komme. Am stärksten bin ich vom Zen-Buddhismus beeinflußt, seit den siebziger Jahren haben mehrere meiner Werke eine bestimmte Zen-Haltung, zum Beispiel *Cricketmusic* (1970), *Intervalles intérieurs* (1972–74/1981), die *Windsequenzen* (1975, rev. 1987, 2002), *Harakiri* (1973), *Elektrochronik* (1972–74) oder *As I Crossed a Bridge of Dreams* (1998–99). Es ist damit vergleichbar, in ein japanisches Zimmer einzutreten, es gibt einen fest umrissenen, ganz klar strukturierten Raum, in dem ich meine chaotischen Gedanken allmählich auf meine Weise ordnen kann. Und zwar wirklich ausschließlich auf meine Person bezogen.

Und bei dieser Auffassung von Spiritualität gibt es keinerlei transzendentale Perspektive? Es geht nur um den Rahmen?

Es geht um Respekt und Unabhängigkeit.

Ist Spiritualität, das Rituelle auch eine Möglichkeit für Sie, Form zu entfalten?

Ja.

Hier ließe sich wieder an Sándor Weöres denken, der einst schrieb: „Form wird zur Hauptsache, Inhalt zur Stütze."[3]

Wenn man einmal in der Form ist, entsteht eine Art der Begrenztheit, die Freiheit erst ermöglicht. Es mag paradox klingen: In dem Moment, in dem ich begrenzt bin, fühle ich mich frei. Als Dirigent nehme ich an einer bestimmten Art des Musiklebens teil und bewege mich in einer Musikgesellschaft, die sehr eng und klar definiert ist. Als Komponist würde ich gerne zu einer anderen Gesellschaftsform gehören als jener, in der ich mich als Dirigent zwangsläufig befinde. In den letzten Jahren hat sich meine kompositorische Seite zunehmend den Gegebenheiten jener Gesellschaft angeglichen, in der ich als Dirigent lebe.

---

2   Siehe in diesem Band, S. 14 ff. und S. 13.

3   Sándor Weöres in einem Brief vom 8. Juli 1943, vgl. *Literatur Ungarns 1945 bis 1980*, Berlin: Volk und Wissen 1984, S. 167.

Worin äußert sich die Angleichung dieser Sphären des Dirigierens und Komponierens?

Um diese Frage zu beantworten, muß ich wieder ein wenig ausholen. Als junger Komponist, noch als Student in Budapest, war ich Teil eines widerstandsorientierten künstlerischen Denkens. Ich gehörte zu jenen Leuten, die systemkritisch waren und deshalb Informationen über andere Kulturen einholten. Die Haupttätigkeit war, die Welt kennenzulernen, allen Schwierigkeiten und der Abschottung zum Trotz. Diese Haltung war bis zu einem gewissen Prozentsatz rebellisch – wobei ich nicht von Natur aus rebellisch bin. Angestrebt war ein freies Denken, das sich gegen etwas richtete. Dann kam ich nach Köln, und die Gesellschaftskreise, in denen ich mich bewegte, waren nicht gerade identisch mit dem Publikum der Kölner Philharmonie oder des Gürzenich-Orchesters, eher schon mit dem Publikum des WDR-Orchesters. Es geht eigentlich nicht darum, ob das Publikum nun bürgerlich war oder nicht, es gibt verschiedene Erscheinungsformen von Bürgerlichkeit. Wir haben uns in unserem bestimmten Kreis bewegt und im anderen nicht. Wir haben nichts zu tun gehabt mit dem Publikum, das in die Oper geht, um die Garderobe zu präsentieren. Wir gehörten zur „Avantgarde". Dann bin ich nach Paris gegangen, wo das große Publikum gegenüber neuen Entwicklungen schon aufgeschlossener war als in Köln. Erst als Dirigent von großen, wichtigen Orchestern bin ich allmählich in Kontakt gekommen mit einer Publikumsschicht, die ich vorher nie berührt hatte. Es gibt tatsächlich eine Grenze zwischen den Publika, das merkt man sofort, wenn man verschiedene Programme anbietet, es kommen dann Hörer aus völlig verschiedenen Gesellschaftsschichten. Mittlerweile gehöre ich genauso zur „Avantgarde" wie auch zur „Anti-Avantgarde" in einem Konzertleben, das sich inzwischen sehr verändert hat. Was bei den Berliner Philharmonikern bis zum Ende der Karajan-Ära unvorstellbar gewesen ist, nämlich die Öffnung zur Neuen Musik, findet seit Abbado und Rattle statt. Viele Grenzen wurden unterdessen aufgemacht. Diese Situation hat auch Konsequenzen für meine Stellung als Komponist. Zum Beispiel die *Drei Schwestern* (1996–97), die allein deswegen ein Unikum sind, weil sie über die Spartengrenzen hinaus positiv rezipiert werden und dadurch eine gewisse Unabhängigkeit zeigen. Diese Oper wird von jeder Publikumsschicht akzeptiert, sie kommt überall sehr gut an. Und genau das möchte ich erreichen. Diesen Weg möchte ich gerne weitergehen.

Es scheint, als wollten Sie insgesamt als Musiker das Klassendenken und Arbeitsteilungen gerne überwinden und zu einer Art „Ganzheitlichkeit" gelangen, die der Spezialisierung und Ausdifferenzierung des Musiklebens diametral entgegenläuft. Ist das für Sie ein leitendes Prinzip?

Ich habe schon fast alles gemacht, was mit Musik zu tun hat. Mir ist wichtig, ein Musikleben nicht nur zu ermöglichen, sondern aus meiner Erfahrung als Komponist, Dirigent, Instrumentalist, Lehrer usw. auch Lösungen zu finden und anzubieten für Probleme, die mir auffallen. Mein pädagogisches Engagement zielt darauf ab, Probleme zu lösen und gewisse bisherige eingeschliffene Sicht- und Hörweisen zu revidieren. Ich gehe zum Beispiel davon aus, daß elektroakustische Musik genauso wertvoll ist wie mechanisch-instrumentale Musik. Man muß sich schon einiges einfallen lassen, damit das Publikum und auch die Musiker diese Gleichwertigkeit akzeptieren. Wenn nur ein Mikrophon irgendwo zu sehen ist, entstehen bei vielen schon Widerstände. Es gibt auch Sänger, die es kategorisch ablehnen, verstärkt zu werden. Genau dieses Problem habe ich nun mit meiner Oper, die nächstes Jahr in Lyon uraufgeführt werden soll.[4] Ich zerbreche mir den Kopf darüber, wie ich die Innenwelt der Protagonistin klanglich darstelle. Ursprünglich wollte ich ihre Stimme verstärken und im ganzen Saal verteilen, so daß sie von überall her leise zu hören ist. Aber für die Hauptdarstellerin kommt Mikrophonierung nicht in Frage. Ich habe dann nicht gesagt: „Na gut, dann suche ich mir halt eine andere Sängerin", sondern versuche eine Form zu finden, in der ich das Problem unter den gegebenen Bedingungen lösen kann. Sie wird tatsächlich ohne Mikrophon singen, aber um das zu erreichen, was ich eigentlich wollte, muß ich jetzt eine vollkommen andere Musik komponieren. Ich nehme die Einwände der Sängerin also ernst und versuche meine Technik anzupassen, weil ich glaube, daß es sich hierbei nicht um eine individuelle Einstellung handelt, sondern um ein allgemeines Problem, das es auch künftig noch geben wird. Sängerinnen und Sänger, die eine schöne, kräftige Stimme besitzen und noch dazu aus einer bestimmten Tradition kommen, werden diese Einstellung immer haben. Solche Probleme der Einstellung finden sich im Musikleben überall.

In gewisser Weise agieren Sie auf der Grenze zwischen „avancierter" und „traditioneller" Musik. Manchmal scheinen solche Grenzgänge auch nicht ganz ohne Tücken zu sein. Heinz Holliger, der wie Sie ein musikalisches „Doppelleben" führt, sagt: „Die Gunst der Zuhörer kann sehr schnell umschlagen. Ich spüre, daß Leute, die mir als Interpret Beifall gespendet haben, mich als Komponist am liebsten erdolchen würden." Kennen Sie, trotz des übergreifenden Erfolgs Ihrer Opern, auch dieses Gefühl?

Bei mir ist das Publikumsbewußtsein stark ausgebildet. Ich versuche mit dem Publikum in jeder Hinsicht – sei es in der Oper, sei es im Konzertsaal – im Dialog zu bleiben. Bei allem, was ich in meiner Musik mache, berücksichtige ich irgendwie die Aufnahmefähigkeit des Publikums. Und innerhalb dieses Dialogs versuche ich dem Publikum Unbekanntes zu eröffnen. Das Unbekannte ist ein wichtiger Faktor für jedes meiner Stücke. Ich baue immer Dinge in meine Musik ein, von denen ich meine: „Das müßt ihr noch kennenlernen." Die Stücke sind auf diesen Punkt hin orientiert. In der Oper, auch im Theater ist es besonders wichtig, daß ein permanenter Dialog mit dem Publikum gepflegt wird.

Verglichen mit vielen anderen zeitgenössischen Opern, deren Partituren oft wirken, als seien sie für einen ganz hellhörigen Konzertsaal geschrieben, fällt auf, daß Drei Schwestern *wirklich für die in dieser Hinsicht nicht immer optimaler Gegebenheiten eines Theaters oder Opernhauses konzipiert ist. In der Partitur gibt es auch nicht besonders viele szenischen Anweisungen, auch das unterscheidet das Stück von Opern, in denen die Szene fast mitkomponiert ist oder es Kollaborationen zwischen Szene und Musik gibt, die sich als traditionsbildend verstehen. Ich habe den Eindruck, Sie möchten durch die weitgehende Offenheit der szenischen Dimension gerade verschiedene Bühneninterpretationen des Werks provozieren.*

---

4   Zum Zeitpunkt des Gesprächs hat Peter Eötvös zwei Opernprojekte in Arbeit: *Lady Sarashina*, deren Uraufführung an der Opera National de Lyon für den 4. März 2008 geplant ist, und eine noch unbetitelte Arbeit für die Bayerische Staatsoper, München, deren Uraufführung im Februar 2010 stattfinden soll.

Ja, selbstverständlich! Mir ist es wichtig, ein Werk so zu formulieren, daß ich einen Regisseur nicht begrenze. Ich bin für das Regietheater, wenn sich das Konzept der Regie mit der Musik vereinbaren läßt und wenn Musik und Regie nicht gegeneinander arbeiten. Das ist die einzige Einschränkung, manchmal sind Regisseure leider derart unmusikalisch, daß sie nicht merken, wo die Musik hinführt. Ein Gegeneinanderarbeiten ist sinnlos. Aber es gibt unzählige Möglichkeiten, produktiv miteinander zu arbeiten. Ushio Amagatsu, der erste Regisseur der *Drei Schwestern*, wußte weder etwas über Tschechow, noch kannte er meine Musik, er war in dieser Hinsicht wirklich absolut „unschuldig". Er hatte ein unglaubliches Gespür dafür, die konventionelle Gestik der Opernbühne zu vermeiden. Ich setze mich beim Komponieren übrigens ganz bewußt mit der Situation vor Ort auseinander. In den *Drei Schwestern* gibt es zwei Orchester, eines im Graben und eines hinter der Bühne. Die beiden Orchester benötigen insgesamt exakt so viele Musiker, wie das Orchester der Lyoner Oper, wo das Stück uraufgeführt wurde, in der Grundausstattung zur Verfügung hat, nur ein Akkordeon kommt noch hinzu. Bevor ich die Oper komponiert habe, bin ich nach Lyon gegangen und habe dort eine neue *Don-Giovanni*-Produktion dirigiert und das Regieteam selber organisiert, sozusagen als Prüfung für die Produktion meines eigenen Stücks, um zu sehen, wie ich in diesem Theater funktioniere. Dadurch habe ich kennengelernt, was ich in meiner Oper nicht machen darf, und das hat sich in der Praxis sehr bewährt. Auch durch meine etwas verrückte Idee, 50 Musiker hinter die Bühne zu plazieren, entstanden keine Probleme. Mittlerweile sind wir bei 80 Aufführungen der *Drei Schwestern*, und noch nie ist ein Wort darüber gefallen, daß das Hinterbühnenorchester problematisch wäre. Ich finde es wichtig, daß man die Erfahrungen des Spielbetriebs in der eigenen Praxis verwerten kann.

Rainer Cadenbach prägt die Formulierung des „einkomponierten Hörers". Bei Ihnen kann man sicher auch vom „einkomponierten Interpreten", ja vom „einkomponierten Opernhaus" sprechen. Zusätzlich überarbeiten Sie Ihre Werke ja ständig. Wirken Erfahrungen aus der Praxis sich auf die Gestalt bereits abgeschlossener Werke aus?

Ich bin sicher der Schrecken der Verleger, weil ich nach der Uraufführung manche Stücke zurückziehe, die dann ein paar Jahre später in korrigierter Form „wiedergeboren" werden. Einige Stücke, zum Beispiel *Kosmos* oder die *Windsequenzen*, habe ich mehrfach überarbeitet, oder besser gesagt „entwickelt", aber jetzt sind sie fertig. Ich korrigiere meine Kompositionen so lange es nötig ist, so lange ich lebe. Es gibt einige Stücke, die sofort funktionieren wie *zeroPoints*, *Chinese Opera* (dieses Werk war ursprünglich fünfsätzig, dann habe ich zwei Sätze weggelassen, aber die verbliebenen drei Sätze wurden nie verändert) oder *Drei Schwestern* ... Wenn ich „nur" Komponist wäre, würde ich wahrscheinlich nicht auf die Idee kommen, Stücke so oft umzuarbeiten. Durch meine Aufführungspraxis sollte ich eigentlich wissen, was funktioniert und was nicht, aber die Kompositionen sind wie Kinder, sie brauchen Pflege, sie müssen „erzogen" werden. Manchmal bekommen sie neue Kleider und neue Schuhe. Übrigens, eigene Werke zu korrigieren und zu bearbeiten war immer eine ganz normale Praxis, alle Komponisten aller Zeiten haben das gemacht.

Hat es auch damit zu tun, daß das Werk für Sie eine weniger „feste" Kategorie darstellt als bei vielen anderen Komponisten von heute? Kann man hier von einer Relativität des

Werkbegriffs sprechen, die etwa für den Jazz typisch ist, wo ein Musik-Konzept oder ein Gedanke jeweils im performativen Akt vergegenwärtigt, aktuell wird?

Ja, sicher.

Sie gehen also von einem weniger fest gefügten Werkbegriff aus, das Werk ist für sie keine absolut unveränderliche Größe.

Es ist nicht unveränderlich. Ich hätte nicht gerne, wenn man nach meinem Tod mit meinem Werken einfach macht, was man will. Das würde mich sehr stören. Aber so lange ich lebe, forme ich meine Werke auf meine Weise. Das sehe ich auch bei Filmregisseuren oder im Theaterbereich. Regisseure können ein Stück auf viele verschiedene Weisen auf die Bühne bringen, weil sie damit jedes Mal etwas anderes sagen können. Und was das Jazz-Bewußtsein betrifft: Ich halte „nicht aufgeschriebene Musik" für genauso wertvoll wie „aufgeschriebene Musik". Es hängt natürlich von der jeweiligen Qualität ab, aber es gibt sehr viele Jazzmusiker, deren Musik mindestens so gut ist wie jene, die aufgeschrieben wird.

Sie sprechen davon, daß Ihre Werke nach Ihrem Tod nicht verändert werden dürfen. Als Dirigent gehen Sie selber unter anderem ja auch mit Musik um: von Leuten, die nicht mehr am Leben sind. Wie gehen Sie da vor? Steckt da bei Ihnen eine Einfühlungsästhetik dahinter, so daß Sie sich fragen, „Was hat sich der Komponist dabei gedacht?" Oder spielen objektive, strukturelle Erwägungen die wichtigere Rolle?

Nein. Im Umgang mit älterer Musik möchte ich Uraufführungssituationen wiederherstellen. Besser gesagt, ich möchte versuchen, auch ältere Partituren so zu lesen, als ob man sie noch nie gehört hätte. Ideal wäre es, wenn man es so angehen könnte, als würde man die interpretatorische Vorgeschichte, vorherige Aufführungen gar nicht kennen. Man sollte die Aufführungstradition komplett ignorieren und so tun, als lese man zum ersten Mal, was da steht.

Sie sind also Verfechter einer „a-historischen Aufführungspraxis"?

Ich kann es nicht so kategorisch sagen. Eine merkwürdige Erfahrung machte ich zum Beispiel mit Beethovens *Fünfter* (1800–08) mit dem Ensemble Modern. Wir haben eine Tournee vorbereitet mit zwei Werken, *Mixtur* (1964) von Stockhausen und der *Fünften*. Vor den Aufführungen habe ich kurze Einführungen gehalten, in denen ich das Publikum ermuntert habe, die *Fünfte* so zu hören, als hätte es das Stück noch nie zuvor gehört. Das ist wirklich kaum möglich. Ich habe erklärt, daß dem Publikum der Beethoven-Zeit die *Fünfte* genauso neu und so experimentell erschienen ist, wie heute *Mixtur* (obwohl zum Zeitpunkt dieser Aufführung *Mixtur* schon 40 Jahre alt war). Wir haben zuerst *Mixtur* gespielt, dann die *Fünfte Sinfonie* mit normaler Bläserbesetzung und Pauken, aber mit wenigen Streichern [6–5–4–3–2], die ganz leicht verstärkt waren.[5] Es klang wirklich wie eine Uraufführung. Der ungewöhnlich feine, präzise, doch sehr energische Klang lag vor allem an der kleinen, kammermusikalischen Besetzung, was im Vergleich zur bestehenden romantischen Orchesterpraxis zu ganz neuen Ergeb-

---

5 Der Konzertmitschnitt ist veröffentlicht auf BMC Records CD 063.

nissen geführt hat. Durch die kleine Streicherbesetzung entstanden kammermusikalische Qualitäten, die dem Stück nicht fremd sind.

Hier besteht vielleicht sogar eine gewisse Nähe zur „historischen Aufführungspraxis", die ja bei Beethovens Sinfonik auch stark auf kleine Besetzungen setzt. Bei Ihnen wird die Intimität des Kammermusikalischen aber noch durch den Einsatz von Mikrophonen intensiviert. – In welcher Tradition sehen Sie sich eigentlich als Dirigent? In jener von Pierre Boulez?

Wir haben über Jahrzehnte zusammen gearbeitet, da ist es nicht verwunderlich, wenn bestimmte Merkmale vergleichbar sind. Boulez hat aber beim Dirigieren eine Objektivität, die ich beim Musizieren nicht aufbringe. Ich bin emotional stärker veranlagt als er. Ich bin zwar kontrolliert, gehe aber gerne in den „Ausdrucksbereich" hinein. Es ist so wunderbar, daß ich seine Kompositionen in seiner Anwesenheit dirigieren konnte und daß ich meine Werke unter seiner Leitung hören kann. Ganz sicher wäre mein Leben ohne Boulez völlig anders verlaufen. Das gilt natürlich auch für Stockhausen. Beide spielen für meinen Werdegang ganz wichtige Rollen.

Sie erwähnen Ihre emotionale Natur. Gibt es für Sie im Moment des Dirigierens – bei Ihrer unfehlbaren Fähigkeit zur Präzision – auf der Bühne auch urmusikalische Erlebniserfahrungen, Momente der Ekstase oder der Magie?

Das Bedürfnis nach dieser Dimension ist permanent da. Beim Komponieren ist das kein Ziel, aber es gibt auch dort immer das Bewußtsein, in den magischen Bereich zu gelangen. Früher, in den siebziger und achtziger Jahren, war dieses Bedürfnis auch da, aber kompositorisch habe ich in dieser Hinsicht einiges falsch gemacht, weil ich mit Präkonzeptionen gearbeitet habe. Ich habe damals im voraus gesetzte Strukturen „ausgefüllt" mit Material, bis ich bemerkt habe, daß das mein Fehler ist. Das Magische, Mystische, auch Emotionale liegt in meiner Natur. Früher konnte ich technisch nicht dorthin gelangen, bis ich am Anfang der neunziger Jahren begonnen habe – das Wort ist nicht ganz richtig –, „improvisatorisch" zu komponieren, Strukturen und Formen aus dem Material heraus entstehen zu lassen. Dabei darf man nicht vergessen, daß ich zu diesem Zeitpunkt schon über eine große Erfahrung verfügte. Denn diese Vorgehensweise entstand nicht von alleine, sondern verdankt sich jener Erfahrung. Proportionen brauche ich nicht mehr nachzurechnen, weil ich ein Gefühl dafür entwickelt habe. Gott sei Dank kann ich auf mein Formgefühl normalerweise gut vertrauen. Gerade bei Opernaufführungen macht es sich besonders deutlich bemerkbar, wenn eine Szene zu lang geraten ist. Nach der zweiten Produktion von *Le Balcon* (2001/02) habe ich die ersten drei Szenen der Oper ineinander geschoben, vermischt und einiges abgekürzt. Das ist eigentlich eine Theatererfahrung, im Theater wird genauso gearbeitet, und im Film besonders. Dort liegt anfänglich eine riesige Menge an Material vor, und dann wird „nach Gefühl" so lange geschnitten und gekürzt, bis das Ergebnis stimmt. Es wird – im positiven Sinn – „nach Gefühl" entschieden, was bleibt. Und das praktiziere ich beim Komponieren auch.

Hat das mit dem „Triebleben der Klänge" zu tun, das Schönberg beschreibt?

Diese Formulierung paßt mir sehr. Überhaupt paßt mir Schönberg sehr, ich finde es wahnsinnig schade, daß seine Stücke so wenig gespielt werden. Für das heutige Publikum ist seine Musik immer noch zu schwer. Sie ist zu vielstimmig, vielschichtig. Neulich habe ich einige Sachen gelesen über die Zeit von Claudio Monteverdis *L'Orfeo* (1607), wo der Vater von Galilei, ein Philosoph und Musikwissenschaftler, es sehr unterstützt hat, daß nach dem „polyphonen" Zeitalter ein „monodisches" Zeitalter kommen muß. Das war damals schon ein Problem, die Musik war zu „intellektuell" geworden. Monteverdis großer Wurf war die „Einfachheit", seine Musik ist gleichzeitig einfach und reich, deshalb konnte sie Basis für weitere musikalische Entwicklungen sein. Eine ähnliche Problematik wie zu jener Zeit gibt es auch hinsichtlich der Komplexität von Schönbergs Musik.

Müßte es in der Neuen Musik wieder eine Reform im Sinne einer „seconda prattica" geben?

Das gab es ja schon in den achtziger Jahren, denken Sie an die Minimal Music und die „Neue Einfachheit", das waren bereits Arten einer „seconda prattica" der Neuen Musik. Sie waren wahrscheinlich nicht von gleicher Qualität wie die Neuerungen Monteverdis und daher auch weniger weiterentwickelbar. Auch die Musik von Stockhausen leidet darunter, daß sie für ein „Durchschnittspublikum" viel zu komplex ist. Daß überhaupt einige Hörer mitkommen, liegt daran, daß die Dialogfähigkeit von Stockhauens Musik sehr stark ist.

Obwohl Stockhausen sich sehr intensiv mit Phänomenen wie „Erlebniszeit" und „Verarbeitungszeit" beschäftigt hat, also – im Gegensatz zum Klischee des seriell disponierenden Komponisten – mit dem Vorgang des Hörens, der Wahrnehmung von Musik.

Ja, er hat sich sehr intensiv mit diesen Fragen auseinandergesetzt. Es ist trotzdem zu schwer – obwohl manche Hörer aus der „Fachwelt" sich interessanterweise gerne damit brüsten, daß sie gerade neuere Werke Stockhausens als „zu einfach" beurteilen.

*

Sie dirigieren regelmäßig Uraufführungen, auch von Musik jüngerer Komponisten, zum Beispiel 2005 in Donaueschingen, wo Sie Werke von Dai Fujikura, Lars Petter Hagen, Valerio Sannicandro und Samir Odeh-Tamimi aus der Taufe hoben.[6] Im Mikrokosmos der zeitgenössischen Musik gibt es einen gewissen Defätismus in der Beurteilung solcher Musik, es heißt dann oft, sie brächte nichts Neues mehr …

Das stimmt gar nicht!

… oder die Last der musikalischen Vorväter sei eine zu schwere. Wie beurteilen Sie die heutige Lage der jungen Komponisten?

Es gab vielleicht noch nie so viele Aufführungsmöglichkeiten für jungen Komponisten wie heute. Ob sie sich dessen bewußt sind? Die größten Orchester führen Kompositionen von jungen Komponisten auf, spielen Uraufführungen und geben Aufträge. Früher war es nicht so! Ich habe sehr viel behalten aus meiner eigenen Jugend, ich meine Eindrücke aus der Zeit an der Budapester Musikakademie, aus der Zeit in Köln. Ich kann

---

6   Am 15. Oktober 2005 mit der Radio Kamerfilharmonie Hilversum.

mich noch genau daran erinnern, wie ich mich als junger Musiker gefühlt habe, in welchen Situationen ich akzeptiert wurde und in welchen nicht. Inzwischen habe ich sehr viel Erfahrung gesammelt, und wenn ich heute mit jungen Komponisten und Dirigenten zusammenarbeite, fühle ich mich meiner eigenen Jugend sehr nahe. In dieser Situation fühle ich mich an ihrer Stelle. Verstehen Sie, was ich meine? Ich versuche die 40 Jahre Altersunterschied zu überwinden und die Dinge aus der Perspektive des jungen Komponisten oder Dirigenten wahrzunehmen. Ich möchte nicht einfach nur „jener ältere Herr, der ein neues Stück eines jungen Komponisten dirigiert" sein, sondern versuche mich daran zu erinnern, wie ich selber damals die ältere Generation angeschaut habe. Es ist eine Situation des Respekts, und zwar des gegenseitigen Respekts. Ich habe damals von den Älteren sehr viel Gegenrespekt erhalten, was eine Voraussetzung dafür ist, daß man überhaupt aufsteigen kann. Wenn man das nicht bekommt, bleibt man unten.

Die Frage, inwiefern neue Werke von jungen Komponisten etwa für die weitere Entwicklung der Musik relevant sein könnten, stellt sich für Sie nicht?

Es gibt einen ziemlich großen Kreis von jungen Musikern und Komponisten, die ich ständig beobachte. Ich spiele eine Art Mentor-Rolle, die mir sehr gut paßt. Ich meine „Mentor" im Sinne eines offenen Beraters und nicht als Autorität, die stilbildend sein oder eine bestimmte Dogmatik weitergeben will. Meine Musiker und ich betrachten alle Uraufführungen als sehr wichtig, wir proben sehr sorgfältig. Ich kritisiere während der Proben nie die Ästhetik; die Kritik, die ich äußere, bezieht sich immer nur auf die Praxis. Das betrifft Dinge der Instrumentation, der Dynamik und so weiter. Meine Hilfestellung betrifft also vor allem die Praxis, in die ich meine ganze Erfahrung einbringen kann. Ich habe eine klare Meinung über die Stücke, aber nicht, während ich dirigiere. Dann bin ich immer „positiv".

Es kommt also nicht vor, daß Sie sich durch heftige Aversionen dazu gezwungen sehen, das Dirigat eines Stücks abzulehnen und die Aufführung abzusagen?

Nein, das ist noch nicht vorgekommen. Das hängt auch mit meiner Erziehung zusammen, die vom Theater geprägt ist. Die größten Schauspieler sind Allesfresser. Die wirklich großen Schauspieler beherrschen Komödie, Drama, Tragödie, sie können tanzen, singen, spielen ... Das ist mein Ideal. Bei einem Schauspieler ist diese Vielseitigkeit ziemlich selbstverständlich. Eine solche Vielseitigkeit finde ich wunderbar.

„Das Leben ändert jeden Tag ein bißchen an meiner Denkmethode", sagten Sie vor einiger Zeit. Herr Eötvös, was ist für Ihr musikalisches Denken heute bestimmend? Welcher Teil des Lebens bestimmt Sie, wenn Sie heute an den Schreibtisch gehen, um zu komponieren, oder als Dirigent ein Podium betreten?

Die Problematik, die mich im Moment beschäftigt, hat auch mit der „seconda prattica" zu tun. In Monteverdis Hierarchie kam zuerst der Text, dann die Rhythmik, dann die Melodie, und die Harmonie hatte für ihn eine dienende Funktion. Diese Problematik beschäftigt mich seit 12, 15 Jahren, als ich angefangen habe, an den *Drei Schwestern* zu arbeiten. Damals las ich darüber, und weil es meine erste Oper war und ich bei Null anfangen mußte und nicht auf einer bestimmten Operntradition aufbauen wollte, sondern eher eine Art „zweite Renaissance-Musik" anstrebte, konnte ich Monteverdis Reihenfolge zustimmen. Die Priorität der Sprache rührt auch daher, daß ich auch sonst mit fertigen literarischen Texten in meiner Musik umgehe und daß es möglich sein muß, die im Text enthaltene Charakterkonstellation deutlich zu verstehen. Dann habe ich einige Untersuchungen darüber angestellt, wie es möglich wäre, Sprache, einen Text direkt, ohne Umwege in Musik umzusetzen. Ich fragte mich, wie weit ich da gehen kann. Ein Ergebnis dieser Untersuchung waren meine Szenen für Streichquartett *Korrespondenz* (1992–93), wo eine Eins-zu-eins-Übersetzung der Sprachlaute in Musik realisiert ist. Das Vorgehen war fast mechanisch, um zu sehen, ob es funktioniert, oder nicht. Ich finde, daß das im Streichquartett auf seine Weise nicht schlecht funktioniert, aber auf die Oper habe ich das nie übertragen. Für die Oper wäre dieses Verfahren nicht ausreichend, es würde der Bühnensituation nicht gerecht. Aber die Monteverdi-Hierarchie habe ich auf meine Weise übernommen, wobei die harmonische Dimension, die Vertikale in meiner Musik bisher immer eine sehr wichtige Rolle spielt.

Heute bin ich in einer Phase, in der ich versuche, zunächst nur die Gesangslinie zu schreiben und die Harmonie zu einem späteren Zeitpunkt hinzuzusetzen. Mal sehen, ob das klappt. Ich bin nicht ganz sicher, ich habe ein wenig Angst davor. Es wäre phantastisch, wenn ich es schaffen würde, die Harmonie wirklich als Dienerin der Gesangslinie einzusetzen. Das ist heute mein Hauptproblem. Ich schreibe beide Opern[7] so, daß die Gesangslinien den Sängern genau angepaßt sind – ich arbeite immer so, daß die Sänger von Anfang an feststehen, ich kenne sie alle. Ich komponiere dann wie ein Herrenschneider, der auf eine Person ganz bewußt hinarbeitet. Ich möchte nicht allgemein, für einen Sänger XY schreiben, sondern für eine ganz konkrete Person. Die Trennung von Gesangslinie und Harmonie ist zweifellos eine Änderung in meiner Kompositionsweise. Es ist für mich aufregend, weil ich zeitlich sehr gebunden bin und die Stücke zu ganz bestimmten Terminen abgegeben haben muß. Es gibt keine Verspätungsmöglichkeit. Und wenn diese Technik nicht funktioniert, muß ich das sehr schnell reparieren können. Aber ich glaube, meine Situation ist nicht viel anders als zum Beispiel in der Autoindustrie. Wenn ein neues Modell entworfen wird, hat ein Autoingenieur genauso viel Angst, ob es gelingt oder nicht, ob das neue Modell vom Publikum angenommen wird oder nicht.

Herr Eötvös, vielen Dank für dieses Gespräch!

Wann treffen wir uns wieder?

Budapest, 22. Februar 2007

---

7 Siehe Anm. 4.

Kontexte

Péter Laki

Jenseits des Wortes
Die Sprachmagie von Sándor Weöres in der ungarischen Musik von Zoltán Kodály bis Peter Eötvös

Es ist selten ganz klar, was gemeint ist, wenn ein Gedicht als „musikalisch" bezeichnet wird. Die *musique*, die Paul Verlaine in seiner *Art poétique* „avant toute chose" für ein Gedicht fordert, ist etwas Unbestimmtes (plus vague et plus soluble en l'air) und Immaterielles (sans rien en lui qui pèse ou qui pose). Was Verlaine da beschreibt, veranschaulicht zwar seine eigene Ästhetik auf wundervolle Weise; die Beziehungen zwischen Sprache und Musik sind aber keineswegs auf den Gegensatz zwischen dem Rationalen und dem Irrationalen – und darum handelt es sich wohl bei Verlaine – zu beschränken. Unter dem Begriff „musikalische Poesie" versteht man manchmal auch Poesie, in der ein gewisser akustischer Wohlklang gepflegt wird, wobei der Wechsel der Vokale und der Konsonanten sowie die Eigenschaften von Rhythmus und Metrum als wichtiger oder bestimmender empfunden werden als der gedankliche Inhalt. Freilich tragen solche Charakteristika viel zum Eindruck bei, ein Gedicht sei „musikalisch": doch werden auch damit die Wurzeln des Phänomens kaum erreicht.
Beim ungarischen Dichter Sándor Weöres (1913–1989) sind die obengenannten, als „musikalisch" angesehenen Erscheinungen häufig präsent; doch treten bei ihm darüber hinaus noch andere Elemente auf, von denen ausgehend eine Diskussion des „Musikalischen" im Gedicht auf andere Ebenen gebracht werden könnte. Einerseits war der Dichter sein ganzes Leben lang bestrebt, konkrete poetische Gegenstücke zu musikalischen Großformen zu schaffen; andererseits erkannte er schon früh die tiefe Verwandtschaft zwischen Musik und Mythos als uralte, präverbale Ausdrucksformen und trachtete danach, zu erschließen, was (wie die Musik selbst) „jenseits" des Wortes liegt.
Am 8. Februar 1933 schrieb der kaum zwanzigjährige Weöres folgendes an Mihály Babits (1883–1941), einen der größten klassischen ungarischen Dichter:

> „Ich möchte musikalische Gattungen in die Poesie einführen. Praktisch habe ich die ‚Suite' bereits verwirklicht. Sie unterscheidet sich vom ‚Zyklus' darin, daß, obwohl jeder Teil ein selbständiges Gedicht ist, jeder Teil den vorhergehenden sinnvoll weiterentwickelt. Mit der Theorie der ‚Symphonie' bin ich ebenfalls fertig: im ersten Teil werfe ich eine Gruppe von Themen, Bildern und Rhythmen auf, die ich dann in den zwei oder drei weiteren Teilen variiere, indem ich das Material des ersten Teiles immer wieder in neue Stimmungen hineintauche. Das wird ziemlich schwierig sein. Mein ‚Präludium' ist nicht identisch mit dem musikalischen Präludium; ich definiere es so, daß es dabei um ein höheres, theoretisches, auf keinen Fall subjektives Thema gehen soll. Die Stimmung soll im Hintergrund bleiben; der Gedankenrhythmus entsteht durch ständige Kontraste und die häufige Wiederholung einzelner Worte und Wendungen. Mit seiner konzisen Sachlichkeit und seiner frostigen Härte mutet es [das Präludium] als ein Vorwort an, doch ist es zugleich ein vollendetes Ganzes. Die poetischen Parallelen der ‚Fuge', der ‚Invention', der ‚Sonate' usw. habe ich noch nicht gefunden. Außerdem will ich aber noch eine Gat-

tung ‚Kitsch' machen, wobei ich versuchen werde, die Schlagerromantik und die Jazzrhythmen zu veredeln; etwas eingebildet stelle ich mir vor, an der Spitze des Kirchturms den Schlamm der Straße vorzutäuschen und so den Schlamm heraufzulocken; wenn er oben ankommt, ist es kein Schlamm mehr, sondern Erde ..."[1]

Dieses Programm hat Weöres dann in den folgenden Jahrzehnten auch vollständig verwirklicht; es entstanden zwölf große, mehrsätzige dichterische Symphonien und zahlreiche andere Gedichte mit musikalischen Titeln oder Themen.

Paradoxerweise (da die Musik meistens als die „subjektivste" aller Künste gilt) ging es Weöres, indem er musikalische Formen in die Dichtkunst einzuführen trachtete, in erster Linie gerade darum, alle Subjektivität zu vermeiden und auf „Stimmung" im herkömmlichen Sinne zu verzichten. Die Struktur, die er sozusagen von außerhalb der Poesie in sein Werk miteinbeziehen wollte, sollte ihm zu einer gewissen Objektivität verhelfen. Diese Haltung blieb bei ihm über lange Jahre unverändert, so daß der junge ungarische Dichter Gábor Schein in seinem Buch über Weöres behaupten konnte, bei Weöres gehe das „Sein der Welt" über das „Ich", überhaupt über das Menschliche hinaus.[2] Schein führt weiter aus, daß dieser Zug in der ungarischen Dichtung bis heute einen Ausnahmefall darstelle, da die Weltanschauung der meisten ungarischen Dichter fest im poetischen Subjekt verwurzelt sei.

Die Objektivität der Weöresschen Poesie ist auch darum eng mit ihrem musikalischen Charakter verbunden, weil diese Poesie, der Musik gleich, den Akzent auf das Unverbalisierbare setzt – sie steht gleichzeitig jenseits des Subjekts und jenseits rationalen Denkens. Weöres wollte mit seiner Dichtung bewußt die Schranken der Vernunft überschreiten; er ließ sich bei der Wahl seiner Worte zu einem erstaunlich hohen Grad vom Klang, eben von der „musikalischen" Qualität leiten und ging manchmal so weit, auf einen logischen Sinn oder eine rationale Aussage ganz zu verzichten. In vielen Fällen führte das zu virtuosen Wortspielen und spielhaften Gebilden, die Weöres besonders häufig in seinen Kinderversen verwendete. Er war wahrscheinlich einer der größten Dichter überhaupt, die je für Kinder geschrieben haben. Das Spielhafte in Weöres' Kindergedichten hat wiederum die Komponisten besonders angezogen, so daß gerade diese Gedichte unter den Weöres-Vertonungen sehr stark vertreten sind. Die Kindergedichte stellen zwar die bekannteste und populärste Schicht des Werkes von Weöres dar, sie sind aber sozusagen nur die Spitze des Eisberges; ihre tiefere Bedeutung wird erst durch einen Überblick des gesamten Œuvres ersichtlich. Solch ein Überblick würde natürlich den Rahmen dieses Aufsatzes sprengen. Es ist jedoch festzustellen, daß bei Weöres das Spielhafte und das Virtuose immer im Dienste von etwas Höherem stehen – und die bedeutendsten Komponisten, die Weöres vertonten, haben gerade diesem Höheren von Anfang an nachgespürt.

---

1   Siehe Zoltán Kenyeres, *Tündérsíp: Weöres Sándorról* („Feenpfeife: Über Sándor Weöres"), Budapest: Szépirodalmi Könyvkiadó 1983, S. 49, Übersetzung aus dem Ungarischen von Péter Laki. „Tündérsíp" war die erste, heute nicht mehr gebräuchliche ungarische Übersetzung von Mozarts *Zauberflöte*; Weöres griff das alte Wort in seinen *Magyar Etüdök* („Ungarische Etüden") wieder auf. Die für diesen Aufsatz maßgebliche Quelle ist die Werkausgabe Sándor Weöres, *Egybegyűjtött írások*, Budapest: Magvető könyvkiadó 1975; eine kleine Auswahl von Weöres' Gedichten in deutscher Übertragung legt vor in ders., *Der von Ungern*, Frankfurt am Main: Suhrkamp 1991.

2   Gábor Schein, *Weöres Sándor*, Budapest: Elektra Kiadóház 2001, S. 6.

Zoltán Kodály

Sándor Weöres wurde bereits 1929 als poetisches Wunderkind entdeckt. Damals erschienen einige seiner Jugendgedichte in der Sonntagsausgabe der Zeitung *Pesti Hírlap* („Pester Nachrichten") – darunter *Öregek* („Alte Leute"), das 1933 von keinem geringeren als von Zoltán Kodály (1882–1967) vertont wurde (siehe Abbildung 1, S. 118). Dieses Gedicht, in dem der Fünfzehnjährige das Alter und den drohenden Tod mit einem unglaublichen Einfühlungsvermögen beschrieb, ist noch kaum „musikalisch" im späteren Sinne des Wortes; in einem freien Metrum, mit diskursiven Gedankenparallelen und mit phantasievollen und ausdrucksstarken poetischen Bildern schildert der junge Weöres – noch nicht besonders klangorientiert – sein Sujet. Dennoch fällt das Fehlen jeglicher Sentimentalität, ein anderes wichtiges Merkmal des Weöresschen Gesamtœuvres, beim Lesen des Gedichts sofort auf, und dies war wohl auch ein Grund dafür, daß Kodály auf den jungen Dichter aufmerksam wurde.[3] Aus diesem Zusammentreffen eines reifen und eines angehenden Schöpfers entstanden zwei der bedeutendsten und bekanntesten Werke der ungarischen A-cappella-Chorliteratur, *Öregek* und die darauffolgenden, im gleichen Grade inspirierten *Norvég leányok* („Norwegische Mädchen"). Die Vertonung durch eine der beiden größten Komponistenpersönlichkeiten des Landes trug viel dazu bei, den Namen Sándor Weöres in einem breiteren Kreis bekannt zu machen, und förderte die Karriere des Dichters in mannigfacher Weise. Kodály gab seinem jungen Kollegen mit der Aufforderung, Verse für seine musikpädagogischen Sammlungen zu schreiben, eine wichtige Anregung für die oben genannten „Spielgedichte", die dann unter dem Sammeltitel *Rongyszőnyeg* („Steppteppich") zusammengefaßt wurden.

Ferenc Farkas

Unter den erfolgreichsten Vertonungen aus der Nachkriegszeit ist der 1947 entstandene Liederzyklus *Gyümölcskosár* („Fruchtkorb") von Ferenc Farkas (1905–2000), dem angesehenen Professor für Komposition an der Budapester Franz-Liszt-Akademie, zu nennen. Der Titel ist der eines Weöres-Gedichtbandes, der 1946 erschienen war und viele der ursprünglich für Kodály geschriebenen Kinderverse enthielt. Farkas reagierte feinfühlig auf das Volkstümlich-Spielhafte der Gedichte und gab zugleich den Ton für weitere Vertonungen durch andere Komponisten an.

Ferenc Sebő, Dániel Gryllus

Die Popularität von Sándor Weöres war mittlerweile derart angewachsen, daß nicht nur Komponisten der sogenannten „E-Musik", sondern auch die Repräsentanten der

---

[3] Das Vermeiden von Sentimentalität ist eine wichtige ästhetische Forderung der neuen ungarischen Musik; siehe László Vikárius, *A „szentimentalizmus hiánya" Bartóknál* [Das „Fehlen der Sentimentalität" bei Bartók], in: *Zenetudományi dolgozatok 2001–2002*, Budapest: MTA Zenetudományi Intézet 2002, S. 235 ff.

Abbildung 1: Zoltán Kodály, *Öregek* für Chor a cappella (1933)
(© by Editio Musica Budapest)

Folk-Revival-Bewegung sich seiner Gedichte annahmen. Zwei populäre Musiker, Ferenc Sebő und Dániel Gryllus (Leiter des Ensembles Kaláka), haben sich seit den siebziger Jahren mit der klassischen ungarischen Dichtung beschäftigt und sind mit vielen Vertonungen von Texten von Weöres (nebst anderen von großen Dichtern wie Dezső Kosztolányi, Attila József, László Nagy usw.) hervorgetreten. Diese Künstler gingen zwar von der alten Volksmusik aus, ihre – durchaus verschiedenartigen – Stile unterscheiden sich jedoch erheblich davon.

Das Lied *Galagonya* („Hagedorn"), eine der bekanntesten Weöres-Vertonungen von Ferenc Sebő, besticht mit seiner scheinbaren Einfachheit, die ein beträchtliches Raffinement in sich birgt.[4] Die rhythmische Struktur des Liedes ist bereits durch den Text und besonders durch das Schlüsselwort *galagonya* bestimmt. Es besteht kein Zweifel, daß Weöres dieses Wort vor allem wegen seines Klanges gewählt hatte. Die poetische Metrik des Ungarischen basiert auf der Abwechslung von langen und kurzen Silben; mit seinen vier kurzen Silben stellt *galagonya* einen Spezialfall dar. Man kann das Wort kaum aussprechen, ohne es gleich in vier Achtelnoten zu skandieren. Es gibt eine Aufnahme, wo Weöres selber das Gedicht rezitiert, wobei der musikalische Rhythmus im Vortrag deutlich zu hören ist. Damit war die Grundlage für die Vertonung bereits vorgegeben; Sebő fügte eine einfache Melodie in der dorischen Tonart hinzu, einem Modus, der in der ungarischen Volksmusik häufig vorkommt, und wiederholte sie am Ende sogar in kanonischer Imitation. Im Gedicht von Weöres verwandelt sich der Hagedornbusch in ein weinendes Mädchen. In dieser Zeile kehrte Weöres den Mythos der Daphne bewußt um und führte damit ein raffiniertes künstlerisches Element in das schlichte volksliedartige Gedicht ein. Sebős Vertonung baut auf den Stil und die Strophenstruktur des ungarischen Volksliedes auf, aber die melodische Gestalt mit dem Molldreiklang und der darübergesetzten dorischen Sexte kommt in dieser Form in der ungarischen Volksmusik nicht vor.

Wie das Sebő-Ensemble setzte sich auch die Gruppe Kaláka schon in den siebziger Jahren intensiv mit klassischer ungarischer Dichtung, darunter mit Werken von Weöres, auseinander. Zwischen den beiden Gruppen besteht aber ein großer stilistischer Unterschied. Die Werke Sebős knüpfen viel enger an die authentische Musikpraxis der ungarischen und siebenbürgischen Dörfer an; auch der Einfluß der frühen Musik, besonders der Tanzweisen der Renaissance, ist häufig bemerkbar. Das Instrumentarium schließt Volksinstrumente wie die Drehleier, die Maultrommel oder die Kobsa (Balkanlaute) ein. Kaláka dagegen läßt moderne westliche Pop-Elemente in einem weit höheren Maße zu; die Gitarre, die auch von Sebő verwendet wird, spielt hier eine viel größere Rolle. Der derbe Humor einiger Kaláka-Kompositionen, wie zum Beispiel im populären *Kutyatár* („Der Hundeladen"), wo in der zweiten Hälfte des Liedes das Tonband auf Rücklauf geschaltet und die erste Hälfte auf diese Weise wiederholt wird, wäre Sebő ebenfalls fremd. Doch scheinen gerade spielerische Verfahren wie dieses einen wichtigen Aspekt der Gedichte einzufangen.

So wie Sebő und Gryllus haben sich auch andere weiterhin intensiv mit der Dichtung von Weöres auseinandergesetzt.[5] Jüngst hat Gryllus' Sohn, der junge Komponist Samu

---

4   *Galagonya: Énekelt versek* [Der Hagedorn: Gesungene Gedichte], Hungaroton Classic CD14249. Die CD enthält Vertonungen klassischer ungarischer Dichter in Sebős vom ungarischen Volkslied beeinflußten eigenen Stil; die Weöres-Stücke stammen aus dem Jahre 1974.

Gryllus, in Zusammenarbeit mit der auf Volksmusik spezialisierten Sängerin Bea Palya eine CD mit Liedern aus einem der kuriosesten Gedichtzyklen von Weöres herausgegeben.[6] Mit den *Psyché*-Gedichten, die zuerst im Jahre 1971 veröffentlicht wurden, gab Weöres vor, eine unbekannte ungarische Dichterin aus dem frühen 19. Jahrhundert entdeckt zu haben. Die Gedichte dieser frei erfundenen Dichterin, in einem ziemlich seltsam anmutenden, archaischen Ungarisch verfaßt, sind größtenteils stark erotischen Inhalts. Von der poetischen Form her finden wir altgriechische Metren, die in der ungarischen Dichtung dieser Epoche häufig benutzt wurden, aber auch volksliedartige Gebilde: Hier soll Psyché (Erzsébet Lónyay) die Tochter eines ungarischen Aristokraten und einer Zigeunerin sein. Die Melodien von Samu Gryllus und Bea Palya reichen von Volksliedbearbeitungen durch Nachbildungen bis zu frei komponierten Stücken, in denen sich die Elemente verschiedener folkloristischer und historischer Traditionen mischen. Den komplexen Stilschichten der poetischen Originale wird also ein genauso komplexes musikalisches Netz musikalischer Assoziationen gegenübergestellt.

György Ligeti

Das auffallendste Merkmal der musikalischen Weöres-Rezeption ist die Tatsache, daß sich Künstler, die von der Volksmusik herkommen, und Komponisten, die die „klassische" Tradition weiterführen, in gleichem Maße von dieser Poesie angesprochen fühlten. György Ligeti (1923–2006) wurde wie kaum ein anderer von Weöres zu einzigartigen musikalischen Experimenten angeregt. Ligeti hat oft betont, diese Poesie besitze für ihn eine ganz spezielle Bedeutung; seine Bewunderung für Weöres' sprachliche Virtuosität und Formenreichtum kannte keine Grenzen. Er war mit dem Dichter auch persönlich befreundet. Ligeti begann bereits in den vierziger Jahren, Weöres-Gedichte zu vertonen. Der Dichter half dem jungen Komponisten damals, seine eigene Stimme zu finden; viel später war es wieder Weöres, der Ligeti nach einer längeren Schaffensperiode an der Spitze der internationalen Avantgarde wieder zu seinen Wurzeln zurückführte.

Der Stil der ersten Weöres-Vertonungen Ligetis, *Három Weöres-dal* („Drei Weöres-Lieder"), ist noch stark von der Kodály-Schule geprägt, es sind darin aber bereits individuelle Momente aufzufinden. Die beiden ersten Lieder sind im Jahre 1946 noch im siebenbürgischen Kolozsvár (Klausenburg, Cluj) entstanden; sie wurden im darauffolgendem Jahr in Budapest zu einem dreisätzigen Zyklus ergänzt.[7] Das erste von Ligeti gewählte Gedicht, *Táncol a hold fehér ingben* („Es tanzt der Mond in weißem Hemd"), besteht wie viele ungarischen Volkslieder aus achtsilbigen Zeilen, und dieses volkstüm-

---

5 Gryllus veröffentlichte 1998 eine CD mit durch indische Musik beeinflußten Vertonungen aus den Prosagedichten *A teljesség felé* [Näher zur Vollständigkeit]; und Sebő gab 1999 eine erweiterte Ausgabe seiner Lieder aus *Rongyszőnyeg* heraus.

6 Es handelt sich weniger um eine CD mit Broschüre als um einen Gedichtband im CD-Format mit Tonträger. Die Ausgabe erschien in der Reihe *Hangzó Helikon* [Tönender Helikon], die vertonte Poesie u.a. auch von Sebő und dem Kaláka-Ensemble enthält.

7 Siehe Friedemann Sallis, *An Introduction to the early works of György Ligeti*, Köln: Studio 1996, S. 274. Die *Weöres-Lieder* wurden 2004 vom Schott-Verlag, Mainz, veröffentlicht.

liche Metrum wird von Weöres mit raffinierten, bestimmt nicht volksliedartigen poetischen Bildern ausgefüllt. Im Gedicht erscheint bereits das Motiv der Uhr („tik-tak"), aus dem Ligeti später seinen berühmten *meccanico*-Typ entwickelte. Musikalisch vereinte der junge Komponist eine volkstümlich-pentatonische Melodie mit einem synkopierenden Ostinato und einer konsequent durchgeführten Cluster-Technik. Das sind moderne Züge, die davon zeugen, daß die Begegnung mit Weöres den 23jährigen zu einer allmählichen, wenn auch zunächst noch eher zögerlichen Modernisierung seines Stils bewegte.

Abbildung 2: György Ligeti, *Három Weöres-dal* für Singstimme und Klavier (1946), *Táncol a hold*, Takt 1 ff. (© by Paul Sacher Stiftung, Basel, Sammlung György Ligeti)

Das Weöres-Lied *Gyümölcs-fürt* („Fruchttraube") bearbeitet ein Gedicht, dessen „Musikalität" in einer eigenartigen Variationsweise des Titelwortes besteht. Das Wort „Gyümölcs-fürt" wird mehrmals wiederholt und jeweils mit einer anderen Fortsetzung versehen, woraus sich nicht immer vollständige Sätze ergeben. Weöres' Verfahren ist der mittelalterlichen Tropentechnik nicht ganz unähnlich. Eine der „Tropen" („ingatja a szél" – geschaukelt vom Wind) wird sogar ein zweites Mal „tropiert" („kelő melegben, puha lombok közt ingatja a szél" – in keimender Wärme, in weichem Laub, geschaukelt vom Wind). Es ist wohl kein Zufall, daß Ligeti auf diese lineare Variationstechnik mit einem musikalischen Stil reagierte, den Friedemann Sallis mit vollem Recht als „heterophon" bezeichnet hat.[8] Dieses Mal bewegt sich die Melodie in einer „hemitonischen" Pentatonik, das heißt, unter den fünf Tönen der Tonleiter befindet sich ein Halbtonschritt. Solche Tonleitern sind in der ungarischen Volksmusik unbekannt, sie kommen aber in mehreren asiatischen Kulturen vor. Weöres war als junger Mensch nach Asien gereist, was außer ihm bis dahin kein ungarischer Dichter getan hatte, und begeisterte sich zeitlebens für orientalische Dichtung. Der junge Ligeti hat da – wahrscheinlich instinktiv – die Inspirationsquelle des Dichters erfaßt und seiner Vertonung dadurch eine entsprechende orientalische Färbung gegeben.

Das Gedicht, das dem zuletzt komponierten dritten Lied *Kalmár jött nagy madarakkal* („Ein Krämer kam mit großen Vögeln") zugrunde liegt, wartet mit einem Geheimnis auf: es wird nie erklärt, warum die großen Vögel, die der Krämer bringt, so gefährlich für die Prinzessin sein sollen. Die Musik dramatisiert die unangenehmen Gefühle, die aus dem Gegensatz der beiden Figuren (denen des Krämers und der Prinzessin) entstehen; die Ostinati mit den scharfen Akzenten verwandeln die mysteriöse Gefahr in eine ganz reale Bedrohung.

Ein kurioses Fragment, *Nagypapa leszállt a tóba* („Großvater stieg in den Teich hinunter"), wurde von Friedemann Sallis zum erstenmal identifiziert und besprochen.[9] Das groteske Gedicht beschreibt den Tod eines alten Mannes aus der Sichtweise eines Kindes; Ligeti fand dafür ausdrucksvolle Ostinati und Dissonanzen, die er ohne die Anregung des aparten Textes kaum verwendet hätte. An der Stelle, wo Weöres eine Gedankenparallele in drei Zeilen mit ständig wachsender Silbenzahl (8, 10, 11) ausdrückt, macht Ligeti von einem entsprechenden additiven Metrum Gebrauch (2/4 + 1/8, 3/4, 3/4 + 1/8) und bereicherte damit sein rhythmisches Vokabular beträchtlich.

Außer den Liedern komponierte Ligeti im Jahre 1946 auch noch ein dreistimmiges A-cappella-Chorwerk nach einem Text von Weöres: *Magány* („Einsamkeit"). Dieses Stück wurde 1988 veröffentlicht, wobei dem ungarischen Original eine deutsche und eine englische Übersetzung beigefügt wurde. In diesen Versionen ist aber gerade das entscheidende Moment des Gedichtes verlorengegangen: die erste Zeile – „Sej, elaludtam álló víz partján" – bedeutet: „Ach, ich bin am Ufer des stillen Wassers eingeschlafen" – wobei das *álló víz* („stilles Wasser") sich auf einen Teich oder See beziehen *muß*. Bei den Übersetzungen handelt es sich dagegen um einen Fluß beziehungsweise river. Es ist jedoch gerade die Idee des *stillen* Wassers, aus der der musikalische Hauptgedanke entsteht: der lange Orgelpunkt in der Baßstimme, und die langen, bewegungslosen Harmonien am Ende des ersten Abschnittes stellen ein frühes, noch ganz unentwickeltes Beispiel der *Stasis* dar, der in Ligetis späterem Werk solch große Bedeutung zukommt.

Zu den weiteren Chorwerken nach Weöres-Texten, die Ligeti vor seiner Emigration komponierte, zählen das dreisätzige *Hajnal* („Morgendämmerung", 1949–50)[10] sowie eines der letzten in Ungarn entstandenen Stücke, das Satzpaar *Éjszaka, reggel* („Nacht, Morgen", 1955). Über die letztgenannten Werke schrieb Ligeti selbst:

---

8   Ebd., S. 76.
9   Ebd., S. 78 f.
10 Ebd., S. 280.

„Stilistisch sind diese zwei kleinen Chorwerke insofern von Schlüsselbedeutung, als sie genau den Übergang vom Bartók-Nachfolgertum zur Ausbildung meines reiferen Stils – komplexe Polyphonie und Klangflächen – dokumentieren."[11]

Es besteht kein Zweifel, daß die Bilder und Rhythmen der Gedichte wesentlich zur Entwicklung dieser neuen Ideen beigetragen haben. Sallis hebt hervor, daß Ligeti im ersten Stück nicht mehr als neun Worte des originalen Gedichts benutzt.[12] Aus den beiden ersten Worten (*rengeteg tövis*, „ungeheuer viele Stachel") gestaltete Ligeti eines seiner ersten großen polyphonen „Netze", in dem bereits etwas vom Einfluß des später so oft zitierten Traums aus seiner Kinderzeit von einem seltsamen Gewebe[13] zu spüren ist. Der achtstimmige Satz bewegt sich in dichten (doch stets diatonischen) Clustern wie die „Wälder von Stacheln", die in Ligetis deutscher Version des Textes erscheinen. (Obwohl das Wort *rengeteg* im Kontext des Gedichtes „ungeheuer viel" bedeutet, besitzt es auch die zweite Bedeutung eines dichten Waldes.)

Die Wirkung des Gedichtes (mindestens was den von Ligeti vertonten Teil betrifft) beruht auf der Parallele zwischen *rengeteg tövis* und *rengeteg csönd* („ungeheuer viel Stille"), einer ungewöhnlichen Wortkopplung. Das erste Erscheinen des Wortes *csönd* („Stille") führt einen abrupten Wechsel in der Musik herbei, der durch das *subito pianissimo* und dem plötzlichen Aufhören des bisher ununterbrochenen rhythmischen Ostinatos zustande kommt. Die diatonischen Cluster werden hier durch weniger dichte Pentatonik ersetzt (siehe Abbildung 3).

Reggel, ein anderes „Uhr-Stück", beginnt mit einer komplexen polyphonen Phantasie über das Motiv der Glocken im Kirchenturm. Verschiedene Transpositionen der pentatonischen Skala werden hier gleichzeitig benutzt, um das Geläute von Glocken verschiedener Größe nachzuahmen. Der darauffolgende zweite Abschnitt ist ganz vom Rhythmus des Gedichtes bestimmt, und das Krähen der Hähne, imitiert von zwei Solisten, durchbricht das „mechanische" Ostinato auf ganz naturalistische Weise.

Wie wir sehen, zog Ligeti in jeder seiner frühen Weöres-Vertonungen wichtige musikalische Lehren aus den Besonderheiten der Gedichte. Die musikalischen Lösungen, zu der ihn die Verse von Weöres anregten, nehmen seinen reifen kompositorischen Stil in manchen konkreten Zügen vorweg. Als Ligeti sich ein Vierteljahrhundert später entschied, sich erneut dem Werk des lebenslang bewunderten Dichters zuzuwenden, tat er es im vollen Besitz jenes Stils, zu dessen Entwicklung Weöres viel früher wichtige Anregungen gegeben hatte.

Die äußerst komplexen kompositorischen Verfahren in Ligetis *Magyar Etüdök* („Ungarische Etüden", 1983) sind bereits eingehend erörtert worden,[14] daher ist eine detaillierte Analyse an dieser Stelle kaum nötig. Es seien nur einige Randbemerkungen zum Verhältnis zwischen Text und Musik angebracht, aus denen hervorgehen soll, wie sehr

---

11 György Ligeti, *Über Éjszaka und Reggel*, in: *Musikprotokoll '84*, Graz: ORF 1984, S. 19, zitiert nach Friedemann Sallis, *An Introduction to the early works of György Ligeti*, S. 168.

12 Ebd., S. 171.

13 Siehe György Ligeti, *Zustände, Ereignisse, Wandlungen*, in: Melos 34 (1967), S. 165 ff.

14 Martin Bergande, *„... halb experimentell, halb volkstümlich ..."*. *György Ligetis* Magyar Etüdök, Saarbrücken: Pfau 1994; Bernd Englbrecht, *Die späte Chormusik von György Ligeti*, Frankfurt am Main: Peter Lang 2001.

Abbildung 3: György Ligeti, *Éjszaka* für Chor a cappella (1955), Takt 36–48
(© by Schott Music, Mainz)

die anscheinend einfachen, spielhaften Gedichte von Weöres dazu geeignet waren, selbst den raffiniertesten Konstruktionen des Komponisten als Grundlage zu dienen.

Die erste Etüde ist die Bearbeitung eines kurzen Gedichts, in dem von einem schmelzenden Eiszapfen die Rede ist. Die Wassertropfen sind ziemlich realistisch in der Form vereinzelter Töne dargestellt; die Struktur des zwölfstimmigen Spiegelkanons dient dazu, diese „Tropfen" in einem einheitlichen „System" zu organisieren; dabei folgen die „Tropfen" einander scheinbar ganz unregelmäßig und unvoraussehbar.

In der zweiten und dritten Etüde verwendet Ligeti mehr als einen Text gleichzeitig; in der zweiten Etüde zwei, in der dritten gar fünf. Die zweite Etüde beginnt mit einem Gedicht, das die alte volksliedartige Form von vier achtsilbigen Zeilen befolgt, genau wie *Táncol a hold*, jener Text, den Ligeti in seiner allerersten Weöres-Vertonung aus dem Jahr 1946 verwendet hatte. In jenem Tanzgedicht hatte sich Ligeti streng an die rhythmische Struktur des Gedichtes gehalten; prinzipiell entsprach jeder Silbe des Textes einer Achtelnote in der Musik. Es handelt sich um strengen *tempo giusto*-Stil, bei dem allerdings einige prosodische Einzelheiten des Textes in der Musik unberücksichtigt blieben. *Árnyak sora ül a réten* („Schatten-Reihe sitzt auf der Wiese") aus der zweiten der *Magyar Etüdök* ist dagegen ein kontemplatives Gedicht, das viel eher einem *rubato*-Volkslied ähnelt, dessen Ton Ligeti in seiner präzise notierten Wiedergabe eines rhythmisch freien Vortrages neu gestaltet (siehe Abbildung 4).

Die Unterbrechung dieser kontemplativen Melodie durch das Gequake der Frösche („Brekekex!") leitet einen neuen musikalischen Abschnitt ein. Den vorhergehenden langen Melodiebögen werden rasche, scharf akzentuierte Kurzmotive gegenübergestellt, die dann aber wieder verschwinden zugunsten einer ganz klassischen Reprise, die die süße Ruhe des Anfangs zurückbringt.

Jeder der fünf verschiedenen Texte der dritten Etüde, die gleichzeitig gesungen werden, besitzt sein eigenes Tempo. Einzeln genommen liegt jeder Schicht der Komposition eine einfache Volksliedstruktur zugrunde. Die Gedichte befolgen größtenteils Metren, die in der Volksmusik häufig vorkommen und die auch von Ligeti beibehalten werden. Die Metren unterscheiden sich aber alle voneinander, und obwohl sie alle geradtaktig sind, ist die enorme metrische Vieldeutigkeit durch die Vielfalt der Metren bereits vorgegeben.

Weöres hat einige Gedichte innerhalb seiner *Magyar Etüdök* unter dem Titel *Vásár* („Jahrmarkt") zusammengefaßt, und Ligetis Chorsatz der dritten Etüde trägt dieselbe Überschrift. Der Komponist knüpfte da – ob bewußt oder nicht – an eine bis in die Renaissancezeit zurückreichende Tradition der Marktrufe an, wie sie etwa in den Werken von Clément Janequin (*Les cris de Paris*) oder Orlando Gibbons (*The cries of London*) vorkommen.

In seiner letzten Schaffensperiode kehrte Ligeti noch einmal zu Weöres zurück und schrieb *Sippal, dobbal, nádihegedüvel* („Mit Pfeifen, Trommeln, Schilfgeigen", 2000) für Mezzosopran und Schlagzeugensemble. In diesem Werk – Ligetis letzter vollendeter Komposition – kommen volksliedartige Elemente in einem seit den Jugendwerken nicht mehr gesehenen Ausmaß vor; doch gewann Ligeti diesem Stil mit einem Abstand von mehr als fünfzig Jahren verblüffende neue Aspekte ab.

Béla Bartók und Zoltán Kodály hatten zu ihrer Zeit das ungarische Volkslied schon vielfach neuerschaffen, indem sie originale Melodien im Stil des Volksliedes erfanden. Im sechsten der sieben Lieder aus *Sippal, dobbal* mit dem Titel *Keserédes* („Bittersüß", siehe Abbildung 5, S. 133) tat Ligeti dasselbe, doch mit ganz anderen Methoden und Ergebnissen. Weöres hatte sich seinerseits ein klassisches Volksliedmetrum, eine Strophe mit vier zwölfsilbigen Zeilen, angeeignet und dazu viele aus Volksliedern stammende Motive verwendet. Zum Beispiel beginnen viele Volkslieder mit dem Bild eines Pfluges, das sich auch Weöres zu eigen machte. Ligeti übernahm die musikalische Struktur des Volksliedes genauso, wie Weöres es mit dem poetischen Vokabular tat; dabei haben beide die Modelle auf höchst originelle Weise umgewandelt. Wenn sie das Volkslied nicht direkt arrangierten, schufen Bartók und Kodály meistens freie Nachbildungen, bei denen Volksliedfragmente auf Andersartiges trafen, um eine neue Einheit zu bilden; Ligeti dagegen behielt das ganze Ethos des Volksliedes bei und schuf ein

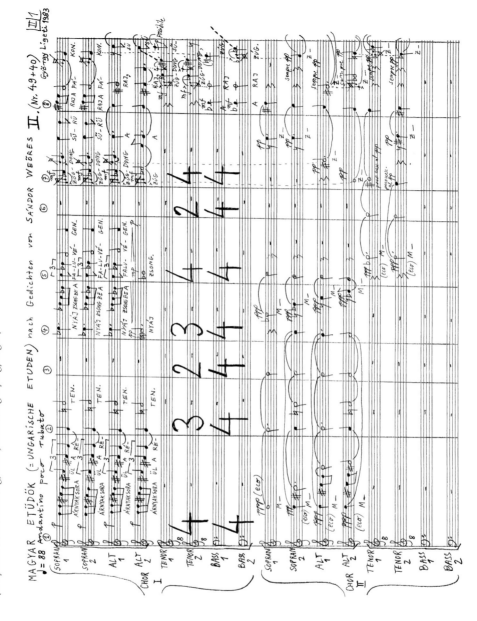

Abbildung 4: György Ligeti, *Magyar Etüdök für Chor a cappella* (1983), Nr. 2, Takt 1ff., Reinschrift
(© by Paul Sacher Stiftung, Basel, Sammlung György Ligeti)

„Konterfei", das fast mit einem Original verwechselt werden könnte. (Ein vergleichbares Beispiel für ein „imaginäres Volkslied" ist im dritten Satz von Ligetis *Violinkonzert* zu finden.)

In zwei Stücken (den Nummern 1 und 3) wird der musikalische Gedanke des Dichters, daß eine einzige Silbe eine Zeile und jene mit anderen Zeilen Reime bilden kann, in die kompositorische Praxis umgesetzt. Bei *Egy hegy megy* („Ein Berg geht") drückt diese Form die Unerbittlichkeit drohender Gefahr ganz unmittelbar aus (siehe Abbildung 6). Bei *Szent kert* (was, um die Einsilbigkeit beizubehalten, auf deutsch als „Sankt Park" wiedergegeben werden muß, obwohl von einem „heiligen Garten" die Rede ist) war es Weöres gelungen, eine geheime Verwandtschaft zwischen der ungarischen und der chinesischen Sprache zu erfinden, was wiederum den musikalischen Klang der Vertonung bestimmte.

Die Sprachexperimente in den Nummern 4 und 5 sind anderer Art. Im einen Fall werden die Regeln der ungarischen Grammatik ganz aufgehoben, indem auf sämtliche Nachsilben verzichtet wird, im anderen (es ist ein Auszug aus Weöres' *Zwölfter Symphonie*) entsteht aus der Ähnlichkeit zweier Wörter – *alma álma* („des Apfels Traum") – Sprachmagie.

Der letzte Schritt zum Nonsens wird in den Nummern 2 und 7 getan. Beide Stücke werden im Beiheft der CD als „unübersetzbar" bezeichnet.[15] Doch wies bereits Ligeti darauf hin, daß die „Unübersetzbarkeit" der beiden Gedichte nicht gleicher Natur sei: bei Nr. 2 handele es sich um „imaginäre Wörter", die bloß ungarisch *klingen*, bei Nr. 7 jedoch um normale ungarische Wörter in einem „fast-Nonsens"-Kontext.

Es sei hier kurz der Versuch unternommen, dieses „unübersetzbare" letzte Gedicht doch einigermaßen zu erläutern, denn das poetische Verfahren Weöres' hat Ligetis musikalisches Denken wieder einmal auf entscheidende Weise beeinflußt. Die beiden Zeilen des Gedichts lauten:

Tanárikari karika
Papíripari paripa

Die erste Zeile läßt sich auf folgende Elemente aufteilen:

tanár, „Lehrer" – *tanári*, „lehrerhaft" (Adjektiv) – *kar*, (hier) „Körper" – *kari*, „körperlich" (Adjektiv) – *karika*, „Reifen"

tanárikari karika: „Lehrerkörperreifen"

Der Effekt beruht auf der verblüffenden Klangähnlichkeit der semantisch völlig unverwandten Wörter *kari* und *karika* sowie auf dem Gegensatz zwischen dem strengen „Lehrer", sogar einem ganzen „Lehrerkörper", und dem „Reifen", durch den spielende Kinder hüpfen, ohne die strengen Lehrer zu beachten.

Die zweite Zeile beinhaltet ebenfalls Elemente, die trotz ihrer Klangähnlichkeit ganz verschiedenen semantischen Feldern angehören:

---

15   *The Ligeti Project III*, Teldec Classics 8573-87631-2 (2002).

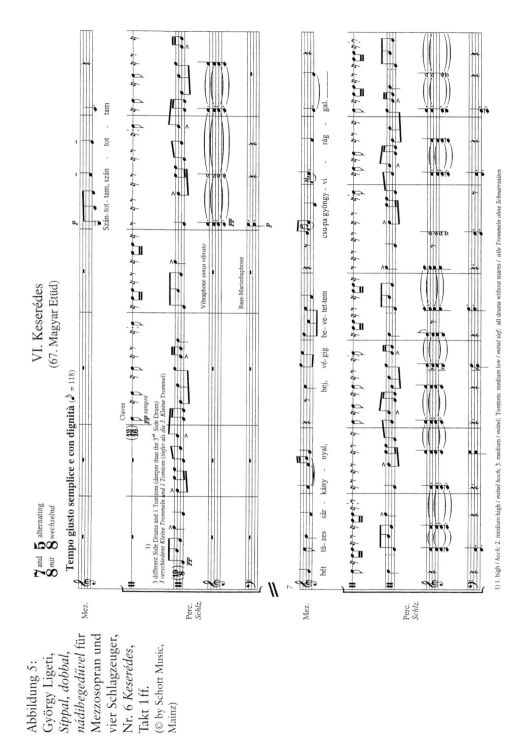

Abbildung 5: György Ligeti, *Síppal, dobbal, nádihegedűvel* für Mezzosopran und vier Schlagzeuger, Nr. 6 *Keserédes*, Takt 1 ff.
(© by Schott Music, Mainz)

papír, „Papier" – *ipar*, „Industrie" – *ipari*, „industriell" – *paripa*, „Roß"
papíripari paripa: „Roß der Papierindustrie"

Es ist ferner hervorzuheben, daß sich Konsonanten und Vokale in beiden Zeilen auf dieselbe Weise abwechseln. Im gesamten Text kommen nur zwei Vokale, *a* und *i*, vor, und deren Reihenfolge ist in beiden Zeilen, bis auf eine einzige Ausnahme, identisch. Trotz dieser großen Übereinstimmungen besteht aber ein bedeutender Unterschied in

Abbildung 6: György Ligeti, *Síppal, dobbal, nádihegedűvel* für Mezzosopran und vier Schlagzeuger, Nr. 1 *Fabula*, Takt 1ff., Skizze
(© by Paul Sacher Stiftung, Basel, Sammlung György Ligeti)

der semantischen Aufteilung der beiden Textzeilen. In der ersten Zeile gehört das erste *i* zum ersten Wort *tanári*, in der zweiten Zeile jedoch zum zweiten Wort *ipari*.

Tanári – kari – karika
Papír – **ipari** – paripa

In den beiden folgenden Zeilen verändert Weöres zuerst die Wortordnung:

karika tanárikara
paripa papíripar

(Des Reifens Lehrerkörper – Des Rosses Papierindustrie)

Anschließend zerhackt er die Wörter in Segmente, die nun wirklich jeder Bedeutung entbehren. Es ist unmöglich zu übersehen, daß diese Verfahren des Dichters sehr eng mit der musikalischen Variationstechnik verwandt sind: die Veränderung der Wortordnung ist ja eine Art Inversion, und die Zerstückelung des Materials ist wenigstens seit Beethoven eine der Hauptformen der sogenannten „motivischen Arbeit". Selbstverständlich machte Ligeti von diesen musikalischen Eigenschaften des Gedichts reichlich Gebrauch und ließ sich davon zu ähnlichen Kompositionsverfahren inspirieren.
In seinen Weöres-Vertonungen verwendete Ligeti die spielhaften Gedichte aus denselben Werkgruppen, die schon frühere, konventionelle musikalische Verarbeitungen inspiriert hatten. Hier finden wir den „populären" Weöres, dem Ligeti ganz neue Töne abgewann. Im Gegensatz dazu konzentrieren sich jüngere Komponisten wie László Sáry (geb. 1940), Zoltán Jeney (geb. 1943) und Peter Eötvös (geb. 1944) in ihren Werken auf andere Facetten des Weöresschen Œuvres, ziehen daraus ganz andere Konsequenzen und entwickeln kompositorische Methoden, die sich von denen Ligetis grundsätzlich unterscheiden.

László Sáry

Bei László Sáry, einem der Gründer des Studios für Neue Musik (Új zenei stúdió) in Budapest, tauchen Weöres-Texte bereits in den frühesten Werken auf. Sáry hat 1968, also mit 28 Jahren, eine Weöres-Kantate geschrieben, deren Titel (*Cantata Nr. 1*) offenbar auf Webern anspielt, dessen Einfluß auf die junge ungarische Komponistengeneration jener Zeit wesentlich war. Darüber hinaus eröffnet Sáry dieses Werk mit einem Gedicht von Henri Michaux in Weöres' Übersetzung (das Werk des belgischen Dichters lag bekanntlich den *Trois poèmes* von Witold Lutosławski aus dem Jahre 1966 zugrunde). Somit ist Sárys Kantate zugleich ein Zeugnis der Verarbeitung des Webernschen Spätstils wie der neuen polnischen Musik, beides ermöglicht durch die Auseinandersetzung mit Weöres-Texten.
Dem Nachtgedicht von Michaux (für Chor mit Klavierbegleitung) folgt ein originales Nachtgedicht von Weöres, gesetzt für Sopran-Solo, Flöte, Violine und Cimbalom. Die beiden Ensembles werden dann im abschließenden *Barbár Dal* („Barbarischen Lied") vereinigt, jenem Gedicht in einer imaginären Sprache, dem Weöres eine ungarische

„Übersetzung" beigefügt hat.[16] Der Chor singt das Original und der Sopran gleichzeitig die Übersetzung, aus der sich das Vokabular des „Barbarischen" sehr gut rekonstruieren läßt. Weöres treibt wieder ein sprachliches Spiel, doch ist der Inhalt des Gedichts ein durchaus tragischer – und diese Dualität kommt in Sárys Vertonung deutlich zum Ausdruck.

Weitere Chorwerke auf Texte von Weöres entstanden mit *Dob és tánc* („Trommel und Tanz") und *Incanto* (beide 1981). Beim letzteren handelt es sich um eine Vertonung des Gedichts *Fuga*, in dem Weöres wiederum eine musikalische Form in Poesie verwandelt hatte. Sáry schrieb natürlich keine Fuge im klassischen Sinne, sondern schuf eine eigenartige, höchst komplexe Polyphonie, wobei die fünf Chorstimmen zuerst eng im Mittelregister zusammengehalten werden, um sich dann immer mehr nach oben und nach unten auszudehnen. Am Anfang singt jede Stimme eine andere Textzeile gleichzeitig, später intonieren die Frauen- bzw. die Männerstimmen eigene Worte, das heißt, man hört nur noch zwei simultane Texte. Am Ende verschwindet der Text gänzlich, und das Stück endet mit einem langen fünfstimmigen Melismenkomplex.

In *Dob és tánc* ging Sáry mit dem Text so frei um, daß er das Stück nicht mehr als „Vertonung" bezeichnete, sondern als eine Komposition unter „freiem Gebrauch" des Gedichtes, deren Elemente dann in einer anderen Komposition, *Kánon a felkelő naphoz* („Kanon an die aufgehende Sonne"), wieder auftauchen, wo Weöres' Name in der Partitur gar nicht mehr erscheint, obwohl der Ursprung einiger Wendungen des Kanons klar erkennbar ist. In diesen Werken führte Sáry die Sprachexperimente des Dichters in eine neue, persönliche Richtung weiter, indem er lediglich Ausschnitte der Texte verwendete.

Zoltán Jeney

Im achten seiner *12 Lieder* für Sopran, Violine und Klavier (1985) griff Jeney ein Weöres-Gedicht auf, das (genau wie das bereits erwähnte Stück *Szent kert* [„Chinesischer Tempel"] aus Ligetis *Síppal, dobbal*) aus lauter einsilbigen Wörtern besteht (siehe Abbildung 7, S. 138 f.). Doch ging es Weöres in diesem *Hold* („Mond") betitelten Stück nicht darum, einen „chinesischen" Klang zu erzeugen; er hat es wesentlich strengeren strukturellen Zwängen unterworfen. In *Szent kert* fügten sich die Einsilber noch zu sechszeiligen (d.h. sechssilbigen) reimenden Strophen zusammen. Das Gedicht *Hold* dagegen besteht aus lediglich neun einsilbigen Wörtern, die nach der Formel 1 + 2 + 3 + 2 + 1 in fünf Zeilen geordnet sind. Das erste und das letzte Wort („hold") ist identisch, wir haben also acht verschiedene Wörter, die alle mit einem einzigen Vokal („o") auskommen. Zwischen den Wörtern bestehen zwar grammatikalische Zusammenhänge, doch diese wirken eher rudimentär, und die Wörter werden hauptsächlich gesondert wahrgenommen. (Anstatt eine wörtliche Übersetzung des Textes zu versuchen, soll an dieser Stelle der Hinweis genügen, daß die neun Wörter des Gedichtes den Tod und das Vergangene betonen und den Mond als einen leblosen, unheimlichen Ort vorstellen.)

---

16 Vgl. auch Sándor Weöres, *Der von Ungern*, S. 18 f.

Benutzt das Gedicht nur einen einzigen Vokal, rezitiert die Singstimme in Jeneys Vertonung den ganzen Text auf einer einzigen Tonhöhe mit einer äußerst dünnen Klavierbegleitung (die sordinierte Violine tritt erst im Nachspiel auf). Jeney, dessen Frühwerk stark vom amerikanischen Minimalismus geprägt ist, erweist sich auch hier als ein Meister der musikalischen Ökonomie; dabei gelingt es ihm, die „Stimmung" der öden Mondlandschaft anzudeuten – die „Stimmung" also, die der Dichter selbst in seinem Werk stets vermeiden wollte.

Acht der zwölf Lieder in Jeneys Zyklus benutzen Texte von e. e. cummings; daneben wählte der Komponist, außer dem Stück von Weöres, ein Gedicht des ungarischen experimentellen Dichters Dezső Tandori und je ein Stück von William Blake und Friedrich Hölderlin (jeweils in der Originalsprache). Dieses Nebeneinander der Textquellen ergibt einen bedeutungsvollen Kontext für Jeneys Weöres-Rezeption. Der Dichter wird hier nicht mehr nur als spielhafter Sprachvirtuose, sondern darüber hinaus als führender Avantgardist und Visionär anerkannt.

Eine weitere und wieder ganz andersartige schöpferische Begegnung zwischen Jeney und Weöres ereignete sich in *Halotti szertartás* („Trauerritual"), dem dreistündigen Oratorium, das im Herbst 2005 in Budapest uraufgeführt wurde. In diesem monumentalen Werk schuf Jeney das mittelalterliche ungarische Trauer- und Begräbnisritual neu; er stützte sich dabei hauptsächlich auf die gregorianische Tradition, bezog aber auch zahlreiche andere Elemente mit ein, sowohl poetische als auch musikalische.

Im Laufe des sechsteiligen Oratoriums wählte Jeney zweimal Texte von Sándor Weöres, um gewissen Momenten des Rituals größeren Nachdruck zu verleihen. Weöres' 1936 verfaßte Nachdichtung der altungarischen Marienklage aus dem 14. Jahrhundert dient als Abschluß des zweiten Teiles, der Totenvesper; sein originales Gedicht über den heiligen Georg und den Drachen erklingt am Anfang des vierten Teiles, der Absolution. Beide Gedichte zeigen eine Seite von Weöres, die in den bisher besprochenen Vertonungen noch nicht zum Vorschein gekommen ist, nämlich seine tief empfundene Religiosität. Jeney hat beide Gedichte mit Sopran-Solo besetzt; die beiden Abschnitte, wie die übrigen modernen Ergänzungen, fügen sich nahtlos in das Gewebe des gesamten Werkes ein. In der Marienklage ging Jeney von einer gregorianikähnlichen melodischen Formel aus, die er aber chromatisch weiterentwickelte und mit einer dynamischen Cimbalom-Begleitung versah; im zweiten Gedicht jedoch blieb er ganz innerhalb der Welt des gregorianischen Chorals und komponierte ein Stück, das fast genauso in der mittelalterlichen Liturgie vorkommen könnte. Die Vielfalt der poetischen Stile, mit denen Weöres gearbeitet hat, eröffnete also dem Komponisten eine breite Skala von kompositorischen Möglichkeiten.[17]

Peter Eötvös

Nach dem Gesagten wird es kaum überraschen, daß auch Peter Eötvös den Weg zur Poesie von Weöres fand und sich kompositorisch mit ihr befaßte. Allerdings tat er das grundsätzlich anders als jeder andere Komponist, der sich seit Kodály mit Weöres-Tex-

---

17 Vgl. auch Péter Laki, *Ungarische Totalität im Zeichen des Todes. „Halotti szertartás": Ein dreistündiges Trauerritual von Zoltán Jeney*, in: *Dissonanz/Dissonance* Nr. 97, März 2007, S. 18f.

Abbildung 7: Zoltán Jeney, *12 Lieder* für Sopran, Violine und Klavier (1985), Nr. 8 „Hold" (© by Editio Musica Budapest)

ten beschäftigt hat. In den beiden großen Werken *Atlantis* (1995) und *IMA* (2001–02) geht es weder um Klangzauber noch um stilistische Spiele. Eötvös suchte sich einen der experimentellsten Weöres-Texte heraus, nämlich das lange Gedicht *Néma zene* („Stumme Musik") aus dem Jahr 1963, in dem Weöres die abstrakten Eigenschaften der Sprache sowie ihre mythischen Wurzeln erforschte. Wie früher bereits gesagt, ist dies ein fundamentaler Aspekt der Weöresschen Poesie, der aber von früheren Komponisten noch nicht berücksichtigt wurde. Eötvös allerdings hatte sich schon seit 1966 mit *Néma zene* beschäftigt; die darauf basierende Komposition ist erst viele Jahre später entstanden.

Eine gute Einführung in *Atlantis* ist mit dem Frankfurter Vortrag von Péter Halász vorhanden.[18] Dort sind auch die von Eötvös vertonten Abschnitte des Gedichtes wiedergegeben, auf ungarisch und in einer notwendigerweise mangelhaften deutschen Übersetzung.[19] Der zweite Satz der dreiteiligen Komposition basiert auf einem der kühnsten verbalen Experimente Weöres'. Um die Verfahrensweise des Dichters zu veranschaulichen, seien hier die ersten beiden Verse zitiert, im Original, in einer wörtlichen Übersetzung und schließlich in Hans-Henning Paetzkes poetischer Nachdichtung:

a lát*atlan tisz*ta világért
mely nem az évekk*el sülyedt* habokba

Wörtlich übersetzt:

für die ungesehene reine Welt
die nicht mit den Jahren in den Wellen versunken ist

In dieser Übersetzung fehlt das Wesentliche: die Silben, die im ungarischen Original kursiv gedruckt sind, ergeben den wirklichen Sinn des Gedichtes: *„atlantisz elsüllyedt"* – „Atlantis versunken". In seiner deutschen Nachdichtung hat Paetzke das wohl beachtet:

um der unsichtbaren *atlantis* der reinen welt willen
mit den jahren nicht *versunken* in der gischt

Was da jedoch – unweigerlich – verlorengeht, ist wiederum etwas wesentliches: im Original gehören die Silben „*atlan*" und „*tisz*" verschiedenen Wörtern an („*látatlan*" – „ungesehen" und „*tisz*ta" – „rein"); das Wort „Atlantis" geht in anderen Wörtern auf, so daß der Kontinent tatsächlich verschwindet.

In meiner Kindheit machte in Ungarn folgender Witz (über ein anderes versunkenes Objekt) die Runde: „In welchem Satz liegt *Titanic* verborgen?" Antwort: *„Ti tán ikrek vagytok?"* („Seid ihr vielleicht Zwillinge?") Das Wortspiel, wie viele andere dieser Art, wurde von Frigyes Karinthy und Dezső Kosztolányi, zwei herausragenden literarischen

---

18 Péter Halász, *„Atlantis" – eine Reise in Raum und Zeit*, in: *Identitäten. Der Komponist und Dirigent Peter Eötvös*, hrsg. von Hans-Klaus Jungheinrich, Mainz: Schott 2005 (edition neue zeitschrift für musik), S. 39 ff.

19 Das vollständige Gedicht und dessen deutsche Übertragung ist in diesem Band S. 14 ff. wiedergegeben.

Figuren der Zwischenkriegszeit, erfunden und mit dem Namen *intarzia* („Intarsia") bezeichnet. Bei Weöres dient die Technik aber keinem Scherz mehr: der Meister der spielhaften Poesie meinte es hier durchaus ernst. Er wollte ein weiteres musikalisches Phänomen, die Polyphonie, in Poesie umsetzen, im Sinne des oben zitierten Briefes an Mihály Babits. Außerdem wollte er eben auch das Versinken des Kontinentes in die Form des Gedichtes hineinbringen.

Demnach hatte Eötvös die Aufgabe, das poetische Abbild eines ursprünglich musikalischen Gedankens in die Musik wieder zurückzuführen. Eine x-beliebige Polyphonie hätte dazu natürlich nicht getaugt. Im Text funktioniert dieselbe Zeile gleichzeitig auf zwei Ebenen: derjenigen der ganzen Zeile und derjenigen der kursiv gedruckten Teile, die einen anderen Sinn ergeben. Entsprechend schuf Eötvös ein ganz besonderes Verhältnis zwischen den beiden Solisten von *Atlantis*, dem Knabensopran, dem die kursiven Wörter gehören, und dem Bariton, der die gesamten Zeilen vorträgt. Meistens wechseln sich die beiden Singstimmen nahtlos ab, so daß ihre Partien eine einzige Linie ergeben. Manchmal singen sie aber auch gleichzeitig, in komplementären oder ganz selbständigen Phrasen, wobei die eine Stimme vorübergehend zurücktritt oder sogar verschwindet, um die andere dominieren zu lassen. Es ist keine Polyphonie im klassischen Sinne des Wortes, sondern vielmehr eine anschauliche Darstellung der simultanen Dualität des Textes (siehe Abbildung 8, S. 142).

Im dritten Teil von *Atlantis* benutzte Eötvös einen weiteren Abschnitt aus *Néma zene*. Halász sagt hierzu: „[Das Fragment] besteht aus fünfzehn aneinander gereihten Hauptwörtern, deren jedes mit tausend Erinnerungen behaftet ist. Es sind nur noch Worttrümmer – so viel ist aus der Sprache und aus der Kultur übrig geblieben."[20]

Im ungarischen Original sind diese fünfzehn Wörter bis auf zwei Ausnahmen einsilbig, was dieses Fragment mit zwei bereits besprochenen Weöres-Texten, *Szent kert* und *Hold*, verbindet. Wieder einmal hat Weöres mit poetischen „Einzelklängen" gearbeitet, doch was die gedankliche Abstraktion anbelangt, ist er diesmal noch viel weiter gegangen. Wie Halász bereits bemerkt hat, sind alle fünfzehn Wörter Substantive, das heißt, es ist nicht möglich, mit ihnen Sätze zu bilden oder irgendeinen logischen, linearen Vorgang zu schildern. Dennoch ergibt sich aus den vereinzelten Substantiven ein „Vorgang", den die Vertonung durch Eötvös noch weiter unterstreicht. Die fünfzehn Substantive lauten folgendermaßen:[21]

	Himmel			
		Jungfrau	Auge	Flügel
Sonne		Mond	Perle	Wind
	Mutter	Herz	Lust	Grab
	Laub	Weg	Schlamm	–

Die ersten beiden Wörter, „Himmel" (ég) und „Sonne" (nap) werden vom Baritonsolisten in außerordentlichem Maße verlängert, so daß sie über einen unverhältnismäßig großen Teil des Satzes dominieren. Die drei darauffolgenden Wörter, „Jungfrau"

---

20   Péter Halász, „*Atlantis*" – *eine Reise in Raum und Zeit*, S. 46.
21   Siehe das ungarische Original in diesem Band, S. 17.

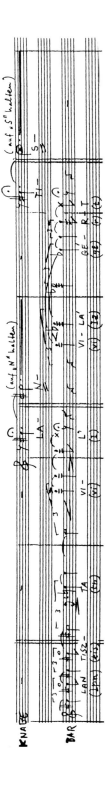

Abbildung 8: Peter Eötvös, *Atlantis* für Knabensopran, Bariton, Cimbalom, Synthesizer und Orchester (1995), Nr. 2, Takt 37–46, Partiturausschnitt (Knabensopran und Bariton) (© by BMG Ricordi, München)

(szűz), „Auge" (szem) und „Flügel" (szárny), die im Ungarischen alliterieren, werden auch lange, wenn auch nicht so lange wie „Himmel" gehalten. Diese Wörter gehören noch alle einer „höheren Sphäre" an. Nach dem Schlüsselwort „Mond" (hold) beginnt allerdings eine Art Abstieg auf die Erde, und die weiteren Wörter werden bei Eötvös in Gruppen zusammengefügt und wesentlich schneller rezitiert als die früheren. Am Ende des „Weges" (út) haben wir „Schlamm" (sár) und „Grab" (sír). Die beiden ungarischen Wörter sind vom Klang her verwandt, da sie beide Konsonanten gemein haben. Wie wir es bereits dem frühen Weöres-Brief entnehmen konnten, ist „sár" etwas, das veredelt werden muß, und gehört somit einem negativen semantischen Feld an, ähnlich wie „sír". In einem gewissen Sinne fangen also die fünfzehn Substantive einen Prozeß des Unterganges ein, der natürlich eng mit der Idee von Atlantis verbunden ist.

Eine eingehende Analyse der Methoden, mit Hilfe derer Eötvös diesen Prozeß in seiner Musik greifbar macht, muß auf einen späteren Zeitpunkt verschoben werden. Ich möchte lediglich auf die gewaltigen Schläge des Schlagzeugs und das Klagen der elektronisch synthetisierten Chorstimmen hinweisen. Die Dynamik verstärkt sich ständig während dieses Abschnitts, der über die Klage weit hinausgeht und dem tragischen Grundgedanken mit musikalischen Mitteln sehr wirkungsvoll gerecht wird.

In den Jahren 2001–02 komponierte Eötvös ein zweites dreisätziges Werk nach einem anderen Abschnitt aus *Néma zene*, IMA („Gebet") für gemischten Chor und Orchester (siehe Abbildung 9, S. 144f.).[22] Weöres tat hier einen seiner kühnsten Schritte in der Experimentalpoesie, indem er eine eigene archaische Sprache erfand – eben die Sprache von Atlantis – und die ersten drei Verse der Bibel in diese Sprache „übersetzte".

1. Ath paoxangwythai bmoumstaa XOUNGMO
    n ythairoma vy scu rxemnathoa

> Im Anfang schuf GOTT
> Himmel und die Erde.

2. e rxeghao smaogi sconen xiámchylli eonghu llych sluan
    sciy chmallachái woon eonghei scu elxnácothoa
    vlu liyp AATLENA EMEÁTH anghtechli n quoxumoaxan

> Die Erde aber war wüst und leer.
> Finsternis lag über dem Abgrund,
> und der GEIST GOTTES schwebte über den Wassern.

3. scuploawtl stworn ceu GNAMO:
    emathei qoetiwyuti:
    vy ghmang qoghluxewuchti

> Da sprach GOTT:
> „Es werde Licht!"
> Und es ward Licht.

---

22 Peter Eötvös ist im Gespräch mit Zoltán Farkas ausführlich sowohl auf *Atlantis* als auch auf *IMA* eingegangen; siehe *„Musikmachen beginnt mit der Artikulation". Peter Eötvös im Gespräch mit Zoltán Farkas*, in diesem Band, S. 75 ff.

Abbildung 9: Peter Eötvös, *IMA* für gemischten Chor und Orchester (1995), Nr. 1, Takt 16–29, Partiturausschnitt (Soli und Chor) (© by Schott Music, Mainz)

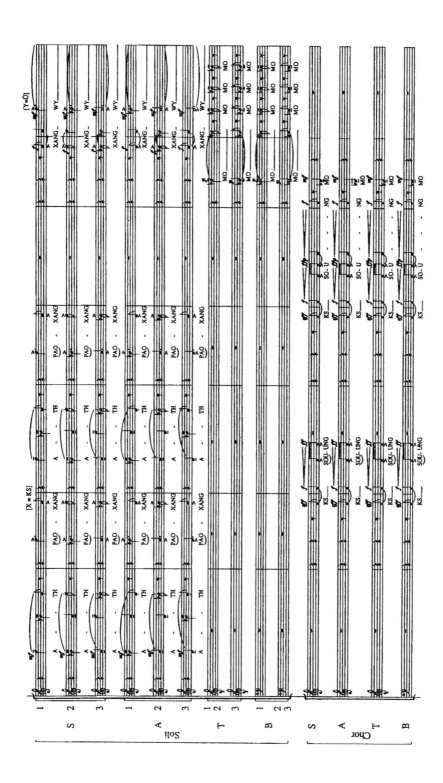

Es ist nicht möglich, die Bibelverse aus dieser schwer auszusprechenden Masse von Silben herauszulesen oder gar die Grammatik des „Atlantischen" herauszutüfteln. Diese versunkene Sprache folgt nur ihrer eigenen unerklärbaren Logik, genauso wie der zweite von Eötvös verwendete Text, *Gebet* (1954) von Gerhard Rühm (geb. 1930), der ebenfalls durch *Nonsense* zum *Sense* strebt, und zwar ausgehend von Elementarem, nämlich isolierten Vokalen und einfachsten Vokal- und Konsonantenkombinationen.[23] Kann man bei einem Werk wie *IMA*, das von derart unverstehbaren Texten Gebrauch macht, noch von „Vertonung" in dem Sinne sprechen, wie dieser Begriff wenigstens seit der Renaissance in der Musik gebraucht wurde? Da gibt es wohl nichts mehr, was der Komponist „ausdrücken" könnte oder worauf er „reagieren" könnte. Die Phoneme des Textes, die selbst „Musik" sind, gehen vielmehr unmittelbar in der Musik des Komponisten auf; anstelle der Zweischichtigkeit des traditionellen Wort-Ton-Verhältnisses, wo Wort und Ton innerhalb der höheren Einheit doch ihre Autonomie beibehalten, bilden beide Elemente hier ein unauflösliches Ganzes. Doch wenn es um nichts Geringeres geht als darum, eine versunkene Welt heraufzubeschwören und Unbewußtes oder Halbbewußtes an die Oberfläche zu bringen, dann kann man eben nicht mehr mit den modernen Sprachen, mit ihrer geschichts- und logikbedingten Struktur operieren. So trifft sich bei Weöres die Suche nach uralten Mythen mit den zuerst anscheinend spielhaften, doch in Wirklichkeit äußerst profunden sprachlichen Experimenten, um eine Poesie aus dem tiefsten Geiste der Musik zu schaffen. Das ist auch mit ein Grund dafür, warum Musiker jeden Schlages in dieser Poesie seit über siebzig Jahren eine unerschöpfliche Quelle der Inspiration finden.

23 *Gebet* von Gerhard Rühm ist auf S. 13 in diesem Band wiedergegeben.

László Sáry

Eine Brutstätte der Neuen Musik in Ungarn
Erinnerungen an Peter Eötvös und das Budapester Új zenei stúdió (Studio für Neue Musik)

Das Új zenei stúdió (Studio für Neue Musik, ÚZS) entstand 1970 aus der Erkenntnis heraus, daß auch heutiges Komponieren von der musikalischen Praxis nicht zu trennen ist. Wenn der Komponist selber an der Aufführung eigener Werke teilnimmt, betreibt er *Forschung* in dem Sinn, daß er für sich neue schöpferische Möglichkeiten erschließt. Während der ersten drei Jahre arbeitete das ÚZS nicht öffentlich: durch Improvisation und ständige Kollaboration mit Instrumentalisten und Sängern untersuchten wir die einfachsten Grundmaterialien der Musik. Damals entstand auch die Idee, Materialien verschiedener Komponisten gleichzeitig erklingen zu lassen. Die unabhängig voneinander komponierten Stücke mußten lediglich einigen gemeinsamen Bedingungen entsprechen, etwa hinsichtlich der Gesamtdauer des Stückes, der Besetzung, der räumlichen Aufstellung der Stimmen usw. Das erste Stück, das auf diese Weise entstanden war, hieß *Undisturbed* (1974) und stammte von Zoltán Jeney, László Sáry und László Vidovszky. Es war der erste Versuch seiner Art in Ungarn.[1] Das Werk wurde im Studio VI des Ungarischen Rundfunks aufgenommen, aber nie ausgestrahlt. Das offizielle Musikleben und seine Leiter leisteten starken Widerstand gegen das Werk und dessen Komponisten. Man forderte ein Verbot des ÚZS, das damals erst wenige Jahre alt war. Dazu kam es aber glücklicherweise nicht, weil der Direktor des Zentralen Ensembles der Kommunistischen Jugendorganisation und deren Dirigent Albert Simon uns zur Seite standen und dem Stúdió im Jahre 1970 sogar ein ständiges Heim anboten, wo wir arbeiten und Konzerte geben konnten.
Albert Simon, unserem gemeinsamen Freund und Mentor, war die Entstehung des ÚZS, jener Brutstätte der Neuen Musik in Ungarn, ganz wesentlich zu verdanken. Seit dem Ende der fünfziger Jahre leitete er das Kammerorchester der Kommunistischen Jugendorganisation und gab hervorragende Konzerte, hauptsächlich mit Werken des Barock und der Klassik. Er war aber auch ein großer Kenner und Interpret der zeitgenössischen Musik. Das war ein außerordentlicher Glücksfall für die Komponisten des ÚZS, die gerade mit der Erforschung neuer Wege und Möglichkeiten in der Musik begonnen hatten – für diese Arbeit existierten im damaligen Ungarn keinerlei geistige und praktische Voraussetzungen. Simon machte das begeisterte, für neue Töne und Gedanken aufgeschlossene ÚZS-Publikum mit den Werken der Zweiten Wiener Schule bekannt. Wir Komponisten schlossen uns dieser Arbeit an. Die Gründungsmitglieder des ÚZS sind Zoltán Jeney, László Sáry und László Vidovszky, später kamen Barnabás Dukay, Gyula Csapó, Zsolt Serei, Zoltán Kocsis und der Musikwissenschaftler András

---

[1] Die historische Aufnahme wurde jüngst auf CD veröffentlicht: *Új zenei stúdió. Joint Works of Contemporary Hungarian Composers from the 1970's*, BMC Records CD 116.

Wilheim dazu; ein weiteres Gründungsmitglied ist Peter Eötvös, der sich nach Ende der sechziger Jahre viel außerhalb Ungarns aufhielt – er nahm von Anfang an regelmäßig an unseren Konzerten teil und brachte eigene Werke ein. Er hat bis 1990 – in diesem Jahr wurde das ÚZS aufgelöst – als Mitglied des ÚZS mit uns zusammengearbeitet. Zwischen 1970 und 1990 bestritten wir mehr als 600 Uraufführungen. Neben unseren eigenen Kompositionen und bereits als klassisch geltenden Werken der Zweiten Wiener Schule spielten wir Kammermusik von Edgard Varèse sowie Werke zeitgenössischer Komponisten aus Westeuropa und Amerika. Die komplette Liste der Komponisten und ihrer Werke wäre zu lang, um hier abgedruckt werden zu können, doch ich möchte, ohne Anspruch auf Vollständigkeit, die folgenden Namen erwähnen: Béla Bartók, Alban Berg, Luciano Berio, Pierre Boulez, Klarenz Barlow, Earle Brown, John Cage, Cornelius Cardew, Gyula Csapó, Edison Denissow, László Dubrovay, Barnabás Dukay, Peter Eötvös, Morton Feldman, Philip Glass, Zoltán Jeney, Tom Johnson, Mauricio Kagel, Zoltán Kocsis, Marek Kopelent, Zygmunt Krauze, György Kurtág, Helmut Lachenmann, György Ligeti, Alvin Lucier, Mesias Maiguashca, Olivier Messiaen, Darius Milhaud, Conlon Nancarrow, Luigi Nono, Goffredo Petrassi, Steve Reich, Terry Riley, Frederic Rzewski, József Sári, László Sáry, Erik Satie, Giacinto Scelsi, Alfred Schnittke, Arnold Schönberg, Salvatore Sciarrino, Zsolt Serei, Tomasz Sikorski, Howard Skempton, Karlheinz Stockhausen, Toru Takemitsu, Edgard Varèse, László Vidovszky, Anton Webern, Christian Wolff, Iannis Xenakis, La Monte Young.

In der Arbeit des ÚZS wurden also durchaus verschiedene Richtungen verfolgt. Zudem war das stúdió damals der einzige Ort, an dem wir unsere eigenen Werke aufführen konnten. Allerdings mußten wir unsere Stücke den Interpreten erst beibringen, weil diese von ihrer Ausbildung her mit den musikalischen und technischen Problemen der neuen Kompositionen noch nicht vertraut waren. Wir schrieben daher unzählige Übungen, Etüden und Studien, um den Musikern das Erlernen dieser Stücke zu erleichtern. Nach Jahren habe ich diese Studien gesammelt und systematisiert; daraus entstand mein pädagogisch-methodologisches Buch *Übungen zum kreativen Musizieren*, das ich bereits seit 26 Jahren im Unterricht benutze.[2]

Am Anfang gab es nur wenige, die den Konzerten des ÚZS eine größere Bedeutung zumaßen. Doch diese wenigen kamen zu fast jedem Vortrag und zu jedem Konzert. György Kurtág hat von Anfang an seine Unterstützung durch seine Präsenz demonstriert. 1973 begann er seine Serie *Játékok* („Spiele") für Klavier, wobei der Einfluß des ÚZS auf das Konzept dieser mittlerweile riesigen, auf acht Bände angewachsenen Sammlung durch die Erwähnung unserer Namen in vielen *Játékok*-Stücken konkret nachweisbar ist. Er hat immer wieder betont, wie befreiend das ÚZS auf den Wandel seines Stiles gewirkt hatte. Um dies zu beweisen, widmete er jedem der ÚZS-Komponisten eine eigene *Hommage*, in der er charakteristische Züge des jeweiligen Widmungsträgers hervorhob.

Kurtágs 50. Geburtstag bot die Gelegenheit zu einer neuen gemeinsamen Komposition: es entstand *Hommage à Kurtág* als Ergebnis der Zusammenarbeit von fünf Komponisten (Eötvös, Jeney, Kocsis, Sáry, Vidovszky). Hungaroton nahm das Werk 1976 auf, und das Label BMC (Budapest Music Center) veröffentlichte die LP später als CD,

---

2   Das Buch ist jüngst in deutscher Übersetzung erschienen: László Sáry, *Übungen zum kreativen Musizieren*, Saarbrücken: Pfau 2006.

die die fünf Komponisten am 19. Februar 2006 endlich dem inzwischen 80jährigen Kurtág überreichen durften.[3] Ich muß betonen, daß der Entstehung dieser gemeinsamen Kompositionen eine vieljährige Zusammenarbeit vorangegangen war, wobei jeder Komponist den Stil und die Denkweise seiner Kollegen gründlich kennengelernt und akzeptiert hatte. Das war jene Zeit, in der wir alle in enger Zusammenarbeit mit Interpreten und für ein aufgeschlossenes Publikum nach neuen Möglichkeiten und neuen Idealen suchten. Das Studium der musikalischen Grundelemente, der Gebrauch neuartiger instrumentaler Formationen und eine ähnliche Gesinnung im technischen Bereich und in der Ästhetik ermöglichten es uns, in völligem gegenseitigen Vertrauen Kollektiv-Kompositionen in Angriff zu nehmen.

Unsere *Hommage à Kurtág* war für ein riesiges Instrumentalensemble konzipiert. Das Werk wurde am 27. Dezember 1975 im Grossen Saal der Budapester Musikakademie aufgeführt, der sich als idealer Raum dafür erwies. Die Tonschichten der verschiedenen Komponisten erschienen deutlich voneinander getrennt; dank der ausgezeichneten Akustik kam der Gesamtklang zu guter Wirkung. Vidovszky hatte eine einzige Stimme geschrieben, eine in sich kreisende Melodie, die sich wie ein *cantus firmus* durch das ganze Werk zog. Ich selber verwendete verschiedene Transformationen einer einzigen Akkordreihe, die auf dem Klavier und der Marimba gespielt wurde. Kocsis erarbeitete dasselbe musikalische Material in fünf parallelen Schichten. Jeney berief sich in seiner Schicht für Cimbalom, Tam-tam, Cembalo, Tonband und elektrische Gitarre auf eines von Kurtágs Lieblingsbüchern, *Finnegans Wake* von James Joyce. Peter Eötvös schrieb eine mehrsätzige unabhängige Komposition mit dem Titel *Windsequenzen*. Die Originalversion wurde geschrieben für Flöte, Harmonium, Englischhorn, Tuba, große Trommel sowie Windimitation. Später hat er dieses Stück für ein größeres Ensemble umgearbeitet, und seitdem wird es als selbständige Komposition oft gespielt. Bei der Uraufführung spielte ich den Harmonium-Part. Eötvös hatte uns gebeten, seine Musik, die nicht sehr laut ist, nur dann zu spielen, wenn sie von den anderen Stimmen nicht übertönt würde. Da mir die Originalversion des Stückes sehr gefiel, hat Peter uns erlaubt, sie selbständig aufzuführen, wenn ich Harmonium spielte. Die neue Version ist später bei Editio Musica Budapest erschienen.

Peter Eötvös sagte einmal: „Mein ganzes Leben ist eigentlich eine einzige Liebe ans Theater. […] Alles, was ich mache, hat eine sehr starke Beziehung zum Theater. Ich glaube, was mir immer vorschwebt, ist ein Art Theater mit Hilfe der Musik zu realisieren."[4] Diese Haltung war bei jedem seiner vom ÚZS aufgeführten Werke zu beobachten. Insgesamt führte das ÚZS 13 Werke von Eötvös auf: *Windsequenzen* (1975), die Teile I und II aus der *Elektrochronik* (1972–74), *Endless Eight I* (1981), *Harakiri* (1973), *Il Maestro* (1974), *Intimus* (1974), *Leopold und Wolfgang* (1976), *Mese* (1968), *Moro lasso* (1963, rev. 1972), *„Now, Miss!"* (1972), *Cricket Music* (1970), *Passepied* (1969). Bei Peters Werken fällt auf, daß er mit den denkbar einfachsten Mitteln eine theatralische Atmosphäre schaffen kann, die den Hörer und Zuschauer selbst ohne szenische Vorbereitungen in jene Zauberwelt versetzt, die jedem guten Theater

---

3   Siehe Anm. 1.
4   *„Meine Musik ist Theatermusik". Peter Eötvös im Gespräch mit Martin Lorber*, in diesem Band, S. 49.

eigen ist. Gleichzeitig bietet er ein vollkommenes musikalisches Erlebnis. In seinen Werken halten sich Theaterritual, Humor und Musik völlig die Waage.

„Ritualität ist meine Natur. Sie ist eine originelle Form, in der Klang und Gestik in absoluter Einheit erscheinen; in dem Sinne könnte ich alle meine Stücke ‚ritualistisch' nennen" – schreibt Eötvös. Anderswo sagt er: „Humor ist in jedem meiner Werke präsent. Es ist eine Art Weltanschauung und Lebensphilosophie. In den tragischen, dramatischen Momenten bedeutet Humor das Überleben. Es ist eine Verhaltensweise, die man auch bei Shakespeare und Beckett antrifft. Ich finde, daß dies bei mir in jedem Augenblick da ist." In den Konzerten des ÚZS galten Werke von Peter Eötvös immer als besondere Ereignisse. Ich erinnere mich besonders gut an die Vorbereitung und Aufführung von *Cricket Music* gegen Ende der sechziger Jahre. Man arbeitete im Studio von Hungaroton mit zwei oder drei Toningenieuren in Anwesenheit des Komponisten. Peter legte alle Komponenten des Stückes mit großer, bewußter Genauigkeit fest. Er benutzte originale Grillentöne, die er nach einem bestimmten System modulierte. Es ist möglich, daß dieses Erlebnis mich noch dreißig Jahre später zu meinen *Lokomotiv-Etüden* und meiner *Lokomotiv-Symphonie* inspirierte, in denen ich von konkreten Tönen einer Dampflokomotive und von Eisenbahngleisen ausgegangen bin, auf dieselbe Weise, wie es Peter seinerzeit mit den Grillen getan hatte.

Mein anderes großes Erlebnis war *Harakiri* aus dem Jahr 1973, ein Stück, das aus verschiedenen musikalischen Schichten besteht. In der Originalversion, die mir näher steht, gesellte sich zum traurigen Clown ein fröhlicher, der sich über die grimmigen Vorbereitungen immer wieder lustig machte. Die zweite Schicht wurde von zwei japanischen Flöten (Shakuhachi) bestimmt, in der dritten, die scheinbar gar nichts mit den anderen beiden zu tun hatte, zerhackte ein Schlagzeuger einen Holzklotz in kleinste Stücke, bis der Klotz nicht weiter zerteilt werden konnte.[5] Als ich Peter das letzte Mal besuchte, zeigte er mir die beiden kleinen Holzstücke, die nach der Uraufführung übrig geblieben waren. Ich erzählte ihm, daß die Holzstücke aus dem Dorf stammen, in dem ich seit 1982 lebe. Der Schlagzeuger Zoltán Rácz brauchte nämlich ein paar Tage Zeit, um das Zerhacken des Holzklotzes zu üben. So suchten wir einen Holzhacker im Wald auf, der Rácz mit den besten und wohlklingendsten Akazienklötzen versah, jedoch wissen wollte, warum ein Profi-Schlagzeuger bei einer seriösen Konzertaufführung Holz zerhacken mußte. Als wir ihm die Geschichte erzählten, sagte er mit der größten Natürlichkeit: „Na ja, jetzt versteh' ich's schon." Die Aufführung gelang vorzüglich. Der Holzhacker hat mich nachher noch öfters gefragt, wann der Schlagzeuger Rácz wieder zu ihm käme, um Holz zu hacken.

Wenn ich auf diese Zeiten zurückblicke, bedauere ich, daß es mit dem ÚZS vorbei ist. Alle ehemaligen Mitglieder haben jedoch die Werte, die dort zustande gekommen sind, in späteren Werken bewahrt und ihnen zu neuem Leben verholfen! Zum Schluß noch ein „Stück" aus den *Übungen zum kreativen Musizieren*, Peter Eötvös und dem Andenken des ÚZS gewidmet:

Spiele einen Ton, aber nur dann, wenn du das Gefühl hast, daß es sich lohnt, damit die Stille zu brechen.

---

5 Vgl. Stefan Fricke, *Über Peter Eötvös und ein komponiertes Harakiri*, in: *Zwischen Volks- und Kunstmusik: Aspekte der ungarischen Musik*, hrsg. von Stefan Fricke u.a., Saarbrücken: Pfau 1999, S. 178–186.

Simon Obert

Musik als Ort der Erinnerung
Peter Eötvös' *Erdenklavier – Himmelklavier* (2003) und das Genre der Trauer- und Gedenkmusik

Musik zu Tod, Begräbnis und zum Gedenken an Verstorbene gab und gibt es zu jeder historischen Zeit und in allen musikalischen Kulturen. Die jeweiligen Situationen, sei es eine prozessionale Begräbnismusik, ein Klagegesang oder ein memorierendes Lied, das an das Leben des Verstorbenen erinnert, haben dabei eine gleich bleibende Struktur: Immer ist der Tod Anlaß einer musikalischen Handlung, mit der die Betroffenen darauf reagieren. Dies erscheint auf der einen Seite so selbstverständlich und deswegen kaum erwägenswert, wie auf der anderen Seite sich die Handlungen in so vielfältigen Formen vollziehen, daß eine umfassende Untersuchung allenfalls kursorischen Charakter haben könnte und in diesem Rahmen nicht geleistet werden kann. Fragt man jedoch, *worin* dieses Bedürfnis, auf einen Todesfall musikalisch zu reagieren, genau besteht und *wie* es sich musikalisch artikuliert, so ergibt sich ein durchaus bedenkenswerter Zugang, der es ermöglicht, die Tat-Sache der Reaktion (ihre so scheinbare Selbstverständlichkeit) und die Form der Reaktion (deren Vielfältigkeit) unmittelbar aufeinander zu beziehen. Denn Handlungen lassen sich (theoretisch) unterscheiden in einen tätigen Aspekt und einen ihm vorausgehenden intentionalen Aspekt. Zwischen beiden Handlungsaspekten besteht ein unmittelbarer Zusammenhang, denn eine Handlung wird immer in der Art und Weise, das heißt in einer Form vollzogen, die dem Zweck der Handlung angemessen ist. Die Intentionalität überträgt sich insofern auf die Form der Handlung, als man ihr selbst ein intentionales Moment zuschreiben kann. Mit anderen Worten: Die Handlungsintention konvergiert mit einer Intentionalität der Form. Dem Anlaß des Todesfalls und damit dem ausgelösten Bedürfnis konvergiert die Form der Musik, allgemein: die Art der musikalischen Handlung.

Der Tod eines Menschen bedeutet für jene, die ihm nahe standen, eine so starke Veränderung ihrer Realität, daß man von einem Bruch sprechen kann: In die Realität bricht ein Verlust ein, wodurch eine Leerstelle entsteht, die sich durch nichts füllen läßt. Dieser Verlust ist aber erst einer, weil man persönliche Beziehungen zu dem Verstorbenen hatte, und das Nicht-Mehr-Vorhandensein bedeutet, sie nicht mehr unterhalten zu können. Trauer besteht weniger um eine verlorene Person, vielmehr ist sie eine um die verlorene Beziehung, in der sich die Bedeutung, der Wert der Person für den Trauernden konstituierte. Der Verlust der Person ist wesentlich ein eigener Verlust des Hinterbliebenen. Die Auflösung dieser Beziehung gelingt nur unter großem Widerstand, denn man hat mit dem Verstorbenen eine Geschichte, hat Erinnerung, so daß die reale Erinnerung und die nicht mehr reale Existenz, besser: die nun reale Inexistenz in einen unversöhnlichen Widerspruch zueinander treten. Da es nicht möglich ist, die Beziehung vollständig aufzulösen, in der gleichen radikalen Weise wie der Verstorbene nicht mehr existiert – denn das hieße, die eigene Erinnerung auszulöschen –, wird die Beziehung transformiert, um sie der veränderten Realität anzupassen. Durch die mit dem Tod auferzwungene massive Veränderung der Realität sieht sich der Hinterbliebene dazu aufgefordert, sich selbst in ein neues Verhältnis zu ihr zu setzen. Die persönliche Beziehung, die man zu der Person unterhalten hat, muß vollständig in Erinnerung transformiert werden. Dies macht die zentrale Stellung des Begriffs der Erinnerung innerhalb des Trauerprozesses aus. Das ist ein Vorgang, der aktiv vollzogen werden muß, und er ist schmerzhaft, weil er einen tiefen Eingriff in die eigene innere Konstitution bedeutet. Darin hat der Begriff der Trauerarbeit, wie Sigmund Freud ihn eingeführt hat, seine Berechtigung.[1]

Freud bezeichnete die Trauer als eine „Reaktion auf den Verlust einer geliebten Person", gekennzeichnet durch eine „schmerzliche Stimmung" sowie durch einen „Verlust des Interesses für die Außenwelt", was von außen betrachtet Passivität, gar Lethargie eines Trauernden zur Folge haben kann, seinerseits aber aus der Absorption jeglicher Energie durch die persönliche Trauerarbeit erklärbar wird. Der Gegensatz zwischen der für Trauer charakteristischen Passivität und der aktiven Schaffung eines Musikstücks ist dabei nur ein scheinbarer, denn auch die persönliche Trauerarbeit ist aktives Handeln. Der Unterschied besteht jedoch darin, daß die persönliche Trauerarbeit in der Person des Trauernden selbst (und quasi unsichtbar) verbleibt, wohingegen eine musikalische Trauerarbeit diesen Rahmen überschreitet und sich „hörbar" auch an andere richtet.

Daß Formen und Arten musikalischer Trauerarbeit und musikalischen Gedenkens so vielfältig ausfallen, hat auch mit deren jeweiliger Funktion zu tun: Sie können Bestandteil der Totenmesse sein, im Rahmen eines (beispielsweise staatlichen) Gedenkaktes stattfinden, der Begleitung eines Leichenzugs dienen; eine solche Musik kann die Trauernden trösten, den Toten beklagen, ihn würdigen (durch Texte oder auch musikalische Verweise, sofern der Verstorbene selbst Komponist war).[2] Gemeinsam ist den Komponisten der Anlaß des Todesfalls und der Impuls, eine Musik zu schaffen, die auf diesen reagiert. Und als solche zeugt sie von einem Bedürfnis der Hinterbliebenen, eine musikalische Form des Umgangs mit dem Verlust zu finden, und zwar sowohl in persönlicher wie in kollektiver, gesellschaftlicher Hinsicht, etwa im Fall einer Auftragskomposition zum Gedenken an eine Person. Die Eigentümlichkeit des hier in Frage stehenden Themenbereichs „Musik und Tod" besteht nun gerade darin, daß ein Sozialge-

---

1   Vgl. dazu grundlegend Sigmund Freud, *Trauer und Melancholie*, in: ders., *Werke aus den Jahren 1913–1917*, hrsg. von Anna Freud u.a., Frankfurt am Main: Fischer ³1963 (= ders., *Gesammelte Werke*, Bd. 10), S. 428–446. Allerdings behauptet er, der Verlust führe dazu, daß jede „einzelne der Erinnerungen und Erwartungen, in denen die Libido an das Objekt geknüpft war, […] eingestellt" würde (S. 430), wodurch man, in Anpassung an die veränderte Realität, gezwungen sei, „seine Bindungen an das vernichtete Objekt zu lösen" (S. 442). Das mag bis zu einem gewissen Grad zutreffen, kann sich aber gerade nicht auf die Erinnerung auswirken, weil sie ein integraler Teil des Hinterbliebenen ist. (Das Zitat im nächsten Absatz bei Freud, S. 429.) Vgl. auch Alexander und Margarete Mitscherlich, *Die Unfähigkeit zu trauern. Grundlagen kollektiven Verhaltens*, München: Piper ²³1994, S. 77–80.

2   Vgl. dazu allgemein Werner Braun und Jürgen Hunkemöller, Art. *Trauermusik*, in: *Die Musik in Geschichte und Gegenwart*, 2. Ausgabe, hrsg. von Ludwig Finscher, Sachteil, Bd. 9, Kassel: Bärenreiter – Stuttgart: Metzler 1998, Sp. 749–769; *Tod und Musik im 17. und 18. Jahrhundert. XXVI. Internationale wissenschaftliche Arbeitstagung Michaelstein*, hrsg. von Günter Fleischhauer u.a., Blankenburg: Stiftung Kloster Michaelstein 2001 (= *Michaelsteiner Konferenzberichte*, Bd. 59); Hans Wolfgang Schneider, *Instrumentale Trauermusik im 19.und 20. Jahrhundert, dargestellt an 18 Klavierkompositionen zwischen 1797 und 1936*, Regensburg: Gustav Bosse 1987 (= *Kölner Beiträge zur Musikforschung*, Bd. 148).

füge durch den Verlust, den es erfährt, zu einer besonderen Konstitution veranlaßt wird. Die endgültige Abwesenheit eines Mitglieds bedingt die Entstehung von Trauer- und Gedenkgemeinschaften. Und zu deren Bestehen, so zeitlich begrenzt es auch sein mag, kann Musik beitragen.

Trauer- und Memorialkompositionen, so ist zu folgern, dürften in diesem Bedürfnis ihren Grund haben, dem Tod der Person, um die getrauert und derer gedacht wird, etwas entgegen zu setzen. Doch diese Behauptung bedarf, so thesenhaft sie gesetzt ist, der Ausführung, was mit dem angesprochenen Verhältnis von Tod und „etwas" gemeint ist, wie sich dieses Verhältnis vollzieht, und zwar auf spezifisch musikalische Weise.

*

Peter Eötvös hat sein am 28. Mai 2003 komponiertes Klavierstück *Erdenklavier – Himmelklavier* dem Andenken Luciano Berios gewidmet, der einen Tag zuvor gestorben war (siehe Abbildung 11, S. 173). Die „In-memoriam"-Dedikation weist das Stück dem Genre der Trauer- und Gedenkmusik zu, doch auch ohne einen solchen Hinweis dürfte es nicht schwer fallen, es aufgrund seines „Tons" in die Nähe dieses Genres zu rücken. Eine solche Zuordnung ist allerdings nur vordergründig selbstverständlich. Denn nach den Bedingungen gefragt, wie sie zustande kommt, genauer: welche musikalischen Elemente eben jene semantische Assoziation zu evozieren vermögen, eröffnet sich ein weites Bezugsfeld aus Tradition, Erfahrung, Wissen, Stilisierung und Topoi-Bildung. Und aus einer historischen Perspektive betrachtet, erscheinen solche musikalischen Gemeinsamkeiten, die einem gedanklichen Gegenstand wie einem Genre zugeordnet werden können, zumindest bemerkenswert. Denn auch im Bereich der Trauer- und Gedenkmusik vollzieht sich im 19. Jahrhundert ein Wandel, der unter gesellschaftlichen Gesichtspunkten durch einen Übergang von institutioneller zu partikularer Öffentlichkeit, in musik-immanenter Hinsicht durch eine Zunahme von Individualität gekennzeichnet ist. Ergab sich noch bis ins frühe 19. Jahrhundert hinein die soziale Veranlassung, eine Trauer- oder Gedenkmusik zu schreiben, vornehmlich durch Aufträge, denen Komponisten in Anstellungsverhältnissen nachzukommen hatten, so entstanden solche Stücke danach überwiegend aufgrund persönlicher Veranlassungen der Komponisten.[3] Diese von der soziokulturellen Bedingungen auf die musikalische Formung einwirkende Individualisierung zeigt sich in manchen Aspekten, so daß zum Beispiel feste Formen wie die Trauerkantate zurücktreten oder auch die Besetzungen der Stücke nun sehr stark variieren. Demgegenüber weisen Trauer- und Gedenkmusik im 20. und zu Beginn des 21. Jahrhunderts deutliche Traditionskonstanten auf, wodurch sie dem Genrebereich zugeordnet werden können. Wenn im folgenden diese anhand einiger Beispiele seit dem späten 19. Jahrhundert in den Blick genommen werden, soll es weniger um die bloße Benennung und Klassifizierung der Gemeinsamkeiten gehen. Vielmehr ist die Frage zu bedenken, warum es sich dabei um traditionale Gemeinsamkeiten handelt.

---

[3] Wenngleich es bedeutende Beispiele persönlich veranlaßter Trauer- und Gedenkmusik auch vor dem 19. Jahrhundert gibt (etwa Josquins Déploration *Nymphes de bois* auf den Tod Johannes Ockeghems), so treten sie seither doch mehr und mehr in den Vordergrund, und zwar in dem Maß, in dem institutionell veranlaßte Stücke eher die Ausnahme werden.

Abbildung 1: Franz Liszt, *Am Grabe Richard Wagners* für Klavier (1883)

Das Spätwerk Franz Liszts läßt sich mit gutem Recht gesamthaft als Erinnerungsmusik charakterisieren.[4] Deutlich tritt dies hervor in der zitathaften Verwendung von Ausdruckselementen früherer Musik, die durch den Vorgang des Zitierens in einen neuen Kontext gestellt werden. Die Perspektive, die dabei musikalisch eingenommen wird, ist die der Rückschau auf Vergangenes, und dies kennzeichnet auch mehrere Klavierstücke, die Liszt im Zusammenhang mit dem Tod Richard Wagners schrieb, so spätere Fassungen von *La lugubre gondola*, *R. W. – Venezia* und *Am Grabe Richard Wagners*. Das zuletzt genannte der Stücke (siehe Abbildung 1) entstand rund drei Monate nach Wagners Tod, Liszt datierte es auf den 22. Mai 1883, Wagners Geburtstag. Geprägt ist es durch eine generelle Verhaltenheit, ja geradezu Kargheit. Viele Pausen unterbrechen die kurzen musikalischen Gesten, die zudem aus bloßen Sequenzierungen oder minimal variierten Wiederholungen von Akkorden oder melodischen Partikeln bestehen. Eine ansteigende einstimmige Linie leitet zu einem akkordisch-homophonen Satz, der in einfachen Dreiklangsumkehrungen zwar jene Bewegung aufnimmt, aber nirgendwo hinführt: Ohne funktionsharmonische Verknüpfung stehen die Akkorde nebeneinander, nicht zuletzt aber im tremolierenden Orgelpunkt auf Cis verharrt die Musik nahezu bewegungslos. Das Klangbild hellt sich ab Takt 25 durch seine hohe Lage auf, aber die Bewegung wird in einzelnen Tonwechseln auf ein Minimum reduziert. Eine wiederum einstimmige Linie, die nun, in Brechungen eines Cis-Dur-Akkords mit Sexte, abwärts führt, steht am Ende des Stücks. Der zurückgenommene Charakter zeigt sich auch im sehr langsamen Tempo sowie in der Dynamik, die von Mezzoforte (Takt 1–8) über Piano (Takt 9–45) ins Pianissimo (Takt 46–55) reicht.

Liszt versah das Stück mit einer enigmatischen Vorbemerkung: „Wagner erinnerte mich einst an die Ähnlichkeit seines Parsifal-Motivs mit einem früher geschriebenen – ‚Excelsior' – (Einleitung zu den Glocken von Straßburg). Möge diese Erinnerung hiermit verbleiben. Er hat das Große und Hehre in der Kunst der Jetztzeit vollbracht."[5] Ist es Liszts Absicht, bezüglich des Motivs auf seine Priorität hinzuweisen, was wegen der Popularität Wagners und seines letzten Werks gegenüber der ungleich weniger bekannten Kantate *Die Glocken des Straßburger Münsters* (1874) nachvollziehbar wäre? Welche Erinnerung aber meint Liszt: die erwähnte von Wagner an Liszt; oder, nun vermittelt, Liszts eigene, die er mit dem Hinweis an seine Rezipienten weitergibt? Zudem spricht aus den letzten beiden Sätzen ein abschließender Gestus, der Wagner in die Vergangenheit rückt. Nicht nur daß Liszt selbst den Leser und Spieler auf eine mögliche Anleihe Wagners bei einem seiner Werke hinweist, auch die Distanznahme zum verstorbenen Kollegen spiegelt das ambivalente Verhältnis der beiden Musiker zu Lebzeiten wider. Auf die Nähe der beiden Motive von *Excelsior* und *Parsifal* ist schon mehrfach hingewiesen worden, weswegen eine bloße Erwähnung hier genügt.[6] Für den Kontext einer Gedenkkomposition sind aber andere Aspekte von Interesse: Bereits die Tatsache, daß Liszt auf Wagners letztes Werk Bezug nimmt, dessen Uraufführung zum Zeitpunkt der Komposition gerade mal zehn Monate zurücklag, ist bemerkenswert. Darüber hinaus

---

4 Vgl. Dorothea Redepenning, *Das Spätwerk Franz Liszts: Bearbeitungen eigener Kompositionen*, Hamburg: Karl Dieter Wagner 1984 (= *Hamburger Beiträge zur Musikwissenschaft*, Bd. 27), insbesondere S. 173–217.

5 Franz Liszt, *Einzelne Charakterstücke*, Bd. 2, hrsg. von Imre Sulyok und Imre Mező, Budapest: Editio Musica 1978 (= *Neue Ausgabe sämtlicher Werke*, Bd. I, 12), S. 81.

ist aber die Glockenthematik von zentraler Bedeutung. Denn es dürfte kein Zufall sein, daß Liszt via *Parsifal* und seiner Kantate auf dieses Instrument Bezug nimmt (Takt 1–8), es sodann in den Takten 9–24 klanglich imitiert[7] und in den Takten 46–55 seinerseits ein Motiv aus *Parsifal* zitiert: das sogenannte Glockenmotiv (bestehend aus zwei fallenden Quarten im Abstand einer großen Sekunde), das vor allem in den Verwandlungsmusiken im 1. und 3. Akt, wo sich der Eintritt in die Gralshalle vollzieht, eine wichtige Rolle spielt. Daß dort die Musik in ihrer starren Rhythmik marschähnliche Elemente aufweist, ist der Szenerie geschuldet. In Liszts Stück wird aber aus dem „Gralsmarsch"[8] ein Trauermarsch – allerdings ein verklärter und verklärender. Denn Liszt entkleidet das Motiv all seiner klanglich-orchestralen Fülle, übernimmt nicht den punktierten Rhythmus auf dem Grundton wie im *Parsifal*, und die hohe Lage – die durchaus glockenspielähnliche Assoziationen hervorruft – steht im Gegensatz zu den tiefen Glocken, wie sie Wagner fordert. Innerhalb des Stücks schließt sich hier zudem ein Kreis, denn die letzten zehn Takte greifen in satztechnischer Analogie auf die unbegleiteten Dreiklangslinien des Anfangs zurück. Dort wirken sie aber, durch den übermäßigen Dreiklang sowie die kleine Sexte über dem b-Moll- und Fis-Dur-Dreiklang, wie eine verzerrte Erinnerung, denn sowohl *Excelsior* wie auch das *Parsifal*-Vorspiel mit dem Abendmahlsmotiv bauen auf Dur-Akkorden mit Sexte auf (h–dis–fis–gis bzw. as–c–es–f), ein Akkord, der allenfalls gebrochen angedeutet wird, wenn zu dem (verklungenen) Fis-Dur in Takt 5 das dis in Takt 8 hinzutritt. Für den Hörer, der die Motive (er-)kennt, kommt mit der Schlußlinie insofern eine Klärung zum Ausdruck, als Liszt das Glockenmotiv nicht nur in hoher Lage zitiert, auch wird damit auf die gleiche Klangstruktur der beiden Motive verwiesen.

Und die zentrale Rolle, die der Ton Cis in diesem Stück spielt, wird am Ende noch unterstrichen. Mit diesem Ton fing das Stück an, er wird als einziger in den Dreiklangsbrechungen des Beginns beibehalten, auf ihm wird in den Takten 10–23 tremoliert, wie auch auf ihm zweimal ein Durakkord in hoher Lage ohne jeglichen Wechselton „hängen bleibt" (Takt 37 f. und 41 f.). Dieser Ton wird in den letzten Takten abschließend „in Bewegung" gesetzt, denn das Legato setzt sich von dem vorher Erklungenen deutlich ab, weil es die längste ununterbrochene sowie auch die „schnellste" Artikulation in dem Stück ist. – Ob aus diesem Schluß Liszts Glaube abgeleitet werden kann, „that Wagner is in heaven"[9], so wie die Ritter in das Heiligtum der Gralshalle einziehen, sei dahingestellt (zumal Liszt als niederer katholischer Geistlicher der theatralischen Zu-

---

6 Vgl. etwa Arthur W. Marget, *Liszt and Parsifal*, in: *The Music Review* 14 (1953), S. 107–124; Dorothea Redepenning, *Das Spätwerk Franz Liszts: Bearbeitungen eigener Kompositionen*, S. 207 f.; Gerhard J. Winkler, *Liszt contra Wagner. Wagnerkritik in den späten Klavierstücken Franz Liszts*, in: *Franz Liszt und Richard Wagner. Musikalische und geistesgeschichtliche Grundlagen der neudeutschen Schule. Referate des 3. Europäischen Liszt-Symposions Eisenstadt 1983*, hrsg. von Serge Gut, München: Emil Katzbichler 1986 (= Liszt-Studien, Bd. 3), S. 189–210; David Butler Cannata, *Perception & Apperception in Liszt's Late Piano Music*, in: *The Journal of Musicology* 15 (1997), S. 178–207.

7 Die Nähe zum Glockenklang ist insofern gegeben, als bei Glocken unterhalb des Schlagtons ein meist nur diffus wahrzunehmender Grundton erklingt, wobei beide nicht immer im Oktavverhältnis zueinander stehen. Zudem weisen Glockentöne nicht die gleiche Teiltonstruktur auf wie etwa Saiteninstrumente.

8 Cosima Wagner, *Die Tagebücher*. Bd. 1: *1869–1877*, hrsg. von Martin Gregor-Dellin und Dietrich Mack, München: Piper 1976, S. 1100.

9 David Butler Cannata, *Perception & Apperception in Liszt's Late Piano Music*, S. 207.

Abbildung 2: Arnold Schönberg, *Sechs kleine Klavierstücke* op. 19, Nr. 6 (1911)
(© by Universal Edition, Wien)

bereitung religiöser Riten im *Parsifal* nicht unkritisch gegenüber stand). Aber aus der klanglichen und formalen Struktur des Stücks resultiert zumindest ein versöhnlicher Gestus – die verzerrte Erinnerung des Beginns, die Liszt in seiner Vorbemerkung anspricht, wandelt sich zu einer verklärten.

Arnold Schönbergs sechstes der kleinen Klavierstücke op. 19 (siehe Abbildung 2) wurde am 17. Juni 1911 komponiert, wahrscheinlich als Trauerstück auf Gustav Mahler, der am 18. Mai gestorben war.[10] Ebenso wie Liszts *Am Grabe Richard Wagners* ist es allgemein gekennzeichnet durch klangliche Gedämpftheit (langsames Tempo, Dynamik von *pppp* bis *p*) und eine äußerst geringe Bewegung, die sich in lang gehaltenen Akkorden und kurzen melodischen Partikeln artikuliert, die durch Pausen getrennt sind. Der verhaltene Gestus wird unterstützt durch den gleich bleibenden Ambitus der Akkorde und ihre viermalige Einsatzfolge, die immer in fallender Bewegung geschieht.[11] Diese setzt sich zudem am Ende des Stücks fort in der großen None B–As$_1$, wodurch es eine tiefe Klanglichkeit erhält.

Die Zusammenstellung der beiden Gestaltungsebenen – hier die andauernde und dadurch starre Akkordik, dort eine Melodik in kleinsten Partikeln – weckt Assoziationen an die Musik Mahlers, die ja, vor allem im Spätwerk, von einer ganz ähnlich nebeneinander gesetzten Vielgestaltigkeit geprägt ist, wenn auch in ganz anderen zeitlichen Dimensionen. Fragt man aber nach einer konkreten Bezugnahme auf Mahlers Musik, so liegt (wiederum) das letzte vollendete Werk nahe, die *Neunte Symphonie*. Diese beginnt, nach einleitenden Tönen im Horn und Cello, mit einem Motiv, das den ganzen Satz durchzieht und zuerst in den Tonhöhen Fis–A–H erscheint, eben jenen, die, in weite und hohe Lage gebracht, den ersten Akkord in Schönbergs Stück bilden. Auch der Ganztonschritt, wie er in Takt 5–6 hervortritt, spielt als motivische Zelle eine wichtige Rolle im ersten Satz von Mahlers Symphonie.[12] Das Ende von deren abschließenden Adagio-Satz erweist sich in satztechnischer Hinsicht als äußerst ähnlich zu dem Klavierstück. In lang gehaltene Töne und immer wieder einsetzende Akkorde werden einzelne kurze melodische Partikel eingewoben. Die letzte Tonbewegung überhaupt bildet der Ganztonschritt b–as in der Viola, jene Töne, die aufgespreizt zur großen None auch Schönbergs Stück beenden.[13] Das ganze Stück ist insofern als ein einziger komponierter Ausklang, ein Nachhall auf Mahlers Musik interpretierbar („ersterbend" ist übrigens Mahlers Spielanweisung im letzten Takt der *Neunten Symphonie*). In diesem Sinn kann auch das Nicht-Schließen von Schönbergs Stück, sein bloßes Aufhören verstanden werden: Ein Nachhall, der wie ein Echo aus der Ferne zu kommen scheint und gegenüber seinem Original immer reduziert ist, schließt nicht, er verklingt einfach.

Die mutmaßliche Bezugnahme auf Mahlers Musik würde dem Stück eine konkrete Dimension des Gedenkens geben, wenn auch eben in sehr vagen und fragmentarischen Allusionen. Doch auch ungeachtet dessen spricht aus dem Stück ein spezifischer Trauergestus: durch die fallende, aber insgesamt zurückgenommene Bewegung, das lang-

---

10   Schönberg war bei der Beerdigung zugegen und hat später davon ein Bild gemalt. – Die Quelle für den Bezug zu Mahlers Tod ist Egon Wellesz' 1921 erschiene Schönberg-Monographie, wo es heißt, das letzte Stück aus op. 19 sei „unter dem Eindrucke des Begräbnisses von Mahler entstanden" (*Arnold Schönberg*, Wilhelmshaven: Heinrichshofen 1985, S. 39). Da Wellesz zum Umkreis Schönbergs zählte, dürfte die Aussage auf Schönberg selbst zurückzuführen sein. Immerhin notiert sich auch Alban Berg 1921 in seinen Entwürfen für ein geplantes Schönberg-Buch (allerdings im Zusammenhang einer Polemik gegen den zu starren Gebrauch der Begriffe „Expressionismus" und „Impressionismus"): „Impression […] Mahlers Leichenbegängnis". (Werner Grünzweig, *Ahnung und Wissen, Geist und Form. Alban Berg als Musikschriftsteller und Analytiker der Musik Arnold Schönbergs*, Wien: Universal Edition 2000 [= *Alban Berg Studien*, Bd. 5], S. 219).

11   Der verharrende und fast statische Eindruck, den das Stück vermittelt, dürfte auch dadurch zustande kommen, daß vor allem zwei Tonhöhen den „Klang" des Stücks prägen: fis erscheint in jedem, c in fast jedem Takt (mit der Ausnahme von Takt 7).

12   Auf beides hat Albrecht von Massow hingewiesen, *Abschied und Neuorientierung – Schönbergs Klavierstück op. 19,6*, in: *Archiv für Musikwissenschaft* 50 (1993), S. 187–195.

13   Indessen sind die beiden Tonhöhen auch immanent zu erklären: Sie „vervollständigen" den wiederkehrenden Sechstonklang zum chromatischen Total zwischen f und c.

same Tempo und den leisen verhaltenen „Ton". Ob man hier, angesichts der Klänge, ebenfalls die Assoziation an einen Glockenklang vornimmt – Bryan R. Simms schreibt von den „bell-like chords that run through the work"[14] –, dürfte weniger auf die Akkorde selbst zurückzuführen sein, als vielmehr auf die Idiomatik eines solchen Klangelements im Rahmen von Trauermusik. Beispielsweise komponierte Johann Heinrich Schmelzer in seinem *Lamento sopra la morte Ferdinandi III* für zwei Violinen, Viola und Continuo von 1657 einen Abschnitt, der mit „Todtenglockh" bezeichnet ist und auf einem einzigen immer wieder angeschlagenen Akkord beruht, wo lediglich die Baßtöne variieren.

Abbildung 3: Johann Heinrich Schmelzer, *Lamento sopra la morte Ferdinandi III* für 2 Violinen, Viola und Continuo (1657), Takt 30–38

Daß die instrumentale Imitation eines Glockenklangs, in Anknüpfung an die ursprünglich zeremoniale Praxis des Begräbnisläutens, aber idiomatisch für Trauermusik werden konnte, muß weitergehende Gründe haben, die das Verhältnis von klanglichem Ausdruck und Affektgehalt betreffen. Abstrahiert man von dem ursprünglichen Kontext, so bleiben als rein musikalische Elemente die lange Dauer des angeschlagenen Klangs, seine Zusammensetzung aus mehreren, nicht zu eng beieinander liegenden Tönen und die mehrmalige Wiederholung des gleichen oder ähnlichen Klangs. Die daraus resultierenden Gehalte einer eher getragenen Bewegung, die bis zur Erstarrung reichen kann, und eines Verharrens im Klangraum korrespondieren mit dem psychologischen Zustand der trauernden Passivität oder gar Lethargie.

In dieser Hinsicht ist ein weiteres Stück anzusprechen, das durch solche Trauergehalte geprägt ist: Igor Strawinskys *Fragment des Symphonies pour instruments à vent à la mémoire de C. A. Debussy* [sic!], veröffentlicht 1920 in dem Sammelalbum *Tombeau de Claude Debussy*. In seiner orchestrierten Fassung bildet diese Musik den Schlußab-

---

14 Bryan R. Simms, *The Atonal Music of Arnold Schoenberg 1908–1923*, Oxford: Oxford University Press 2000, S. 85.

Abbildung 4: Igor Strawinsky, *Fragment des Symphonies pour instruments à vent* für Klavier (1920)
(© by Boosey & Hawkes, London)

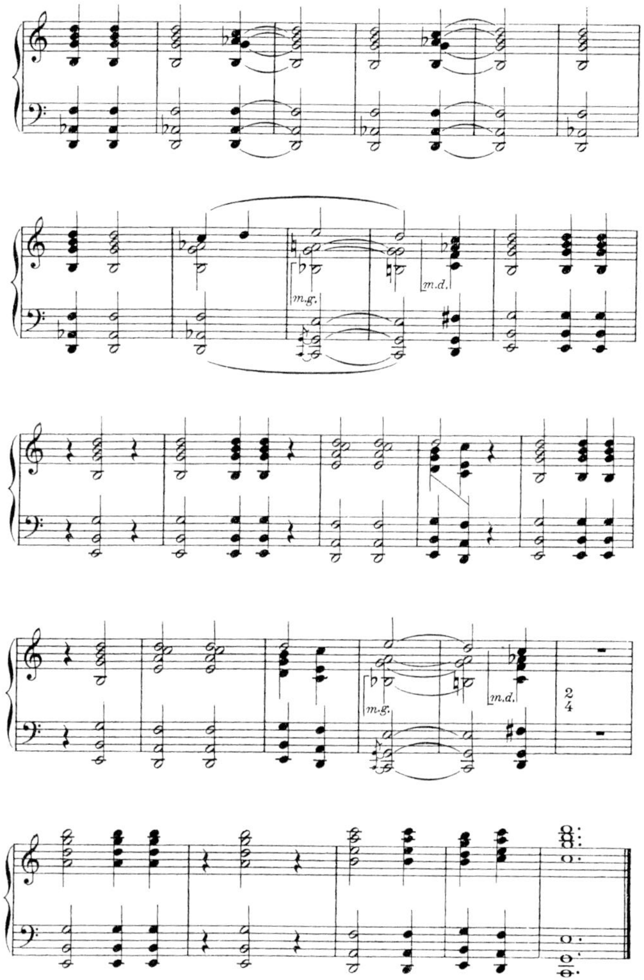

schnitt der *Symphonies*, den sogenannten Choral (in der Fassung von 1920 ab Ziffer 39).[15]

Die Reduziertheit, ja geradezu Kargheit dieser Musik zeigt sich auf allen Gestaltungsebenen: Es gibt keine dynamischen Anweisungen, das Tempo ist langsam, als Notenwerte werden ausschließlich (abgesehen vom Schlußakkord) Viertel, Halbe und punktierte Halbe verwendet, die Tonbewegungen sind auf ein Minimum reduziert, vorherrschend sind gleich bleibende Höhen oder Sekundschritte; der zu Beginn gesetzte Ambitus wird nur an zwei Stellen deutlich überschritten (bezeichnenderweise in den Schlußpartien des in zwei Teile gliederbaren Stücks, Takt 18–22 und 47–51). Der formale Aufbau beruht auf der Reihung kleinster Abschnitte, die bei ihrer jeweiligen Wiederkehr minimal variiert werden. Insofern besteht zwar eine Entwicklung in dem Stück, aber sie vollzieht sich nicht kontinuierlich, sondern wird immer wieder unterbrochen, wofür auch die gegen Ende zunehmenden Pausen verantwortlich sind. Die Harmonik ist durch Mischklänge gekennzeichnet, wo Akkorde (oder Teile davon) unterschiedlicher tonaler Provenienz kombiniert werden, jedoch ohne daß man deshalb von „Bitonalität" sprechen könnte. Eher paralysieren sich die verschiedenen Ebenen gegenseitig, wodurch eindeutige Zuordnungen oder funktionsharmonische Strebewirkungen vermieden werden. Dies trägt, neben der homophonen Satzweise, wesentlich zur ruhenden Statik des Stücks bei. Ohne diesbezüglich auf einen tatsächlichen oder imitierten Glockenklang zu referieren, weist die Klanggestaltung dessen abstrahierte Merkmale auf: die mehrmalige Wiederholung gleicher oder ähnlicher Akkorde in weiter Lage und deren relativ lang andauerndes Klingen bei langsamem Tempo. Dadurch ist jenes für das Genre der Trauermusik idiomatische Verharren artikuliert, wie es bereits anhand der Stücke Liszts und Schönbergs angesprochen wurde. Demgegenüber enthält es sich jeglicher lamentoartiger Topoi wie Seufzerfiguren oder chromatische Baßgänge, die für viele andere Trauer- und Gedenkstücke charakteristisch sind. Auch dies dürfte, neben der zurückgenommenen, gemäßigten Klangsprache des Stücks, dazu beigetragen haben, daß es als ein Beispiel von „uprošenie", jener reduzierten Einfachheit und objektiven Essentialität beschrieben wurde, die als gedankliches Konzept in der Entwicklung von Strawinskys Neoklassizismus eine entscheidende Rolle spielte.[16] Diese Enthaltsamkeit tritt besonders im Kontext des Tombeau-Albums zutage, wo manche der Stücke durch eine üppige Figuration und klavieristische Brillanz ausgezeichnet sind.

In deutlich struktureller und gehaltlicher Affinität zu den bisher angesprochenen Stükken steht auch György Kurtágs im sechsten Band der *Játékok* publiziertes Klavierstück *Mihály András emlékére / In memoriam András Mihály* von 1993 (siehe Abbildung 5, S. 164 f.). Und daß dieses, wie Strawinskys *Fragment*, in ausgearbeiteter Fassung eben-

---

15 Das Album erschien als Beilage zur *Revue musicale* 1 (1920), Heft 2 (Dezember), und enthält Kompositionen von Paul Dukas, Albert Roussel, Gian Francesco Malipiero, Eugène Goossens, Béla Bartók, Florent Schmitt, Strawinsky, Maurice Ravel, Manuel de Falla und Erik Satie. – Die Bezeichnung „Choral" geht auf Strawinsky zurück, vgl. seine *Chroniques de ma vie*, Bd. 2, Paris 1935, S. 10f. Zur Entstehung des Stücks vgl. den Kommentar von André Baltensperger und Felix Meyer in: *Igor Strawinsky. Symphonies d'instruments à vent. Faksimileausgabe des Particells und der Partitur der Erstfassung (1920)*, hrsg. von André Baltensperger und Felix Meyer, Winterthur: Amadeus 1991, S. 12–16.

falls den Schluß einer Orchesterkomposition, *Stele* op. 33, bildet, stellt dabei nur eine äußerliche Parallele dar. Wiederum begegnen einem hier lang ausgehaltene Klänge und Akkorde, die in einer durchweg sehr leisen Dynamik und einem langsamen Tempo gehalten sind. Kurtág wendet diese Merkmale aber in ein derart reduziertes Extrem, das das Stück archaisch wirken läßt: Fast der einzige Notenwert im gesamten Stück ist die Ganze, die zudem auf ein derart langsames Tempo festgelegt ist, daß das Stück manchmal stillzustehen scheint. Die homophone und homorhythmische Satzart durchzieht das ganze Stück, was Starrheit erzeugt. Dieser Eindruck kommt besonders zum Tragen, wenn Akkorde lediglich wiederholt oder minimal variiert werden, so daß in diastematischer Hinsicht keine Veränderung geschieht, zwischen der äußerst reduzierten Tonhöhen- und der rhythmischen Bewegung also eine gewisse Verhältnisanalogie herrscht. In dieser Hinsicht wirken dann bereits minimale Veränderungen wie dramatische Ereignisse, so etwa die wenigen Einzeltöne oder auch Pausen, aber auch die in die Akkorde eingebetteten Halbtonschritte (rechte Hand, Takt 4 und 5), die in ihrer historischen Markiertheit als Seufzerfigur idiomatisch für Trauermusik sind. Als karg ist auch die Klangstruktur zu charakterisieren, wenn sie auf nur ein Prinzip beschränkt ist, wie in den Takten 7 und 9, wo sie sich aus bloßen Ganztonschritten und -schichtungen zusammensetzt. Von diesem Prinzip, Klänge aus nur einem Baustein zu bilden, sind auch die in dem Stück vorherrschenden Terzschichtungen geprägt, die aber in seinem Verlauf eine gewisse Entwicklung erfahren. So befindet sich im ersten Akkord zwischen der rechten und der linken Hand mit der Quart quasi ein Fremdkörper, der zunehmend seltener auftritt. Im letzten Akkord ist dann die reine Terzschichtung zudem auf die weißen Tasten des Klaviers eingeschränkt.[17]
Trotz seines extrem langsamen Tempos weckt das Stück Assoziationen an eine weitere Gattung der Trauermusik, den Trauermarsch. Denn obzwar es sich jeglicher marschähnlicher Rhythmik enthält, liegt das verbindende Element in einer langsamen Homorhythmik, wie sie, lediglich unterbrochen von Pausen, während des ganzen Stücks beibehalten wird und insofern Gemeinsamkeiten mit einer getragenen Schreitbewegung hat. Dies, zusammen mit einer nur geringen Tonhöhenbewegung oder einer Akkordik, die sich in einem nur engen Rahmen abspielt (bei Kurtág die überwiegenden Terzklänge), weist etwa auch Henry Purcells *Funeral March* für das Begräbnis von Queen Mary (1695) auf, ein Stück, das als eines der frühesten Beispiele instrumentaler

---

16 Vgl. Richard Taruskin, *Stravinsky and the Russian Traditions: A Biography of the Works Through Mavra*, Bd. 2, Berkeley (CA): University of California Press 1996, S. 1462. Taruskin stellt übrigens, einem Hinweis Strawinskys in den *Chroniques* (S. 21f.) folgend, wo dieser das Stück als eine „cérémonie austère" mit litaneiartigen und liturgischen Dialogen beschreibt, einen engen Bezug der *Symphonies* zur russisch-orthodoxen Totenfeier her. Den „Choral" ordnet er dabei, aufgrund der ähnlichen ruhigen Tonbewegung, der abschließenden Litanei zu, wo in „langsamer und ruhiger" Vortragsweise vom „ewigen Gedenken" („vechnaya pamyat'") an den Verstorbenen gesungen wird, vgl. S. 1488 und 1492. Vgl. auch die Analyse von Klaus Schweizer, *... nicht zur Befriedigung sentimentaler Bedürfnisse. Anmerkungen zu Igor Strawinskys „Bläsersinfonien"*, in: *Analysen. Beiträge zu einer Problemgeschichte des Komponierens. Festschrift für Hans Heinrich Eggebrecht zum 65. Geburtstag*, hrsg. von Werner Breig u.a., Stuttgart: Franz Steiner 1984 (= Beihefte zum Archiv für Musikwissenschaft, Bd. 23), S. 377–392, insbesondere 379–383.

17 Vgl. zu dem Stück Bernd Asmus, *Wie ein Weg im Herbst. Versuch über György Kurtágs Stele op. 33*, in: *Musik & Ästhetik* 13, Januar 2000, S. 5–17, insbesondere S. 10–15.

Abbildung 5: György Kurtág, *Mihály András emlékére / In memoriam András Mihály für Klavier* (1993) (© by Editio Musica Budapest)

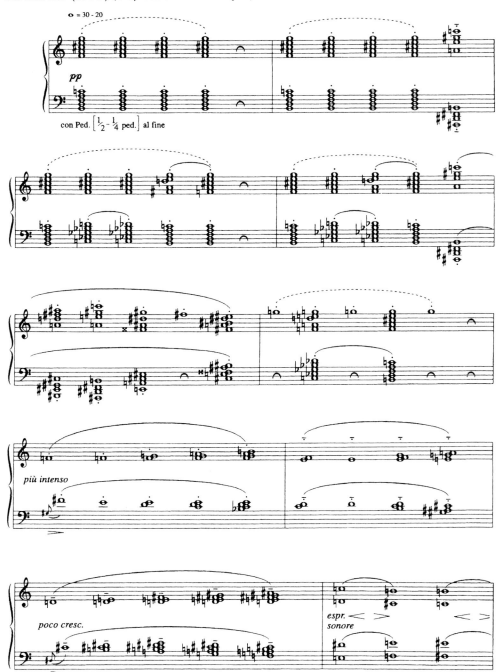

Trauermärsche innerhalb der Kunstmusik gilt und in seiner Geschichtswirksamkeit wesentlich zu deren Gattungskonstitution beigetragen hat (siehe Abbildung 6, S. 166).[18]

Von einer ganz anderen Seite als das besprochene Debussy-Tombeau zeigt sich ein Memorialstück, das Strawinsky 39 Jahre später komponierte, nämlich das *Epitaphium für das Grabmahl des Prinzen Max Egon zu Fürstenberg*. Der langjährige Förderer der Donaueschinger Musiktage, bei dem Strawinsky 1957 und 1958 zu Gast war, war am 4. April 1959 gestorben. Zwar ist das *Epitaphium* ebenfalls durch ein sehr langsames Tempo ausgewiesen, aber in Form und Satz unterscheidet es sich stark von dem *Frag-*

---

18 Hier wäre zu überlegen, ob nicht auch die oben erwähnte Passage aus Schmelzers *Lamento*, ungeachtet der klanglichen Glockenimitation, in rhythmischer Hinsicht aus der usuellen Praxis der Begleitmusik zum Begräbnisgang entstanden sein könnte.

Abbildung 6: Henry Purcell, *The Queen's Funeral March* für vier Trompeten (1695)

ment wie auch von den bisher betrachteten Stücken. Eigentümlichstes Merkmal sind die alternierenden Abschnitte von Harfe und Bläser, die sich nur an einer Stelle überschneiden, ansonsten aber wie beziehungslos nebeneinander gesetzt erscheinen. (Aus der Verwendung einer Zwölftonreihe für das ganze Stück resultiert von sich aus noch kein Zusammenhang.[19]) Zunächst dürfte es aber die ähnliche Kürze der einzelnen Abschnitte sein, die fast automatisch dazu führt, sie doch aufeinander zu beziehen. Allerdings ist es eine Beziehung des Kontrasts: Klanglich divergieren die konstanten Bläsertöne mit den relativ rasch verklingenden Harfentönen (die häufig „près de la table" gespielt werden sollen), zudem erklingen sie in unterschiedlichen Registerlagen. Dabei fällt auf, daß Flöte und Klarinette auf ein mittleres Register beschränkt bleiben, was wesentlich zur Klangqualität „muffled"[20], dem gedämpften „Ton" des Stücks beiträgt. Die Bläserabschnitte sind durchgehend zweistimmig und vorwiegend homophon gesetzt, an rhythmischen Werten dominieren Viertel und Achtel, in klanglicher Hinsicht chromatische Intervalle. In den Harfenabschnitten hingegen treten Ein- bis Fünfklänge auf; ist der Satz, sofern man einzelne Stimmen überhaupt verfolgen kann, deutlich polyphon, kommt ein regelmäßiger Bewegungsablauf durch unterschiedlichste rhythmische Werte und Pausen kaum zustande, und auffälligerweise erklingen häufig Quintklänge.

Was das Stück zu einer Trauer- oder Gedenkmusik macht, ist keineswegs offensichtlich. Zwar wird in der Literatur immer wieder auf eine responsoriale Struktur hingewiesen – was letztlich auf Strawinsky selbst zurückgeht[21] –, und im Wechsel von solistischen und eher freien Passagen (der Harfe) zu den homophonen eines (Bläser-)Ensembles lie-

---

19 Die Grundreihe lautet cis–b–dis–e–c–h–ges–f–d–g–as–a. Sie wird in den Abschnitten 1 und 2 verwendet, in Abschnitt 3 erscheint die Umkehrung der Grundreihe, in 4 der Umkehrungskrebs in vierter Transposition, in 5 der Krebs der Grundreihe, in 6 ebenfalls der Krebs sowie die Umkehrung und in 7 schließlich wieder der Umkehrungskrebs in vierter Transposition. Vgl. dazu wie auch zum Entstehungsprozeß Joseph N. Straus, *Stravinsky's Late Music*, Cambridge (UK): Cambridge University Press 2001, S. 61–63.

20 So Strawinsky in: Igor Stravinsky und Robert Craft, *Memories and Commentaries*, London: Faber and Faber 1960, S. 106.

21 Vgl. ebd., S. 105 f. – Strawinskys Bemerkung ist eines der Beispiele, die deutlich machen, wie stark die wissenschaftliche Rezeption eines Stücks von einer Komponistenaussage geprägt, ja geradezu abhängig sein kann.

Abbildung 7: Igor Strawinsky, *Epitaphium auf das Grabmal des Prinzen Max Egon zu Fürstenberg* für Flöte, Klarinette und Harfe (1959) (© by Boosey & Hawkes, London)

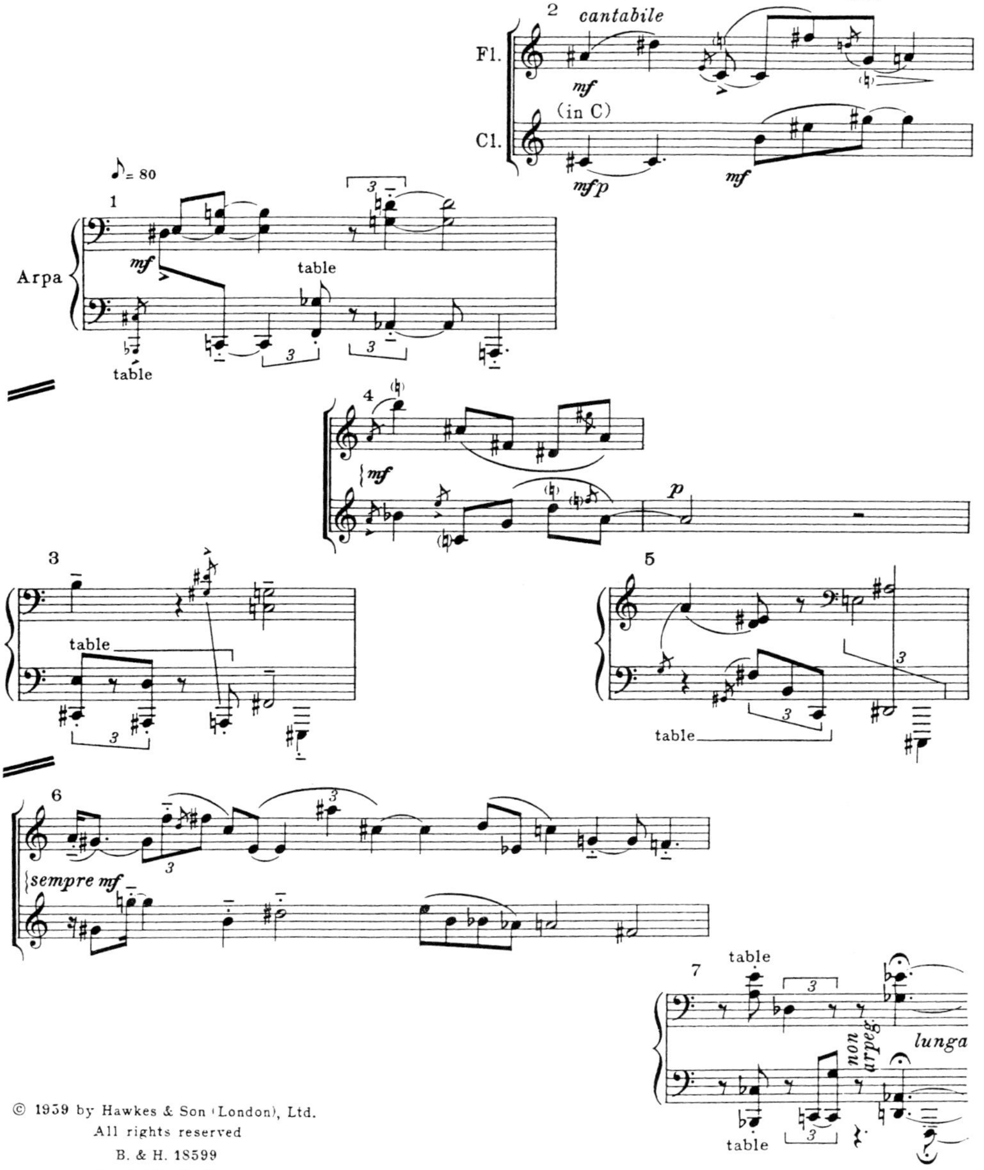

ßen sich durchaus Parallelen zum Responsorium ziehen. Aber diese Gattung ist nicht auf das Totenoffizium (oder andere Formen von „Toten"-Musik) beschränkt, so daß dadurch allenfalls ein allgemeiner liturgisch-ritueller Charakter hervorgerufen wird. Ein Zugang zur Trauer- oder Gedenkthematik ergibt sich aber von einer anderen Seite: Zunächst fällt an dem Stück seine extreme Kürze auf, die es, zusammen mit dem Titel „Epitaphium", in die literarische Tradition der dadurch angesprochenen Gelegenheitsdichtung rückt. Dabei handelt es sich um eine meist kurze Grabinschrift, die ab dem 17. Jahrhundert auch unabhängig von einem konkreten Grabmal existieren konnte. Seine Funktion, an den Verstorbenen zu erinnern, behält es auch in dieser Form bei. Das ist es letztlich, was Strawinskys *Epitaphium* auszeichnet, und in dem Sinn ist die Widmung notwendigerweise Bestandteil des Titels, wie auch die Kürze als konstitutives Merkmal des Stücks als Trauer- und Gedenkmusik zu gelten hat. Als dessen weitere Merkmale sind das langsame Tempo, die relativ gleichbleibende Dynamik, das mittlere bis tiefe Register sowie der daraus resultierende verhaltene Charakter anzusprechen. Hinzu kommen in den Harfen-Abschnitten deutliche Abwärtsbewegungen, die jeweils in einem regelrechten Fundamentton an deren Enden schließen.[22] Dies trifft für die Bläserabschnitte in ihrer sprunghaften Melodik gerade nicht zu beziehungsweise erst in deren letztem Abschnitt. Dort findet sich die traueridiomatische Figur der chromatischen Abwärtslinie, die dann noch in der Harfe fortgesetzt wird (von g^1 über fis^1, f^1 und e^1 zu es^1). Diese Merkmale liefern eine hinreichende Bedingung, um das Stück, zusammen mit der notwendigen Bedingung des Titels, als eine Gedenkmusik auszuzeichnen.

Die Zeitschrift *Tempo: A Quarterly Review of Modern Music* widmete ihre Sommernummer von 1971 dem Andenken Strawinskys, der am 6. April jenes Jahres gestorben war. Neben Betrachtungen zu Leben und Werk findet sich dort auch ein Anhang von zehn *Canons and Epitaphs in memoriam I. S.*, darunter Luciano Berios Stück *Autre fois (Berceuse canonique pour Igor Stravinsky)*.[23]
So unscheinbar das Stück zunächst auch wirkt, so vielfältig sind dennoch seine Bezüge zur Tradition der Trauermusik im Allgemeinen wie zum Werk Strawinskys im Besonderen. Das offensichtliche Aufgreifen der Besetzung von dessen *Epitaphium* dürfte dabei auf eine Vorgabe der Zeitschrift zurückgehen, wo in einer redaktionellen Notiz vermerkt wird: „Each piece uses some or all of the instruments required for two brief commemorative works composed by Stravinsky in 1959: the *Epitaphium* for flute, clarinet and harp; and the *Double Canon* (in memory of Dufy) for string quartet." Die kanonische Satzweise, die Berio im Untertitel andeutet und die sich nicht nur auf den *Double Canon*,[24] sondern auch auf ein anderes Gedenkstück, *In memoriam Dylan Thomas: Dirge-Canons and Song* von 1954 beziehen könnte, erstreckt sich in *Autre fois* auf die beiden Bläser. Diese spielen zu Beginn, auch wenn sie gleichzeitig einsetzen, ihre melodischen Linien in einem rhythmischen Abstand von fünf Achteln, im Lauf des

---

22 Strawinsky hat die Gestaltung der Reihe und die Auswahl der Reihenmodi so organisiert, daß die Anfangs- und Endtöne im Großterzverhältnis zueinander stehen: a, cis, f.

23 Die anderen Beiträge stammen von Lennox Berkeley, Harrison Birtwistle, Boris Blacher, Peter Maxwell Davies, Edison Denissow, Nicholas Maw, Alfred Schnittke, Michael Tippett und Hugh Wood. Im Jahr darauf erschienen weitere *Canons and Epitaphs* von Pierre Boulez, Aaron Copland, Elliott Carter, Alexander Goehr, Elisabeth Lutyens, Darius Milhaud und Roger Sessions.

Stücks verändert er sich auf zwei, drei und am Ende auf vier Achtel. Diastematische Grundlage des ganzen Stücks bildet ein Dreitonmotiv von großer Sekunde und Tritonus (pitch-class set 026), das die beiden Bläser in unterschiedlichen Transpositionen, Umkehrungen und Lagen im Tritonusabstand spielen (siehe Abbildung 8, S. 170).[25] Gegen Ende, ab Takt 21, bricht Berio diese Struktur auf beziehungsweise überträgt ihre lineare Struktur auf den vertikalen Zusammenklang. Die Bläser behalten von dem Dreitonmotiv nur die große Sekunde bei, so daß der Tritonusabstand zwischen ihnen das Motiv „vervollständigt". Die Harfe spielt während des ganzen Stücks ein mehrmals schnell ansetzendes und verlangsamendes Tonhöhenostinato von d^1–gis^1/as^1, so daß diese beiden Töne, mit denen auch die Bläser beginnen und die sich auch im Schlußklang finden, als tonliches Zentrum bezeichnet werden können. Nur in den Takten 13–18 wird dieses Ostinato aufgebrochen, wo die Harfe das Dreitonmotiv zumindest seiner Struktur nach (d–e–as, as–c–d, fis–as–c, c–d–fis) übernimmt, es aber in weit ausgreifende Gesten einflicht. Durch solche kleinen Veränderungen in der Struktur und damit durch die Vermeidung von wörtlichen Wiederholungen erhält das Stück, bei einem dennoch strengen Konzept im Hintergrund, einen flüchtig fließenden, verhaltenen Charakter, zu dem auch die geringe Dynamik beiträgt. Daß Berio das Stück als Berceuse bezeichnet, dürfte wohl auf das konstitutive Merkmal der sanften Bewegung zurückzuführen sein. Er überträgt es hier aber von der unmittelbaren Ebene der phänomenalen Erscheinung auf die mittelbare Ebene des Strukturprinzips der minimalen Variation. Außerdem ist das Ostinato ein Gattungsmerkmal des Wiegenliedes, was es mit dem Lamento, einer Gattung der Trauermusik, teilt.[26] Dies bedeutet in gehaltlicher Hinsicht – so fließend und wenig starr Berio es auch handhabt – ein Verharren, ein Eingebunden-Sein in einen Zustand, der auch für die Situation der Trauer charakteristisch ist.

Daß sich Berio neben der Besetzung und dem kanonischen Satz noch auf weitere Werke Strawinskys bezieht, ist zumindest denkbar. Der zentrale Tritonusklang spielt als unterstes Intervall mehrerer Akkorde (mit den gleichen Tonhöhen) in dessen *Fragment* für Debussy eine gewichtige Rolle, ebenso begegnet es einem am Ende des *Epitaphiums* in der Harfe. Eine andere Trauermusik Strawinskys, die *Elegy for J.F.K.* von 1964, beginnt in der Singstimme ebenfalls mit diesem Tritonus. Und wie eine direkte Bezugnahme auf dieses Stück erscheint die Ganztonbewegung am Ende von *Autre fois*. In dem kurzen Gedicht von W.H. Auden, das Strawinsky in der *Elegy* auf den ermordeten

---

24   Eine Bemerkung zu diesem Stück: Häufig ist zu lesen, daß es zunächst unabhängig von Raoul Dufys Tod entstanden sei und es also kaum zum Gedenken an den Maler gedacht sein könne, zumal Strawinsky ihm nie begegnet sei. Letzteres schließt aber doch keineswegs aus, daß Strawinsky ihn nicht geschätzt habe könnte. So weiß man beispielsweise aus einem Brief von Vera Strawinsky, daß das Ehepaar Bilder von ihm besaß (vgl. Igor Stravinsky, *Themes and Conclusions*, Berkeley [CA]: University of California Press 1982, S. 301). Ein weiterer Bezug könnte sich übrigens daraus ergeben, daß Dufy das Titelbild zum *Tombeau de Claude Debussy* von 1920 zeichnete.

25   Für die Flöte heißt das: gis–fis–c, g–f–h, fis–gis–d, a–g–cis, gis–fis–c, g–f–h, h–a–es, b–as–d, g–f–(ges)–ces, ges–(f)–e–b. Die Motive sind demnach fast immer im Quint-/Quartabstand aneinander gefügt. Die einzige Ausnahme bildet der gleiche Anschlußton h (Takt 17), wo Berio vermutlich die Tonhöhenwiederholung seit Takt 14 aufbrechen wollte.

26   Hier ist auch an Ferruccio Busonis *Berceuse élégiaque. Des Mannes Wiegenlied am Sarge seiner Mutter* op. 42 von 1909 zu denken.

Abbildung 8: Luciano Berio, *Autre fois (Berceuse canonique pour Igor Stravinsky)* für Flöte, Klarinette und Harfe (1971), Reinschrift
(© by Paul Sacher Stiftung, Basel, Sammlung Luciano Berio)

US-Präsidenten Kennedy vertonte, werden die Fragen gestellt: „Why then? Why there? Why thus, we cry, did he die?" Die Unfaßbarkeit dieses Todesfalls, ebenso wie jedes anderen, greift die folgende Metapher auf:

Abbildung 9: Igor Strawinsky, *Elegy for J. F. K.* für Bariton und drei Klarinetten (1964), Takt 14f., Bariton (© by Boosey & Hawkes, London)

Strawinsky verstand diese Pendelbewegung, die ja ebenfalls ein Verharren kennzeichnet, als musikalisches „Stottern" mit einer deutlich leidvollen Konnotation: Sie durchziehe sein ganzes Werk als „a lifelong affliction". Und es war, wie er sagte, der erste Einfall zu dem Stück.[27] In diesem Licht betrachtet, gewinnt dann auch das mehrmals schnell beginnende und langsamer werdende Tritonus-Ostinato in *Autre fois* eine Bedeutung der Trauer – wie ein unfaßbares Nachzittern, das die Erregtheit über das Ereignis gerade noch zu artikulieren vermag.

Indessen ist auch eine Bezugnahme auf Strawinskys letzte größere Komposition naheliegend, die *Requiem Canticles* (1965–66). Berio schrieb über sie, Strawinsky habe mit ihnen einen selbstreflexiven rückblickenden Schlußpunkt gesetzt, „une pierre tombale, qui porte son seul nom. […] un commentaire étouffé sur lui-même", denn man könne in ihnen „échos" bis hin zu *Les noces* und dem *Sacre* wahrnehmen.[28] Die beiden Intervalle große Sekunde und Tritonus, die die motivische Zelle von *Autre fois* bilden, erscheinen denn auch, nach einer kurzen Andeutung, im zweiten Choreinsatz der *Requiem Canticles*, so daß Berio sie von dort aufgegriffen und zur Grundlage seines Gedenkstücks gemacht haben könnte.

Abbildung 10: Igor Strawinsky, *Requiem Canticles* für Chor, Solisten und Orchester (1965–66), Takt 66f., Chor (© by Boosey & Hawkes, London)

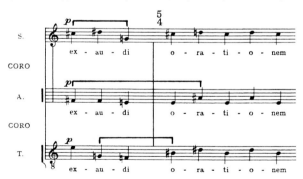

27 Igor Stravinsky, *Themes and Conclusions*, S. 61.
28 Luciano Berio, *Igor Stravinsky. Sur la mort d'un grand créateur*, in: *Festival d'Automne à Paris 1972–1982*, hrsg. von Jean-Pierre Leonardini u.a., Paris: Edition Messidor/Temps Actuels 1982, S. 229–231; hier nach http://www.festival-automne.com/public/ressourc/publicat/1982ouvr/stbe229.htm (2. Januar 2007).

Insofern hätte er mit seinem *Autre fois* ein Epitaph in Strawinskys „pierre tombale" eingeschrieben, einen lyrischen Nachklang auf dessen eigene Rückschau. In diesem Sinn ist wohl auch der Titel zu verstehen: ein anderes Mal, früher einmal, damals – eine Vergangenheit, die nur noch der Erinnerung zugänglich ist, sofern sie im Gedenken wach gehalten wird.

Im Kontext der vorgestellten Stücke wird nun deutlich, inwiefern Eötvös' *Erdenklavier – Himmelklavier* genuin als Trauer- oder Gedenkkomposition verständlich ist und in welchem Bezugsfeld von Tradition und Idiomatik es sich bewegt.[29] Hierin ist wieder auf das langsame Tempo und die blockhafte Akkordik hinzuweisen, die, zusammen mit den Melodietönen, sowohl das langsame Schreiten eines Marschs (zumal im nachschlagenden Einsetzen der Begleitung) wie auch den Glockenklang evozieren. Das Stück ist deutlich unterteilt in vier Abschnitte, für die die Melodiestimme jeweils von einem sehr tiefen in ein hohes Register wechselt. Daraus löst sich am Ende eine einzelne, immer höher ansteigende und leiser werdende Linie. Letzteres erinnert an die Schlußlinie in Liszts *Am Grabe Richard Wagners* (auch wenn sie dort absteigt, so bleibt dennoch die strukturelle Gemeinsamkeit einer Solomelodie, die sich aus einem akkordischen Satz löst); ersteres an den Wechsel der Register in Strawinskys *Epitaphium*.

Eötvös publizierte auf der Rückseite der Partitur eine kurze Bemerkung zu Entstehung und Anlaß seines Stücks: „In meiner Kindheit spielte ich oft Berios *Erdenklavier*, und deshalb schrieb ich – am 28. Mai 2003 – dieses kurze Epigramm, um von dem Freund und Meister Abschied zu nehmen, der nun auf dem ‚Himmelklavier' spielt."[30] Die erste Aussage erscheint zunächst unverständlich. 1969, als Berio sein Klavierstück *Erdenklavier* komponierte, bzw. 1971, als es publiziert wurde, war Eötvös 25 bzw. 27 Jahre alt, also beileibe kein Kind mehr. Die „Kindheit" hat aber ihren Referenzpunkt in der Beziehung zu Berio als „Meister": Eötvös gibt sich nicht nur als der Jüngere zu erkennen, er versteht sich damit auch als eine Art „damaliger" Schüler. Daß er Berios Stück erwähnt, könnte auch bedeuten, daß er in seiner Gedenkkomposition unmittelbar daran anknüpft, etwa mittels Zitaten. Eine solche Bezugnahme ist aber nicht festzustellen.[31] Im Gegenteil, es scheint, als habe Eötvös jeglichen direkten Bezug zu dem Klavierstück geradezu vermeiden wollen. *Erdenklavier* könnte man als eine musikalische Entfaltung bezeichnen: Ausgehend von c^1 wird in immer neu hinzukommenden Tönen ein rhythmisch und dynamisch indifferentes Feld ausgebreitet, bis gegen Ende jede Tonhöhe des chromatischen Totals erklungen ist. Dabei behalten die einmal eingeführten Tonhöhen immer ihre Oktavlage bei, so daß der Ambitus und seine Ausfüllung den Tonhöhen nach zwar gleich bleiben, innerhalb dessen bewegt sich aber ein fluktuierendes Feld unterschiedlicher Dichten (siehe Abbildung 12, S. 176).

Einer solchen Anlage steht Eötvös' Stück mit seiner festen Rhythmik, homophonen Akkordik und klaren Aufteilung zwischen Hauptstimme und Begleitung nicht nur antithetisch gegenüber, man gewinnt den Eindruck, als sei Eötvös' Stück um dasjenige Be-

---

29 Diese Betrachtung bezieht sich auf die erste Fassung von Eötvös' *Erdenklavier – Himmelklavier* von 2003. 2006 entstand eine zweite Fassung, die Eötvös als „Konzertfassung" bezeichnet.
30 Peter Eötvös, *Erdenklavier – Himmelklavier*, Mainz: Schott 2004, S. [4].
31 Eötvös bestätigte dies in einer E-Mail-Mitteilung an den Verfasser vom 2. Oktober 2006.

Abbildung 11: Peter Eötvös, *Erdenklavier – Himmelklavier* für Klavier (2003)
(© by Schott Music, Mainz)

rios „herumkomponiert": Der feste Ambitus bei Berio reicht von H bis b^1. Genau diesen, noch zusätzlich um zwei Oktaven erweitert, läßt Eötvös mit der Hauptstimme frei (höchster Ton der Baßstimme ist H_1 in Takt 11, tiefster Ton der Diskantstimme b^2 in Takt 16). Es ist kein Hohlraum, der dadurch geschaffen wird, es bildet sich vielmehr ein Erinnerungsraum, in dem *Erdenklavier* und, durch diese Komposition repräsentiert, die Musik des Verstorbenen Platz finden kann. Um dies zu leisten, bedarf es weiterer Eigenschaften: Die begleitenden Akkorde sind immer dynamisch zurückgenommen, und auch in ihrer Zusammensetzung drängen sie nicht hervor (so ist etwa das oberste Intervall immer eine Terz oder Quarte, nie eine Sekunde); zudem erinnern sie an manche Akkordbildungen Berios, vor allem in *Sequenza IV* oder auch *Leaf*, ohne jedoch als direkte Zitate erkennbar zu sein. Die Hauptstimme, die durch ihre Rahmung den Raum schafft, kann an viele Traueridiome und -gehalte anschließen: So deuten bereits ihre extremen Lagenwechsel auf traditionale Momente, nach denen extreme Tiefe gehaltlich mit Gedämpftheit und Trauer assoziiert werden kann,[32] ebenso die Höhe, die, gerade als Gegensatz zu jener Tiefe, verklärende Wirkung besitzt. Allgemein greifen die ersten vier Ganztöne gis–fis–e–d den absteigenden Gestus vieler Trauerkompositionen auf, wobei Eötvös das Rahmenintervall des zentralen Tritonus gis–d in Berios *Autre fois* „auffüllt". Die vier Töne evozieren jedoch auch in Umkehrung die Ganztonschritte aus Alban Bergs *Violinkonzert*, das ja seinerseits eine Trauerkomposition (auf den Tod Manon Gropius') ist, und verweisen damit auch auf Johann Sebastian Bachs Choral *Es ist genug*, dessen Text ebenfalls der Todesthematik gewidmet ist. Zudem stellt die folgende absteigende chromatische Linie als Lamento-Baß ein Traueridiom dar. Demgegenüber schlägt die Diskantmelodie ab Takt 6 einen anderen Ton an: Sie ist zunächst diatonisch aufsteigend, und obzwar sie in ihrer zweiten Hälfte absteigt und aus den Tönen der Ganztonleiter gebildet ist, bricht sie dieses Moment durch ihre Terzsprünge auf. Die Melodie ab Takt 14 greift nach einem Terzsprung wieder den chromatischen Abstieg auf (der in der Baßstimme in Gegenbewegung kontrapunktiert wird: dis–e–f–fis), doch die Gegenbewegung danach wird fortgesetzt: Die solistische Linie hat sich nicht nur von den verhaltenen Akkorden gelöst, sie hebt auch die zuvor verwendeten chromatischen, ganztönigen oder diatonischen Modi in der Halbton-Ganztonskala auf. Nicht nur dadurch, daß sie über den bisherigen Hochton f^3 (T. 7) hinausgeht, öffnet sie unmittelbar den Rahmen des Stücks – auch ihr nach oben entschwindendes Verklingen – „lasciare vibrare" – erweist sich als Öffnung des Erinnerungsraums.

Diese Öffnung zeigt sich noch in einem anderen Moment, das die Struktur von *Erdenklavier – Himmelklavier* betrifft. Die Takte 10–17 sind in ihrer Begleitschicht ein um einen Halbton nach oben versetzter Krebs der Takte 1–9.[33] Dies trifft auch auf die Melodieschicht zu, da sie jeweils die obersten beziehungsweise untersten Töne der Akkorde in der Oktave verdoppelt. Zusätzlich kehrt sich damit aber auch deren Lagenposition um, so daß das Stück, wo es mit der Melodie in der tiefen Lage begann, mit der hohen Diskantlinie endet. Die Strenge eines solchen Strukturprinzips könnte gehaltlich wiederum als zuständiges Verhaftet-Sein, als Verharren interpretiert werden, wie es den Zustand der Trauer kennzeichnet. Diese Verhaftung wird durch die solistische Linie am Ende aufgebrochen. Daraus ergibt sich ein weiterer Aspekt, für den an Eötvös' oben zitierte Bemerkung anzuknüpfen ist, und zwar an den Gegensatz von „Erdenklavier" und „Himmelklavier". In einer simplen Lesart könnte man geneigt sein, die „Erde" mit den tiefen Melodielinien, den „Himmel" mit den hohen repräsentiert zu sehen. Das mag vordergründig zutreffen, und vielleicht kommt damit auch die toposhafte Vorstellung des christlichen Glaubens an ein Weiterleben nach dem Tod jenseits der irdischen Welt zum Ausdruck. Darüber hinaus ist aber davon auszugehen, daß mit der Nennung von Berios *Erdenklavier* sowie eines „Himmelklaviers" ein dichotomi-

---

32 Hierzu gehören als frühe Beispiele Pierre de La Rues *Missa pro defunctis* und Loyset Compères Motette *Quis numerare queat*. In jüngster Zeit ist besonders Mathias Spahlingers Trauerstück auf den Tod von Peter Niklas Wilson, *PNW* für acht Violoncelli und fünf Kontrabässe, zu erwähnen (*MusikTexte* 99, Dezember 2003, S. 46).

33 Die Krebsgängigkeit, die sich natürlich nur auf die Tonhöhen bezieht, ist bis auf wenige Ausnahmen, wo einzelne Töne nicht der Halbtonversetzung folgen, streng durchgeführt. Diese Ausnahmen betreffen den ersten Akkord in Takt 10 (im Verhältnis zum ersten Akkord in Takt 9), den ersten Akkord in Takt 14 (zum zweiten Akkord in Takt 4), den zweiten Akkord in Takt 16 (zum ersten Akkord in Takt 2) sowie den ersten Akkord (zum letzten Akkord).

Abbildung 12: Luciano Berio, *Erdenklavier* für Klavier (1969), Anfang
(© by Universal Edition, Wien)

sches Verhältnis von Vergangenheit und Gegenwart ausgedrückt wird. In seinen „Klavieren" – und das heißt in seiner Musik – war und ist Berio immer noch anwesend. Für diese Anwesenheit bedarf es aber nach seinem Tod spezifischer „Räume", so wie *Erdenklavier – Himmelklavier* einen bildet, es bedarf des erinnernden Gedenkens, das als aktive Handlung durch jenes dichotomische Verhältnis geprägt ist: Das Stück ist weniger eine Erinnerung, vielmehr schafft es einen Raum, in dem gegenwärtig sich vollziehende Erinnerung an Vergangenes stattfinden kann.

*

Eine Musik der Trauer bedeutet zunächst, daß ein Komponist ihr eine musikalische Form gegeben hat. Es muß sich nicht, wie etwa im Fall von Auftragswerken, um seine persönliche Trauer handeln. Doch die Formgebung beinhaltet eine Transformation, denn es ist nicht die wirkliche Trauer, die damit erklingt, sondern es ist ihre Musikalisierung. Ebenso kann eine Gedenkmusik zwar von der eigenen Erinnerung des Komponisten sowie seinem Bedürfnis, zu gedenken, ausgehen, aber um als musikalisches „In memoriam" funktionieren zu können, muß es für einen Rezipientenkreis anschließbare Momente enthalten. Diese betreffen ebenfalls die Formgebung der Musik. Denn der Großteil der Rezipienten einer Memorialkomposition, ja eines jeglichen Denkmals, hat keinerlei persönliche Beziehung zu der verstorbenen Person und damit auch keine Erinnerung an sie. Insofern bedeuten Aufführung und Publikation eines solchen Stücks, den mit dem Todesfall eingetretenen Verlust öffentlich zu bezeugen, der (spätestens dann) die Beteiligten betrifft. Und der Verlust kann öffentlich bezeugt werden, weil der Tote, in welch eingeschränktem Maß auch immer, selbst eine öffentliche Person war. In diesem Sinn stellen Memorialkompositionen ein Angebot dar, am öffentlichen Akt des Gedenkens teilzuhaben. Dadurch kommt eine Gedenkgemeinschaft zustande.
Dies kann in einem Konzert mit der Aufführung einer Memorialkomposition stattfinden, wodurch aus ganz unterschiedlichen Beziehungen, in denen die Gedenkteilnehmer zu der verstorbenen Person standen – sei es, daß sie sie persönlich kannten, sei es, daß sie sein Werk schätzen oder auch nur kennen, sei es, daß der Affekt „Trauer" ganz unabhängig vom betrauerten Menschen durch die Verwendung der entsprechenden Idiomatik erzeugt oder ästhetisch nachvollziehbar wird –, „geteilte Erinnerung" entsteht, denn sie ist „mehr als ein bloßer Speicher individueller Erinnerungen".[34] Sie ermöglicht jedenfalls die (An-)Teilnahme und Teilhabe mehrerer Individuen. Geteilte Erinnerung oder, in anderen Worten, kollektives Gedenken muß nicht zwangsläufig auf ein von jedem einzelnen selbst erlebtes Geschehnis zurückgehen. Das Gedenken als Kollektivhandlung bedarf insofern nicht nur eines gemeinsamen Bezugspunkts, mit dem sich die Mitglieder einer Gemeinschaft verbunden wissen, sie ist auch angewiesen auf andere Teilbarkeiten wie gemeinsame Orte, Zeiten oder Anlässe sowie auf eine gemeinsame Verständigungsweise. Diese Verständigung zu leisten, ist ein wesentliches Potential von Gedenkstücken.

---

34 Avishai Margalit, *Ethik der Erinnerung. Max Horkheimer Vorlesungen*, Frankfurt am Main: Fischer ²2002, S. 35.

Darin liegt die Voraussetzung, daß Memorialkompositionen sich ähnlicher Ausdrucksgesten und Topoi bedienen: Sie benötigen eine allgemein rezipierbare (und damit verständliche) Ausdrucksweise, die es ermöglicht, an dem Erinnerungsakt partizipieren zu können. Die Kürze vieler Gedenkstücke steht dabei dem gemeinschaftsbildenden Aspekt nur scheinbar entgegen.[35] Sie gehört konstitutiv zu einem Gestus, demzufolge der Komponist sich selbst zurücknimmt und sein Stück ganz in den Dienst des „In memoriam" stellt. Quasi nur als Anlaß des Gedenkens eröffnen die Stücke einen Gedenkraum, nehmen sich in ihrer Kürze zurück und ermöglichen dadurch das je individuell zu leistende Gedenken in der Gemeinschaft. Diese Zurücknahme, die sich auch in den anderen Gestaltungsaspekten wie Tempo, Dynamik und Klangbewegung zeigt, ist demnach nicht nur auf den Zustand der Trauer zurückzuführen. Sie tragen wesentlich zu dem memorialen Potential der Gedenkstücke bei. Dadurch erweist sich, daß Memorialkompositionen so etwas wie Gattungsmerkmale ausgebildet haben und weiter ausbilden, weil sie auf einer sozialen Bedingung beruhen – auf der Bildung von (Trauer- oder Gedenk-)Gemeinschaften, so vermittelt sie auch sein mag. Und Gattungen sind nicht zuletzt soziale Vermittler. Sie benötigen den Erfahrungsraum, ein gemeinschaftliches Wissen, um darauf aufbauend intersubjektiv kommunizierbare Inhalte vermitteln zu können. Damit sind sie nicht nur soziale, sondern zudem historische Vermittler: Sie bewahren, durch ihre je eigene Aktualisierung in Werken, ein historisches Wissen, indem sie dieses den aktuellen Bedürfnissen und Erfordernissen anpassen.

Dieses Bewahren hat im vorliegenden Fall einen besonderen Bedeutungsaspekt. Denn es ist zu vermuten, daß Gedenkstücke nicht nur um der öffentlichen Teilhabe willen so deutlich einen gemeinsamen Gestus ausbilden. Sie stellen außerdem eine generelle Eigenschaft der Musik, nämlich die Präsenz des aktuellen Erklingens, in den Dienst des Gedenkens. Indem solche Stücke an die Musik eines Verstorbenen anknüpfen oder auf eine verstorbene Person verweisen, setzen sie der Vergangenheit, die durch den Todesfall offenbar geworden ist, etwas Aktuelles entgegen. Etwas zu aktualisieren, ist eine Form des Bewahrens. Denn zwar kann der Verlust nicht rückgängig gemacht werden, aber der mit der physischen Abwesenheit der Person eingetretenen Möglichkeit des geistigen Verschwindens, dem Vergessen, widersetzt sich erinnerndes Gedenken. Wenigstens im Bewußtsein der hinterbliebenen Gemeinschaft kann der Verstorbene, der endgültig Abwesende, vergegenwärtigt werden. Die Auseinandersetzung mit der Verlustsituation ist eine Auseinandersetzung mit dem, was nicht verloren ist und weiter zu klingen vermag: die Musik des Verstorbenen, worin auch deren Wertschätzung zum Ausdruck kommt. Denn streng genommen wird an einen Menschen nicht erinnert, weil er ein Toter ist, sondern weil er ein Lebender war. Diesbezüglich zeigt sich wiederum die zentrale Bedeutung des Begriffs der Erinnerung im Trauer- und Gedenkprozeß.

Aber hierbei ist zu betonen, daß es nicht Erinnerung selbst ist, die in den Stücken erklingt. Vielmehr ist es die musikalisch je individuell fixierte Spur der Erinnerung, die Anlaß geben kann zu einer „geteilten", kollektiven Erinnerung. Was sich dabei in Ge-

---

35 Die hier vorgenommene Auswahl von ausschließlich relativ kurzen Stücken ist nicht generalisierend zu verstehen. Denn natürlich gibt es Gedenkstücke, die um einiges länger sind. Gleichwohl ist die Kürze von vielen Stücken ein so ausgeprägtes Merkmal, daß es sich dabei um mehr als eine zufällige Gemeinsamkeit handeln dürfte.

denkstücken artikuliert, zumal in solchen, die auf das Werk eines verstorbenen Komponisten Bezug nehmen, ist ein eigentümliches Changieren zwischen Vergangenheit und Gegenwart, wie es gerade für die Erinnerung kennzeichnend ist. So wie Erinnerung die geistige Anwesenheit von Abwesendem, weil Vergangenem bedeutet, so eröffnet Gedenkmusik eine spezifische Dimension in die Vergangenheit. Dieses Changieren ist in den Stücken auskomponiert, und nicht zuletzt das macht ihren ästhetischen Reiz aus. Daneben verdeutlichen musikalische In-memoriam-Stücke auch, daß erinnerndes Gedenken eine aktive kulturelle Handlung ist, die sich im vorliegenden Kontext als Akt des Bewahrens über den Tod hinaus darstellt. Dem Verlust wird diese Handlung entgegengesetzt, was ein Bewahren von eigener integraler Erinnerung wie auch von kollektivem geistigem Gut ist (wie sie die Musik eines verstorbenen Komponisten darstellen kann). Dem Tod als Verlust wird aktiv das entgegengesetzt, was von diesem Verlust selbst bedroht ist: Erinnerung und Gedenken.

Corinna Jarosch

Die klingende Seite der Bilder
Zum japanischen Hintergrund von Peter Eötvös' „Klangtheater"
As I Crossed a Bridge of Dreams (1998–99)

Lady Sarashina

> „Eine Frau von heute, die auch vor
> tausend Jahren gelebt hat."
> (Peter Eötvös)

Im Mittelpunkt des „Klangtheaters" *As I Crossed a Bridge of Dreams* (1998–99) von Peter Eötvös steht das Bild einer Frau, deren literarische Vorzeichnung aus dem Japan der Heian-Zeit (794–1185) stammt. Eine Hofdame schrieb um 1060 rückblickend ihr Leben in Form eines Tagebuchs nieder, das in der Literaturgeschichte später als „Sarashina-nikki" bekannt wurde. Damit reiht es sich in die Tradition der japanischen Tagebuch-Literatur („nikki") ein, die von schreibenden Frauen aus dem Umfeld des kaiserlichen Hofes in Heian ausging und sich gegen die männlich dominierte Literatur chinesischer Sprache zu behaupten begann.

So liegen uns heute im „Sarashina-nikki" Einblicke in über 40 Jahre des Lebens einer Hofdame vor; und dennoch: der Text bewahrt ein größeres Geheimnis, als er uns über die Person wissen läßt. Schon der Name, Lady Sarashina, wurde erst später konstruiert, um die unbekannte Verfasserin des Textes zu benennen. Über das Bild, in dem die Schreibende sich selbst entwirft, legt sich wie ein Schleier das Geheimnis von Auslassungen, Nicht-Gesagtem und Nur-Angedeutetem. Dem entspricht auch das Verfahren, Ereignisse und Eindrücke, Reisen und Begegnungen nur als Momentaufnahmen einzufangen, vielfach in Form von Gedichten zusätzlich poetisch überhöht. Dieses „Tagebuch der Wahrnehmungen" läßt stets einen Raum um die Worte frei, in dem der Leser die Welt der geheimnisvollen Lady in seiner Phantasie imaginiert.

Daß es ein Begreifen jenseits der Sprache, in der Zone der Wortlosigkeit gibt, davon ist man in Japan überzeugt, und dies spiegelt sich schließlich auch in der Dichtung wider, die – wie die japanische Malerei – mit wenigen Pinselstrichen auskommt und dennoch ein komplexes Bild entwirft. Das liege in der Sprache begründet, führt der Übersetzer japanischer Lyrik Werner Helwig aus, das japanische Wort sei ein „gefülltes Wort", welches die Erfahrung, jede Erfahrung, bereits in sich trage, während man das deutsche Wort als „Echowort" bezeichnen könne, das die Erfahrung erst im Kontakt mit der angestrebten Aussage heraufbeschwöre oder im Wiederklingen herstelle.[1]

---

1   Werner Helwig, *Klänge und Schatten. Nachdichtungen japanischer Texte*, Hamburg – Düsseldorf: Claassen 1972, S. 8.

Ähnliches mag wohl allgemein für die westlichen Sprachen gelten. Für Peter Eötvös lag es nahe, eine englische Nachdichtung japanischer Lyrik und Prosatexte, wie sie ihm in dem Libretto mit Auszügen aus dem „Sarashina-nikki" vorlagen, gewissermaßen wieder in umgekehrter Richtung mit ihrem Echo anzureichern, die Worte in einen Klangraum einzubetten, der das Verstehen jenseits von Sprache zugänglich macht. So wendet Eötvös in seiner Komposition eine Methode an, die sich zutiefst aus Grundlagen fernöstlicher Denkmuster speist und die Worte in den Bereich der Musik, des Klanges hinein erweitert.

Faszination Japan

„Wenn Du in vier oder fünf weiteren Jahren einsiehst, daß Du die Japaner überhaupt nicht verstehst, dann wirst Du anfangen, etwas über sie zu begreifen", sagte ein einheimischer Freund dem späteren Japan-Experten Lafcadio Hearn voraus, nachdem dieser bereits etliche Jahre im „Land der aufgehenden Sonne" zugebracht hatte. Auch heute noch, nachdem wir die ausführlichen Beobachtungen von Hearn kennen und nachdem Japan Teil der globalisierten Welt geworden ist, ja eine der führenden Wirtschaftsmächte überhaupt, scheint die Japaner weiterhin ein Geheimnis zu umwehen, das den Westen nachhaltig fasziniert, wobei ein letzter Rest an Fremdheit niemals aufzuheben sein wird.
Während die Moderne in den westlichen Ländern die Erfahrung der Zergliederung und zunehmender Unüberschaubarkeit der Welt thematisiert und ihre „Entzauberung" einmal als Forderung, einmal als wehmütigen Verlust darzustellen weiß, schöpft man in Japan – obwohl die Erfahrung von Zergliederung und andere „modernistische" Symptome große Teile auch der japanischen Gesellschaft längst in besonders intensiver Weise bestimmen – aus dem Bewußtsein einer Jahrtausende alten Tradition, die den Glauben an die Einheit der Welt ungebrochen weiterführt. Uns im Westen erscheint der „ganzheitliche" Ansatz gleichsam als eine poetische Weltsicht im Gegensatz zu einer wissenschaftlichen, als Ausdruck einer Sehnsucht, in der die erlebte Disparität aufgehoben ist in einer größeren Ordnung, von der im Westen gern jene Dichter sprechen, die die Welt als Einheit zu denken unternehmen. „Dhamma" heißt das Gesetz in Japan, das „die Welt im Innersten zusammenhält", wonach Goethes Faust so emphatisch suchte. Ihm ist alles unterworfen, es ist die Ordnung des Kosmos, die Wahrheit. Unsere materielle Welt hingegen, die wir gewohnt sind, Realität zu nennen, ist lediglich sein Schatten, sein „Abglanz", als den schließlich auch Faust das Feld menschlicher Wahrnehmung erkennen muß. Doch im Gegensatz zur Faust-Figur fügt sich in Japan auch der Mensch als ein Teil in diese Ordnung. Das Individuum, das die europäische Geistesgeschichte in seiner Absolutsetzung so nachhaltig prägt, erscheint aus buddhistischer Sicht nur als verschwindend kleine Spitze eines Eisberges, der in die Tiefen eines allumfassenden Meeres reicht, ja, letztlich eins ist mit diesem. Sich selbst als in ein unauflösliches Gewebe der Welt eingefügt zu erkennen, macht die Demut des Einzelnen aus, die den westlichen Menschen oft so befremdet. Dabei glaubt man in Japan, daß das Wirken eines jeden Menschen in das Gesamtgefüge der Welt eingreift und seinen Ausgleich sucht, so daß keine Tat ohne Konsequenz bleibt, im Guten wie im Argen –

eine Einstellung, die im Westen erst im Zuge der ökologischen Bewegung im Begriff eines geschlossenen und verletzbaren Ökosystems ins Bewußtsein trat.
Im Fernen Osten gilt seit Alters her als das Sinnbild der allumfassenden Ordnung der ewige Lauf der Jahreszeiten, an dem Frühling, Sommer, Herbst und Winter in ihrem jeweiligen Werden und Vergehen eine Rolle übernehmen, die den gesamten Kreislauf erst vollenden. Die darin liegende Notwendigkeit der Vergänglichkeit taucht die Gedankenwelt Japans in eine tiefe Melancholie, die ihre schmerzlichen Züge erst dann verliert, wenn es dem jeweiligen Menschen gelingt, sein Trachten und Wollen von den Verstrickungen der materiellen Welt zu befreien. „Yukashisa" bedeutet die Sehnsucht, die den Menschen durch sein Leben treibt, und Ruhelosigkeit bestimmt sein Bild. Das höchste Ziel aber ist es, diese treibende Kraft zum Stillstand zu bringen, denn: „Es gibt kein höheres Glück als die Ruhe", so lehrt das Dhammapada. Auf dem Weg dahin bedeutet das Leben jedoch Leid, Leiden an der Unstillbarkeit der Sehnsüchte. Das ist die erste der vier Wahrheiten des Buddhismus, die dritte aber lautet: Es ist möglich, sich selbst daraus zu befreien.

Der Traum ein Leben

> „Buddha sagt, alle Wesen träumen nur in dieser fließenden Welt des Unglücks."
> (Lafcadio Hearn)

Die Unmöglichkeit, Traum und Wirklichkeit mit Gewißheit zu unterscheiden – Wann ist man erwacht? Oder war auch das nur Traum? – beschäftigt die Philosophie in Orient und Okzident. Unter den Vorzeichen des christlichen Abendlandes verstrickte im Spanien des 17. Jahrhunderts Calderón de la Barca in *Das Leben ist ein Traum* seinen Helden in ein Verwirrspiel aus Fiktion und Realität. Am Ende steht eine melancholische Erkenntnis:

„Was ist Leben? Irrwahn bloß!
Was ist Leben? Eitler Schaum,
Truggebild, ein Schatten kaum."

Die Literatur hat in Japan das Bild der „fließenden Brücke aus Träumen" gefunden, um das Leben zu beschreiben, in dem alle materielle Wirklichkeit unbeständig ist, bloßer Schein, „yume no ukihashi", „A Floating Bridge of Dreams". Dabei steht die Brücke als Sinnbild für die Lebenswelt, für die Verbindung zwischen den Menschen, wie das Wort für „Welt" schlechthin, „yo no naka", auch die Verstrickung zwischen Männern und Frauen bedeutet. In einem spirituellen Zusammenhang weist die Brücke auf die Suche nach einem Weg aus der leidvollen Existenz des Diesseits in die Sphäre der Erleuchtung hin, deren Erlangen schließlich auch das Erwachen aus dem Traumzustand des Lebens bedeutet.

„Ist es denn, weil
alle Verstrickungen von Männern und Frauen
wie eine fließende Brücke aus Träumen sind,
daß meine melancholischen Gedanken nicht aufhören,
selbst wenn ich sie überquere, Dich zu besuchen."

So fragte einst der Dichter Fujiwara no Teika und veranschaulichte das sehnsuchtsvolle Umherirren des Menschen in dieser Welt der Illusionen.
Der anwesend Abwesende, gleichsam die Grundformel der Sehnsucht, findet auch in der Tradition des japanischen Theaters seinen Ausdruck. In dem Motiv des abwesenden Helden spielt der Gegenpart zur weiblichen Protagonistin eine Hauptrolle, ohne jemals tatsächlich die Szenen zu betreten. Sein Bild entsteht mosaikartig zusammengesetzt aus Worten und scheint damit der Realität auf eine Weise seltsam enthoben, nur Zielpunkt eines Sehnens zu sein, das niemals gestillt werden kann.
Ähnlich zeichnet das „Klangtheater" *As I Crossed a Bridge of Dreams* seine Figuren, die nur zitathaft und in Einzelmomenten gleichsam aus dem Bewußtsein der Erzählerin hervortreten. Doch auch die Protagonistin selbst erscheint nur in Momentaufnahmen, zu einem größeren Teil bleibt auch sie der Welt entrückt, verbirgt sich im Geheimnis des Ungesagten, vielleicht Unsagbaren.

Sprach-Klang-Raum

> „Für die Augen die Stille darstellen,
> für die Ohren das Unsichtbare zum
> Klingen bringen"
> (Peter Eötvös)

Die Erinnerungen der Lady Sarashina setzen sich aus verschiedenen Stimmen zusammen. Sprache, Klänge und Geräusche rekonstruieren Momente eines Lebens, fügen aneinander, was einen Lebenslauf ausmacht. Wie ein alter japanischer Glaube besagt, daß sich der Mensch aus mehreren Seelen zusammensetzt, so spricht Lady Sarashina gleichsam mit vielen Stimmen. Dabei sind manche klar artikuliertes Sprechen, andere nur Klang, sprachähnlich oder atmosphärisch. Nach der „klingenden Seite der Bilder", wie er einmal selbst formulierte, fragt Eötvös in seiner Komposition und erweitert das Bild vor dem geistigen Auge der Erzählerin als Klang in den Raum. Es gibt eben verschiedene Arten, sich an etwas zu erinnern, an einen Eindruck, einen Menschen, eine Stimmung. Wie ein Spiegel das Bild verdoppelt, so vervielfältigt das Echo die Töne, multipliziert das scheinbar Einmalige und verwirrt die Unterscheidung von Vor- und Abbild, von Traumgesicht und realer Erscheinung.
Die Schichten von Erinnerung und Gegenwart finden ihre Entsprechung in der unterschiedlichen Präsenz der Klangkörper auf der Bühne. So treten manche Soloinstrumente in Erscheinung und führen die Klangerzeugung vor Augen, während andere Stimmen als Toneinspielungen nur akustisch präsent bleiben. Zusammen bilden sie das Geflecht elektroakustischer Klangregie, das den gesamten Theaterraum überzieht, so daß sich der Zuschauer inmitten einer Welt aus Klang und optischen Eindrücken fin-

det, inmitten der Welt der Lady Sarashina. Das „Klangtheater" erfaßt alle Sinne, wird zum sinnlichen Ereignis schlechthin in einem gleichsam erotischen Entwurf, der weder ganz in Worten, noch allein in Bildern aufzugehen vermag. Die Poesie des Textes aus dem 11. Jahrhundert ergreift den Raum und wird damit zu einem theatralischen Vorgang, der dem Zuschauer die Tiefendimension fernöstlicher Philosophie vor alle Sinne führt.

Über Peter Eötvös

Michael Kunkel

Zukunftsmusik
Das Klavierstück *Kosmos* (1961/1999) von Peter Eötvös

„In dem Moment, wo das Bremstriebwerk abgeschaltet wurde, gab es einen heftigen Stoß, und das Objekt begann sich mit sehr großer Geschwindigkeit um seine Achsen zu drehen. Das ging etwa so vonstatten – von oben, von rechts, nach unten, nach links im ‚Wsor'. Die Winkelgeschwindigkeit betrug mindestens 30 Grad. Ich sehe (das vollzog sich über Afrika): Erde – Horizont – Himmel, Erde – Horizont – Himmel. Es gelang mir gerade noch, mich mit der Hand vor der Sonne zu schützen. […] Ich fliege und schaue – die Nordküste Afrikas, das Mittelmeer. Alles ist deutlich zu sehen, […] alles dreht sich wie ein Rad. Ich warte auf die Abtrennung [der Gerätesektion von der Landekapsel], und die erfolgt ungefähr in der 10. Minute nach Bremsschluß des Bremstriebwerks. Ich habe die Abtrennung stark gespürt: Ein Knall, dann ein Stoß; das Rotieren setzt sich fort. Jetzt erloschen alle Anzeigen auf dem Gerät für die Kontrolle der Arbeiten, es erlosch ‚Spusk-1' [„Abstieg-1"], nur ein Signal hat sich eingeschaltet: ‚Fertigmachen zum Katapultieren'."[1]

Soweit ein Zitat aus dem Flugbericht, den Juri Gagarin am 13. April 1961, also einen Tag, nachdem er als erster Mensch den Kosmos bereist hatte, angefertigt hat. Dieses Protokoll war eines der bestgehüteten Staatsgeheimnisse der Sowjetunion und gelangte erst Ende der achtziger Jahre im Zug von Perestroika und Glasnost an die Öffentlichkeit. Das Bild eines hilflos mit seinem Raumschiff durchs All torkelnden Kosmonauten war allzu unvereinbar mit der Heldenfigur, als die Juri Gagarin in der UdSSR propagiert wurde. Der erste Mensch im Weltall sollte besser nicht als Fast-Bruchpilot in die Raumfahrtgeschichte eingehen. Mit Hilfe von Ghostwritern wurden Aussagen von Gagarin in Umlauf gebracht, die den Erwartungen besser entsprachen und ihn nicht nur als Patrioten, Klassenkämpfer und Philosophen erscheinen ließen, sondern auch als Wortakrobaten, der selbst in der Darstellung technischer Sachverhalte sich literarischer Tugenden befleißigte. In diesen Quellen wird etwa der Start des fraglichen Flugs wie folgt beschrieben:

„Ich vernahm ein Pfeifen und ein anwachsendes Dröhnen. Zugleich fühlte ich, wie das gigantische Raumschiff mit seinem ganzen Körper zitterte und sich langsam, sehr langsam von der Startrampe abhob. Das Dröhnen war nicht lauter als das in der Pilotenkanzel eines Strahlflugzeugs, aber es enthielt eine Vielzahl neuer musikalischer Nuancen und Timbres, die noch kein Komponist auf Notenpapier niedergeschrieben hat und die wohl bislang kein Musikinstrument, keine menschliche Stimme wiederzugeben vermag. Die mächtigen Triebwerke schufen die Musik der Zukunft, eine vielleicht noch bewegendere und herrlichere als die größten Tonwerke der Vergangenheit."[2]

---

1   Zitiert nach Gerhard Kowalski, *Die Gagarin-Story. Die Wahrheit über den Flug des ersten Kosmonauten der Welt*, Berlin: Schwarzkopf & Schwarzkopf ²2000, S. 21.
2   Ebd., S. 100f.

Tatsächlich war Gagarins Flug auch ein musikalisches Ereignis: Dmitri Schostakowitschs *Vier Lieder* op. 86 erklangen in der Raumkapsel Wostok als erste Musik im All. Unten in Ungarn verfolgte ein junger Pianist und Komponist von Theater- und Filmmusiken das Ereignis mit großer Begeisterung. Peter Eötvös erinnert sich:

> „Gagarin flog damals zum ersten Mal im Weltall, und für einen siebzehnjährigen Jungen wie mich gab es nichts Schöneres als die Vorstellung, daß die Welt größer ist als hier auf der Erde."[3]

Es ist diese Vorstellung, die den jungen Eötvös 1961 zur Komposition seines Klavierstücks *Kosmos*[4] antrieb, das er heute als erstes Instrumentalwerk seines Œuvres gelten lassen möchte („op. 1" ist der Kinderchorsatz *Magány* von 1956 nach Béla Kapuváry, den Eötvös 2001 und 2006 revidierte). Nachdem Eötvös bereits mit 14 Jahren von Zoltán Kodály in eine Kompositionsklasse der Budapester Franz Liszt Musikakademie aufgenommen worden war, gaben die Anfänge der bemannten Raumfahrt ihm offenbar einen wesentlichen Anstoß, in der Musik etwas Neues zu wagen. Die Konzeption des Klavierstücks *Kosmos* erschien Eötvös bedeutend genug, um darauf in den folgenden Jahrzehnten nicht weniger als vier Mal revidierend zurückzukommen (die „aktuelle" Fassung datiert auf 1999); zudem wurde *Kosmos* 1993 im Werk *Psychokosmos* ausführlich paraphrasiert. Nach wie vor hat Eötvös ein auffälliges kosmisches Faible, das sich häufig in der Verwendung von Raumfahrt-Metaphern äußert: er bezeichnet etwa die Donaueschinger Musiktage als „NASA der Neuen Musik", sich selbst als „Testpiloten"[5]; jüngst komponierte er eine Art Requiem auf die sieben Astronauten, die bei der Columbia-Katastrophe am 1. Februar 2003 ums Leben kamen[6]; ferner teilt Eötvös sein kompositorisches Schaffen in zwei Kategorien ein, deren eine er „kosmisch" nennt (die andere bezeichnet er als „mikroskopisch").[7]

Es gäbe also allen Grund, nach der Grundlegung „kosmischen Komponierens" bei Eötvös zu fragen, wie sie im frühen Klavierstück sich vollzog. Einiges spricht dafür, daß Eötvös es als eine Art „Zukunftsmusik" konzipierte. Wie im Bereich der Naturwissenschaft und Technologie findet auch im Ästhetischen „Fortschritt" nicht im luftleeren Raum statt. Die Erforschung des Weltraums war (und ist) nun einmal irdischen Zwecken verhaftet. Auch musikalische Höhenflüge können aus verschiedensten Gründen unter Beschuß geraten. Es mag vielleicht schwierig erscheinen, die Errungenschaften von *Kosmos* heute als solche zu erkennen. Was im sozialistischen Ungarn um 1960 als „Innovation" beeindruckte oder provozierte, mußte anderswo – etwa gleichzeitig in Westeuropa – nicht unbedingt auf gleiche Weise wirken. Vor einer näheren Betrach-

---

3 Zitiert nach *„Meine Musik ist Theatermusik." Peter Eötvös im Gespräch mit Martin Lorber*, in diesem Band, S. 50.

4 In der ersten Fassung erscheint der Titel noch in der ungarischen Schreibweise als „Kozmosz".

5 Peter Eötvös, *Ich sehe mich als „Testpiloten" für Neue Musik*, in: *„Eine Sprache der Gegenwart". musica viva 1945–1995*, hrsg. von Renate Ulm, München: Piper – Mainz: Schott 1995, S. 335.

6 *Seven (Memorial for the Columbia Astronauts)* für Solo-Violine und Orchester (2006), Uraufführung am 6. September 2007 in Luzern durch Akiko Suwanai (Solo-Violine), Pierre Boulez (Leitung) und das Lucerne Festival Academy Orchestra.

7 Vgl. *„Meine Musik ist Theatermusik." Peter Eötvös im Gespräch mit Martin Lorber*, S. 50.

tung von *Kosmos* ist es hilfreich, das Gehör auf die besondere Situation des Musiklebens im sozialistischen Ungarn um und vor 1960 zu justieren. Aus dieser Situation werden einige Voraussetzungen zu Eötvös' frühem Klavierstück (es folgte übrigens erst 2003 ein zweites: *Erdenklavier – Himmelklavier* in memoriam Luciano Berio) besser verständlich. Am Beispiel von György Ligeti kann sie unmittelbar anschaulich gemacht werden.

„Schwarze Musik"

Bevor György Ligeti 1956 nach der blutigen Niederschlagung des ungarischen Volksaufstands in den Westen geflüchtet ist, gehörte er zu den angesehensten Komponisten und Musikpädagogen in Budapest (im Westen wird dagegen teilweise noch immer angenommen, daß Ligeti erst anfing, als Komponist zu existieren, nachdem er in Köln Fuß gefaßt hatte). Er beschreibt die Situation in Ungarn zu Anfang der fünfziger Jahre wie folgt:

> „Das Leben in Ungarn stand damals unter der totalen Kontrolle der kommunistischen Diktatur, das Land war völlig abgeschnitten von jeglicher Information aus dem Ausland: Weder Kontakte noch Reisen waren möglich, der westliche Rundfunk wurde von Störsendern unterdrückt, Noten und Bücher konnte man weder schicken noch erhalten. Die totale Isolierung galt nicht nur in Richtung Westen: Auch die Ostblockländer waren voneinander abgeriegelt. So entstand in Budapest eine Kultur des ‚geschlossenen Zimmers', in der sich die Mehrheit der Künstler für die ‚innere Emigration' entschied. Offiziell wurde der ‚sozialistische Realismus' aufoktroyiert, d.h. eine billige Massenkunst mit vorgeschriebener politischer Propaganda. Moderne Kunst und Literatur wurden pauschal verboten [...]. Im Bereich der Musik galt der 1945 verstorbene Bartók als der große Nationalkomponist und antifaschistische Held, doch die meisten seiner Werke fielen der Zensur zum Opfer; aufgeführt wurden nur das *Konzert für Orchester*, das 3. Klavierkonzert sowie Volksliedbearbeitungen, also die ‚versöhnlichen' nichtdissonanten Stücke. Daß alles ‚Moderne' verboten war (ähnlich wie vorher in Nazi-Deutschland), verstärkte hingegen nur die Anziehungskraft, die das Konzept der Modernität auf non-konformistische Künstler ausübte. Geschrieben, komponiert, gemalt wurde im geheimen und in der kaum vorhandenen Freizeit: Für die Schublade zu arbeiten galt als Ehre."[8]

Ein Phänomen ist typisch für diese Zeit: Betrachtet man Ligetis Musik vor 1956, so scheint es, als seien zwei verschiedene Komponisten am Werk gewesen. Ein öffentlicher Komponist, der sich den staatlichen Reglementierungen beugt und beispielsweise folkloristische Chormusiken schreibt, und ein nicht-öffentlicher Komponist, dessen Musik subversiv motiviert ist und naturgemäß nicht allzu viel Öffentlichkeit finden durfte:

> „Als Reaktion gegen die politische Bevormundung entschloß ich mich, eine radikal dissonante und chromatische Musik zu entwickeln. Noch in Budapest, 1955–56, ersann ich die ‚schwarze Musik' – im Gegensatz zur ‚schönen', modal-konsonanten ‚roten Musik' und zur dissonanten, doch diatonischen ‚grünen'. (Diese Farbbezeichnungen waren

---

[8] Zitiert nach dem Booklet zur CD der *György Ligeti Edition*, vol. 1, Sony SK 62306, S. 13f.

meine synästhetischen Konnotationen und hatten nichts mit der gängigen politischen Symbolik zu tun.) Die ‚schwarze Musik' basierte vor allem auf Schwebungen, also Interferenz-Mustern, die technisch aus der eng chromatischen Übereinanderschichtung zahlreicher Stimmen resultieren."[9]

Ligeti konzipierte „schwarze Musik" zunächst „für sich selbst" – wären seine Entwürfe bekannt geworden, hätte dies für ihn äußerst gefährlich werden können. Die subversiven Konzepte bilden die Basis für jene Stücke, die Ligeti nach seiner Flucht bekannt machten. Im Orchesterstück *Apparitions* knüpft Ligeti direkt an die prekären Arbeitsbedingungen in Ungarn unter dem Schdanowschen Wahrheitsdiktat an: Mißklang und Taktlosigkeit, zügelloser Ausdruck oder totale Statik durften im „surreal existierenden Sozialismus" (Ligeti) nicht herrschen. In Budapest schärfte Ligeti seine Imagination an genau diesen Eigenschaften und bündelte in seiner Schublade Sekunden zu statischen Klangblöcken der Werke *Éjszaka, reggel* („Nacht, Morgen", 1955), *Sötét és világos* („Dunkel und hell", 1956) *Víziók* („Visionen", 1956) und anderen unmittelbaren Vorläufern von *Apparitions* und *Atmosphères* (1961), den ersten großen Werken im Westen. Kaum jemand, der heute genüßlich durch die Tonwolken der *Atmosphères* gleitet, dürfte ahnen, daß die schöne Cluster-Inhalation die Erfahrung einer extremen zeitgeschichtlichen und politischen Innenspannung voraussetzt.

Soweit scheint einigermaßen klar, wo die Grenze zwischen dem „öffentlichen" und dem „privaten" ungarischen Komponisten dieser Zeit verläuft. Daß die Wirklichkeit etwas komplizierter war, sei anhand von Ligetis *Sechs Bagatellen* für Bläserquintett (1953) kurz erläutert. Diese *Bagatellen* sind Bearbeitungen einer Auswahl von Stücken aus Ligetis „privatem" elfteiligen Klavierzyklus *Musica ricercata* (1951–53). Zur Bearbeitung wählte Ligeti sechs Stücke aus, von denen er dachte, daß sie im öffentlichen Kontext problemlos präsentiert werden können. Die Angelegenheit gestaltete sich dann aber schwieriger als erwartet:

> „Ende September 1956 wurden an der Franz-Liszt-Akademie zum ersten Mal ‚Tage der neuen ungarischen Musik' veranstaltet und auf Veranlassung des Jeney-Quintetts endlich meine *Bagatellen* aufgeführt. Doch hießen sie nun *Fünf Bagatellen*, da Nr. 6 selbst für das damalige politische Tauwetter zu viele kleine Sekunden beinhaltete (Dissonanzen und Chromatik waren ‚kosmopolitisch-volksfeindlich', nur im Herbst 1956 etwas weniger als in den vorangegangenen Jahren). Im aus Intellektuellen und Musikern bestehenden Publikum herrschte Ratlosigkeit, ob einem das gefallen kann und ob man klatschen darf. Einer meiner früheren Lehrer versuchte, mir behutsam ‚zum Erfolg' zu gratulieren, indem er meine Hand schüttelte und verlegen von einem Bein auf das andere wechselte."[10]

Längst erfreuen sich jene Bagatellen, die beim nicht namentlich genannten Gratulanten ganz offenbar Unbehagen auslösten – inklusive der bedenklichen Bagatelle Nr. 6, die damals der Zensur zum Opfer fiel –, als etablierter Teil der „Klassischen Moderne" Beliebtheit bei einem breiten musikkonsumierenden Publikum.

---

9   Zitiert nach dem Booklet zur CD *The Ligeti Project*, vol. 2, Teldec 8573-88261-2, unpaginiert [S. 10].
10 Zitiert nach dem Booklet zur CD der *György Ligeti Edition*, vol. 7, Sony SK 62309, S. 22 f.

Abbildung 1: György Ligeti, *Sechs Bagatellen* für Bläserquintett (1953), Nr. 6, Beginn
(© by Schott Music, Mainz)

Nach dem kurzen Tauwetter vor der blutigen Niederschlagung der Revolution 1956 hatte sich in Ungarn das Klima wieder verschlechtert. Die Uraufführungen von György Kurtágs *Erstem Streichquartett* op. 1 (1959) und Endre Szervánskys *Hat Zenekari Darab* („Sechs Orchesterstücke", 1959) riefen Skandale hervor, wovon sich letzterer nicht mehr erholen sollte. Gleichzeitig verbinden sich mit diesen Stücken Anzeichen einer Wende. Sie – wie vorher schon Ligetis „private" ungarische Kompositionen und später Eötvös' *Kosmos* – sind vor allem geprägt durch den Orientierungsversuch an musikalischen Neuigkeiten, die – meist fragmentarisch – aus dem Westen vernommen wurden (für Kurtág und Szervánsky war vor allem Weberns Musik von Bedeutung), und markieren den Beginn einer Phase der kompositorischen Neuausrichtung in Budapest. Nicht wenige dieser Stücke gestalten sich dabei als Imagination von Sinneseindrücken, die bis dahin nicht empfangen werden konnten beziehungsweise durften (Ligeti bezeichnete sein Klavierstück *Chromatische Phantasie* [1956] als Versuch der Komposition eines Zwölftonstücks, ohne daß er jemals vorher dodekaphone Musik gehört hätte). Daß die Aura des Mysteriösen, Verbotenen dabei nicht ohne weiteres vom Gegenstand zu trennen ist, geht aus Wolfgang Sandners Artikel über Peter Eötvös und den Jazz hervor:

> „Solche [Kurzwellen-]Sender [auf denen Jazz zu hören war] in den fünfziger Jahren einzuschalten, wurde grundsätzlich wie das Hören westlicher antikommunistischer Propaganda eingestuft. In der Regel blieben die Nebengeräusche stärker als die Musiksignale selbst, die sich ausnahmen, als kämen sie irgendwo aus fernen Galaxien. So sehr verband sich für Eötvös der musikalische Sound mit diesen Nebengeräuschen, daß ihm, als er in den sechziger Jahren Jazz live hören konnte, etwas Wichtiges, nahezu Substantielles zu fehlen schien. So frei von allen Störgeräuschen kam ihm die Musik irgendwie leer vor."[11]

Natürlich war Peter Eötvös 1961 in einer anderen Situation als Ligeti vor 1956. Der über zwanzig Jahre jüngere, noch studierende Eötvös konnte sich der staatlichen Beobachtung viel leichter entziehen als die prominente Musikerpersönlichkeit Ligeti. Zudem wurden zu dieser Zeit „subversive" künstlerische Äußerungen von den Machthabern nicht mehr strikt verboten, sondern geduldet, wenn sie in einem auf mehr oder weniger heimliche Weise staatlich kontrollierten Subkulturleben stattfanden, um in einem „geschützten" Bereich zu verpuffen, bevor sie öffentlich Wirkung entfalten konnten. Auch boten sich Eötvös nach und nach Möglichkeiten, die Musik der westlichen Avantgarde schon vor seiner Ankunft in Köln genau kennenzulernen.[12] Vor allem aber bezog er musikalisch Neues über Kanäle, die Ligeti verschlossen waren. Eine ganz wichtige Rolle spielte zudem Eötvös' Tätigkeit als Theater- und Filmkomponist, auch seine Beziehung zum Jazz:

---

11 Wolfgang Sandner, *Durch die Welt streifen und sehen, was von ihr hängen bleibt. Peter Eötvös und der Jazz*, in: *Identitäten. Der Komponist und Dirigent Peter Eötvös*, hrsg. von Hans-Klaus Jungheinrich, Mainz: Schott 2005 (edition neue zeitschrift für musik), S. 10 f.; komponierte Simulationen von „Störgeräuschen" (Phonograph- und Schallplatten-Abspielgeräusche und Intonationsschwankungen) finden sich auch in Peter Eötvös' Kompositionen *Atlantis* (1995) und *zeroPoints* (1999).

12 Vgl. *Zeiten der Gärung. Peter Eötvös im Gespräch mit Tamás Váczi über elektronische Musik*, in diesem Band, S. 35 ff.

„In den letzten drei Jahren während meines Studiums [1961–63] habe ich auch in verschiedenen Theatern gearbeitet und viel Filmmusik geschrieben. [...] Die Musik stand wie alles unter staatlicher Kontrolle. Westlich orientierte Musik war zwar nicht verboten, aber auch nicht gerne gesehen. Beim Film war das etwas anderes. Polnische Filme haben einen großen Einfluß ausgeübt: Polanski, Andrzej Wajda. Die Filme orientierten sich schon sehr stark an Truffaut und der Nouvelle vague. Es wirkte wie eine Schleuse für westliche Kultur. In diesen Filmen gab es auch ganz andere Musik, sehr viel Jazz. Im ungarischen Film wurde das bald darauf geradezu verlangt. Man sagte: Kennst du das? Ja? Mach mal so etwas, wir müssen jetzt neue Klänge haben. Was mir tagsüber in der Hochschule verboten wurde, genau das wurde dann von mir in der Nacht erwartet. Ich war vollkommen offen, habe viele Informationen bekommen über elektronische Musik, aus Köln, aus Paris, von der Schaeffer-Schule. Pierre Schaeffer und die Musique concrète fand ich äußerst interessant. Von Stockhausen und Boulez kannte ich so gut wie alles. Es gab damals in Ungarn eine offizielle Kultur und einen sehr starken Underground. Was oben nicht geduldet wurde, wanderte ab in den Untergrund, der genau so funktionierte wie das offizielle Musikleben. Ich gehörte eigentlich zu dieser Schicht."[13]

Nach(t)klänge

Peter Eötvös' Komposition *Kosmos* trägt die Merkmale dessen, was Ligeti als „schwarze Musik" bezeichnet (Einflüsse des Jazz sind für mich nicht ohne weiteres erkennbar). Sie ist vollchromatisch gearbeitet und „taktlos" (sie besitzt keinerlei Taktangaben bzw. Taktperioden), vor allem aber vollzieht sich die Artikulation der Form außerhalb herkömmlicher Kategorien und Modelle, sie kennt keine motivisch-thematische Entwicklung und folgt auch keiner einschlägigen „Gattung". Besondere Priorität kam bei Zoltán Kodály und anderen Vertretern der Budapester Schule der kompositorischen Kategorie der Melodie zu – selbst Sándor Veress, der in seiner Musik sehr gerne mit Volksliedmelos experimentierte und genau deshalb von Kodály heftig getadelt wurde, hatte noch nach Jahrzehnten helvetischen Exils Mühe mit Musik, die nicht aus der Linie heraus artikuliert wird. Für die Konzeption von *Kosmos* spielt die Kategorie des Melodischen zunächst keine Rolle. Ein erster Blick auf die „Urversion" aus dem Jahr 1961 läßt vor allem zweierlei erkennen: Einen zentralen Halbton-Cluster in mittlerer Lage, der regelmäßig wiederholt wird und sich dabei allmählich ausdehnt und wieder zusammenzieht, sowie Ereignisse in den äußeren Lagen, die ebenfalls auf Halbton-Beziehungen basieren. Diese Ereignisse sind reihenartig organisiert, wobei das reihenartige Gebilde des Beginns in jeder Phase der Komposition anders (und verschieden deutlich) artikuliert wird, ohne daß eine systematische Permutatorik erkennbar wäre. Die Phasen der Komposition beginnen mit jedem Eintritt eines neuen Tones zum Cluster-Ostinato; der Abbau des Clusters vollzieht sich in einer Phase.

---

13 Zitiert nach *Klangbildaufnahmen wie von einem Photografen. Wolfgang Sandner im Gespräch mit Peter Eötvös*, in diesem Band, S. 68 f.

Abbildung 2: Peter Eötvös, *Kosmos* für Klavier (Fassung 1961), Entwurf
(© by Paul Sacher Stiftung, Basel, Sammlung Peter Eötvös)

In unterschiedlichen Schaffensphasen hat Eötvös dieses Klavierstück aktualisiert, die darin enthaltene Klangvorstellung entwickelt und einzelne Merkmale des Stücks in neue kompositorische Dimensionen erweitert. Alle Fassungen sind durch die Musikmanuskripte der Sammlung Peter Eötvös (SPEö) in der Paul Sacher Stiftung, Basel, bestens dokumentiert; ihre Entstehungsorte und -daten seien hier aufgelistet:

Kosmos
1. Fassung: Budapest, „1961. III 3–5" (daneben auch eine Fassung für Violine, Kontrabaß und zwei Klaviere, Entwurf-Fragment)
2. Fassung: Boppard, März 1966
   („‚felújítva' az 5 éves évforduló [„Auffrischung/Wiederaufführung zum 5. Jahrestag" des ersten Raumflugs Gagarins am 12. April 1961], Boppard")
3. Fassung: „Attenbach, November 1979"
4. Fassung: „1.-15. Sept. 1985 London", nochmals revidiert und publiziert in der ersten Ausgabe, Paris: Salabert 1993
5. Fassung: „Blaricum Dez. 1999", Reinschrift publiziert als zweite Ausgabe, Paris: Salabert 1999

Gerne greift Eötvös ältere Projekte revidierend auf, in seinem Werkverzeichnis findet sich so manches „Work in progress" (man denke an *Magány* [1956, rev. 2001, 2006], *Radames* [1975, rev. 1997], *Windsequenzen* [1975, rev. 1987, 2002] usw., siehe das Werkverzeichnis in diesem Band, S. 312ff.). Die Arbeit an *Kosmos* erscheint aber besonders ausdauernd. Innerhalb von fast vier Jahrzehnten ist er immer wieder auf das Stück zurückgekommen. Das Studium der *Kosmos*-Manuskripte wäre für das Verständnis von Eötvös' kompositorischer Entwicklung sicherlich von großer Bedeutung. In beharrlicher revidierender Lektüre des Eigenen ist fast eine kompositorische Autobiographie entstanden, die markante Punkte in Eötvös' Werdegang gewiß erhellen könnte.[14] Dies ist nicht das Ziel dieses Essays. Ich konzentriere mich fortan auf die Komposition, die in Gestalt der sogenannten „endgültigen" Fassung von 1999 gedruckt vorliegt. Anders als in Pierre Boulez' großorchestral wuchernden Auslöschungen seines frühen Kla-

---

14 Dieses Verhalten eines Wiederaufgreifens kompositorisch prägender Erfahrungen ist nicht völlig singulär. Auf wesentlich versteckter Weise ist etwa György Kurtág immer wieder auf den ersten Satz seiner Klavier-Suite von 1943 (entstanden 16 Jahre vor dem offiziellen „op. 1.") zurückgekommen, der zuerst den Titel *Mintha valaki jönne* („Als ob jemand käme", eine Allusion auf Endre Adys Gedicht *Nem jön senki* [„Es kommt niemand"], vgl. ders., *Összes Versei I*, Budapest: Szépirodalmi könyvkiadó 1971, S. 221) tragen sollte: so im vierten Satz *Nachtstück* der Komposition *A kis csáva* op. 15b für Piccolo, Posaune und Gitarre (1978), in deren Skizzen sich neben dem Anfang des Gedichts („Kipp-kopp") die Überschrift „Mintha valaki jönne (Ady) (Ifj. Kurtág György / az ifjú Kurtág György?)" („Als ob jemand käme [Ady] [György Kurtág jun. / der junge György Kurtág?]") findet (siehe Sammlung György Kurtág, Paul Sacher Stiftung, Basel); der zweite der *6 Moments musicaux* für Streichquartett (2005) trägt den Titel *Footfalls – ... mintha valaki jönne ...*, wobei Adys Text nunmehr Einlaß in die Partitur gefunden hat; der Titel *Footfalls* weist auf ein 1979 verworfenes Projekt Kurtágs nach Samuel Becketts Spiel *Footfalls* hin, dessen Konzeption dem des *Nachtstücks* aus op. 15b ähnelt; noch viele andere Verbindungen im Werk Kurtágs ließen sich mit Rücksicht auf den ersten Satz der Klavier-Suite von 1943 finden, der Vergleich einiger Kompositionen könnte durchaus den Ansatz einer „kompositorischen Autobiographie" ermöglichen; vgl. auch Michael Kunkel, „*... dire cela sans savoir quoi ...*" *Samuel Beckett in der Musik von György Kurtág und Heinz Holliger*, Saarbrücken: Pfau 2007 (in Vorb.).

vierzyklus *Notations* (1945) bleibt das ursprüngliche Konzept auch in der bislang letzten Fassung von *Kosmos* klar erkennbar – wobei die Lektüre der Manuskripte aus früheren Schaffensphasen das Ohr zu schärfen vermag und Sachverhalte wahrnehmbar machen kann, die aus den publizierten Materialien nicht ohne weiteres hervorgehen. Die Betrachtung der 1999er Fassung von *Kosmos* erfolgt daher nicht ohne den gelegentlichen Blick in den Rückspiegel (dabei wird deutlich, daß Eötvös einen Teil der Revisionsarbeit darauf verwendet, die Situation von 1961 zu fokussieren). Eine sorgfältige systematische Quellenstudie kann dadurch freilich nicht ersetzt werden: die Schreibgeschichte von *Kosmos* bleibt vorerst offen. Um eine solche anzudeuten und erste Eindrücke zu ermöglichen, seien zunächst die Anfänge der „Zwischenfassungen" von *Kosmos* faksimiliert (siehe Abbildungen 3–5, S. 201 ff.).

In der Partitur von 1999 hat Eötvös seine Inspirationsquelle durch kosmisches Vokabular offengelegt: Hier finden sich Termini wie „Big-Bang", „die oszillierende Achse des Universums", „Galaxien", „die Expansion", „entstehender Stern" etc., die bestimmten musikalischen Gestalten zugeordnet sind (siehe Abbildung 6a, S. 207). Wesentlich für die formale Anlage von *Kosmos* ist der „Big Bang", womit die 1961 noch revolutionäre Urknall-Theorie gemeint ist. Der musikalische Urknall ereignet sich erst 1999 als sff-Impuls an den äußersten Rändern des Klavier-Ambitus mit nachfolgendem „Pedaltreten mit Knall und Echo" vor Beginn der Komposition *Kosmos* (die frühen Fassungen beginnen dagegen äußerst leise, aus der Stille kommend); ausgehend von der „oszillierenden Achse des Universums", die ab Takt 2 zwischen den Tönen f^1 und ges^1 verläuft, expandiert der Klangkosmos allmählich, um sich schließlich wieder auf einen Punkt zusammenzuziehen – das Stück endet auf f^2 „eine ¼ Sekunde vor dem neuen Urknall" (siehe Abbildung 6b, S. 208; wie sehr viele Stücke von Eötvös ist auch dieses zyklisch angelegt). Entscheidend für das Modell von *Kosmos* ist die Vorstellung einer transitorischen Wandlung des Weltalls, wonach es sich nicht einfach konstant ausdehnt, sondern auch wieder zusammenschrumpfen kann.[15]

In dieser grundlegenden Schicht rezipiert Eötvös ein kosmologisches Modell. Wir sahen, wie dies schon in der Urfassung von 1961 angelegt ist. Seltsam ist die Eötvös' Datierung des Stücks: Demnach entstand *Kosmos* zwischen dem 3. und 5. März 1961, also mehr als einen Monat vor Gagarins Flug am 12. April 1961 und auch mehr als einen Monat, bevor Gagarin selbst davon erfuhr, daß er zum Erstkosmonauten auserwählt war (am 8. April 1961).[16] Stand beim jungen Komponisten eine allgemeine kosmische Begeisterung im Vordergrund, die durch Gagarin noch stärker in Schwung kam? Eötvös verneint dies und versichert, daß Gagarins Flug das auslösende Ereignis zu *Kosmos* gewesen sei. Für die Unstimmigkeit in der Datierung findet er keine Erklärung.[17]

Aus heutiger Warte ist es leicht, die Übertragung naturwissenschaftlicher Phänomene auf kompositorische Sachverhalte als positivistisch oder naiv zu verurteilen. Peter Eötvös waren solche Analogien ein wichtiges Mittel, Musik außerhalb überkommener Ka-

---

15　In Judit Keles Film *Die siebente Tür* weist Peter Eötvös ausdrücklich darauf hin.

16　Vgl. Gerhard Kowalski, *Die Gagarin-Story*, S. 62 ff.

17　Gespräch mit Peter Eötvös, Basel, 8. Februar 2006. „Ich weiß nicht, wie ich den Kosmos vor Gagarin entdeckt habe." (Peter Eötvös in einer E-Mail-Mitteilung vom 2. Mai 2007).

Abbildung 3: Peter Eötvös, *Kosmos* für Klavier (Fassung 1966), Reinschrift, Beginn
(© by Paul Sacher Stiftung, Basel, Sammlung Peter Eötvös)

Abbildung 4: Peter Eötvös, *Kosmos* für Klavier (Fassung 1979), Reinschrift, Beginn
(© by Paul Sacher Stiftung, Basel, Sammlung Peter Eötvös)

Abbildung 5: Peter Eötvös, *Kosmos* für Klavier (Fassung 1985), Entwurf, Beginn
(© by Paul Sacher Stiftung, Basel, Sammlung Peter Eötvös)

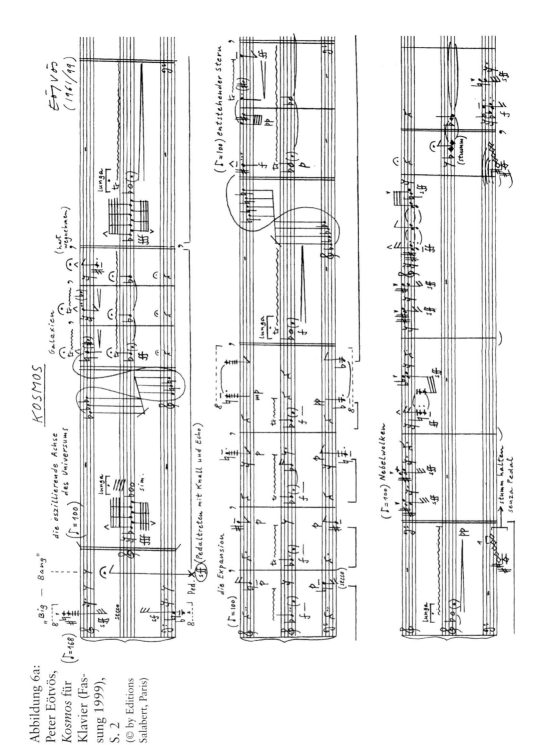

Abbildung 6a: Peter Eötvös, *Kosmos* für Klavier (Fassung 1999), S. 2
(© by Editions Salabert, Paris)

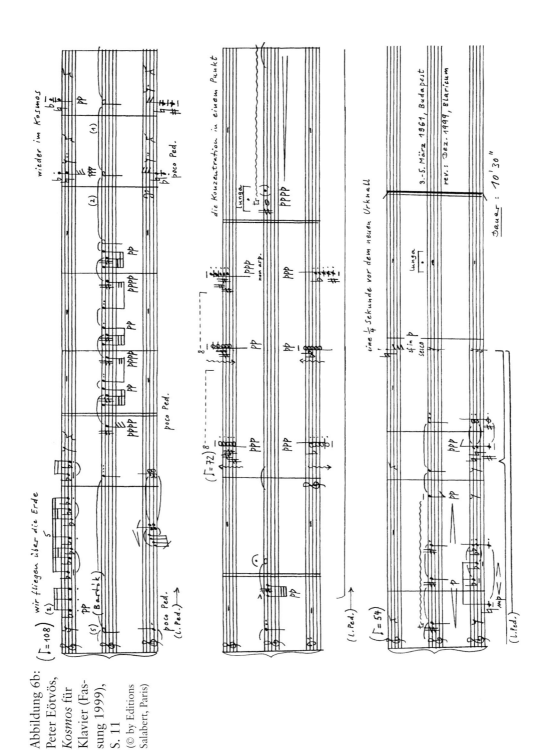

Abbildung 6b: Peter Eötvös, *Kosmos* für Klavier (Fassung 1999), S. 11
(© by Editions Salabert, Paris)

tegorien zu artikulieren, die ideologisch allzu belastet waren – ähnliches gilt in den fünfziger Jahren für Karlheinz Stockhausen und dessen Kölner Kreis, zum dem der Ungar 1966 stoßen sollte. So war es nicht das Kosmische allein, das Eötvös begeisterte; im Film von Judit Kele spricht er von der „Öffnung der Welt", vom „Aufmachen von Fenstern", und sicherlich ist diese Wahrnehmung auch bedingt durch die politischen Verhältnisse im Ungarn dieser Zeit. Die Komposition Kosmos steht jedenfalls in krassem Gegensatz zu den unzähligen Lobliedern, die sozialistische Komponisten auf Juri Gagarin und die Kosmonautik zu singen hatten.

Übrigens spielt Eötvös' Klavierstück nicht allein im Kosmos. An zwei Stellen (Takt 69 ff. und 152 ff.) tritt das Raumschiff wieder in die Erdatmosphäre ein und fliegt über vertraute Landschaften: an beiden Stellen erklingt Musik aus Béla Bartóks Klavierstück *Az éjszaka zenéje* („Nacht-Musik")[18] aus dem Zyklus *Szabadban* („Im Freien") (1926), das erste Mal ist der Beginn von Bartóks Stück zu vernehmen, das zweite Mal die „Colinden-Melodie" (siehe Abbildung 7, S. 210 und 6b, S. 208; auch andere Klangpartikel aus *Az éjszaka zenéje* erscheinen bei Eötvös). Simone Hohmaier kolportiert die Geschichte einer 1961 unternommenen Reise ins polnische Sopot, auf der Eötvös manchmal im Freien übernachtet und diese nächtliche Erfahrung der Stille und des Blicks in den Himmel mit Bartóks *Nacht-Musik* verbunden habe.[19] Die beiden Bartók-Zitate, die Eötvös erst 1979 einfügte, sind aber nicht bloß ein beiläufiger Gruß an vergangene musikalische Zeiten, auch nicht nur sentimentale Erinnerung an das persönliche Erlebnis der nächtlichen Rast und der Sternenschau, sondern für die Komposition *Kosmos* von substantieller Bedeutung. Sie geben einen Hinweis darauf, daß Eötvös' frühe musikalische Raumforschung auf der Grundlage der Musik Bartóks stattfindet.

Eötvös hat Kosmos einmal als „eine Art Improvisation über den in *Az éjszaka zenéje* vorherrschenden ‚Dreiklang'" (der natürlich aus fünf Tönen besteht) bezeichnet.[20] Tatsächlich bezieht Eötvös, der „Nachtarbeiter" in Sachen Neuer Musik, die totale Chromatik aus dem Cluster-Ostinato von *Az éjszaka zenéje*; er realisiert die „kosmische" Expansion ausgehend vom Halbton f^1–ges^1 (dem unteren Intervall des Bartók-Clusters), der sich kontinuierlich zum Zwölf-Ton-Cluster ausweitet (Takt 130 ff.) und sich wieder zum Einzelton f^2 zusammenzieht (Takt 166). Der Ablauf von Kosmos ist ganz einfach durch die Anzahl der Töne gegliedert, die der Cluster jeweils umfaßt: Das Hinzutreten neuer Töne ist durch „Doppelstriche" markiert[21], in früheren Fassungen war der jeweils neu hinzutretende Ton etwas hervorzuheben. Das erste Bartók-Zitat erscheint genau dann, wenn der Cluster den „originalen" Großterzambitus annimmt, innerhalb dessen fünf Halbtöne erklingen können. Dieses wie auch das spätere Bartók-Zitat hat Eötvös 1979 integriert, um den Kontext seiner Musik durch Abstecher in „heimatliche" Gefilde zu konkretisieren (natürlich weist allein schon der Titel auf Bartóks *Mikrokosmos* hin).

---

18 Für dieses Klavierstück hat sich der falsch übersetzte Titel *Klänge der Nacht* eingebürgert.

19 Vgl. Simone Hohmaier, „*Ein zweiter Pfad der Tradition*". Kompositorische Bartók-Rezeption, Saarbrücken: Pfau 2003, S. 101.

20 Ebd.

21 In den frühen Fassungen sind dies die einzigen Markierungen des Verlaufs, jeder Ausdehnungsphase des Clusters entspricht ein „Großtakt"; siehe SPEö.

Abbildung 7

Béla Bartók, *Sabadban* IV: *Az éjszaka zenéje*, Takt 1–2/37–40
(© by Universal Edition, Wien)

Peter Eötvös, *Kosmos* (Fassung 1999) Takt 69–77
(© by Editions Salabert, Paris)

Im Vordergrund steht hier also die Arbeit mit dem Tonmaterial totaler Chromatik, das in Bartóks Stück enthalten ist. Wie Ligeti fast zehn Jahre zuvor (im *1. Streichquartett „Metamorphoses nocturnes"*, 1953–54) bezieht sich Eötvös hier auf den „inoffiziellen" Bartók – übrigens ließ wohl die Tatsache, daß Bartók in diesem Stück auch mit unverkennbar „traditionellem" Material arbeitet (neben der erwähnten Colinden-Melodie erscheint eine „Choral-Melodie") und die „kühne" Klangvision als Naturbild zu erkennen ist, das Stück nicht auf dem Schdanowschen Index erscheinen. Andere entwickeltere Ausformungen des Modells im *1. Klavierkonzert* (1926), im *4. Streichquartett* (1928), in der *Musik für Saiteninstrumente, Schlagzeug und Celesta* (1936) waren sehr wohl verfemt. Doch die Materialfrage ist für Eötvös' Bartók-Rezeption in *Kosmos* womöglich gar nicht die entscheidende. Vielleicht wichtiger als die Chromatisierung des Satzes erscheint das Potential einer parataktischen formalen Anlage von *Az éjszaka zenéje*, in der einzelne Klangobjekte über dem Cluster-Ostinato unvermittelt – „unverbunden" – erscheinen und wieder verschwinden – in seiner wegweisenden Dissertation über die Instrumentalmusik Bartóks nennt Peter Petersen das Stück seiner „unschematischen formalen Disposition" wegen „einzigartig".[22] Hinzu kommt eine besondere Perspektivierung der „Nachtmusik"-Topik in Bartóks *Az éjszaka zenéje*, die József Ujfalussy wie folgt beschreibt:

„Diese geheimnisvollen nächtlichen Geräusche sind die direkte Fortsetzung der alten, beredten und gestikulierenden langsamen Sätze, Trauermärsche und Klagelieder. Doch hier werden Weinen und Klagen und die pathetische Bühnengeste vom Sordino erstickt. In den Geräuschen leben zum Flüstern gedrosseltes Sprechen, zu Seufzern gedämpftes Wehklagen, in Wollen und Sehnen verlorene Geste lautlos und wohl in noch größerer Spannung weiter. [...] So sind die Klänge der Nacht bei Bartók also nicht Geräusche diesseits der Musik, sondern jenseits von ihr, ihre abstrakten, gedrosselten Reduktionen."[23]

Eötvös ist nicht der einzige ungarische Komponist, der sich auf *Az éjszaka zenéje* an markanten Punkten seiner Entwicklung bezieht. So ist auch György Kurtágs „Ligatura-Stil" – besonders charakteristisch ausgebildet in der Komposition *Grabstein für Stephan* op. 15c (1978–79, rev. 1989) und im *Nachtstück* aus *A kis csáva* op. 15b – auf die Möglichkeit der freien Konstellation von Klangobjekten über einer iterativen Grundstruktur zurückzuführen, wie es in Bartóks *Az éjszaka zenéje* vorgebildet ist.[24] Eötvös erweitert das Konzept in „kosmische" Dimensionen. Seine Klangobjekte sind nicht musikalische Laute der Nacht, „Rufmotive"[25] oder überdämpfte Klagelaute, sondern stellare Objekte; aus Bartóks Clustern gewinnt er kosmisches Klangplasma, das sich kontinuierlich ausdehnt und wieder zusammenzieht. Wiewohl sich *Kosmos* auf das Alter des Universums zu erstrecken scheint – daß Eötvös das Stück zuerst „Makrokozmosz" zu

---

22 Peter Petersen, *Die Tonalität im Instrumentalschaffen von Béla Bartók*, Hamburg 1971 (= *Hamburger Beiträge zur Musikwissenschaft*, Bd. 6), S. 171.

23 József Ujfalussy, *Béla Bartók*, Budapest: Corvina 1973, S. 239.

24 Weitere Anlässe zur Reflexion über „die Nacht" in der neueren ungarischen Musik bieten unter anderem György Ligetis Kompositionen *1. Streichquartett „Métamorphoses nocturnes"* (1953–54), *Éjszaka, reggel* (1955), *Sötét és világos* (1956) und Endre Szervánszkys Kantate *Az Éj* (1974–75).

25 Peter Petersen, *Die Tonalität im Instrumentalschaffen von Béla Bartók*, S. 171.

taufen gedachte, ist also keineswegs unplausibel –, wäre das Werk wie *Az éjszaka zenéje* durchaus unter der Kategorie „Naturbild" zu rubrizieren.

Musik im Raum

Wesentlicher als die zeitliche Dimension ist für Eötvös offenbar die Frage des musikalischen Raums, den er auf Basis des Bartókschen Satzmodells entfaltet. Die Klangschichten von *Kosmos* erläutert Eötvös in einem Hinweis, der sich in den Handschriften im Umfeld der Fassung von 1985 findet und offensichtlich an Interpreten gerichtet ist:

> „Die Hauptlinie ist die mittlere Stimme; [sic!] die sich ständig mit großer Intensität annähert (cresc.) oder entfernt (dim.)[.] Nach den ‚seitlichen' Aktionen sofort zur mittleren Stimme zurückkehren, die Tasten gedrückt halten."[26]

Im Film *Die siebente Tür* illustriert Eötvös die Vorstellung von Form als einer räumlichen Konstellation musikalischer Ereignisse, die im Fall von *Kosmos* Sterne, Kometen, Asteroiden, Galaxien usw. darstellen, anhand einer kommentierten (möglicherweise improvisierten) Kurzfassung von *Kosmos*. Dazu entwickelt er, in „Echtzeit" zeichnend, folgendes Bild:

Abbildung 8: Peter Eötvös, Zeichnung zu *Kosmos*, Wachskreide auf Konzertflügel (1998). Photo: Mari Mezei

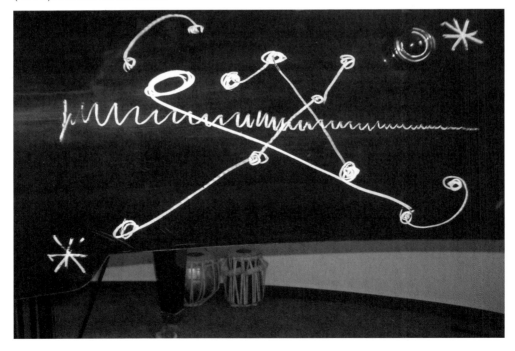

26   SPEö.

Eötvös führt im Film vor, wie sich der „kosmische" Raum dieser Musik nach und nach mit Gestalten füllt. Diese Ereignisse werden durch ausgiebigen Pedalgebrauch buchstäblich ausgestellt und schwingen lange nach, bleiben im Klangraum präsent. Aber auch der reale Raum des Aufführungsortes wird in der zu bevorzugenden Fassung von *Kosmos* für zwei Klaviere einbezogen. Eötvös schreibt in der Partitur:

> „Bei einer Simultan-Aufführung mit zwei Klavieren spielen beide Pianisten dasselbe Stück, mit ‚Phasenverschiebung', relativ unabhängig voneinander. Es entsteht eine gegenseitige ‚Anziehungskraft' zwischen ihnen. Um eine monotone Kanonwirkung zu vermeiden, sollten die Pianisten auf abwechselnde, alternierende Führung achten. Nur zwei Synchronpunkte möchte ich empfehlen: den 1. Akkord am Anfang (‚Big'), (aber nicht das Pedaltreten! ‚Bang') und das Bartók-Zitat auf Seite 11. Die zwei großen Flügel sollten möglichst weit auseinander aufgestellt werden, z.B. links und rechts auf dem Podium, oder vor und hinter dem Publikum. Durch die Zeitverschiebung entsteht für die Zuhörer ein schwebender Raum. Man kann ‚Kosmos' auch als Solo-Klavierstück aufführen."

Auf diese Weise scheinen die Klangobjekte des Stücks sich durch den realen Raum zu bewegen – was den Pianisten äußerste Sensibilität und Kommunikationsfähigkeit abverlangt.[27] Das Prinzip der räumlichen Projektion von Klangereignissen ist für Eötvös' Komponieren insgesamt charakteristisch. Sehr oft werden scheinbar dialogische Besetzungen (*Chinese Opera*, *Shadows*, *Tri Sestri*) verwendet, die aber weniger einem Dialogisieren dienen als der Möglichkeit, musikalische Gestalten im Raum (etwa als Schattengestalten) zu artikulieren. Peter Eötvös ist wahrlich kein Staccatissimo-Komponist – die kompositorische Einbeziehung des realen Raums, die oft schon anhand der Aufstellungspläne ersichtlich wird, könnte vielleicht als Ausdifferenzierung eines „laisser-vibrer"-Prinzips, wie es Eötvös' Musik sehr stark bestimmt, aufgefaßt werden. Eötvös hat die Möglichkeit einer „Simultan-Aufführung" von *Kosmos* mit zwei Pianisten erst in der letzten Fassung von 1999 vorgesehen.

Wie gestaltet Peter Eötvös den musikalischen Raum? Vieles spricht dafür, daß die Form von *Kosmos* nicht als Ablauf, als Addition einzelner musikalischer Ereignisse konzipiert ist, sondern als räumliches Gebilde aus Klanggestalten, die sich nach bestimmten Gesetzmäßigkeiten positionieren, expandieren und kontrahieren können. Ausgehend vom Beginn der Komposition (Fassung 1999) läßt sich der Grundriß dieses Gebildes mittels der Darstellung eines Systems von Symmetriebildungen skizzieren. Die Ecktöne des „Big-Bang"-Klangs B_2–h^4 scheinen in Takt 7–10 („die Expansion") auf fast didaktische Weise hergeleitet: Schritt für Schritt weitet sich der Halbton f^1–ges^1 in die äußersten Register des Klaviers. Die wesentliche halbtönige Klanggestalt wird durch alle Oktavlagen gespreizt, die extremen Erscheinungsformen totaler Chromatik, die am (bzw. vor dem) Anfang des Stücks stehen, sind strukturell vermittelt (siehe Abbildung 6, S. 207).

---

27 Die Einspielung von *Kosmos* auf CD mit den Pianisten Andreas Grau und Götz Schumacher (BMC CD 085) und andere Realisierungsversuche mit zwei Klavieren wurden trotz größter Aufführungssorgfalt während der Gastprofessur von Eötvös im Studienjahr 2005/06 an der Hochschule für Musik der Musik-Akademie der Stadt Basel von vielen Hörern als problematisch (oft im Sinne eines „redundanten Nachschlagens") empfunden.

Der zentrale Prozeß intervallischer Ausdehnung und Stauchung vollzieht sich in einer Oktave: Vom Halbton f^1–ges^1 ausgehend expandiert er bis zum Zwölftonkomplex f^1–e^2, zieht sich dann, wie bereits festgestellt, zum Ton f^2 zusammen. Anfangs ist f^1–ges^1 bezeichnet als „oszillierende Achse des Universums". Diese „Achse" verfehlt ganz knapp die exakte Mitte zwischen den Ecktönen des „Big-Bang"-Klangs B_2–h^4, die zwischen e^1 und f^1 läge. Wiewohl sich Eötvös für den realen Achsenklang am unteren Rand des Bartók-Clusters (f^1) orientiert, spielt die richtige Symmetrieachse eine wichtige Rolle: ihr unterer Achseton (e^1) wird in die Oktave (e^2) projiziert. Eötvös operiert mit beiden horizontalen Bezugsgrößen: die eine bezeichnet das Minimum der Klangausdehnung (f^1–ges^1), die andere, durch Spreizung der Symmetrieachse auf die Septime, ihr Maximum (e^1–f^1 zu f^1–e^2, natürlich ist jetzt von einer „Achse" nicht mehr zu sprechen). Die Kontraktion vollzieht sich in Richtung der oberen Ambitusgrenze (e^2). Dadurch gewinnt Eötvös eine Dimension im Tonraum, die in den ersten Fassungen noch nicht erscheint (der Zwölftonklang wird dort wieder nach unten abgebaut).

Die „konstante Ausdehnung" des Halbton-Komplexes geht nicht ohne weiteres vonstatten. Sie bedarf der Stimulans: Neue Cluster-Töne kommen erst hinzu, nachdem eine intervallische Konstellation erschienen ist, die Eötvös 1999 als „die Verkrümmung des Raumes" bezeichnet (siehe Abbildung 9). Diese Konstellation besteht aus den Klängen B_2–fes^3 und Ces_1–es^2, läuft als kontraktive Gestalt der allgemeinen Tendenz zur Ausdehnung zuwider. Vielleicht ist genau dies mit der Bezeichnung „die Verkrümmung des Raumes" – abgesehen von der gewissermaßen „krummen" Kontur der Figur – gemeint: Daß sich die Struktur einer Gestalt nur ändern – „verkrümmen" – kann, wenn Gegensätzliches aufeinander einwirkt.[28] Wesentlich ist natürlich die Beschreibung dieses formbildenden Mechanismus als räumliches Phänomen: Das aus dem Gegensatz von engstem (sich aber weitendem) und weitestem (sich verengendem) Tonraum resultierende formale Agens ist schon in der ersten Fassung vorhanden. 1985 wird der offene Klang als „räumlich" benannt und auch durch das Wort „SPACE" besonders hervorgehoben. 1999 bildet der krasse Gegensatz des an den äußersten Ambitusgrenzen angesiedelten „Big-Bang"-Klangs und des Kleinsekundtrillers in der Mitte der Klaviatur das Startsignal zu *Kosmos*.

Die Disposition von *Kosmos* ist bestimmt durch das Verhältnis von klanglicher Materie und Antimaterie.[29] Nicht nur die mittlere Stimme und der expansiv wirkende „Raumklang" bzw. allgemein die mittlere „Hauptlinie" und die „seitlichen Aktionen" sind negativ aufeinander bezogen, sondern auch zahlreiche einzelne Objekte. In *Kosmos* ist kaum ein Klangereignis auszumachen, das nicht irgendwo seinen Widerpart fände. Objekt und „Anti-Objekt" können weit voneinander entfernt sein wie der „entstehende Stern" (Takt 12f.) und die „Konzentration in einem Punkt" (Takt 162ff.), die „Expansion" (Takt 7ff.) und die „Kontraktion" (Takt 139f.), die beiden Bartók-Zitate (das „immaterielle" Cluster-Zitat in Takt 69 und die Colinden-Melodie in Takt 152) oder der tremolierende Aufbau von Akkorden ab Takt 117 und die „Meteoritenwolke" in Takt 143f. Dieses Prinzip wirkt auch lokal, mitunter auf die Lage der Einzelereignisse:

---

28 Auf ähnliche Weise generiert György Ligeti Form im ersten Teil der *Apparitions* (1959); vgl. György Ligeti, *Zustände, Ereignisse, Wandlungen*, in: Melos 34 (1967), S. 165ff.

29 In der Attenbacher Fassung von 1979 bezeichnet Eötvös das deutliche Wegnehmen von Tönen als „negativ Anschlag".

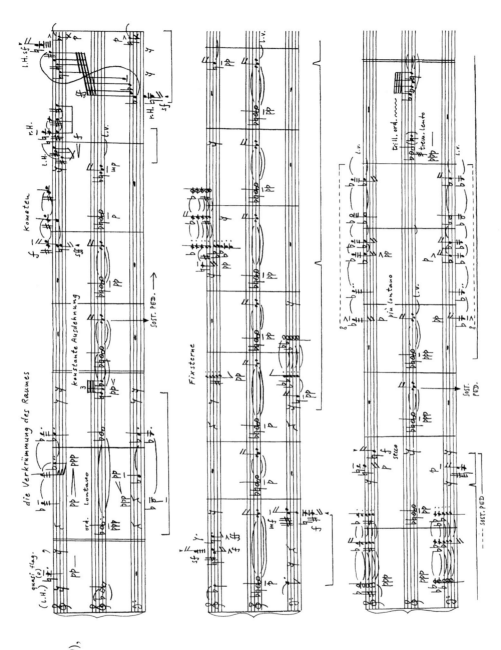

Abbildung 9: Peter Eötvös, *Kosmos* (Fassung 1999), S. 3
(© by Editions Salabert, Paris)

Als Gestaltkomplexe gruppieren sich „Galaxien", „Fixsterne" und „Asteroiden" diagonal oder vertikal um das Halbtonplasma in der Mitte des Tonraums (dies wird auch deutlich durch Eötvös' *Kosmos*-Zeichnung, siehe Abbildung 8, S. 212) oder absorbieren es sogar wie bei der Reise des „zwischen Sonnensystemen schwebenden Raumschiffs".

Diese Art musikalischer Formung ist nicht vom Himmel gefallen. Zumal die Positionierung korrespondierender musikalischer Ereignisse läßt natürlich an Bartóks Brückenformen – etwa die „zwiebelartige" Architektur der *Streichquartette Nr. 4 und 5* – denken. Es ist eine ganz bestimmte Art der Wahrnehmung von Bartóks Musik, die sich hier auf das Denken von Eötvös auswirkt: Nämlich jene von Ernő Lendvai, in dessen Bartók-Analysen Fragen der Proportionierung nach dem „Goldenen Schnitt", bestimmten tonalen „Achsensystemen", von „Pol" und „Gegenpol", kurzum: Symmetrie-Aspekte stets ganz im Mittelpunkt stehen und auch als Theorie formuliert sind.[30] Man mag der Lendvaischen Schematisierung mit Skepsis begegnen und ihren Erkenntniswert hinsichtlich der Musik Bartóks nicht ganz zu Unrecht bezweifeln – auf das Schaffen vieler Komponisten im Nachkriegsbudapest hatte Lendvais Theorie eine stimulierende Wirkung, weil sie Alternativen zu den Modellen traditioneller Formung bereitstellte, und auch, weil sie – im Fall von Eötvös nicht unähnlich den kosmischen Neuigkeiten – zu neuen Orientierungen im musikalischen Raum anregte.

Es geht mir nicht darum, Lendvais Schemata in Eötvös' *Kosmos* penibel nachzuweisen (die meiste Musik läßt sich wohl irgendwie in Lendvais Schablonen einpassen). Ich möchte nur ein Beispiel nennen, aus dem ersichtlich wird, auf welche Weise Lendvai für Eötvös aktuell war und ist. Es betrifft den „Goldenen Schnitt": In einer Skizze von 1961 stellt Eötvös Kalkulationen an, in denen er die Form von *Kosmos* möglicherweise nach Maßgabe des Goldenen Schnitts (der eine gegebene Strecke in zwei ungleiche Abschnitte zerlegt, deren kleinerer (a) sich zum größeren (b) verhält wie dieser zur ganzen Strecke, als Formel: $a : b = b : (a + b)$) auszutarieren sucht (siehe Abbildung 10). Er addiert die Anzahl der regelmäßig repetierten Clusterakkorde, wobei das größere Segment (es reicht bis zur Ausweitung der mittleren Cluster-Stimme auf f^1–h^1) 75 Impulse umfaßt, das kleinere 59 (insgesamt 134). Das entspricht der Proportion des Goldenen Schnitts (in diesem Fall 51,188 : 82,812) noch sehr ungenau, und es sind Bemühungen erkennbar, das zu große kleine Segment deshalb etwas zu verkleinern. Viel später, in der Fassung von 1985, scheint Eötvös anders auf diese Frage zurückzukommen. Nämlich auf eine Weise, die mit der „Verkrümmung des Raumes" zu tun hat (die in der 1985er Fassung sich herauskristallisierende Struktur bleibt in den folgenden Fassungen erhalten und wird hier anhand der 1999er Fassung diskutiert). In Takt 106 erscheint der „Raumklang", um die Ausdehnung der mittleren Clusterschicht auf den Ton des^2 einzuleiten (analog zum Ende der Phase „c^2" der 1961er Skizze). Dieser Ton entspricht dem Endpunkt der Kontraktion, die durch den „Raumklang" angedeutet ist. Eötvös nimmt diesen Ton (bedingt durch die halbtonweise Expansion des Clusters erklingt er eine Oktave „zu hoch") als Mittelpunkt eines nicht nur palindromischen, sondern auch chiasmatischen Gebildes (siehe Abbildung 11, S. 218).

---

30 Vgl. vor allem Ernő Lendvai, *Symmetrien in der Musik*, Kecskemét – Wien: Universal Edition 1995.

Abbildung 10: Peter Eötvös, *Kosmos* (Fassung 1961), Skizze
(© by Paul Sacher Stiftung, Basel, Sammlung Peter Eötvös)

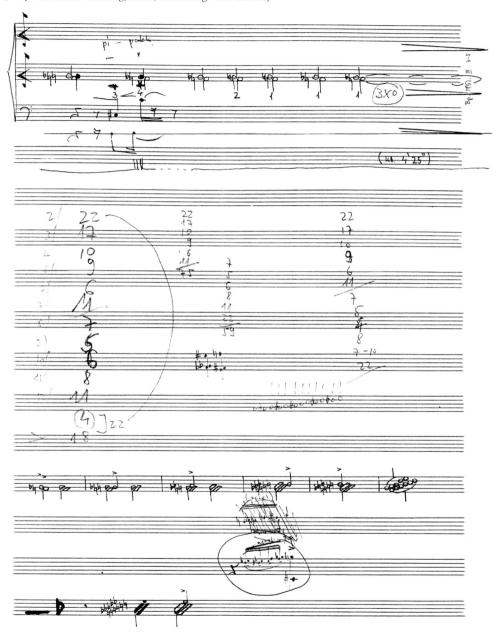

Abbildung 11: Peter Eötvös, *Kosmos* (Fassung 1999), Takt 106–109
(© by Editions Salabert, Paris)

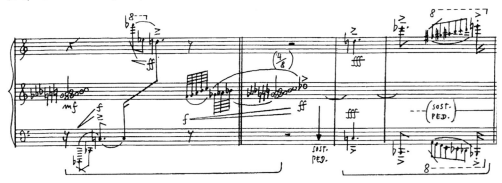

Dieser Chiasmos könnte die ganze Komposition nun eher nach dem Verhältnis des Goldenen Schnitts teilen, da das 1961 noch zu kleine größere Segment hier um eine Expansionsphase des Clusters erweitert wird – der Konjunktiv ist der Tatsache geschuldet, daß das Stück nunmehr so viele durationale Unschärfen und Zeitpuffer (Fermaten etc.) aufweist, infolge derer die Interpretationsdauern stark variieren dürfen und eine exakte Abmessung der Zeitverhältnisse unmöglich erscheint. Der Ton des ist übrigens auch an anderen Stellen der Komposition von Bedeutung: In Takt 139 ist die Verengung des Raumklangs auf diesen Ton – hier als cis^1 – explizit als „die Kontraktion" ausgewiesen; sie leitet hier die formale Kontraktion des Zwölftonklangs in der mittleren Hauptschicht ein. Bereits zu Beginn von *Kosmos* erscheint cis^1 als Zielton der „galaktischen" Triller; von hier aus ließe sich auch eine Verwandschaft des „Big-Bang"-Klangs zum „Raumklang" konstruieren: Beide werden unten durch das B_2 begrenzt, das später – in der „Kontraktion" – geradewegs auf das cis^1 zuläuft.

Stimmungen, Gedankenblitze

Solche Punkte erlauben es, sich im Klangraum von *Kosmos* zu orientieren. Eötvös vollzieht keine akademische Aneignung von Lendvais Systematik, sondern benutzt sie – wie gewisse Merkmale von Bartóks Musik – als Startpunkt für seine eigene kompositorische Raumforschung. Die Teilung nach dem Goldenen Schnitt etwa war Eötvös vielleicht eine gestalterische Möglichkeit, die der Orientierung diente, aber nicht gewaltsam durchgesetzt werden mußte: Die Skizzen weisen auf eine mögliche Virulenz des Phänomens hin, ohne daß es in der Ausführung wirklich greifbar wäre. Diese nicht verbissene Art der kompositorischen Rezeption von Idolen wie Lendvai und Bartók entspricht einem aufgeschlossenen Traditionsverständnis, das auch zum Ausdruck kommt in Eötvös' Antwort auf die Frage, wo seine musikalischen Wurzeln seien: „Wenn ich schon von meinen Wurzeln spreche, glaube ich, daß ich diese musikalischen Wurzeln eigentlich von mir abstreifen möchte."[31] Charakteristisch für Eötvös Arbeitsweise ist

---

31 *„Meine Musik ist Theatermusik". Peter Eötvös im Gespräch mit Martin Lorber*, S. 50.

neben der Konkretisierung mancher Bezüge (etwa durch die Bartók-Zitate und die kosmologischen Termini) eben auch die Artikulation von Vieldeutigkeit, Flexibilität. Der Chiasmos in den Takten 106–109 ist nicht als formaler Einschnitt artikuliert, sondern als diskretes Klangmoment, das man aufspüren kann. Die starre Pulsation der ersten Version von *Kosmos* ist in der momentan aktuellen fast völlig aufgehoben (eine exakte Teilung nach dem Goldenen Schnitt ist dadurch wie gesagt eigentlich unmöglich). Die schematische Ausdehnung des Halbtons zum Zwölfton-Cluster ist schließlich mit den Ereignissen der „äußeren Schicht" stark vermischt, und von den kontrahierenden Clustern bleibt in der 1999er Fassung nur das jeweilige Hüllintervall.[32] Diese und andere Beispiele belegen, daß es offenbar in Eötvös' Interesse lag, die ursprüngliche, noch etwas starre Anlage von *Kosmos* in der Revisionsarbeit flexibler zu machen, aus den anfangs gefundenen Möglichkeiten ein offenes musikalisches Feld zu generieren.

1999 erst hat Eötvös das Stück mit kosmologischen Begriffen illustriert. Vielleicht sollte man dies nicht vorschnell als unbotmäßig plakative Programmatik verurteilen. Bartóks Nacht ist aus der eigenen Erfahrung nachvollziehbar. Wie aber klingt ein „entstehender Stern"? Wie die „Galaxien"? Selbst Juri Gagarin hätte uns das kaum beantworten können. Natürlich zielen Eötvös' Weltall-Metaphern viel eher auf Strukturelles und Formales als aufs Lautmalerische. Das empirische Defizit kann sich auf die Klangimagination von Interpreten sowie Partiturlesern und -hörern aber durchaus positiv auswirken. Eötvös zieht aus einer konkreten – durch Raumfahrt und Kosmologie bestimmten – Metaphorik einen konstruktiven Impuls, der über die bloße Darstellung eines „Programms" hinausgeht. In *Kosmos* hatte er neue Möglichkeiten musikalischer Formung erkundet, die ihn noch sehr lange beschäftigten (und, wer weiß, noch weiterhin beschäftigen werden).

Ein Merkmal dieser Form ist, daß sie, trotz relativ simpler Grundprinzipien, nicht einfach aufgeht. Die elementaren Zusammenhänge, die ich hier darzulegen versucht habe, sind nicht die einzig wirksamen. In Bartóks *Az éjszaka zenéje* fand Eötvös eine Möglichkeit, die syntaktische Verknüpfung von musikalischen Ereignissen zu lockern. Es wäre töricht, sie in analytischem Übereifer wieder festzurren zu wollen. Eine besonders wichtige Eigenschaft der Form von *Kosmos* liegt darin, daß die einzelnen Klangereignisse aus dem eindimensionalen Strom musikalischer Entwicklungen herausgelöst sind und einen mehrdimensionalen Klangraum konstituieren, den man auf vielen Bahnen bereisen kann und dessen auf die Klangobjekte wirkenden Gravitationskräfte vom interpretatorischen Konzept wie vom Temperament der Spieler abhängen. Die symmetrischen Verhältnisse sind ein Mittel, diesen Klangraum aufzuspannen. Viel eher als Lendvais starre Systematik würde Eötvös' Musik eine poetische Vorstellung gerecht, die Sándor Weöres (1913–1989) – ein ungarischer Dichter, der für Eötvös jüngstes Schaffen (*Atlantis*, *IMA*) von großer Bedeutung ist – in einem Selbstkommentar formulierte:

> „Zur Form gesellte sich bei mir der Inhalt […] doch dieser entbehrt jedweder logischer Verkettung: die Gedanken umkreisen vielmehr wie in der Musik die Haupt- und Nebenthemen, ohne daß sie konkrete Gestalt annähmen, gleichsam auf der Stufe der Intuition

---

32 In gewisser Weise ähnelt diese Schlußbildung dem Finalsatz von György Kurtágs *Erstem Streichquartett* op. 1 – mit dem entscheidenden Unterschied, daß Kurtág auf die Fixierung eines bestimmten Tonortes verzichtet und die Kontraktion rein intervallisch vollzieht.

verharrend. Form wird zur Hauptsache, Inhalt zur Stütze. Zusammenhang entsteht nicht aus einer Sinn-Kette, sondern aus korrespondierenden Gedankenblitzen und der Einheit der Stimmung."[33]

---

33 Sándor Weöres in einem Brief vom 8. Juli 1943, vgl. *Literatur Ungarns 1945 bis 1980*, Berlin: Volk und Wissen 1984, S. 167.

Balz Trümpy

Bild einer Seele
Peter Eötvös' *Psychokosmos* (1993)

Psychokosmos aus dem Jahre 1993 ist das erste Orchesterstück im traditionellen Sinne von Peter Eötvös.[1] Die erstaunliche Tatsache, daß ein versierter Dirigent und profunder Kenner des Orchesters sowohl in herkömmlicher als auch in ungewöhnlicher Zusammensetzung, wie sie etwa das von ihm zwischen 1978 und 1991 geleitete Ensemble InterContemporain darstellt, erst relativ spät seine eigene kompositorische Tätigkeit diesem Klangkörper zugewandt hat, erklärt sich einerseits wahrscheinlich gerade durch die große Erfahrung, die ihn vor einem allzu schnellen und unbedachten Zugriff auf dieses Medium bewahrte; andererseits liegen die Gründe dafür tiefer: Offenbar scheute Eötvös während seiner „seriellen" Stilepoche davor zurück, ein großes Orchesterwerk zu schreiben, da dies mit dem riesigen Arbeitsaufwand durch Vorbereitung des Materials verbunden war, die dem eigentlichen Kompositionsprozeß bei dieser Technik vorausging. Erst ein sozusagen „improvisierendes" Komponieren habe es ihm nahegelegt, sich dem großen Apparat zuzuwenden.[2]

Unter diesen Umständen erstaunt es nicht, daß *Psychokosmos* bereits ein vollgültiges, meisterhaft durchgeführtes Beispiel in der Reihe der seit Anfang der neunziger Jahre entstandenen Orchesterwerke von Eötvös ist. Die Partitur[3] spiegelt auch in Bezug auf Notation und allgemeines Notenbild den reichen Erfahrungsschatz, den Eötvös sich im Umgang mit Orchesterpartituren anderer Komponisten aneignen konnte. Als Beispiel folgt eine Passage vom Beginn des Werkes (siehe Abbildung 1, S. 222).

Das Notenbild ist geprägt durch genaue und suggestive Artikulationsangaben, verbunden mit spieltechnischen Anweisungen etwa für das Schlagzeug, und durch klare, auch graphisch deutliche Signale für den Dirigenten. Darüber hinaus überzeugt die Notation auch durch die stellenweise Anwendung einer geschickten Verbindung von „normaler" rhythmisch-metrischer Notation für das Orchester und einer Art Space-Notation für den Solopart. Das Klangresultat spiegelt im ersten Teil denn auch die weiche, wellenförmig verlaufende, rhapsodisch frei geschwungene Linie der Hauptstimme in vollkommener Weise.[4] *Psychokosmos* steht in mehrfacher Hinsicht in innerer Beziehung zum späteren Orchesterstück *Atlantis* (1995). Die Verwendung des ungarischen „Nationalinstruments" Cimbalom in beiden Werken betrifft einerseits die äußerliche

---

1   Im Untertitel des Werkes ist ausdrücklich angegeben: „Für Zimbalom [sic!] solo und traditionelles Orchester." Diese Angabe bezieht sich auf die Orchesterbesetzung und steht in einem gewissen Widerspruch zu der ungewöhnlichen Aufstellung des Orchesters in der ersten Fassung.

2   Vgl. „*Balance von Konstruktion und Improvisation*". Peter Eötvös im Gespräch mit Wolfgang Styri, in: *MusikTexte* 86/87, November 2000, S. 78.

3   Der Analyse liegt die erste Fassung in der Kopie der Handschrift zu Grunde: Ricordi Sy. 3216.

4   Dem Verfasser liegt die Aufnahme des WDR mit dem BBC Symphony Orchestra, Márta Fábián, Cimbalom, und Peter Eötvös als Dirigent vor (BMC CD 007).

Abbildung 1: Peter Eötvös, *Psychokosmos* für Cimbalom solo und Orchester (1993), Takt 6ff., Partiturausschnitt
(© by BMG Ricordi, München)

Klangebene, spiegelt aber auch die erwähnte rhapsodisch freie Melodieführung, welche wiederum mit dem improvisatorischen Ansatz der Kompositionsweise in Verbindung steht. Dazu kommt in beiden Werken eine für Eötvös charakteristische Klangvorstellung, die der musikalischen Erfindung eine Tiefendimension gibt, indem sie die Konturen entweder in einem Klangnebel zurücktreten läßt oder umgekehrt in klarer Schärfe in den Vordergrund stellt. Damit ist auch bereits ein wesentliches Moment der Ästhetik Eötvös' angesprochen: seine primär räumlich geprägte musikalische Vorstellung.

Die folgenden analytischen Betrachtungen zu *Psychokosmos* sind keine integrale Darstellung aller kompositorischen Schichten, sondern stellen wichtige, die Aussage des Werkes prägende Einzelaspekte exemplarisch vor, mit der Absicht, einige Türen zum Verständnis zu öffnen. Die Analyse basiert in erster Linie auf dem Studium der Partitur und auf der Hörerfahrung; sie klammert also Quellen wie Skizzen oder Informationen aus zweiter Hand weitgehend aus, mit Ausnahme des kurzen Briefwechsels zwischen Peter Eötvös und dem Verfasser im Anschluß an den Kurs an der Hochschule für Musik Basel, der sich mit dem Werk von Eötvös beschäftigte.[5] Daß trotzdem einige „Deutungsversuche" gemacht werden, geschieht aus der Überzeugung heraus, daß musikalische Analyse einerseits subjektiv sein kann und soll, da sie die musikalische Vorstellung des Analysierenden ebenso spiegelt wie diejenige des Komponisten, und daß andererseits der Komponist selbst nicht in jedem Fall das Bewußtsein davon hat, was denn nun sein Werk eigentlich „ausdrückt": Vorstellungen und Gedankengänge, die den Kompositionsprozeß auslösen und begleiten, sind unter Umständen für die Aussage eines Werkes – zumal wenn es sich um wirklich komplexe Musik handelt – nicht allein entscheidend. Das gute Werk erklärt sich im Dialog mit dem Hörer, der im vorliegenden Fall ein analytischer Hörer ist, aus sich selbst.

*

In der handschriftlichen Erstfassung von *Psychokosmos* ist eine genaue Aufstellung des Orchesters angegeben, die in der gedruckten Fassung[6] nicht mehr erscheint, da sie offenbar bei der Aufführung zu unnötigen Komplikationen für die Koordination führte. Die Aufstellung ist die folgende (siehe Abbildung 2, S. 224).

Die Idee besteht darin, daß das im Zentrum des Vordergrundes sich befindende (verstärkte) Cimbalom räumlich durch die wie ein „Vorhang" wirkenden Tuttistreicher von seinen hauptsächlichen Ansprechpartnern getrennt ist. Diese sind zum einen aus vier solistisch besetzten, hinter den Streichern verteilten Gruppen gebildet, die jeweils aus einem verstärkten Streichtrio, einem Blechtrio (Trompete, Horn, Posaune) und drei je identischen Holzbläsern bestehen, die jeder Gruppe zusätzlich zur Raumposition eine spezifische Farbe verleihen. Zum anderen werden zwischen diese vier Gruppen drei Instrumente positioniert, die sowohl durch ihre solistische Rolle als auch durch ihre Klanglichkeit mit dem Cimbalom verwandt sind und dementsprechend eingesetzt werden: Harfe (verstärkt), Elektropiano und Celesta (verstärkt). Als weitere Schicht ist im

---

[5] Die hier verwendeten Angaben Eötvös' entstammen einer E-Mail-Mitteilung des Komponisten vom 15. April 2006 an den Verfasser.

[6] Ricordi Sy. 3216.

Abbildung 2: Peter Eötvös, *Psychokosmos* für Cimbalom solo und Orchester (1993), Orchesteraufstellung (© by Paul Sacher Stiftung, Basel, Sammlung Peter Eötvös)

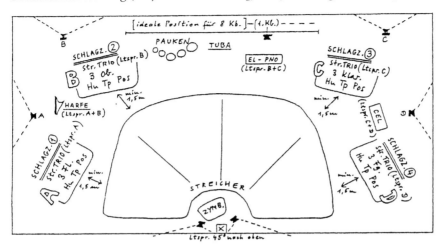

Hintergrund eine Gruppe von tiefen Instrumenten aufgebaut: acht Kontrabässe (der erste davon verstärkt), Tuba und Pauken.

Da Eötvös die Lautsprecher der Verstärkungen ausdrücklich neben den entsprechenden Instrumenten positioniert haben will, kann vermutet werden, daß die Raumverteilung eine kompositorische Bedeutung hat, die über die rein akustische Gegebenheit hinausgeht. Der Titel des Werkes[7] legt es nahe, die verschiedenen Gruppen mit seelischen Schichten in Verbindung zu bringen: Das Cimbalom ist das „Ich", das mit den Bildern und Kräften der Innenwelt – vertreten durch die solistischen Gruppen hinter dem Streichertutti – in regem Dialog steht. Die dunkle Wand, die sich hinter dem ganzen Apparat aufbaut, kommt der bedrohlichen Macht des tiefen Aspekts des Unbewußten gleich, während die Tuttistreicher eine Art umfassendes Unterbewußtsein verkörpern könnten. Weiter unten wird klar werden, daß die Musik zwischen gefühlhaftem, individuell sprechendem Ausdruck und organisierten Klangmassen, zwischen frei schweifender Phantasie und beängstigendem Gefangensein in Zwangsmustern hin- und hergerissen ist.[8]

Ebenso ist das Mittel der Verstärkung nicht nur als akustische Unterstützung der sich im Hintergrund befindenden solistischen Instrumente zu verstehen; vielmehr wird der Klang durch die elektronische Manipulation verfremdet, was den Eindruck erweckt, als ob er aus einer anderen Welt kommt. Ein weiterer Hinweis sei gestattet: Péter Ha-

---

7 Es liegt keine direkte Beziehung zu Béla Bartóks *Mikrokosmos* vor; vielmehr bezieht sich der Titel *Psychokosmos* auf Eötvös' früheres Werk *Kosmos* (1961, rev. 1966, 1979, 1985, 1999), das durch den Weltraumflug von Juri Gagarin angeregt wurde. *Psychokosmos* kann also als eine Erkundung des psychischen Raumes angesehen werden. Vgl. auch Michael Kunkel, *Zukunftsmusik. Das Klavierstück* Kosmos *(1961/1999) von Peter Eötvös*, in diesem Band, S. 187ff.

8 Diese vielleicht naiv anmutende Deutung ist insofern gerechtfertigt, als Eötvös ausdrücklich darauf hinweist, seine Musik sei immer „theatralisch-opernhaft" zu verstehen. Vgl. dazu: „Meine Musik ist Theatermusik". *Peter Eötvös im Gespräch mit Martin Lorber*, in diesem Band, S. 49.

lász weist in seiner Besprechung von *Atlantis* (1995) darauf hin, daß in diesem Werk eine gewisse symbolische Zahlenordnung für die kompositorische Gestaltung, unter anderem hinsichtlich der Besetzung, eine Rolle spielt.[9] Möglicherweise sind in *Psychokosmos* die Zahlen drei, vier und ihre Summe sieben bestimmend. Sie treten nicht nur in der Besetzung der solistischen Gruppen auf, sondern etwa auch in der Verwendung verschiedener Taktarten (zum Beispiel ab Takt 51).

Daß Eötvös in der gedruckten Zweitfassung auf die differenzierte Verteilung der Instrumente im Raum verzichtet, ist nur scheinbar ein Widerspruch zu der gegebenen Deutung. Die Raumidee in *Psychokosmos* ist nicht primär äußerlich zu verstehen, sondern mit dem inneren Kompositionsprozeß verbunden. Es handelt sich um einen *musikalischen* Raum, dessen Gesetze nur bedingt denjenigen des äußeren physikalischen Raumes entsprechen. Die Orchesteraufstellung in der ersten Fassung ist also nur eine Spiegelung des inneren Raumes; dieser bleibt als solcher aber auch ohne diese Spiegelung bestehen.[10]

*

Der erste Höreindruck von *Psychokosmos* ergibt einige klare Tatbestände. Das Werk läßt sich grob in drei Teile gliedern, von denen der erste mit etwa drei Minuten der kürzeste ist, während die beiden folgenden Teile mit je etwa sechs bis sieben Minuten Dauer ungefähr gleich lang sind. Der dritte Teil ist darüber hinaus eine veränderte Wiederaufnahme des ersten Teils, wobei sich immer mehr Elemente aus dem zweiten Teil darunter mischen. Die grobe Übersicht mit Taktzahlen und ungefährer Dauer der Teile respektive ihrer Abschnitte und Unterabschnitte verdeutlicht dies:

Abbildung 3: Peter Eötvös, *Psychokosmos* (1993), Formübersicht

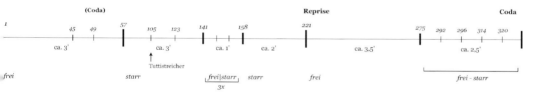

Wie bereits erwähnt, besteht ein wesentliches Merkmal von *Psychokosmos* darin, daß die musikalischen Linien und Schichten oft hinter einem Klangschleier zurücktreten, so daß ihre Konturen unscharf und verwischt erscheinen. Diese Klanglichkeit taucht die Musik in ein diffuses Licht, so daß umgekehrt die scharf gezeichneten Konturen um so greller hervortreten. Ein Beispiel für diese Kontrastwirkung findet sich am Schluß des ersten Teils, wo die Hauptlinie des Cimbaloms in einen Klangschleier des Elektro-

---

9   Péter Halász, „Atlantis" – eine Reise in Raum und Zeit, in: *Identitäten. Der Komponist und Dirigent Peter Eötvös*, hrsg. von Hans-Klaus Jungheinrich, Mainz: Schott 2005 (edition neue zeitschrift für musik), S. 39 ff.

10 In *Psychokosmos* ist die Idee einer räumlichen Gestaltung insofern glücklicher realisiert als in der Fassung von *Kosmos* (1999) für zwei Klaviere, wo die äußere Raumvorstellung eines „Gegenuniversums" direkt auf die musikalische Gestaltung übertragen ist.

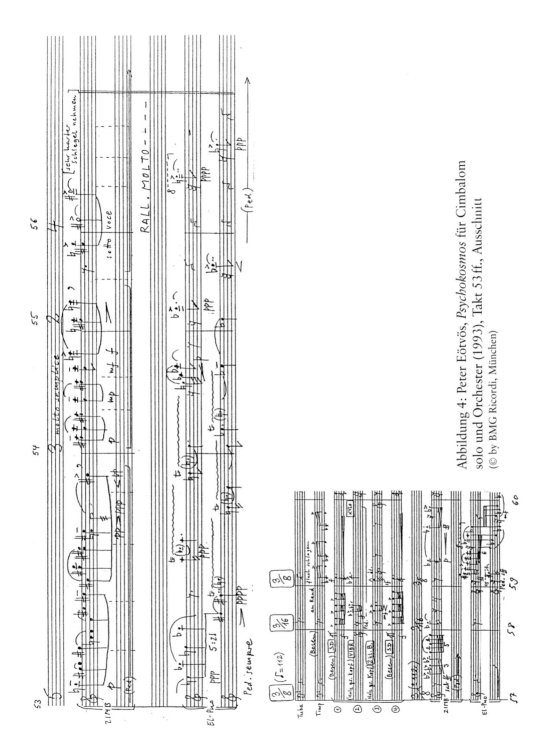

Abbildung 4: Peter Eötvös, *Psychokosmos* für Cimbalom solo und Orchester (1993), Takt 53 ff., Ausschnitt
(© by BMG Ricordi, München)

pianos eingehüllt wird, wodurch die große Terz b²–ges² (Takt 57), die wie ein Ruf den zweiten Teil eröffnet, eine scharfe Kontur bekommt.

Die Musik von *Psychokosmos* hat im ersten Teil eine „flüssige" Konsistenz, was sich in der freien Behandlung des Rhythmus' ebenso äußert wie in der diffusen Klanglichkeit. Umgekehrt verdichtet sie sich im zweiten Teil zu schwerer, undurchdringlicher Körperlichkeit. Damit ist einer der Gegensätze angesprochen, welche dieses Werk bestimmen. Diese „Aggregatzustände" spiegeln gleichsam Reaktionen der Seele. Die Polarität läßt sich übergeordnet im Gegensatz „frei schweifend/erstarrt" zusammenfassen, wobei die Gegensatzpaare – etwa leicht/schwer, transparent/undurchdringlich, zart/grob, hell/dunkel, weich/hart, flüssig/fest etc. – sich abstoßen, sich anziehen, Pole bilden, Brüche, Stauungen, Übergänge, Zu- und Abnahme von Energie bewirken. Daraus entstehen die großen Wellen, die den Zeitverlauf des Werkes bestimmen. Als Grundbewegung sind dabei zwei sich ergänzende Entwicklungslinien ineinander verschlungen: Zum einen sind die beiden Pole am Anfang deutlich voneinander getrennt, wie etwa beim plötzlichen Umschlag in den Beginn des zweiten Teils (siehe Abbildung 4); dabei verfließen sie im Verlauf der Entwicklung immer mehr ineinander, so daß Übergänge entstehen, wie etwa in der folgenden Passage aus dem dritten Teil (siehe Abbildung 5, S. 228 f.).

Andererseits werden parallel zu dieser Entwicklungstendenz, die zur gegenseitigen Durchlässigkeit der Aggregatzustände führt, die einzelnen Abschnitte im Laufe der Entwicklung immer kürzer (siehe Abbildung 3, S. 225). Die großen Entwicklungslinien bewirken einen narrativen Ablauf, der direkt verständlich ist und sich geradlinig und ohne dialektische Gespreiztheiten in Musik umsetzt, ohne dabei eindimensional zu wirken. In großen Wellen wird eine Bewegung im Sinne einer „inneren Bewegtheit" nachgezeichnet, die sich dem Hörer in direktem Ausdruck erschließt und sich assoziativ mit seinen eigenen seelischen Schichten verbindet. Ob die Bewegung von einer „Geschichte" ausgelöst wird, wie dies bei *Atlantis* der Fall ist[11], ist irrelevant, obwohl durchaus spürbar wird, daß dem Werk das Bild einer Seele zu Grunde liegt, die zwischen schweifender Freiheit und angstvoller Erstarrung durch die Übermacht der Zwänge hin- und hergerissen ist.

Es sei nochmals betont, daß damit keinesfalls impliziert ist, Eötvös habe sich bei der Komposition von *Psychokosmos* von solchen Vorstellungen leiten lassen. Die Ideen, welche einem Komponisten die Schaffung eines Werkes ermöglichen, sind unter Umständen für das Werk und seine Bedeutung weniger wichtig als diejenigen, die es im Hörer (oder im Analytiker) auslöst, denn sie sind ja das Ende der Informationskette, während die auslösenden Momente nach der Fertigstellung des Werkes ruhig wegfallen dürfen. Eine irgendwie geartete, wenn auch oft nicht mehr dingfest zu machende Beziehung zwischen Sender und Empfänger der Information besteht ja allemal!

*

Die Art, wie Eötvös bei Takt 221 den Anfang wieder aufnimmt, unterstützt die beschriebene „psychologische" Deutung des Spannungsverlaufs, da das Material als di-

---

11   Vgl. Péter Halász, *„Atlantis" – eine Reise in Raum und Zeit*, S. 40 ff.

Abbildung 5: Peter Eötvös, *Psychokosmos* für Cimbalom solo und Orchester (1993), Takt 289 ff. (© by BMG Ricordi, München)

rekte Folge des Ablaufs große Veränderungen erfährt: Während im ersten Teil nur der kurze Höhepunkt von Takt 45 bis 48 eine plötzliche Verdichtung und Erstarrung des Zustandes darstellt und damit den zweiten Teil vorausnimmt, stehen sich im dritten Teil die beiden Ausdrucksweisen gleichwertig gegenüber und vermischen sich gegenseitig. Die musikalische Grundsubstanz des ersten Teils ist im reprisenartigen Beginn des dritten Teils genau zu verfolgen. Eötvös verwendet zur Umgestaltung mehrere Techniken auf freie, quasi improvisatorische Weise.

Wie der Vergleich zwischen den Beispielen 6a und 6b zeigt, wird die ursprüngliche Linie des Cimbaloms ab Takt 231 in die Holzbläser verlegt, so daß der Solist seine eigene Musik kommentieren kann. Die Hauptlinie wird im Detail rhythmisch differenziert, melodisch leicht abgewandelt, neu phrasiert. Im großen Ablauf entstehen außerdem Veränderungen in den Proportionen durch Spreizungen oder Stauchungen. Die wichtigste Veränderung besteht aber darin, daß ab dem Moment, wo die Holzbläser die Hauptlinie übernehmen, die Kombination zwischen rhythmisch-metrischer Ordnung und Space-Notation beendet ist. Dies hat auf der einen Seite natürlich praktische Gründe: Eötvös möchte als Dirigent die genaue Kontrolle über die Orchesterinstrumente behalten. Auf einer höheren Bedeutungsebene heißt es aber, daß die frei schweifende Linie im dritten Teil stärker in die starre Taktordnung eingebunden wird und sich so der entgegengesetzten starren Ausdrucksweise annähert, die hier ja – als „Folge" des zweiten Teils – ständig präsent ist. Die Linie bekommt gegenüber dem ersten Teil mehr Artikulationskraft und damit mehr körperliche Substanz, was auch durch den Klang der Holzbläser unterstützt wird. Als Ausgleich werden immer wieder metrisch ganz freie Abschnitte, sei es mit Fermaten oder wieder in Space-Notation, eingeschoben.

Nach Erreichen des melodischen Höhepunkts bei Takt 254, der dem Takt 25 entspricht, endet die umgestaltete Wiederholung des ersten Teils. Aus der inneren Logik des Ablaufs folgt nun der rasche Wechsel zwischen den beiden Ausdrucksbereichen (Takt 264 ff.). Hingegen wird der Schlußabschnitt des ersten Teiles, der dort bereits eine Art Coda gebildet hat, in stark veränderter Form als Coda des ganzen Stückes wieder aufgenommen, so daß die beiden halbtonverschobenen Quinten g–d und gis–dis, die bereits den ersten Teil beenden, das Werk abschließen (siehe Abbildung 7, S. 232). Der Ablauf des ersten Teiles (schweifende Linie – starrer Höhepunkt – schweifende Coda) bildet also sozusagen im Kleinen den Verlauf der drei Teile des ganzen Werkes ab.

Die veränderte Reprise in *Psychokosmos* erfüllt in idealer Weise ihre eigentliche musikalische Funktion, welche darin besteht, daß der Anfangszustand uns so wieder begegnet, wie er sich in den Irrfahrten, Beschädigungen und Bereicherungen der bisherigen Entwicklungen verwandelt hat. Es wäre aber ein Mißverständnis, daraus abzuleiten, daß Eötvös einer vorgegebenen und traditionsgebundenen Formgestaltung folgt. Der Ablauf von *Psychokosmos* impliziert aus sich selbst heraus eine Reprise, so daß man von einer archetypischen, sozusagen „innermusikalischen" Gestaltung sprechen kann, die sich allerdings auf die Voraussetzungen der abendländischen Tradition stützt; in diesem Sinne steht Eötvös in der Tradition Bartóks.

*

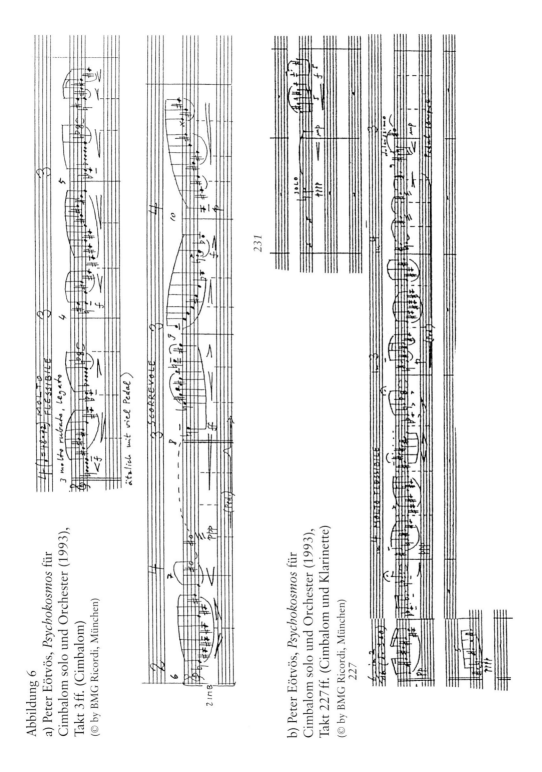

Abbildung 6
a) Peter Eötvös, *Psychokosmos* für Cimbalom solo und Orchester (1993), Takt 3 ff. (Cimbalom)
(© by BMG Ricordi, München)

b) Peter Eötvös, *Psychokosmos* für Cimbalom solo und Orchester (1993), Takt 227 ff. (Cimbalom und Klarinette)
(© by BMG Ricordi, München)

Abbildung 7: Peter Eötvös, *Psychokosmos* für Cimbalom solo und Orchester (1993), Takt 52–56 (© by BMG Ricordi, München)

Die beiden ersten Takte von *Psychokosmos* bilden einen Auftakt zum eigentlichen Geschehen. Der Solist spielt mit der Anweisung „meditativ", also ganz in sich versunken und ohne emotionale Regung, eine Zwölftonreihe[12], deren letzter Ton dis^1 in das e^1 führt, mit welchem die freischweifende Linie eröffnet wird (siehe Abbildung 8).
Die Reihe ist symmetrisch geordnet: Die Töne sieben bis zwölf bilden die Krebsumkehrung der Töne eins bis sechs. Diese konstruktive und abstrakte Eigenschaft der Reihe hat aber für die folgende Entwicklung nur eine indirekte Bedeutung. Die dunklen Tamtamschläge, welche sie begleiten, wirken wie ein geheimnisvoller Tunnel, durch den die

---

12 Möglicherweise handelt es sich um ein Zitat aus einem früheren Werk von Eötvös: „Zwei Jugendstücke sind hier verarbeitet: *Now, Miss!* (1972) für Violine und E-Orgel mit Einspieltonband. [...] Das andere Stück ist *Kosmos*. Takt 3, Takt 57, Takt 158 aus *Now, Miss!* Takt 227 wie der Anfang in neuer Bearbeitung. Takt 275 aus *Kosmos*. Takt 323 wieder *Now, Miss!*" (Peter Eötvös in einer E-Mail-Mitteilung an den Verfasser, 15. April 2006).

Abbildung 8: Peter Eötvös, *Psychokosmos* für Cimbalom solo und Orchester (1993), Takt 1 f., Cimbalom (© by BMG Ricordi, München)

Seele in den psychischen Raum eintritt, in dem keine rationalen Gesetzmäßigkeiten gelten. Der Bezug zwischen der Reihe und der Harmonik von *Psychokosmos* beruht auf dem Prinzip der Terz- respektive Dreiklangsschichtung, welches die Reihe bestimmt. Sie ist aus den vier übermäßigen Dreiklängen des temperierten Systems gebildet:

Abbildung 9: Peter Eötvös, *Psychokosmos* für Cimbalom solo und Orchester (1993), „Reihe" und „Dreiklänge"

Im ersten Teil ist die ganze Linie des Cimbaloms aus Terzschichtungen aufgebaut, deren Kern jeweils die vier übermäßigen Dreiklänge sind. Jede harmonische Einheit (in der Partitur durch doppelte Taktstriche gekennzeichnet) enthält zwei, drei oder vier dieser Dreiklänge, die nach oben respektive nach unten durch kleine Terzen erweitert werden, wobei hier ein Rest des Symmetrieprinzips aus der Reihe erkennbar ist.

Für die „Farbe" der jeweiligen Harmonie ist entscheidend, welche übermäßigen Dreiklänge kombiniert werden: Zwei der sechs möglichen Kombinationen ergeben als Gesamtklang je eine der beiden möglichen Ganztonskalen, während die übrigen vier je einen Modus bilden, der aus kleinen Terzen und kleinen Sekunden aufgebaut ist:

Abbildung 10: Peter Eötvös, *Psychokosmos* für Cimbalom solo und Orchester (1993), Kombinationsmöglichkeiten der „Dreiklänge"

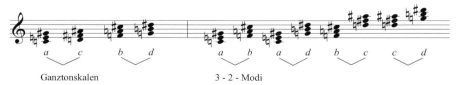

Das erste harmonische Feld (Takt 3–7) gehört der Kleinterz-Kleinsekund-Gruppe an, während das zweite (Takt 8–11) eine ganztönige Kombination verwendet. Die unterschiedliche musikalische Wirkung der beiden grundsätzlichen Anordnungen – der ganztönigen als „offen" und „hell", des Kleinterz-Kleinsekund-Modus als „dicht" und „dunkel" – sind im weitesten Sinne einer „Dur-Moll-Polarität" vergleichbar. Sie spiegelt sich in einem anderen Prinzip, welches die Harmonik des ersten Teils bestimmt: Die beiden Akkorde des ersten Feldes sind – entsprechend dem „dichten" Charakter ihres gemeinsamen Modus – lagenmäßig ineinander verschränkt, während die Akkorde des zweiten Feldes – wiederum ihrem „offenen" Charakter gemäß – in getrennten Registern aneinandergefügt sind. Der oberste Ton des einen Akkords wird in beiden Fällen als tiefster Ton des anderen genommen (bei der „engen Lage" in oktavversetzter Position).

Das Prinzip des wechselnden Grundmodus,[13] verbunden mit „enger" und „weiter" Lage, wird bis zum Takt 25 beibehalten, wobei ein übermäßiger Dreiklang auch durch eine große Terz „vertreten" werden kann:[14]

Abbildung 11: Peter Eötvös, *Psychokosmos* für Cimbalom solo und Orchester (1993), wechselnde Grundmodi

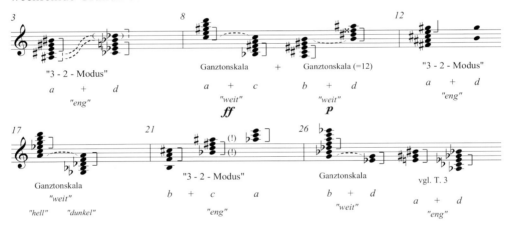

Die harmonische Disposition des Soloparts im ersten Teil ergibt ein freies musikalisches Atmen zwischen zwei modalen Grundfarben im engen oder im weiten Raum. Die beiden Modi implizieren Chromatik und Enharmonik, was sich nicht zuletzt in der Notation äußert. Eötvös notiert grundsätzlich in aufsteigenden Terzen, was etwa in Takt 21 ff. zu der übermäßigen Septime b–(d–fis)–ais führt.

*

---

13 In ähnlichem Sinn äußert sich Eötvös, indem er fis und f in den Gongs (Takt 3) als Grundtöne bezeichnet: „Immer zwei Grundtöne wechseln sich ab, dadurch bleibt der harmonische Aufbau in Schwingung." (Peter Eötvös in einer E-Mail-Mitteilung an den Verfasser, 15. April 2006).

14 Das ges¹ von Takt 30 ist laut Peter Eötvös nicht etwa ein Fehler, wie sich aus der beschriebenen Logik der Harmonik schließen läßt, sondern „g und ges haben vertauschte Funktionen." (Peter Eötvös in einer E-Mail-Mitteilung an den Verfasser, 15. April 2006).

Die Herauslösung einer terzgeprägten, sozusagen akkordischen Harmonik aus einer Zwölftonreihe[15] hat geradezu programmatischen Charakter, wenn man sie in den historischen Kontext stellt. Sie knüpft an bei der seriellen Harmonik von Takt 2 und ihrem auf der temperierten Skala beruhenden, die Töne statisch und unverbunden in den sozusagen spannungslosen Raum stellenden, frei schwebenden Charakter, um mit dem eigentlichen Beginn (Takt 3 ff.) das gleiche Material in eine Modalität zu verwandeln, welche von der 35tönigen Chromatik und ihrer impliziten Enharmonik geprägt ist. Das 20. Jahrhundert scheint ja die Aufgabe bekommen zu haben, sich mit dem umfassenden Griff nach dem ganzen Quintenzirkel innerhalb *eines* Werkes auseinander zu setzen, wobei diese Totalität an die Stelle dessen tritt, was vorher eine Grundtonart war.[16] Dabei sind verschiedene Lösungsansätze zu beobachten. Die beiden wichtigsten polarisieren sich in der seriellen Auffassung gegenüber der chromatisch-enharmonischen Modalität Béla Bartóks.[17] Beide haben ihre Wurzeln in der spätromantischen Harmonik, wobei im Falle von Bartók insbesondere das Spätwerk von Liszt als Ausgangspunkt wichtig ist. Liszt hat sich in seinen späten Klavierwerken intensiv mit der äquidistanten Teilung der Oktave und ihren harmonischen Implikationen auseinandergesetzt. Eine direkte Folge dieser Versuche ist eine (latente oder manifeste) Präsenz des gesamten Quintenzirkels, vertreten durch die drei (klanglich) möglichen verminderten Septakkorde respektive die vier entsprechenden übermäßigen Dreiklänge innerhalb eines Stückes. Die Harmonik lebt von dem ständigen Zwiespalt zwischen der Orientierung an der dur-moll-tonalen Quintbeziehung und einer äquidistanten „Zwölftönigkeit", deren Basis einerseits eben die Quintenreihe, andererseits aber die Teilung in Halb- und Ganztöne oder in kleine und große Terzen ist (die ihrerseits wiederum einen „Quintwert" haben, so etwa die große Terz denjenigen von vier Quinten). Die Verbindung der drei verminderten Septakkorde zeigt, daß sie einerseits den kadenzierenden Quintbezug, andererseits die zwölf Töne und ihre implizite Chromatik und Enharmonik enthält.[18]

Abbildung 12: Peter Eötvös, *Psychokosmos* für Cimbalom solo und Orchester (1993), „verminderte Septakkorde"

C-Dur: VII⁷   T   (VII⁷):   S   (VII⁷):   D

---

[15] Das Verfahren ist nur bedingt vergleichbar mit demjenigen Schönbergs in *A Survivor From Warsaw* op. 46 (1947), wo umgekehrt eine aus übermäßigen Dreiklängen gebildete Melodik zur Zwölftonreihe führt, deren „regelrechte" Anwendung die Dreiklänge durchschimmern läßt.

[16] Die Erweiterung durch Einbeziehung von Mikrointervallen ist als konsequente Folge dieser Entwicklung zu sehen.

[17] In gewissem Sinne gehören auch die *Modes a transpositions limitées* von Olivier Messiaen in diesen Zusammenhang.

[18] Das bekannte „Achsensystem" von Ernő Lendvai beruht auf dieser Verbindung zwischen Quint und vermindertem Septakkord. Es gilt sicher nicht in der Ausschließlichkeit für Bartóks Harmonik, wie Lendvai sie postuliert. In unserem Zusammenhang ist aber wichtig, daß dieses theoretische System auf die jüngere Generation von ungarischen Komponisten einen ebenso großen – wenn nicht größeren – Einfluß hatte wie die Musik Bartóks selbst.

Das gleiche Prinzip gilt natürlich entsprechend für die übermäßigen Dreiklänge. Ihre umfassende „Zwölftönigkeit" lotet Liszt im Klavierstück *Unstern!* sowohl linear als auch akkordisch konsequent und systematisch aus.

Abbildung 13: Franz Liszt, *Unstern!* für Klavier (1885), Takt 55 ff.

Wie stark Bartók von dieser durch äquidistante Teilung erzeugten Chromatik beeinflußt war, zeigt die folgende kurze Passage aus dem dritten Satz der *Musik für Saiteninstrumente, Schlagzeug und Celesta* (siehe Abbildung 14).
Wie bei Eötvös sind hier zwei der drei verminderten Septakkorde nur durch zwei respektive drei Töne vertreten (gis–h–d–f durch gis–d und e–g–b–des durch e–g–b). Es geht also nicht primär um die *reale* Präsenz aller zwölf Töne in einem statistischen Durchschnitt, sondern um ihre konstante *latente* Präsenz.
Im folgenden Beispiel, ebenfalls aus dem dritten Satz der *Musik*, wird fast der ganze Quintenzirkel sowohl in Quartschritten als auch in der Abfolge von drei verminderten Septakkorden abgeschritten (siehe Abbildung 15, S. 238).
So wie die fallende Halbtonverschiebung eines verminderten Septakkordes den Quintfall enthält (vgl. Abbildung 13), erzeugt sie auch steigende Ganzton- und fallende Großterzschritte. Im Falle wiederum der übermäßigen Dreiklänge ergibt die Verschiebung um einen Halbton gleichzeitig die Intervallbeziehungen Quint und kleine Terz (siehe Abbildung 16, S. 236).
Im übrigen zeigt sich die Vorliebe für äquidistante Oktavteilungen auch in anderen Tonsystemen vor allem zu Beginn des 20. Jahrhunderts, so etwa bei der Ganztonskala, welche nicht nur von Debussy, sondern in einem ganz anderen Sinne auch – von Schönberg angewendet wurde. Schönbergs Erklärung des Ganztonakkordes als Dominantseptnonenakkord mit gleichzeitig hoch- und tiefalterierter Quint und seine Anwendung in der *Kammersymphonie* op. 9 (1906, rev. 1923) zeigt die gleiche janusköpfige Eigenschaft, sich sowohl tonal als auch „frei schwebend" zu verhalten, wie sie in der Harmonik von Liszts späten Klavierwerken zu beobachten ist, die oft am Ende in einer „frei-tonalen" Skala ausklingen.

*

Abbildung 14: Béla Bartók, *Musik für Saiteninstrumente, Schlagzeug und Celesta* (1936), 3. Satz, Takt 29 ff. (© by Universal Edition, Wien)

Abbildung 15: Béla Bartók, *Musik für Saiteninstrumente, Schlagzeug und Celesta* (1936), 3. Satz, Takt 55 ff. (© by Universal Edition, Wien)

Abbildung 16: Steigende Halbtonverschiebung eines übermäßigen Dreiklangs mit fallenden Quinten und Kleinterzen

Wie stark in *Psychokosmos* die Harmonik von Terzschichtungen bestimmt ist, zeigt sich auch in den Passagen, die durch dichte Akkordmassen geprägt sind. Erstmals tritt dieser „Aggregatzustand" innerhalb des ersten Teils (bei Takt 45) als Vorankündigung der späteren Entwicklung auf. Das Klangbild ist hier geprägt von einem Quintdezimenakkord zwischen f^1 und f^3, der im Cimbalom in vier Schritten abwärts durchschritten wird:

Abbildung 17: Peter Eötvös, *Psychokosmos* für Cimbalom solo und Orchester (1993), Terzschichtungen in Takt 45 ff.

Vom Klangmaterial her läßt sich der Akkord als Kombination von zwei Dominantseptakkorden über f^1 und g^2 auffassen. Beide Akkorde werden im Orchester deutlich herausgearbeitet, ohne daß ihre dominantische Wirkung zum Tragen kommt; es ist vielmehr wiederum der zentrale übermäßige Dreiklang es^1–g^1–h^2, der die Harmonik bestimmt. Im Orchester werden außerdem chromatische Töne hinzugefügt, die die harmoniebildenden Terzen teilweise zu Clustern erweitern (vgl. in Abbildung 17 Holz, Blech) – auch dies eine Technik, die bei Bartók zu beobachten ist.

Ebenso ist der Beginn des zweiten Teils (Takt 57 ff.), in dem Akkordblöcke die Hauptsubstanz bilden, von großen Terzen im Blech geprägt, die wiederum die vier übermäßigen Dreiklänge vertreten:

Abbildung 18: Peter Eötvös, *Psychokosmos* für Cimbalom solo und Orchester (1993), Terzschichtungen in Takt 57 ff.

Die Durchdringung der Harmonik mit Terzen und mit den aus der Terzschichtung resultierenden Intervallen ist in *Psychokosmos* allgegenwärtig. Daneben spielt aber auch die Quart eine gewichtige Rolle, so etwa ab Takt 75 h^1–e^2:

Abbildung 19: Peter Eötvös, *Psychokosmos* für Cimbalom solo und Orchester (1993), Takt 75 ff., Partiturausschnitt (© by BMG Ricordi, München)

Möglicherweise ist diese Quart aber ein sekundäres Resultat der oktavversetzten Terzschichtung c^1–e^1–gis^1–h^1, da der übermäßige Dreiklang c-e-gis in dieser Passage bestimmend wirkt. Die Quart ist außerdem in einem ähnlichen Sinne ein wichtiges Intervall in der Zwölftonreihe von Takt zwei: Sie verbindet dort die übermäßigen Dreiklänge.

*

Der große Mittelteil von *Psychokosmos* (Takt 57–220) gliedert sich in drei Abschnitte, von denen die beiden ersten ihrerseits wiederum drei Unterabschnitte aufweisen (vgl. Abbildung 3, S. 225). Als wichtige Nebenzäsur, die nicht parallel zu dieser Einteilung erfolgt, treten in Takt 105 – also mit Beginn des zweiten Unterabschnitts im ersten Abschnitt – allmählich die Tuttistreicher zum Orchester hinzu. Dies ist so konzipiert, daß sie wie aus dem Nichts, quasi aus dem Dunkel des Unbewußten heraus sich entfalten und schlußendlich die ganze Szene einhüllen:

Abbildung 20: Peter Eötvös, *Psychokosmos* für Cimbalom solo und Orchester (1993), Entfaltung der Tuttistreicher in Takt 105 ff.

Die fächerförmig sich entfaltende Chromatik füllt dabei die große Terz g–h, die das harmonische Klangbild dieser Stelle bestimmt. Das Cimbalom ist in einer stehenden Figur mit den Tönen dis^3–a^1–h^1 gefangen. Sie resultiert aus der vorhergehenden Entwicklung und stellt einen hohen Grad von „Erstarrung" dar, aus dem sich die Musik durch den Fortissimo-Ausbruch bei Takt 123 zu befreien versucht, was freilich zu neuer Verkrampfung führt.
Damit ist das Thema des Mittelteils umschrieben: Es geht in ihm um verschiedene Grade der Erstarrung und um den Versuch, sich aus ihr zu befreien und zu der schweifenden Rhapsodik des Anfangs zurückzufinden. Die Erstarrung äußert sich musikalisch in metrischer Gebundenheit, in der Repetition von mehr oder weniger festgelegten motivischen Mustern und im Eingebundensein in blockartige, schwerfällige Heterophonien, die sich in schroffen dynamischen Gegensätzen gegenüberstehen.
Der erste Abschnitt (Takt 57 bis 140) zeigt eine graduelle Zunahme der Erstarrung, die in drei Schritten durch die metrische Ordnung erfolgt: Verwendet der erste Teilabschnitt (Takt 57 bis 104) eine Folge von unregelmäßigen Taktarten, so wird in den Takten 105 bis 122 nur noch eine Taktart verwendet, die allerdings mit 2+3+3+2 Sechzehnteln unregelmäßig ist. Der dritte Teilabschnitt (Takt 123 bis 140), bei dem der erwähnte Fortissimo-Ausbruch erfolgt, steht dann konsequenterweise im regelmäßigen Vier-Achteltakt.
Auch im ersten Teilabschnitt sind drei Entwicklungsphasen festzustellen: Die erste (Takt 57 bis 74) wirkt unorganisiert und chaotisch. Er wird durch den erschreckten Terzruf des Cimbaloms eröffnet, der eine Folge von gleichen Antwortrufen im Blech evoziert (vgl. Abbildung 18). Wenn man von der ursprünglich geplanten räumlichen Anordnung der Blechbläser hinter dem Streichertutti ausgeht, dann wirken die Rufe wie wirre Antworten auf das Cimbalom, die aus verschiedenen Richtungen in einem

dunklen Raum kommen. Diese Wirkung bleibt aber auch bei einer konventionellen Orchesteraufstellung erhalten, da hier – wie bereits betont wurde – ein innermusikalischer Raum wirksam ist, der die Analogie des äußeren Raumes nicht unbedingt erfordert, um die Grundstimmung des orientierungslosen Herumirrens in diesem ersten Ausbruch auszudrücken.

Im folgenden Verlauf beruhigt sich zunächst die Situation: Der allmähliche Übergang von hektischen Staccato-Sechzehnteln über Portato-Akkorde führt ab Takt 105 zu gebundenen, akzentuierend rhythmisierten Klangflächen, die von Akkord-Einwürfen und dem erwähnten Ostinato des Cimbaloms begleitet werden. Für den „inneren Spannungszustand" der Abschnitte ist es wichtig, wie die Tonmuster verlaufen, aus denen die Heterophonien gebildet werden: Beim Beginn der Entwicklung sind sie unregelmäßig und wirr, während sie sich ab Takt 105 tendenziell auf stehende rhythmische Muster beschränken, die manchmal nur aus einem Ton oder zwei Tönen bestehen.

Ein besonderes Kleinod ist in diesem Zusammenhang das erwähnte Ostinato des Cimbaloms, das einen rhythmischen Krebs bildet, der durch die Akzente eine innere „selbstähnliche" Stimme erzeugt:

Abbildung 21: Peter Eötvös, *Psychokosmos* für Cimbalom solo und Orchester (1993), Takt 106, Cimbalom

Es liegt nahe, in den großen Blöcken des Mittelteils eine Verwandtschaft mit ähnlichen Werken von György Ligeti aus den sechziger Jahren zu sehen. Aber dieser Eindruck täuscht, denn die Heterophonien sind bei Eötvös weniger ganzheitlich konzipiert als bei Ligeti. Dessen „holographische" Formen mit ihrem molekülartigen Aufbau, der einen Zusammenhang zwischen den kleinsten und den größten Hierarchien bildet, gleichen eher physikalisch-anorganischen Strukturen, während Eötvös' Klangflächen sich verzweigen und in ihren Ästen teilweise ein Eigenleben führen, wie dies bei organischen Körpern der Fall ist. Vielleicht steht ein Werk wie *Photoptosis* (1968) von Bernd Alois Zimmermann, bei dem Eötvös vor 1970 studierte, dieser Musik auch im emotionalen Gehalt näher.

*

Der erste Abschnitt des Mittelteils bildet also sowohl hinsichtlich der verwendeten Mittel als auch in seinem Ausdrucksgehalt einen großen Gegensatz zum ersten Teil. Der zentrale Abschnitt dieses Teils (Takt 141–157) ist nun geprägt vom Versuch, die beiden Ausdruckswelten miteinander zu verbinden. In der Partitur äußert sich dies im – wiederum dreimaligen – Wechsel zwischen taktfreien und taktgebundenen, also frei schweifenden und rhythmisch festgelegten Passagen. Dabei wird jeweils Material aus den entsprechenden Teilen verwendet:

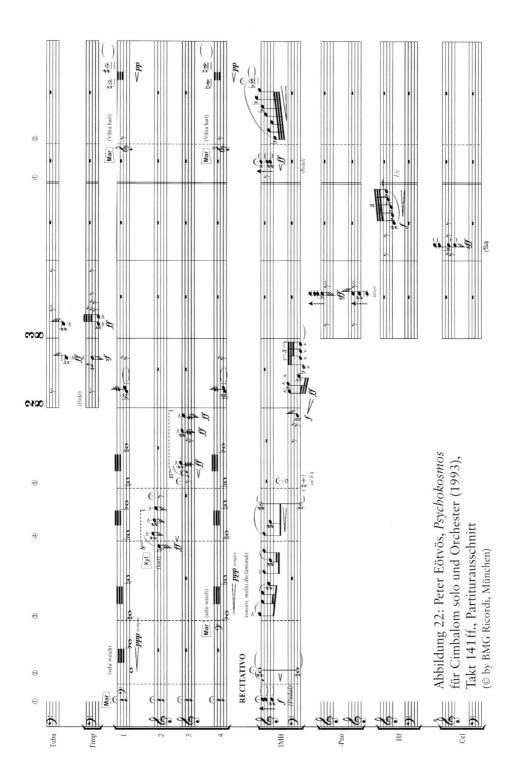

Abbildung 22: Peter Eötvös, *Psychokosmos* für Cimbalom solo und Orchester (1993), Takt 141 ff., Partiturausschnitt
(© by BMG Ricordi, München)

Die wechselnden Passagen sind in Bezug auf ihre Länge sinnvoll angeordnet: Die drei dem ersten Teil entsprechenden folgen einander in der Anordnung mittel-lang-kurz, diejenigen, die sich auf den ersten Abschnitt des Mittelteils beziehen, in der Ordnung kurz-kurz-lang. Die Dynamik ist dabei in ähnlicher Weise gestaltet:

Abbildung 23: Peter Eötvös, *Psychokosmos* für Cimbalom solo und Orchester (1993), Dynamik ab Takt 141

Dieser Abschnitt, der die zentrale Stelle im Werk einnimmt, steht in innerem Zusammenhang mit dem zweiten Abschnitt des dritten Teils (Takt 275 ff.), wo die Vermischung der beiden konträren „Seelenzustände" weitergeführt wird, diesmal allerdings nach einer längeren Entfaltung des frei schweifenden Aspekts in der Reprise. Entsprechend bildet der dritte Abschnitt des Mittelteils (Takt 158–220) den symmetrischen Gegenpol zum Abschnitt Takt 57 bis 220.

*

Die herausgearbeiteten syntaktischen, formalen, ästhetischen und semantischen Aspekte haben deutlich gemacht, daß *Psychokosmos* eine überzeugende Verbindung von unkonventioneller Orchesterbehandlung mit einer eigenständigen, aus der inneren Vorstellung erwachsenden, in ihrer Grundauffassung aber traditionellen Formgebung ist. Die einfache, aber überzeugende Symbolik, durch welche die innere Vorstellung geleitet wird, bewirkt beim Hörer einen starken Sog und evoziert eine vielschichtige innere Landschaft, in der sich das „Drama einer Seele" abspielt. Es sind archetypische Bilder, die Eötvös uns vermittelt; ihre Kraft versetzt uns in einen zeitlosen inneren Raum, dessen dunkles Licht uns gleichzeitig erschreckt und beruhigt.

Ulrich Mosch

Konstruktives versus „improvisierendes" Komponieren
Zu Peter Eötvös' Schaffen der achtziger und neunziger Jahre am Beispiel von *Chinese Opera* (1986) und *Shadows* (1995–96/1997)

Neben dem Komponieren war für Peter Eötvös das Improvisieren seit jeher eine Quelle der Inspiration. So erwuchs schon manche der frühen Theatermusiken aus Improvisationen. Und auch später spielte diese Form des Musikmachens vielfach eine wichtige Rolle, etwa während der Entstehung von *Feuermusik* für Tonband (1972) bei der instrumentalen Generierung von Klangmaterial mittels Drehleier und ungarischer Zither, das dann elektronisch weiterverarbeitet wurde. Auch die Gemeinschaftskomposition *Hommage à Kurtág* (1975) gehört in diesen Zusammenhang ebenso wie Stücke, die am Übergang zwischen Improvisation und Komposition angesiedelt sind, so etwa *Steine* für Ensemble (1985–90, rev. 1992) oder *Triangel*, musikalische Aktionen für einen kreativen Schlagzeuger und 27 Musiker (1993, rev. 2001). Eötvös selbst bezeichnete mit diesem Begriff aber nicht nur die von ihm sehr geschätzte musikalische Praxis, sondern auch seine Arbeitsweise beim Komponieren seit den neunziger Jahren. In einem 2000 publizierten Gespräch mit Wolfgang Stryi unterschied er im Hinblick auf das eigene Schaffen ein „konstruktives" Komponieren von einem „improvisierenden": „Bis zum Ende der achtziger Jahre habe ich sehr konstruktiv komponiert. Die Webern-Analysen und die strenge Zahlenlogik von Bartók haben mich lange beeinflußt. In dieser Periode sind einige wichtige Kompositionen entstanden wie *Chinese Opera* oder die *Windsequenzen*, die sehr streng konstruiert sind. Am Anfang der neunziger Jahre habe ich bemerkt, daß ich nie zu einem größeren Format komme, wenn ich so weitermache. Bis dahin hatte ich noch kein Orchesterstück, keine Oper geschrieben. Ich habe angefangen, ‚improvisierend' zu komponieren und alles aufgeschrieben, behalten, was mir gefiel, und weggeworfen, was ich nicht mochte. Ich fühlte mich freier, bis ich merkte, daß ich mich in der Konstruktion noch freier fühle. Ich habe im Moment, denke ich, eine gute Mischung und eine gute Balance von Konstruktion und Improvisation erreicht. Diese Phase wäre nie möglich gewesen, wenn ich nicht eine strenge konstruktive Trainingsperiode hinter mir hätte."[1]

Im folgenden soll der Versuch gemacht werden, an zwei Werken aus den beiden von Eötvös selbst unterschiedenen Schaffensperioden analytisch nachzuvollziehen, was mit diesen verschiedenen Kompositionsarten jeweils konkret gemeint sein könnte. Beide Vorgehensweisen dürften, so ist zu vermuten, direkt im Tonsatz ihren Niederschlag gefunden haben und müßten daher im Prinzip in der Faktur der Musik faßbar sein. Als Beispiele, an denen der Frage nach der kompositorischen Arbeitsweise nachgegangen werden soll, habe ich *Chinese Opera* für Ensemble (1986), das Eötvös in dem Zitat

---

1 „Balance von Konstruktion und Improvisation". Peter Eötvös im Gespräch mit Wolfgang Stryi, in: *MusikTexte* 86/87, November 2000, S. 78.

selbst als Muster für das „konstruktive Komponieren" erwähnt, und – aus Gründen der Vergleichbarkeit, da für eine ähnlich große Besetzung – *Shadows* für Flöte, Klarinette und Ensemble (1995–96/1997) ausgewählt. Da die Skizzen und Entwürfe zu beiden Werken derzeit noch nicht zugänglich sind,[2] ist man vorläufig darauf angewiesen, allein auf der Grundlage der vorliegenden Musikdrucke zu arbeiten: Die kompositorische Vorgehensweise ohne Rückgriff auf die Arbeitsmaterialien des Komponisten aus den vollendeten Partituren zu rekonstruieren, hat aber den Vorteil, daß der ästhetische Gegenstand, in dessen Faktur sie ihre Spuren hinterlassen hat, ganz ins Zentrum rückt. Der Unterschied zwischen den beiden Kompositionsweisen müßte sich grundsätzlich an der Faktur, an den unterschiedlichen Bauweisen dingfest machen lassen: das „konstruktive Komponieren" in einem Aufbau aus Bausteinen und in klar nachvollziehbaren und zumindest halbwegs systematisch durchgehaltenen Konstruktionsprinzipien, das „improvisierende Komponieren" in, was die Verbindung der Bausteine betrifft, tendenziell eher unsystematischen, qualitativen Ad-hoc-Entscheidungen. Das Ende des oben angeführten Zitats macht klar, daß es hier nicht um ein Entweder-Oder geht. Eine völlige Absenz von Konstruktion steht nirgends zu erwarten. Eher geht es um das wechselnde Verhältnis der beiden Aspekte und darum, welcher überwiegt. Allein auf der Grundlage des vollendeten Werkes, darüber muß man sich allerdings im Klaren sein, lassen sich Hypothesen, wie Eötvös tatsächlich vorgegangen ist, nicht mit letzter Sicherheit, sondern nur mit einiger Plausibilität formulieren.

Chinese Opera

Das Werk entstand im Auftrag des Ensemble InterContemporain als erste größer besetzte Komposition von Peter Eötvös überhaupt und war zunächst offenbar als Folge von drei szenisch inspirierten Sätzen angelegt. Erst als er, wie er in einem kurzen Einführungstext berichtete, während einer Zugfahrt durch England schließlich den definitiven Titel gefunden hatte, habe er „vier weitere Abschnitte [komponiert]: das jahrmarktartige Vorspiel, die sich nacheinander öffnenden [und später wieder schließenden] bunten Vorhänge und die zwei ‚Comics' im Sinne phantasievoller Comic-Hefte, aber auch [im Sinne von] Theaterstücke[n] in asiatischen Theatern, die jeweils zwischen den ‚ernsten' Szenen gespielt werden, um das Publikum aufzuwecken."[3] Einem Theaterstück vergleichbar umfaßte das Werk schließlich in der definitiven Gestalt sechs Teile, wobei jeder dieser Teile einem Film- oder Theaterregisseur gewidmet war:

---

2 Sie sollen später in die bereits zahlreiche andere Manuskripte des Komponisten umfassende Sammlung Peter Eötvös der Paul Sacher Stiftung in Basel eingehen.

3 Peter Eötvös, *Chinese Opera*, in: Booklet zur CD *Musikprotokoll '90. Ensemble Modern*, Graz: ORF (Musikprotokoll Steirischer Herbst 1990, MP 90 ORF 08) 1990, ohne Seitenzahl.

Fassung der Uraufführung:[4]
1. Vorspiel und Vorhänge (für Peter Brook)
2. Erste Szene in E und Gis (für Luc Bondy)
3. Comic 1 (für Bob Wilson)
4. Zweite Szene in F und G (für Klaus Michael Grüber)
5. Comic 2 (für Jacques Tati)
6. Dritte Szene in Fis und C, Vorhänge (für Patrice Chéreau)

In dieser Form wurde das Werk am 17. November 1986 in Paris mit dem auftraggebenden Ensemble unter der Leitung des Komponisten uraufgeführt, und entsprechend ist es in einer Live- und einer Studio-Aufnahme jeweils unter der Leitung des Komponisten dokumentiert.[5]
Der Titel ist metaphorisch zu verstehen, und zwar im Sinne von Eötvös' Aussage, daß alle seine Musik „Theatermusik" sei:[6] „Meine *Chinese Opera* hat nur wenig zu tun mit einer wirklichen chinesischen Oper. In China hat jede Provinz ihren eigenen Theaterstil, der jeweils nach der Provinz benannt ist, in der er vor tausenden von Jahren geboren wurde und wo man ihn seither unverändert spielt. *Chinese Opera* ist eine Musik, die im Hinblick auf eine szenische und filmische Präsentation geschrieben ist: Sie ist die Oper meiner eigenen ‚Provinz'." Das Stück ist mithin als eine Art „musikalisches Theater" konzipiert, und zumindest vom Instrumentarium, insbesondere dem Schlagzeug (mit unter anderem chinesischen Becken, chinesischen Operngongs, chinesischem Tomtom und chinesischen großen Trommeln), und manchen klanglichen Eigenheiten her spielt es eindeutig auf die Klangwelt der chinesischen Oper an, so etwa gleich zu Beginn in den allerersten Takten. Daß es sich um „Theatermusik" handelt, kommt auch in den Widmungen an die verschiedenen Regisseure zum Ausdruck, die – so Eötvös – gleichermaßen „Tempo- und Satzbezeichnungen" seien: „die schnelle, zeremonielle Inszenierung bei Brook – die [geschmeidige] lyrische Schönheit bei Bondy – die komisch-phantastischen Situationen bei Wilson – die strömende Mehrstimmigkeit bei Grüber – die wortlose Komik bei Tati, wo alle [gleichzeitig] reden und man deshalb nichts versteht – und die harte, felsbrockenartige Vertikalität bei Chéreau".[7]
In den neunziger Jahren revidierte Eötvös das Werk und strich von den nachkomponierten Teilen die beiden mit „Comic" bezeichneten Sätze. Zugleich beseitigte er kleine Inkonsequenzen in der Satzordnung, indem er die ursprünglich an das „Vorspiel" angehängten, sich öffnenden „Vorhänge" der ersten Szene zuschlug, spiegelbildlich zur letz-

---

4   Die Partitur dieser Fassung lag mir nicht vor. Daraus, daß selbst auf der bei dem französischen Label Erato erschienenen Studio-Aufnahme mit dem Ensemble InterContemporain unter Leitung des Komponisten (Paris: Erato 1990, ECD 75554) die Titel deutsch angegeben sind, darf man schließen, daß sie in der autographen Partitur ursprünglich deutsch gewesen sein müssen.

5   Live-Aufnahme mit dem Ensemble Modern unter der Leitung von Peter Eötvös, Musikprotokoll Steirischer Herbst, Graz: ORF 1990, MP 90 ORF 08; Studio-Aufnahme bei Erato siehe Anm. 4.

6   Vgl. *„Meine Musik ist Theatermusik". Peter Eötvös im Gespräch mit Martin Lorber*, in diesem Band, S. 43 ff.

7   Peter Eötvös, „*Chinese Opera*", in: Booklet zur CD *Musikprotokoll '90* (siehe Anm. 3). Der Text ist nach der vollständigeren Fassung, die im Booklet zu der bei Erato erschienenen Aufnahme enthalten ist (siehe Anm. 4), ergänzt (dort S. 5 bzw. 7).

ten Szene, welche mit den „Vorhängen" schließt. Auch diese auf die „Ouvertüre" und die drei Szenen plus „Vorhänge" reduzierte Fassung ist auf CD dokumentiert, und zwar als Studioaufnahme mit dem Klangforum Wien unter der Leitung des Komponisten.[8] Die heute erhältliche Druckpartitur mit dem Copyright-Vermerk 2002 ist im Notentext dementsprechend angepaßt.[9] Das Inhaltsverzeichnis im französisch- und deutschsprachigen Vorspann dieser Partitur gibt indessen noch die ursprüngliche Satzfolge wieder, wobei das „Vorspiel" anders als im Notentext als „Prélude" und die beiden „Comics" als „Bandes dessinées" übersetzt sind.

Heute gültige Fassung laut Partiturdruck:
1. Ouverture (pour Peter Brook) — Takt 1–69
2. Rideaux, — Takt 1–37
   Première scène (pour Luc Bondy) — Takt 38–199
3. Deuxième scène en fa et sol (pour Klaus Michael Grüber) — Takt 1–218
4. Troisième scène en fa dièse et ut, — Takt 1–77
   Rideaux (pour Patrice Chéreau) — Takt 78–129[10]

Wie in Eötvös' Partituren die Regel, ist die Aufstellung der Musiker auf der Bühne genau vorgeschrieben: Das 26 Musiker umfassende Ensemble ist, mit kleinen Abweichungen, weitgehend symmetrisch postiert (siehe Abbildung 1, S. 249): links und rechts zwei identische Gruppen von je neun Musikern mit drei Streichern, drei Holzbläsern und drei Blechbläsern hintereinander gestaffelt, wobei jeweils Fagott und Trompete den Platz getauscht haben; des weiteren drei symmetrisch im Bühnenhintergrund angeordnete Schlagzeuggruppen sowie davor in zwei Reihen die restlichen Instrumente: die beiden Klarinetten und die Baßklarinette in der vorderen Reihe und Harfe, Yamaha DX7, Tuba sowie Kontrabaß in der hinteren Reihe. Die letztgenannten Instrumente und ein Becken des mittleren Schlagzeugs sind elektrisch verstärkt, wobei die Lautsprecher in der Nähe der verstärkten Instrumente plaziert sein sollen. Die räumliche Disposition des Klangapparates schlägt sich vielfach in Klangbewegungen im Raum nieder: in Rechts-links-Effekten, in einem Weiten oder Zusammenziehen des Klangfeldes ebenso wie in seiner Tiefenstaffelung. Dieses räumliche Klangpotential ist, wo nicht wie in fast der ganzen dritten Szene das gesamte Ensemble im Spiel ist, vielfach bewußt auskomponiert. Der Klang vollzieht sozusagen Ortswechsel im Sinne eines szenischen Geschehens. Ein schönes Beispiel dafür ist der erste auf die Schlagzeug-Einleitung der zweiten Szene folgende Abschnitt. In Takt 70, gegen Ende dieses Abschnitts, zieht sich nach einem kurzen Tutti, das den gesamten durch die Aufstellung der Instrumente definierten realen Klangraum bis zu den seitlichen und hinteren Rändern (unter Aussparung der elektrisch verstärkten Instrumente) ausnützt, der Klang zusammen auf die beiden Streicherreihen links und rechts, um sich anschließend auf die Bläser nach außen zu verlagern, bevor er sich unter Einbezug der Schlagzeuger und

---

8   Kairos CD 0012082KAI.
9   Peter Eötvös, *Chinese Opera*, Partitur, Paris: Salabert 2002.
10 Aufgrund der häufigen Taktwechsel, des stark variierenden Taktumfangs und der Tempowechsel läßt sich aus den Taktanzahlen nur bedingt auf die Proportionen der verschiedenen Teile schließen.

Streicher wieder in die Fläche ausbreitet, wiederum unter Aussparung der elektrisch verstärkten Instrumente. Viele andere Beispiele solcher räumlicher Klangwanderungen ließen sich hier anführen.

Abbildung 1: Peter Eötvös, *Chinese Opera* für Ensemble (1986), Aufstellung des Ensembles (© by Editions Salabert, Paris)

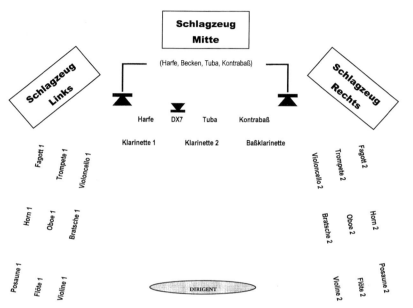

Es kann in diesem Zusammenhang nicht darum gehen, das gesamte Werk im Detail zu analysieren. Für unsere Fragestellung muß es genügen, einige Beispiele herauszugreifen, um sie auf die Konstruktionsprinzipien hin zu untersuchen. Für den vorliegenden Zweck wurden die „Ouverture", die dritte und letzte Szene sowie die abschließenden „Rideaux" im Vergleich mit den die erste Szene eröffnenden „Rideaux" ausgewählt.

Die „Ouverture" ist, was die zeitliche Struktur betrifft, von additiven und subtraktiven Prozessen geprägt, wobei den drei Schlagzeugern die zentrale Rolle zufällt. Dieses „Thema" wird kurz nach Beginn in dem drei Viertel umfassenden Takt 5 zunächst nur andeutend eingeführt, und zwar durch die schrittweise Zunahme der auftaktigen Vorschlagsnoten jeweils vor dem vollen Schlag: zunächst zwei, dann drei, dann vier. Zwei Takte später setzt eine weitere solche Reihe ein mit zunächst einem, dann zwei, drei usw. bis neun Schlägen, und zwar nach gemeinsamem Beginn der drei Schlagzeuger in der Abfolge rechts, Mitte, links usw. Der jeweils volltaktige Beginn wird durch die korrespondierende Instrumentengruppe verstärkt: Schlagzeug und Instrumentengruppe sind hier also jeweils fix gekoppelt. In den folgenden Abschnitten bilden solche Prozesse – neben den additiven nun auch subtraktive – in unterschiedlichster Form die Basis des Tonsatzes. Ein Paradebeispiel für den bis ins Letzte durchkonstruierten Tonsatz ist der Schlußabschnitt der „Ouverture" von Takt 50–69 (siehe Abbildung 2, S. 250).

Abbildung 2: Peter Eötvös, *Chinese Opera* für Ensemble (1986), „Ouverture", Partitur, S. 6 (Ausschnitt) (© by Editions Salabert, Paris)

Auch in diesen zwanzig Takten im Dreivierteltakt spielen die drei Schlagzeuger die Schlüsselrolle, jeweils besetzt mit einem koreanischen Tempelblock sowie links und rechts mit einer chinesischen großen Trommel und in der Mitte mit einem chinesischen Tomtom. Der Abschnitt beginnt mit einem Tuttischlag sämtlicher Instrumente des Ensembles. Die weiteren Klangereignisse im Schlagzeug – in der Regel Sechzehntelquintolen – setzen die einzelnen Schlagzeuge jeweils in einem bis zum Ende unveränderten Abstand ein: links im Abstand von vier Vierteln, in der Mitte im Abstand von sechs und rechts im Abstand von fünf Vierteln. Aufgrund der unterschiedlichen gemeinsamen Vielfachen treffen sich jeweils zwei der Schlagzeuger nach 12, 20, 24, 30, 36, 40, 48 Vierteln, das heißt bei Schlag 13, 21, 25, 31, 37, 41, 49, und sie kämen im Prinzip nach 60 Vierteln, also bei Schlag 61 wieder zusammen, wenn nicht die „Ouverture" genau einen Schlag zuvor endete. Wo zwei oder wie zu Beginn auch alle drei Schlagzeuger zusammentreffen, weicht Eötvös von dem Quintolengrundmodell ab und läßt nach einer linear wachsenden Reihe zunächst einen (Viertel-)Schlag, dann zwei Quintolensechzehntel, dann drei, vier, fünf usw. bis acht solcher Sechzehntel spielen. Den einzelnen

Schlagzeugern sind in diesen Fällen, und nur in diesen Fällen, auch die Bläser der jeweils korrespondierenden Instrumentengruppen mit dem exakt gleichen Rhythmus zugeordnet: im ersten Fall alle (da alle Schlagzeuger beteiligt), im zweiten nur die linken Bläser, die Klarinetten und der Synthesizer DX7 (da linkes und mittleres Schlagzeug beteiligt), im dritten Fall die linken und rechten Bläser (da linkes und rechtes Schlagzeug beteiligt) usw. Die Schlagzeuger steuern sozusagen die anderen Instrumente. Unmittelbar aufeinanderfolgende Quintolengruppen in unterschiedlichen Schlagzeugen sind kumulierend, sozusagen in Form eines Zuregistrierens von Instrumenten, mit den jeweils entsprechenden Streichern bzw. dem Kontrabaß gekoppelt. Isolierte Quintolengruppen wie in Takt 52, 53, 56, 59 usw. bleiben auch klanglich isoliert, das heißt, sie werden nicht mit anderen Instrumenten verbunden. Tuba und Harfe schweigen nach dem diese Passage eröffnenden Tuttischlag in Takt 50 bis zum Schluß. Damit wäre die Zeitstruktur dieses Abschnitts vollständig beschrieben. Auch für die Tonhöhenstruktur lassen sich vergleichbar strikte Konstruktionsprinzipien erkennen, ohne daß diese hier aber im einzelnen ausgebreitet werden könnten.

Ein ähnlich bis ins Detail durchkonstruierter Aufbau, allerdings anderer Art, läßt sich auch bei der insgesamt 77 Takte umfassenden dritten Szene erkennen. Sie ist äußerlich unterteilt in drei durch Doppelstriche getrennte Abschnitte, die bis auf das jeweilige Ende metrisch analog gebaut sind. Wenn man die 7/4- und 8/4-Takte jeweils in 3+4 bzw. 4+3 und 4+4 Viertel auflöst, lassen diese Abschnitte sich als Abwandlung einer ursprünglich regelmäßigen Folge von abwechselnd 3+4 und 4+3 Vierteln verstehen oder, wenn man so will, als eine Folge von 7/4-Takten mit wechselnden Binnenschwerpunkten. Verkettet sind diese Abschnitte von je 105 und beim letzten Abschnitt 105 Vierteln plus ein Achtel Umfang durch einen Vorlauf im Schlagzeug, der beim ersten Abschnitt als Einleitung fungiert, an den beiden Nahtstellen zwischen erstem und zweitem Abschnitt und zweitem und dritten durch Überlappung mit dem Ende des jeweils vorausgehenden Abschnitts diesen an das unmittelbar Folgende bindet. Während bei den beiden ersten Abschnitten die analoge metrische Struktur schon an den metrischen Folgen ablesbar ist, zeigt sie sich beim dritten Abschnitt erst, wenn man an zwei Stellen – entgegen den eindeutigen metrischen Intentionen des Komponisten – den 7/4- bzw. den 8/4-Takt als 4+3 bzw. 4+4 Viertel versteht:

I.   ♩ = 66   4+4+4 ┆ 3, 4+4, 3+3, 4, 7,   3, 4+4, 6, 8, 6, 4+4, 3+3, 8,   3+3, 4+4, 6, 4   ┆ (T. 1–27)   105 ♩
II. ♩ = 72   3, 4+4, 3+3, 4, 7,   3, 4+4, 6, 8, 6, 4+4, 3+3, 8,   3+3, 4+4+4, 6   ┆ (T. 28–51) 105 ♩
III. [♩ = 72] 4+4+4 ┆ 3, 4+4, 3+3, 4+4, 3+3, 4+4, 6, 8, 6, 4+4, 3+3, 4+4, 3+3, 4+4, 6, 3+1,5 ┆┆ (T. 52–77) 105,5 ♩

Die Klangfarbendisposition ist, wenn man von der Schlagzeug-Einleitung absieht im ersten dieser drei Abschnitte unter Beteiligung aller Instrumente weitgehend ausgewogen, im zweiten eher streicherlastig und im dritten Abschnitt eher bläserlastig.

Die Bauprinzipien dieser dritten Szene sind: Schichtung, Variation und Montage. Der Tonsatz besteht aus zwei Schichten: einer komplexen „Klangschicht" und einer Schlagzeugschicht. Die Klangschicht, die sämtliche Instrumente außer Schlagzeug umfaßt, ruht auf dem Fundament eines mikrotonal leicht instabilen Orgelpunkts in Tuba und Kontrabaß in Scordatur: Das Gravitationszentrum ist Fis mit Abweichungen nach unten und oben im Abstand eines Vierteltons, gelegentlich auch Oktavausweichung nach unten.

Abbildung 3: Peter Eötvös, *Chinese Opera* für Ensemble (1986), dritte Szene, Anfang, Partitur, S. 53 (Ausschnitt) (© by Editions Salabert, Paris)

Diese Klangschicht ist dem metrischen Aufbau entsprechend untergliedert in drei Abschnitte, deren erster sich als Modell auffassen läßt, das zweimal variiert wiederholt wird. Wenn man den Orgelpunkt nicht statisch, sondern dynamisch als mikrointervallische Linie mit minimalem Bewegungsambitus begreift, läßt er an eine Passacaglia denken: Er wird mit mikrointervallischen Abweichungen und teilweise verkürzten Tondauern, jedoch gleichbleibenden Einsatzabständen zweimal wiederholt. Die Klangschicht ist stark vertikal orientiert und blockartig angelegt, wobei die wesentlichen Stationen der harmonischen Bewegung selbst dort, wo sie bei der Wiederkehr im zweiten und dritten Abschnitt zum Teil stark variiert – durch Lagenwechsel, Klangregisterwechsel (Streicher, Holz, Blech), Artikulation, Dynamik oder durch auch starkes Ausdünnen – erscheinen, ohne Schwierigkeiten wiederzuerkennen sind. Insgesamt ist diese Schicht durch komplexe schillernde Klangfarbenverläufe geprägt.

Die zweite Schicht liegt, wie gesagt, im Schlagzeug: Sie beruht auf einem 28 (später 27) Viertel umfassenden Modell, das zehn Viertel vor der Klangschicht einsetzt und mit einem konstanten Einsatzabstand von 26 Vierteln insgesamt zwölfmal ganz und am Schluß noch einmal als Bruchstück von 12 Vierteln wiederholt wird. Das Modell besteht aus folgenden Elementen: im mittleren Schlagzeug aus einem Schlag der Whisper Chimes, an den sich nach einer Viertelpause vier Schläge des chinesischen Tomtoms mit von vier Vierteln zu einem Viertel abnehmendem Einsatzabstand und mit einer umgekehrt reziprok zunehmenden Zahl von Vorschlagsnoten anschließen; sie münden in einen Wirbel mit exakt vorgeschriebener Variation des Schlagortes von vier Vierteln Dauer, dessen Einsatz mit einem Gongschlag im linken Schlagzeug zusammenfällt, gefolgt von einem um ein Achtel versetzten Gongschlag im rechten Schlagzeug. An den Wirbel schließen sich drei synchrone Schläge der großen Trommeln von jeweils vier Vierteln Dauer mit abwechselnden Vorschlägen im linken und rechten Schlagzeug an. Zwei Viertel, bevor der letzte dieser Schläge verklungen ist, setzt die Wiederholung des Modells ein. Der Gong erscheint zu Beginn der Großabschnitte und während des dritten Abschnitts durchweg jeweils im linken und im rechten Schlagzeug, teils um ein Achtel versetzt, teils synchron. Ansonsten erklingt er immer im Wechsel:

Gong: li   li   li   li   li   li   li   li   li
    [2+]10¦ 16 + 26 + 26 + 26 + 11 ¦ 15 + 26 + 26 + 26 + 12 ¦ 15 + 26 + 26 + 26 + 12 + 0,5 ¦¦ (♩)
Gong: re   re   re   re   re   re   re   re   re

Dadurch, daß die drei Großabschnitte jeweils 105 (bzw. beim letzten 105 + 1/2) Viertel umfassen und nicht 4 mal 26 gleich 104 Viertel, erscheint dieses Schlagzeug-Modell bei der Wiederholung im Verhältnis zur Klangschicht in veränderter metrischer Position. Möglicherweise aufgrund eines Irrtums bei der neunten Wiederkehr des Modells an der Nahtstelle zwischen zweitem und drittem Abschnitt, das hier ein Viertel mehr umfaßt, also 27 anstatt 26 Viertel (vgl. Takt 49–56), ist die metrische Verschiebung gegenüber der Klangschicht beim zweiten und dritten Abschnitt dieselbe. Allerdings ändert sich genau dort auch die Binnenstruktur des Modells, das durch Wegfall der Pause nach dem Schlag der Whisper Chimes um ein Viertel gestaucht wird. Es wäre daher durchaus denkbar, daß das überzählige Viertel bei der neunten Wiederholung kein Versehen ist, sondern aufgrund der eben beschriebenen Modifikation des Modells und aufgrund des insgesamt anderen metrischen Erscheinungsbildes des dritten Abschnitts ausdrücklich erwünscht und angestrebt war.

Die Konstellation von Motiven, aus denen das Modell besteht, bleibt auch dann, wenn einzelne Motive variiert werden oder weitere Elemente hinzugefügt werden, als solche klar erkennbar. Das zeigt ein Vergleich mit der zwölften und letzten vollständigen Wiederholung, die mit Takt 68 beginnt (siehe Abbildung 4, S. 254f.). Das Modell erscheint hier durch den bereits erwähnten Wegfall der Pause nach dem Schlag der Whisper Chimes im mittleren Schlagzeug um ein Viertel gestaucht, so daß alle weiteren fixen Elemente im Vergleich zur ursprünglichen Gestalt um ein Viertel früher einsetzen: die vier sich verkürzenden Schläge der chinesischen Trommel einschließlich der entsprechenden Vorschläge, der Gong in linkem und rechtem Schlagzeug jeweils ergänzt mit einem synchronen Schlag des Tam-tam, der jetzt mit einem Vorschlag um ein Achtel später einsetzende und auf zweieinhalb Viertel plus Viertelpause (anstelle von vier Vierteln) verkürzte Wirbel auf der chinesischen Trommel sowie die drei nunmehr in Viertel un-

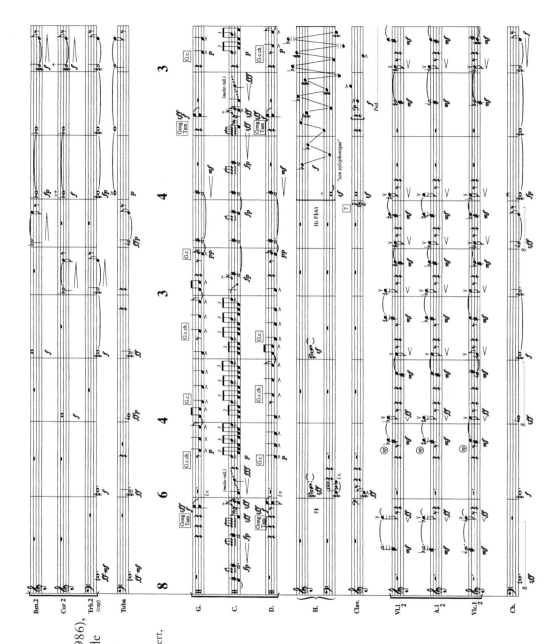

Abbildung 4:
Peter Eötvös,
Chinese Opera (1986),
für Ensemble,
dritte Szene, Ende
und „Rideau A",
Partitur, S. 59f.
(Ausschnitt)
(© by Editions Salabert,
Paris)

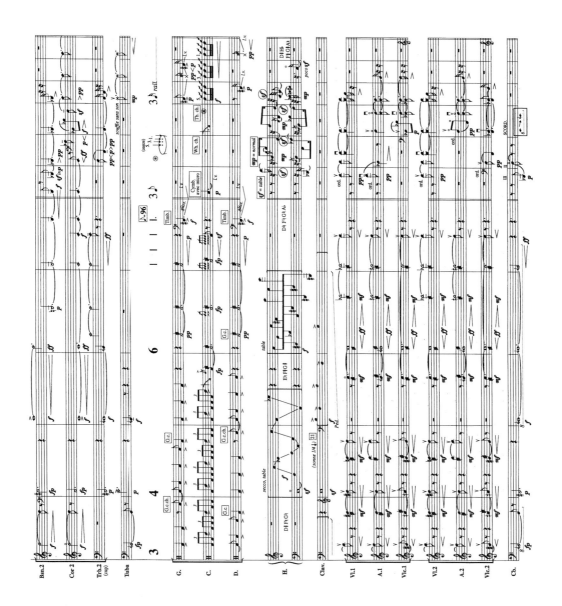

terteilten Schläge der großen Trommel zunächst im linken, dann im rechten und dann wieder im linken Schlagzeug, wobei im jeweils anderen Schlagzeug, um ein Achtel versetzt, vier Schläge auf der großen chinesischen Trommel nachklappen. Neu hinzu gekommen sind ein synchroner Wirbel auf der großen Trommel links und rechts kurz nach Beginn sowie eine elf Viertel dauernde Achteltriolenfolge auf dem chinesischen Tomtom mit exakt bezeichnetem Anschlagort parallel zu den Schlägen der großen Trommel links und rechts am Ende des Modells, welche bereits seit der neunten Wiederholung zum festen Bestandteil gehört.

Insgesamt, so läßt sich resümieren, zeichnet sich der Tonsatz bei dieser dritten Szene durch einen eher statischen, stark klangbetonten Charakter aus. Gleichwohl ergeben sich durch die Reibungen aufgrund der metrischen Verschiebungen der beiden Schichten Innenspannungen. Diese Eigenschaften lassen sich ohne Gewaltsamkeit mit Eötvös' Charakterisierung des Regiestils des Widmungsträgers Patrice Chéreau als „harte, felsbrockenartige Vertikalität" in Beziehung setzen.

Und noch ein letztes Beispiel, bei dem noch einmal andere Konstruktionsprinzipien erkennbar werden, soll hier kurz analysiert werden: die auf die dritte Szene folgenden fünf „Rideaux" und der anschließende Schlußabschnitt. Auch hier handelt es sich wiederum um eine Folge von Variationen eines im Abschnitt „A" aufgestellten Modells (siehe Abbildung 4, S. 254), das ebenfalls aus einer Konstellation von Motiven besteht, in diesem Falle zwei: Beim ersten handelt es sich um ein in Wellen absteigendes Motiv im 3/8-Takt, dessen Töne auf verschiedene Instrumente verteilt sind – nur die Harfe faßt es zeitlich versetzt um ein Sechzehntel nachklappend zusammen – und sich durch Prolongation harmonisch zu einem stehenden Klangaggregat türmen. Das zweite ist ein Repetitionsmotiv im 3/16-Takt des chinesischen Tomtom des mittleren Schlagzeugs, das von Klängen der Pauken des linken und rechten Schlagzeugs begleitet wird und dessen Beginn durch einen Harfenklang markiert ist, mit einem nachschlagenden c in der Mitte des zweiten Takts. Als Tempo für die fünf „Rideaux" ist durchweg ♪ = 96 vorgeschrieben, in der zweiten Hälfte des Modells jeweils mit der Anweisung „rallentando" etwas verlangsamt. Der Schlußabschnitt nach der Fermate im Anschluß an den fünften Vorhang („E"), durchweg im 3/8-Takt, wird mit ♪ = 112 etwas schneller genommen und verzichtet auf jede Tempomodifikation.

Die weiteren vier Vorhänge („B" – „E"[11]) bestehen aus Variationen dieses Modells, wobei die schrittweise additive Erweiterung der beiden Hauptmotive durch zusätzliche Töne bzw. Klänge eine zentrale Rolle spielt. Den Schlußabschnitt bilden zwei stärker abweichende, gleichwohl deutlich als solche erkennbare Variationen des Modells:

					Fermate			
Takte:	6	7	7	8	9	⁞ 1	⁞ 5 9	⁞⁞
	3+3	3+4	3+4	4+4	4+5	⁞ 1	⁞ 2+3 3+3	3 ⁞⁞
Vorhänge:	A	B	C	D	E		Schluß	

Der Vergleich mit den die erste Szene eröffnenden „Rideaux" zeigt, daß die beiden Stellen keineswegs spiegelsymmetrisch angelegt sind, wie man aufgrund der analogen

---

11 Nach „Rideau C" in Takt 97 am Ende der Seite 61 fehlt in der Partitur der Doppelstrich, der sonst jeweils die einzelnen „Vorhänge" voneinander sondert.

Situation des Öffnens und Schließens der Vorhänge vielleicht geneigt wäre zu vermuten. Nur auf der Ebene der Bewegungsrichtung der melodischen Motive läßt sich eine solche Symmetrie wenigstens hinsichtlich des ersten Vorhangs beobachten: Sind es am Schluß absteigende Motive, so sind es zu Beginn aufsteigende, die im Sinne einer melodischen Geste die Bewegung andeuten. Auch die vier Vorhänge zu Beginn[12] beruhen, nicht anders als die am Schluß, jeweils auf einer leicht zu identifizierenden Konstruktion: der Verschränkung zweier im Umfang gegenläufig wachsender beziehungsweise schrumpfender Wiederholungen gleicher oder ähnlicher Motive, analog einem Zopfmuster, bei dem der eine Strang immer dicker wird und der andere immer dünner. Dies läßt sich äußerlich bereits an den auf Viertel bezogenen Metren der Taktfolgen ablesen:

```
Erster Vorhang                Zweiter Vorhang           Dritter Vorhang
1 + 6   5   4   3   2   1 ¦ 6   5   4   3   2 ¦ 1   2   3   4   ¦
        2   3   4   5   6 ¦ 2   3   4   5   6 ¦ 7   6   5   4   ¦

Vierter Vorhang         Erste Szene
5   6   7   4   ¦ ...
    4   3   2   4 ¦ ...
```

Um die Konstruktion am Beispiel des ersten Vorhangs zu erläutern (siehe Abbildung 5, S. 258): Während die Takte mit den aufwärts gerichteten Zweiunddreißigstelmotiven in Klarinetten und Fagott über einem stehenden Streichertremolo mit im Verlauf zunehmenden Crescendi immer weiter schrumpfen, wachsen die jeweils unmittelbar folgenden Takte mit einem kurzen abwärts gerichteten Motiv der Oboen über mit einem starken Decrescendo verbundenen Repetitionen der Blechbläser in Sechzehntelquintolen Schritt für Schritt. Die gestische Qualität dieses Abschnitts legt den Gedanken an eine zunehmende Raffung eines Vorhangs in immer kleinere Falten nahe.

Schon diese wenigen Beispiele dürften ausreichen, um ein genügend klares Bild zu vermitteln, auf was sich Eötvös' Aussage, er sei bis Ende der achtziger Jahre einem „konstruktiven Komponieren" verpflichtet gewesen, bezieht. Und die ordnende Hand ist in jedem Teil des Werkes, wenn man es näher untersucht, sofort erkennbar. Neben dem Prinzip der Schichtung, dem Montage- und dem Variationsprinzip sind es die unterschiedlichsten Konstruktionsverfahren, die seine diesbezüglich offensichtlich unerschöpfliche Phantasie hervorgebracht hat, welche sein Komponieren damals auszeichneten. Diese Verfahren, von denen wir einige kennengelernt haben, setzen interessanterweise nicht – wie viele Verfahren serieller Provenienz – beim Parameter Tonhöhe an, sondern sind meist zeitlicher Natur: additive oder subtraktive Prozesse, Verflechtungen gegenläufiger Auf- und Abbauprozesse analog dem Muster eines geflochtenen Zopfes oder auch Modell und systematische Variation. Allen gemeinsam ist, daß es sich eher um lineare Formen des Auf- oder Abbaus oder der Reihung handelt und nicht um dynamische Entwicklungsprozesse. Die formalen Einheiten, die aneinander montiert

---

12   Ein Vergleich mit den Aufnahmen vor der Revision in den neunziger Jahren läßt erkennen, daß auch in der ursprünglichen Version nur vier Vorhänge existierten. Ob der in der Druckpartitur beim ersten sich öffnenden Vorhang stehende Buchstabe B als Indiz für eine vorgesehene Ergänzung dieser Vorhänge um einen weiteren, fünften Vorhang zu werten ist, ist unklar.

Abbildung 5: Peter Eötvös, *Chinese Opera* für Ensemble (1986), „Rideau [1]" vor der ersten Szene, Partitur, S. 9 (Ausschnitt)
(© by Editions Salabert, Paris)

werden, sind in der Regel vergleichsweise kurz, da die progressiven oder degressiven Reihen sich schnell totlaufen bzw. zu Ende sind. Eötvös' Aussage, daß er auf dieser Grundlage nicht in der Lage gewesen wäre, größere Formen wie eine Oper oder ein großes Orchesterstück zu schaffen, dürfte sich ein Stück weit daraus erklären.

Shadows

Machen wir einen Sprung von knapp zehn Jahren zu einem direkt vergleichbaren Werk. Bei der Gegenüberstellung mit der durchkonstruierten *Chinese Opera* wird bei *Shadows* sofort deutlich, was mit dem Übergang zu einem „improvisatorischen Komponieren", von dem Eötvös in Bezug auf die frühen neunziger Jahren sprach, gemeint ist.[13] Das dreisätzig angelegte Werk existiert in zwei Fassungen: die eine für Flöte, Klarinette und Kammerorchester (1995–96), die andere und ein Jahr später entstandene für Soli und Ensemble. Die beiden Solopartien wurden den beiden von Anfang an für die Uraufführung vorgesehenen Solisten, einem Musikerpaar, auf den Leib geschrieben: der Flötistin Dagmar Becker und dem Klarinettisten Wolfgang Meyer. Die beiden Fassungen unterscheiden sich im wesentlichen durch die unterschiedliche Streicheranzahl – hier zwanzig, dort nur zehn Streicher – und durch zwei weiterreichende Eingriffe: Bei der Bearbeitung für die Ensemblefassung fügte Eötvös vor dem letzten Satz eine Generalpause mit der Anweisung „ca. 25" Stille" ein. Außerdem modifizierte er im dritten Satz den Anfang sowie verschiedene Tutti-Stellen in der Kadenz.
Der Titel des Werkes hat eine doppelte Bedeutung, eine musikalische und eine metaphorische: Zum einen verweist er musikalisch darauf, daß den beiden Soloinstrumenten und der kleinen Trommel vielfach ein instrumentaler Schatten beigegeben ist, der mehr oder weniger stark in Erscheinung tritt. Zum anderen entstand *Shadows* in der Zeit nach dem unzeitig frühen Tod von Eötvös' damals fünfundzwanzigjährigem Sohn. Ihm ist der dritte Satz des Werkes gewidmet, und der Titel *Shadows* meint auch die Schattenwelt, in der sich nach der Vorstellung des Komponisten sein Sohn nun bewegt. Die 25 Sekunden Stille vor dem dritten Satz, bei einem Werk von nur rund 15 Minuten Dauer eine extrem lange Pause, sind seinem Andenken gewidmet.
Wie bei *Chinese Opera* ist auch bei *Shadows* das Ensemble räumlich disponiert, wobei die einzelnen Schallwege genau kalkuliert sind (siehe Abbildung 6, S. 260): Im Bühnenhintergrund sind die Streicher in zwei spiegelsymmetrischen Gruppen um die große Trommel und die Pauken angeordnet. Am vorderen Bühnenrand sitzen abgewandt vom Publikum links die Holzbläser und rechts die Blechbläser. Und in der Bühnenmitte befinden sich gestaffelt: vorne Soloflöte und Soloklarinette, dahinter das Schlagzeug mit kleiner Trommel, Hi-Hat und Sizzle Cymbal und an dritter Stelle schließlich die Celesta. Alle diese im Zentrum befindlichen Instrumente sind elektrisch verstärkt, und ihr Klang wird über im mittleren und hinteren Teil des Saales rechts und links symmetrisch angeordnete Lautsprecher in den Raum projiziert. Dabei sollen Celesta und Schlagzeug im Idealfalle nach der Vorstellung des Komponisten durchweg nur über Lautsprecher zu hören sein: das Schlagzeug von beiden Seiten, das hohe Regi-

---

13 Vgl. auch *Projektionen. Peter Eötvös im Gespräch mit Ulrich Mosch über* Shadows *(1995–96/1997)*, in diesem Band, S. 96.

Abbildung 6: Peter Eötvös, *Shadows* für Flöte, Klarinette und Ensemble (1995–96/1997), Aufstellung des Ensembles (© by BMG Ricordi, München)

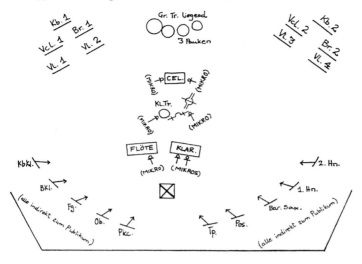

ster der Celesta links und das tiefe rechts. Bei den Solobläsern hingegen wird über die Dynamik auch der Ort der Schallabstrahlung kontrolliert: In den Passagen im Pianissimo sollen sie – wie die anderen elektrisch verstärkten Instrumente – nur indirekt über Lautsprecher zu hören sein, und zwar die Flöte von links und die Klarinette von rechts. Im Piano sollen indirekter Klang (aus dem Lautsprecher) und direkter Klang (von der Bühne) einander die Waage halten, ab Mezzoforte und lauter sollen die Solobläser nur noch direkt von der Bühne zu hören sein; dazu treten sie etwas von den Mikrophonen zurück. Inwieweit sich dieses Klangkonzept tatsächlich realisieren läßt, hängt allerdings entscheidend ab von der Akustik und von der Größe des Saales: Ein kleiner Saal mit hoher akustischer Präsenz macht es fast unmöglich, es zu verwirklichen, ein großer Saal ist dem akustischen Konzept zuträglich, insbesondere auch, was die Lontano-Effekte von Streichern und Pauken im Bühnenhintergrund betrifft. Aufgrund der Raumdisposition der Instrumente handelt es sich bei der Partitur nicht nur um einen einfachen Tonsatz, sondern um einen Klangsatz, bei dem die räumliche Komponente immer mitkomponiert ist: Es gibt Instrumente mit festem Schallort – auf der Bühne oder im Saal über Lautsprecher (Schlagzeug und Celesta) – und Instrumente mit beweglichem Schallort: die beiden Solobläser (Flöte und Klarinette). Bei ihnen werden Nähe und Ferne und die Ortswechsel über die Dynamik gesteuert. Die beiden Solisten sind die einzigen, die in dem weitgefächerten, ansonsten aber vollkommen statischen Klangfeld der anderen Instrumente sich bewegen dürfen, sozusagen Klangwanderungen unternehmen können. Dies ist erst gegen Ende des ersten Satzes und vor allem im zweiten Satz von einiger Bedeutung. In der Kadenz, die den zweiten Teil des dritten Satzes bildet, bewegen sich die beiden Solisten hingegen mit ganz wenigen Ausnahmen durchweg am untersten Ende des dynamischen Spektrums und verharren damit, was die Schallokalisierung betrifft, an einem Ort: die Flöte über Lautsprecher links im Saal, die Klarinette rechts.

Hinsichtlich des Komponierens ist es sinnvoll, bevor wir einige Beispiele aus *Shadows* näher betrachten, uns klar zu machen, was aufgrund des von Eötvös beschriebenen Wechsels von einem „konstruktiven" zu einem „improvisierenden Komponieren" in Bezug auf den Tonsatz bzw. die formale Anlage wohl zu erwarten ist. Geht man davon aus, daß sich die Konstruktion aufgrund der von Eötvös verwendeten Verfahren, wie wir es bei den analysierten Beispielen aus *Chinese Opera* sehen konnten, in Form regelmäßiger Muster in der Musik abbildet, so ließe sich aus dem Fehlen solcher Muster im Sinne eines Umkehrschlusses direkt auf einen grundlegenden Wandel der kompositorischen Vorgehensweise schließen. Oben war festgestellt worden, daß der konstruktive Zugang insbesondere die zeitliche Struktur und den formalen Aufbau betraf. Zusammen mit Eötvös' Feststellung in dem eingangs angeführten Zitat, er wäre nie zu einem größeren Format kommen, hätte er zu Beginn der neunziger Jahre so – das heißt konstruierend – weitergemacht wie bis dahin, welche sich auf die zeitlichen Dimensionen und den formalen Bau seiner Musik bezieht, läßt das vermuten, daß vor allem in bezug auf die zeitliche und formale Disposition von *Shadows* deutliche Unterschiede zu erwarten sind: Weniger das Material selbst dürfte von der neuen Verfahrensweise des „improvisierenden Komponierens" betroffen sein als vielmehr Zeitstruktur und Form der Musik.

So ist es nicht verwunderlich, daß uns, was den Tonsatz betrifft, auch bei *Shadows* der Schichtenaufbau, wie wir ihn bei *Chinese Opera* kennengelernt haben, begegnet, denn das Prinzip der Schichtung ist unabhängig von der zeitlichen Struktur. Im ersten Satz lassen sich drei Schichten unterscheiden: die Soloflöte und ihr Schatten (die Holzbläser), des weiteren Klarinette und Celesta, gelegentlich verbunden mit den Blechbläsern (dem Schatten der Klarinette) und den Streichern, außerdem eine Schlagzeugschicht im wesentlichen mit kleiner Trommel und ihrem Schatten (der Pauke), zu Beginn und am Ende auch mit Hi-Hat und Sizzle Cymbal. Insgesamt ist das musikalische Geschehen im ersten Satz eher auf die Instrumente im Zentrum der Bühne konzentriert; nur vereinzelt wird das ganze Ensemble ins Spiel gebracht.

Die Zusammengehörigkeit der Instrumente, ihre Gruppierung, läßt sich an Gemeinsamkeiten des jeweiligen Materials oder an ähnlichen Funktionen festmachen. So teilen gleich zu Beginn Soloklarinette und Celesta den Tonvorrat (d, e, fis, gis, a), das Rahmenintervall (die Quinte beziehungsweise ihre oktavverwandten Intervalle) und denselben Bewegungstypus (Fiorituren mit anschließenden Liegetönen) (siehe Abbildung 7, S. 262). Trotz jeweils durch einen Bewegungsimpuls ausgelösten abrupten Änderungen der Liegetöne bleibt diese Schicht innerhalb des gleich anfangs umrissenen Tonraums zunächst weitgehend statisch. Dieser Tonraum wird erst schrittweise erkundet, bevor es im weiteren Fortgang zu seiner Erweiterung nach oben und nach unten kommt. Klarinette und Celesta mit ihren schnellen Bewegungsimpulsen und nachfolgenden Liegetönen sind der Faktur nach sofort als aufeinander bezogen erkennbar, allerdings nicht im Sinne eines regelmäßigen konstruktiven Schemas, etwa der Imitation in einem bestimmten zeitlichen Abstand, sondern flexibel und zeitlich nur approximativ, das heißt, die genaue zeitliche Lokalisierung der Bewegungsimpulse und der Liegetöne innerhalb der beiden Partien und deren Verhältnis zueinander scheinen offenbar Resultat von Ad-hoc-Entscheidungen zu sein.

Abbildung 7: Peter Eötvös, *Shadows* für Flöte, Klarinette und Ensemble (1995–96/ 1997), erster Satz, Partitur, S. 5 (© by BMG Ricordi, München)

Im Gegensatz zu der eher statischen auf die Klarinette bezogenen Schicht, die zunächst einen gleich zu Beginn umrissenen Tonraum auslotet, entfaltet die Soloflöte von Anfang an langsam und schrittweise aufsteigend in mehreren Anläufen meist ganztönige Skalen, die jedoch immer an einer Stelle durch eine kleine Terz gebrochen sind. Der vom Tonvorrat her zur Klarinetten-Schicht komplementäre Tonraum der Flöten-Schicht (im ersten Abschnitt: ces, des, es, f, g, b, c) wird also erst durch den Verlauf definiert. Vielfach werden dabei die ersten Töne einzelner Phrasen von Piccoloflöte oder Oboe über die Dauer der Flötentöne hinaus als lange Liegetöne festgehalten. Auch hier existiert das Moment des Bewegungsimpulses, der aber keine Lageveränderung des jeweiligen Tones auslöst, sondern eher wie ein inneres Beben erscheint, eine Dynamisierung des Klangs, die sich einreiht in eine entsprechende dreiwertige Skala, welche auch die langsame Wiederholung desselben Tons mit mikrotonalen Verfärbungen und die schrittweise Modifikation des Klangs durch Veränderung des Anteils von Luft bzw. verschiedene Kombinationen davon umfaßt.

Hinsichtlich des metrischen Baus dieses Satzes lassen sich zwar einzelne Korrespondenzen beobachten: So entsprechen die Takte 3–19 von der metrischen Struktur her den Takten 22–38; ein Blick auf das musikalische Geschehen bestätigt diese Entsprechung. Auch Takt 51–57 spielt motivisch auf die beiden eben genannten Abschnitte an, und der Schichtenaufbau ist in allen diesen Abschnitten analog, wenn auch in vielem variiert. Gleichwohl gibt es hier, wie eine Übersicht schnell klar macht, offensichtlich keinen strukturellen Hintergrund des formalen Baus:

$$\begin{array}{lcccccccccccccc}
^{8}/_{16} & ^{4}/_{16} \mid ^{4}/_{16} & ^{8}/_{16} & ^{3}/_{16} \mid & 1 & \mid ^{4}/_{16} & ^{16}/_{16} & (^{4}/_{4}) & ^{4}/_{16} \mid ^{4}/_{16} \mid ^{4}/_{16} & ^{16}/_{16} & (^{4}/_{4}) & ^{4}/_{16} & ^{8}/_{16} & \mid \mid \\
1 & + \ 1 & \mid 16 + & 1 & + \ 1 & \mid & 1 & \mid 16 + 1 + & & 12 \mid 7 \mid 5 + 2 & + & & 1 & 2 & \mid \mid \\
\text{T.} \ 1 & & 3 & & & & 21 & 22 & 38 & 39 & 51 & 58 & & & \\
8 & 4 & 64 & 8 & 3 & & x & 64 & 16 & 48 & 28 & 20 \ 32 & & 4 & 16 \ [\text{♪}]
\end{array}$$

Anstelle von regelmäßigen Strukturen bilden flexible Konstellationen von Elementen oder Bausteinen die Basis des Tonsatzes. Diese lassen sich klar identifizieren und benennen: der Tonvorrat, der Tonraum, die Bewegungsrichtung, der Bewegungstypus (ob eher linear oder sprunghaft), der Charakter (ob statisch oder dynamisch) usw. Die Zuordnung der Bausteine zueinander regelt aber kein mehr oder weniger systematisch durchgehaltenes Prinzip. Vielmehr scheint dieser Aspekt beim Komponieren der Entscheidung aus dem Moment heraus überlassen gewesen zu sein. Als Beleg dafür kann man die völlig unregelmäßige Phrasenlänge, die keiner erkennbaren Regel folgt, ebenso werten wie die unregelmäßigen Einsatzabstände einander ähnlicher Figuren, zum Beispiel der Repetitionsfiguren der kleinen Trommel. Diese Vierundsechzigstel-Quintolen – teilweise auch sieben für fünf Schläge (Takt 6, 10, 17–22, 25 usw.) – treten erstmals in Erscheinung 12 Sechzehntel nach dem ersten Doppelstrich (Takt 6). Wie nachstehende Zahlenreihe der Einsatzabstände in Sechzehnteln belegt, wurden diese Quintolen anscheinend ad hoc plaziert:

im ersten Abschnitt (Takt 3–19): [12], 16, 31, 1, 1, 1, 1, 1 usw.,
im zweiten Abschnitt (Takt 22–38): [14], 32, 9, 1, 1, 1, 1, 1 usw. und
im dritten vergleichbaren Abschnitt (Takt 51–57):[2], 22, 1, 1, 1, 1.

Die zu Beginn des Satzes zunächst plausible Annahme, die Plazierung der einzeln stehenden Quintolen (Takt 6 und 10) sei an einen jeweils nachfolgenden Einsatz der Flöte gebunden und die lange Wirbelkette von Takt 17–22 habe die Funktion der Verkettung zum nachfolgenden Abschnitt, scheint sich zunächst im zweiten, den ersten variierenden Formabschnitt mit Takt 25 zu bestätigen. Die nächste Quintole erscheint aber anstatt in Takt 29 – wo sie motivisch korrespondierend zu Takt 10 zu erwarten wäre – zu spät, sozusagen an der falschen Stelle, nämlich erst in Takt 33. Was sich im weiteren Fortgang indessen bestätigt, ist die Verkettungsfunktion der langen Wirbelkette: Sie bindet in Takt 35–38 und 45–51 (Pauke und kleine Trommel) und in Takt 57 die verschiedenen formalen Abschnitte aneinander. Erst in den Takten 60, 61 und 62 ist dann auch noch einmal die Funktion der einzelnen Quintole als Vorbereitung eines Flöteneinsatzes zu beobachten. Wie dem auch sei: Klar ist, daß der Plazierung dieser Quintolenwirbel der kleinen Trommel kein in zeitlicher Hinsicht regelmäßiges Konstruktionsmuster – sei es nun unveränderlich oder sei es linear oder geometrisch wachsend oder schrumpfend – zugrunde liegt, sondern offensichtlich das Gutdünken bei der kompositorischen Arbeit. Das heißt nicht, daß nicht trotzdem, wie die Analyse eben gezeigt hat, Regel und Ausnahme erkennbar wären. Nur die zeitliche Artikulation sieht anders aus. Als Beleg für die vor allem formal artikulierende Funktion des Schlagzeugs läßt sich auch das Hi-Hat heranziehen, allerdings bezogen auf die Ebene der ganzen Sätze: Sie werden jeweils mit dem unter Fingertremolo langsam sich öffnenden bzw. schließenden Hi-Hat eröffnet und beschlossen, mit Ausnahme des dritten Satzes, wo das Öffnen schon am Ende des zweiten vorweggenommen ist.

Im Gegensatz zum ersten Satz ist beim zweiten über weite Strecken das gesamte Orchester beziehungsweise Ensemble beteiligt. Von den drei Sätzen der *Shadows* kommt dieser Satz dem am nächsten, was wir bei *Chinese Opera* beobachtet haben: Er beruht auf unterschiedlich langen, zum Teil komplexen rhythmischen Patterns, die nicht selten vielfach wiederholt und einander überlagert werden: Rein äußerlich ist dies bereits an Wiederholungszeichen – gleich zu Beginn die Takte 2–13 – sowie an zahlreichen „Faulenzern" in einzelnen Abschnitten der Partitur (zum Beispiel T. 17–20) zu erkennen. Auch bei diesem Satz offenbart die Analyse der metrischen Struktur keine regelmäßigen Muster, selbst dann nicht, wenn man die größeren Taktformen in 2/8- oder 3/8-Einheiten zerlegt:

$$7/8 \; \|: 2/8 - 3/8 \; 7/8 \; 2/8 - - 3/8 - 4/4 \; 7/8 - :\|\; 2/8 \; 3/8 - - - -[5x]^{14} - \; 7/8 \; 3/8 \; 2/8 - 4/8$$
T.1 $\;\;\|:2\;$ 13 $:\|$ 15$^{15}\;$ 28 $\mid$ 29

$$7/8 \; 4/8 \; 3/8 \; 5/8 [5x] - 3/8 \; 3/4 \; 2/4 - 3/4 \; 2/4 - 3/4 - - 3/8 \; \|: 7/16 + 5/16 [\text{etc.}] - - - - [3x] \; \|: [2x] \;\|:$$
$\;\;\;\;\;\;\;\;\;\;\;\;\;\;\;\;\;\;\;$ 43 $\mid$ 44 $\;$ 53 $\;\mid\;$ 54 $\;$ 75 $\;\|:$

$$- 7/16 \; 2/4 - \;\|:$$
76 $\;$ 136 $\|:$

Formal besteht der Satz aus zwei fast gleich großen Teilen: einem metrisch unregelmäßigen Teil (T. 1–53) von 228 (266) Achteln und einem isometrischen Teil (T. 54–136)

---

14 Diese und weitere Mehrfachwiederholungen, im vorliegenden Schema hervorgehoben, wurden erst nach der Uraufführung hinzugefügt.

15 Eötvös zählt die Variante 1 des letzten Taktes vor dem Doppelstrich als Takt 13, die Variante 2 als Takt 14. Deshalb geht es nach dem Doppelstrich mit Takt 15 weiter.

aus 7/16+5/16-Takten im regelmäßigen Wechsel von 467 (527)[16] Sechzehnteln = 233 (263) Achteln plus ein Sechzehntel Umfang. Daß die großformalen Proportionen ausgewogen sind, dürfte kein Zufall sein, sondern läßt auf genaue Planung schließen. Kompositionsprinzipien sind bei diesem Satz ähnlich wie bei *Chinese Opera* die Montage, der blockweise Bau und im zweiten Teil auch die Schichtung, allerdings mit flexibler, vergleichsweise unregelmäßiger Zeitstruktur.

Nach der Uraufführung der ersten Fassung von *Shadows* am 11. März 1996 mit dem Sinfonieorchester des Südwestfunks Baden-Baden unter der Leitung von Hans Zender zog Eötvös Konsequenzen aus Hörerfahrungen und griff bei diesem Satz in die Zeitstruktur der Partitur ein. Dreimal setzte er Mehrfachwiederholungszeichen: An zwei Stellen soll ein Takt je fünfmal wiederholt werden (Takt 26 und 41), an einer Stelle Zweitaktgruppen drei- bzw. zweimal (Takt 66 und 72). Der Komponist begründete diese Eingriffe gesprächshalber[17] einmal mit Problemen der Wahrnehmung: Erst die mehrfache Wiederholung erlaube ein wirklich verstehendes Erfassen; sie erlaubt sozusagen, an die komplexe Gestalt wahrnehmungsmäßig heranzuzoomen. An die Stelle der Struktur ist also hier, das geht aus der Äußerung hervor, die Wahrnehmung als Instanz für kompositorische Entscheidungen getreten. Solche nachträglichen Eingriffe wären im Rahmen eines auf einer Konstruktionslogik beruhenden Tonsatzes, wie wir ihn bei *Chinese Opera* kennengelernt haben, nicht denkbar, es sei denn, man suchte den bewußten Bruch und nähme in Kauf, daß dadurch diese Logik letztlich, wenn nicht zerstört, so doch gestört würde. Von eminenter Bedeutung sind jene Stellen, wo Takte oder Zweitaktgruppen zwei-, drei- oder gar fünfmal wiederholt werden, für die Zeiterfahrung des Hörers. Denn beim Hören stellt sich der Eindruck des Festhängens in einer Schleife ein wie bei einer Schallplatte, wenn die Nadel in einer Rille hängenbleibt. Der dritte Satz, um ein letztes Beispiel zu betrachten, ist untergliedert in zwei stark voneinander abweichende Teile: einen Tanz zu Beginn unter Aussparung sämtlicher Soloinstrumente, der laut Eötvös entsprechend den in verschiedenen Kulturen anzutreffenden Tänzen für Verstorbene als Gabe für seinen kurz vor Entstehung der Komposition verstorbenen Sohn zu verstehen ist, und eine von den Proportionen her fast doppelt so lange Kadenz der beiden Solobläser, die durch Einwürfe der Celesta und der Tutti-Bläser und Streicher untergliedert ist. Der Tanz zu Beginn des Satzes wurde für die Ensemble-Fassung neu instrumentiert: An die Stelle zweier hinsichtlich des Tonsatzes symmetrischer Streichergruppen mit analogen Partien im klangfarblich auf die Streicher und Pauke und große Trommel beschränkten ersten und dritten Teil des Tanzes und einem Links-rechts-Wechsel im Mittelteil, in dem die Tutti-Bläser hinzutreten, ist in der Ensemble-Fassung ein durchgehendes Streicherband neben die unveränderten Partien des Schlagzeugs und der Tutti-Bläser getreten. Die Kadenz hingegen, der im folgenden unser besonderes Augenmerk gelten soll, blieb bis auf kleine Modifikationen, von denen gleich noch die Rede sein wird, weitgehend unverändert. Diese Kadenz mit ihrer dialogischen Form ist vielleicht jener Ort in *Shadows*, wo das theatralische

---

16 Die Zahlen in Klammern beziehen sich auf den definitiven Zustand der Partitur nach der Revision im Anschluß an die Uraufführung, schließen also die später hinzugefügten Mehrfachwiederholungen ein; vgl. dazu den folgenden Absatz.

17 Vgl. auch *Projektionen. Peter Eötvös im Gespräch mit Ulrich Mosch über* Shadows *(1995–96/1997)*, in diesem Band, S. 87 ff.

Moment der musikalischen Paarbeziehung, von der oben bereits die Rede war, am stärksten in Erscheinung tritt und zum Thema gemacht ist. Dem Tonsatz der Kadenz liegt das Fortspinnungsprinzip zugrunde (siehe Abbildung 8).

Auf den ersten Blick erscheinen die Motive, ganz dem Grundgedanken der virtuosen Solokadenz verpflichtet, in frei assoziierender Reihung zu erscheinen. Gleichwohl gibt es aber insbesondere in der Klarinette deutlich erkennbare konstruktive Elemente: allem voran ein Motiv, welches gleich im ersten Takt, sozusagen als Eröffnung, erstmals erscheint und wörtlich oder leicht variiert insgesamt siebenmal, wenn man die Varianten T. 38–40 dazurechnet sogar neunmal wiederkehrt und den Verlauf bis Takt 40 gliedert. In Takt 41/42 und 49/50 ist ein leicht modifiziertes Zitat aus dem ersten Satz (dort T. 39–43) einmontiert. Zu den konstruktiven Momenten zählen des weiteren von der rhythmischen wie von der motivischen Gestalt her klar als voneinander abgeleitet erkennbare Celesta-Einwürfe in den Takten 13/14, 16/17 und 20/21 sowie zwei Einwürfe zunächst der Bläser, dann der Bläser und Streicher in den Takten 33/34 und 43/44, ursprünglich stehende Akkorde, die in der Ensemblefassung in Tonrepetitionen aufgelöst wurden. Die Einsätze dieser Einwürfe beruhen ebensowenig auf einem strukturellen Schema wie die variiert wiederkehrenden Motive in der Klarinette. Ihr Erscheinen in dem assoziativen Motivstrom scheint sich vielmehr einem genauen Aushören des Klangverlaufs zu verdanken. Ein konstruktives Prinzip struktureller Art ist weder im metrischen Bau der Kadenz noch in der Abfolge wiederkehrender Elemente zu erkennen.

Die vorstehend ausgebreiteten exemplarischen Analysen verschiedener Ausschnitte aus den beiden Ensemblewerken *Chinese Opera* und *Shadows* dürften die Differenz zwischen dem „konstruktiven Komponieren" der achtziger Jahre und dem „improvisierenden Komponieren" der neunziger Jahre, jedenfalls soweit sie in der Faktur der Musik aufscheint, deutlich gemacht haben: Bei *Chinese Opera* auf der einen Seite haben wir es vielfach mit komplexen „Mechanismen" zu tun, bei denen sich die zeitliche Lokalisierung fast jedes Tons oder Klangs aus generativen Mustern erklären läßt. Hier liegt der Rückschluß nahe, daß das Komponieren sich auf der Grundlage struktureller Schemata vollzog. Bei *Shadows* auf der anderen Seite lassen sich zwar die kompositorischen Bausteine und ihr Verhältnis zueinander bestimmen. Der zeitliche Ort, an dem die einzelnen Klänge erscheinen, und die Konstellationen, in denen sie jeweils erscheinen, ist aber nicht durch generative Muster welcher Art auch immer erklärbar. Der Grund dürfte darin liegen, daß insbesondere Entscheidungen, welche die zeitliche Erscheinung der Musik betreffen, nicht auf der Basis struktureller Ordnungen getroffen wurden, sondern ungebunden nach Gehör und innerer Vorstellung. Darüber, wie der Kompositionsprozeß im einzelnen tatsächlich verlief, ist mit diesen Hypothesen noch nichts gesagt. Das zu untersuchen bleibt der Auswertung der Skizzen und Entwürfe zu den beiden Werken vorbehalten, sobald sie zugänglich werden. Klar ist hingegen, daß Eötvös der Weg von einem strukturbetonten Komponieren zu einer dem herkömmlichen Komponieren eng verwandten Arbeitsweise geführt hat. Erst sie ermöglichte ihm offenbar, größere Formen zu komponieren.

Abbildung 8: Peter Eötvös, *Shadows* für Flöte, Klarinette und Ensemble (1995–96/1997), dritter Satz, Kadenz, Partitur, S. 29 (© by BMG Ricordi, München)

Torsten Möller

Spiele mit reflektierter Unmittelbarkeit
Peter Eötvös: Komponierender Interpret oder interpretierender Komponist?

> ... in einem bestimmten Prozentsatz ist jeder
> Dirigent irgendwo auch Komponist.
> (Peter Eötvös)

Als Peter Eötvös 1995 diesen Satz von sich gab, konnte er bereits auf einen reichen Erfahrungsschatz zurückblicken: Seine Karriere als Komponist hatte bereits mit 14 Jahren an der Budapester Musikakademie bei János Viski begonnen, später führte er seine Kompositionsstudien bei Ferenc Szabó von 1961 bis 1965 fort. Ein anschließend anvisiertes Dirigierstudium, das Eötvös anpeilte, um nicht zum Militär eingezogen zu werden, scheiterte. 1966 kam die Dirigentenkarriere in Köln und eher gemächlich in Gang: auf ein Dirigenten-Aufbaustudium beim ehemaligen Schüler Fritz Buschs, Wolfgang von der Nahmer, folgten einige ambitionierte Dirigate unter anderem von Debussys *Iberia* (1909) oder von Brahms' *Doppelkonzert* (1887) – doch konnte Eötvös zunächst „keine große Neigung zum Dirigentenberuf entwickeln". Ende der sechziger und während der frühen siebziger Jahre hielt er sich weitestgehend im Stockhausen-Kreis auf, spielte Schlagzeug, Klavier oder Keyboard und begleitete als Techniker manche Produktion, etwa das bekannte Kugelauditorium, das Stockhausen in Osaka bei der Weltausstellung präsentierte. Erst in den späteren siebziger Jahren wurde er „zurückgelockt" ans Dirigentenpult. Mitglieder des WDR-Symphonieorchesters – vor allem der Pianist Aloys Kontarsky, der die besonders präzisen Einsätze lobte – ebneten indirekt den Weg, der den Interpreten Eötvös nach Paris führen sollte.[1] Pierre Boulez war es, der 1979 einen Techniker, Komponisten und eben Dirigenten für das frisch formierte Ensemble InterContemporain suchte. Er entschied sich für den Ungarn, gab ihm als „Feuertaufe" seinen *Marteau sans maître* (1952–55) und Schönbergs *Pierrot Lunaire* (1912). Im Rückblick sagt Eötvös, eigentlich habe er erst zu diesem Zeitpunkt begonnen zu dirigieren. Für ihn waren solch schwierige Partituren vorerst ein „Horror". Ungeachtet dessen ging es nach seiner Arbeit in Paris steil bergauf. Als Dirigent wohlgemerkt.

Seine ersten wichtigen kompositorischen Arbeiten, die einen gereiften Personalstil widerspiegeln, datiert Eötvös auf Anfang der neunziger Jahre. Die Zeit zum Komponieren habe ihm vorher gefehlt. Die Tatsache, daß er lange keine großen Orchesterwerke geschrieben hat, bringt er in Zusammenhang mit seinen bis 1991 andauernden Dirigaten beim Ensemble InterContemporain. Für ihn bedeuten Kompositionen wie *Psycho-

---

[1] Zitate aus „*Mich interessiert gerade das Gegenteil von mir*" – Schlussdiskussion mit Peter Eötvös zum Motto „*Ungar und Weltbürger*", in: *Identitäten. Der Komponist und Dirigent Peter Eötvös*, hrsg. von Hans-Klaus Jungheinrich, Mainz: Schott 2005 (edition neue zeitschrift für musik), S. 69ff.

kosmos für Cimbalom und traditionelles Orchester (1993) und *Atlantis* für Bariton, Knabensopran, Cimbalom und Orchester (1995), aber auch *Korrespondenz* für Streichquartett (1992–93) eine gewisse Emanzipation vom Interpreten, in dem das Wissen um die quasi unendlichen Möglichkeiten der Komposition einen „Kreationsstau" verursacht haben könnte.[2]

*

Der Versuch einer Bestimmung von Wechselwirkungen zwischen Interpretation und Komposition ist – zumal bei interpretatorisch wie auch kompositorisch tätigen Musikern – eine anspruchsvolle Aufgabe. Inwiefern spielt der Komponist bei der Interpretation eine Rolle? Wie groß ist der Einfluß des Interpreten bei der Komposition? Das sind schwierige Fragen, die von Fall zu Fall variierende Antworten verlangen. Heinz Holliger, wie Pierre Boulez und eben Eötvös Komponist und Dirigent zugleich – bei Holliger tritt die Tätigkeit als Oboist noch hinzu, während Eötvös seine Tätigkeit als Instrumentalist weitestgehend eingestellt hat –, beruft sich auf einen umfassenden Begriff des Musikers, für den Produktion und Reproduktion in engster Nachbarschaft stehen. Boulez benennt die „Produktivkraft" der zweigleisigen Arbeit und betont die Beeinflussung des Komponierens durch das inspirierende Dirigieren: „Sie denken etwas, aber Sie werden provoziert, etwas zu denken, weil Sie einen Kontakt mit einem Werk aus der Vergangenheit, von heute oder mit einem eigenen Werk haben. Und das provoziert Sie, etwas zu schreiben, zu denken, zu realisieren usw. Das ist immer so."[3] Eötvös würde dies vermutlich unterschreiben, denn oft sind Grundkonzeptionen seiner Werke oder einzelne Ideen durch die dirigentische Arbeit mit Orchestern oder einzelnen Musikern ausgelöst worden. Wie Boulez, so trennt auch Eötvös zwischen Autor- und Interpretenschaft. Aber die Frage, inwieweit seine Arbeit als Komponist bei der Interpretation eine Rolle spielt, stellt ein methodisches Problem dar. Leicht ist gesagt, daß mit dem Dirigenten immer auch der Komponist am Pult stehe. Am Gegenstand – das heißt fernab eigener Kommentare von Eötvös – zu belegen ist es weit schwerer, zumal dann, wenn wir es mit Tonträgern zu tun haben. Die Bedeutung kompositorischer Kenntnisse hinsichtlich der Transparenz, des viel beschworenen „Röntgenblicks", mit dem Komponisten fremde Partituren interpretierend zu durchleuchten vermögen, ist im „Zeitalter der technischen Reproduzierbarkeit" kaum nachweisbar. Mikrophon-Positionierungen und andere scheinbar marginale Faktoren spielen eine wichtige Rolle; zudem wäre zu fragen, ob eine transparente Einspielung unbedingt auf kompositorisches Können schließen lassen *muß*. Oder anders: Sollte es nicht eine Selbstverständlichkeit sein, möglichst viel hörbar zu machen von dem, was in der Partitur steht? Daß Eötvös' rhythmische Genauigkeit – von Kontarsky ebenso angesprochen wie von Eötvös selbst[4] – wiederum durchs Notieren von Musik ausgeprägt sei, mag stimmen. Um-

---

2   Gespräch mit Eötvös am 14. Dezember 2006.

3   Barbara Zuber, *Komponieren – Analysieren – Dirigieren. Ein Gespräch mit Pierre Boulez*, in: *Pierre Boulez*, München: text + kritik 1995 (= *Musik-Konzepte*, Heft 89/90), S. 38.

4   Siehe *„Meine Musik ist Theatermusik." Peter Eötvös im Gespräch mit Martin Lorber*, in diesem Band, S. 43 ff.

gekehrt muß ein Mangel an kompositorischer Erfahrung natürlich keineswegs zwangsläufig zu rhythmisch unsauberem Dirigat führen.

*

Das Repertoire des Dirigenten Eötvös umfaßt primär die Musik des 20. und 21. Jahrhunderts – diesen Bereich bezeichnet er als „Lebensaufgabe". Nur gelegentlich macht er Ausflüge ins typische Konzert- und Abonnementreihen-Repertoire: „Die Stücke, die ich aus dem Repertoire dirigiere, sind geeignet dazu, mich zu einem ‚besseren Musiker' werden zu lassen. Ich werde dadurch ‚reicher'. Absicht und Zufall spielen da ineinander. Weil ich keine ganz normale Dirigentenkarriere gemacht habe, liegt mein Schwerpunkt nicht auf dem Standardrepertoire. Ich habe nicht alle Beethoven- oder Brahmssinfonien parat. Manchmal merke ich, daß mich etwas zufällig mir Angetragenes besonders zu interessieren beginnt, und das hat dann auch Konsequenzen für mein Komponieren."[5] Wenn sich Eötvös dem klassisch-romantischen Repertoire zuwendet, so ist eine Begeisterung für die deutsch-österreichische Musiktradition unverkennbar. Der Name Bach fällt, in Lyon bringt Eötvös *Don Giovanni* zu Gehör – ein Dirigat, das aufgrund dessen, daß bei Mozart „eine unglaublich feine Artikulation, eine vollkommen andere Attitüde" verlangt werde[6], besonders lehrreich für ihn war. Brahms' *Vierte Symphonie* liebt Eötvös sehr, für das ungarische Label BMC spielte er die *Fünfte Symphonie* von Beethoven ein – dies ist ein Komponist, der für ihn eine ganz zentrale „Gestik" und Erfahrung darstellt. Beethoven erklingt hier eher ungewohnt, etwas aus den Fugen geraten; das Werk ist frecherweise mit elektronischer Verstärkung eingespielt.[7] Geht es ins 20. Jahrhundert, beinhaltet die Dirigenten-Diskographie sehr viele Werke von Bartók, dessen Musik Eötvös bekanntlich als seine „Muttersprache" bezeichnet.[8] Auch Strawinsky fällt ins Auge, Stockhausens Werke sind auf acht Tonträgern zu finden. Besonders verpflichtet ist Eötvös der unmittelbaren Gegenwart: Auch Stücke von Frank Zappa – 1993 komponierte er zu seinem Andenken das Schlagzeugstück *Psalm 151* – hat er dirigiert. Als „ständiger Gastdirigent" ist er beim Radio-Sinfonieorchester Stuttgart aktiv, bei den Donaueschinger Musiktagen ist er regelmäßig anzutreffen und dirigiert Kompositionen der jüngeren Generation. 2005 hob er dort mit der Radio Kammerphilharmonie Hilversum Werke von Lars Petter Hagen, Dai Fujikara, Samir Odeh-Tamimi und Valerio Sannicandro aus der Taufe. Der „Dirigent-Komponist" erwähnt die fruchtbare Arbeit mit den meist anwesenden Komponisten. Er ist sich den Grenzen der Notation bewußt und bemüht, die immer vorhandenen „Leerstellen" der Partitur im direkten Kontakt mit den jeweiligen Autoren zu füllen.[9] Dafür,

5 „*Mich interessiert gerade das Gegenteil von mir*", S. 75.

6 Zitiert nach Dirk Wiescholleck, *Grenzenlose Sprachvielfalt: Peter Eötvös*, in: *Fonoforum* 50 (2005), Nr. 2, S. 31 f.

7 BMC Records CD 063.

8 „*Mich interessiert gerade das Gegenteil von mir*", S. 66.

9 „Unsere schriftliche Musikkultur ist einerseits praktisch, andererseits aber auch sehr unvollkommen. Es gibt unglaublich viele Fehlerquellen. Man kann nicht alles genau beschreiben, das heißt, alle Informationen, die ein Komponist während der Proben den Dirigenten weitergeben kann, sind wesentlich für einen Dirigenten." („*Meine Musik ist Theatermusik*", in diesem Band S. 54).

daß namhafte Dirigenten den Kontakt zu den Komponisten meiden wollen, hat Eötvös, von Max Nyffeler als „dialogisch orientierter Mensch" beschrieben, kein Verständnis.[10] Er setzt sich ein für die junge Generation, im Rahmen seines Institutes für junge Dirigenten, im Rahmen seiner eigenen Dirigate aber auch für die jungen Komponisten. Lars Petter Hagen hat dies bei der Uraufführung seines *Norske Arkiver* in Donaueschingen zu schätzen gelernt. Er beschreibt den besonderen Einsatz von Eötvös und betont oft dessen hohe Konzentration in der Einstudierungsphase. Eötvös weiß schnell, wo die besonderen Anforderungen einer Partitur liegen. Bei Hagens *Norske Arkiver* – ein getragenes, klanglich subtiles Werk mit differenzierter Mikrotonalität und elektronischer Zuspielung von norwegischen Orchester- und Chorwerken – lagen diese vor allem bei der Intonation und Klangbalance. Im Laufe des straffen Probenplans von dreimal einer halben Stunde konzentrierte sich Eötvös genau auf diese Bereiche. Daß er angesichts des tragend-elegischen Charakters des Stückes automatisch eine Flexibilität in der zeitlichen Gestaltung an den Tag legte, gefiel Hagen ebenso wie die Tatsache, daß Eötvös die Proben verlängerte: „Ich denke, dies ist ein sehr edler Zug gerade von einem Komponisten in *der* Liga. Viele Komponisten hätten diese Extra-Arbeit nicht für ein Stück eines jungen Komponisten auf sich genommen."[11]

*

Aber so sehr Eötvös auch auf die Intentionen des jeweiligen Komponisten eingehen mag, befindet er sich auch in einer bestimmten Interpretationstradition und tritt den Tonsetzern als selbstbewußter Interpret und nicht als bloßer Exekutor entgegen. Seine Einspielung des *Sacre du printemps* (1911–13) unterscheidet sich deutlich von Strawinskys eigenen, auf Tonträger dokumentierten Interpretationen, die Eötvös zur Kenntnis genommen haben dürfte.[12] In beiden Einspielungen, das heißt sowohl mit dem Orchestre Symphonique aus dem Jahr 1929 als auch mit dem Columbia Symphony Orchestra 1960, schlägt Strawinsky forschere Tempi an. In Ersterer dauert die Einleitung 3'07", 31 Jahre später nur noch 2'56" – daß die zusätzliche Beschleunigung auf die Assistenz von Robert Craft zurückzuführen ist, ist freilich nicht ausgeschlossen. Eötvös läßt sich jedenfalls mehr Zeit, erst nach 3'31" beginnt bei ihm *Les Augures printaniers – Danses des adolescentes*. Obwohl Strawinsky zu Beginn ein Rubato notiert, schlägt er in beiden Einspielungen auffallend starr durch. Eötvös dirigiert flexibler, an seine – schon von Lars Petter Hagen bemerkte – Kunst der schmiegsamen Interpretation reicht wohl nur die von Boulez mit dem London Symphony Orchestra aus dem Jahr 1993

---

10 „Sie wissen sicher, daß sehr viele Dirigenten sagen: ‚Ich mache ein neues Stück nur, wenn der Komponist nicht dabei ist.' Das ist in meinen Augen der größte Unfug. Ich finde, jeder Dirigent sollte den Komponisten als Partner betrachten. Es stimmt nicht, daß ein Komponist bei den Proben stört. Der Komponist ist derjenige, der die musikalischen Gedanken anbietet, und für die Ausführenden sollte es oberste Priorität haben, den Intentionen des Komponisten so gut wie möglich zu folgen." (Ebd.)

11 Lars Petter Hagen in einer E-Mail-Mitteilung vom 30. Oktober 2006 an den Verfasser.

12 Eötvös mit der Jungen Deutschen Philharmonie, BMC CD 118; Strawinskys eigene Einspielungen sind veröffentlicht bei Pearl Records GEMM CD 9334 (1929) und bei CBS MK 42433 (1960).

heran.[13] Boulez braucht 3'47", während Sir Georg Solti ähnlich hektisch wie Strawinsky agiert (3'01").[14]

Gemeinsamkeiten zwischen Boulez und Eötvös sind auch zu Anfang des zweiten Satzes auffallend, also bei der berühmten, synkopisch vorwärts stampfenden Achtelepisode. Distinguiert-distanziert, ohne Effekthascherei bleiben beide sehr kontrolliert, achten auch an dichten, expressiven Stellen auf klangliche Transparenz, wobei die sehr gute Aufnahmequalität der Eötvös-Einspielung sicher eine Rolle spielt. Hört man noch René Leibowitz – den einstigen Lehrer von Boulez –, gerät man fast in Versuchung, eine französisch-ungarische Traditionslinie zu sehen. Denn auch Leibowitz nimmt die Einleitung mit 3'46" auffallend langsam, auch er bleibt bei den synkopischen Achteln eher kontrolliert-zurückhaltend.

Letztendlich muß spekulativ bleiben, welche Rolle der Komponist Eötvös bei seinen Dirigaten spielt. Die luzide Durchhörbarkeit, die aufregende „clarté" der *Sacre*-Einspielung *muß* nicht, aber *kann* auf den erfahrenen Tonsetzer verweisen. Sie kann mit gleichem Recht als Interpretationsideal der Neuen Musik verstanden werden, wenngleich der gelegentlich mit Neuer Musik assoziierte, sachliche „Röntgenblick" oder jene vielbeschworene „Eiseskälte", die Celibidache den Interpretationen Pierre Boulez' zum Vorwurf machte, nicht bemerkbar ist – ganz im Gegenteil. An verschiedenen Orten betont Eötvös seinen besonderen Bezug zur Artikulation.[15] Dies deckt sich durchaus mit seiner Einspielung des *Sacre*: schon bei der ersten Fagott-Weise – jene besonders prominente Stelle, die laut Boulez mit dem Instrumentalisten intensiv zu erarbeiten ist[16] – zeigen sich außerordentlich sensible Tongestaltung und Klangfärbung. Eötvös modelliert die Feinheiten der Klanggestaltung wie wenige andere.

*

Zwischen Interpretation und Komposition scheint es – trotz der vielfachen Versuche, den Interpreten „ins Werk zu ziehen" – einen eklatanten Widerspruch zu geben. Einerseits ist da das Bemühen des Komponisten, seine Gedanken zu straffen, in eine bündige, endgültige Form zu bringen, die meist noch immer dem traditionellen europäischen Werkbegriff mit all seinen Implikationen, etwa innere Stimmigkeit, Ausgewogenheit und natürlich Realisier- und Ausführbarkeit, entspricht. Andererseits haben wir die ungleich „weichere" Sphäre der Interpretation, in der Konjunktive mehr zählen und mehr zählen sollten als Imperative, wo die Offenheit der im günstigen Fall vom Kollektiv gestalteten Probensituation wichtiger sein sollte als der „solipsistische" Weg, der eben nicht immer der Königsweg ist.[17] Dafür, daß Komposition und Interpretation auseinanderklaffen, gibt es Beispiele wie den starrsinnigen Komponisten, der sein

---

13   RM Arts DVD.

14   Sir Georg Solti mit dem Chicago Symphony Orchestra, DECCA MCPS 417 704-2.

15   Vgl. *„Musikmachen beginnt mit der Artikulation". Peter Eötvös im Gespräch mit Zoltán Farkas*, in diesem Band, S. 75 ff.

16   „Sie müssen ein großes Solo, zum Beispiel das Fagottsolo zu Beginn des *Sacre du Printemps* oder die Flöte in *L'Après-midi d'un Faune* mit dem Musiker diskutieren und ihn fragen, wie er das konzipiert." (Zitiert nach *Komponieren – Analysieren – Dirigieren. Ein Gespräch mit Pierre Boulez*, S. 40).

© Jean Radel

„Kind" nicht in die Welt entlassen kann und die Probensituation – oft zum Ärger der Interpreten – als bloße Verlängerung der Schreibtischarbeit betrachtet.

Die „Labilität" der Interpretationssphäre wurde schon durch die Verschiedenheit der von Strawinsky autorisierten *Sacre*-Einspielungen offensichtlich. Dafür, daß sich ein „interpretierender Komponist" über seine eigene Notation hinwegsetzt, bieten etwa Hindemiths eigene Interpretationen seiner *Sonate für Viola allein* op. 25 Nr. 1 (1922) ein frappantes Beispiel: Binnen 10 Jahren ändert sich der Interpretationsansatz Hindemiths drastisch. 1929 herrscht noch eine ungestüme, wilde Interpretation vor, die die Überschrift „Rasendes Zeitmaß. Wild. Tonschönheit Nebensache" einlöst. 1939 ist dann eine „Restitution des Espressivo" (Hermann Danuser) zu erleben, eine drastische Bändigung des Partiturgehalts, vermutlich verursacht durch eine Wandlung der Interpretationskultur.[18]

Zurück zu Peter Eötvös, in dessen Œuvre sich die Sphären Komposition und Interpretation anzunähern scheinen. Im Schlagzeug-Konzert *Triangel* (1993, rev. 2001) werden dem Schlagzeuger viele Freiheiten hinsichtlich der Klangauswahl eingeräumt. Als ehe-

---

17 Eötvös selbst ist sich dessen bewußt, ja schätzt gerade die „vagen" Parameter der Interpretation, beispielsweise die „Grundfrage der Dynamik", die „man niemals erschöpfend beantworten kann – ein sehr empfindlicher, sehr gefährlicher Parameter, weil er von vielen Parametern abhängt. Also von der Saalakustik, der Tageszeit, der Besetzung des Auditoriums und so weiter. Aber es ist vielleicht auch der schönste Parameter für die Kommunikation zwischen Komponist, Dirigent und Orchester: endlich etwas Handfestes, über das man diskutieren kann!" („*Mich interessiert gerade das Gegenteil von mir*", S. 77).

18 Vgl. Hermann Danuser, *Einleitung*, in: *Interpretation*, hrsg. von Hermann Danuser, Laaber: Laaber 1997 (= *Neues Handbuch der Musikwissenschaft*, Bd. 11), S. 50f.

maliger Schlagzeuger weiß Eötvös um die Vielfalt perkussiver Klanggestaltungen, die sich der Komponist am Schreibtisch schwerer „ausmalen" kann als der live agierende Spieler. Das Problem vieler, allzu „offener" graphischer Partituren – die sich verlieren in vagem Dialogisieren oder im steten und wenig überraschenden Changieren zwischen An- und Entspannung – ist in *Triangel* durch die kompositorische Strukturierung der Gesamtform gebannt.

Daß die „Labilität" der Interpretation in den Schaffensprozeß quasi einfließt, ist bei Eötvös auf verschiedenen Ebenen ersichtlich. Offensichtlichstes Merkmal: wie Boulez revidiert Eötvös oft, ja scheinbar unermüdlich. Von den *Windsequenzen* für Ensemble gibt es drei Fassungen, eine von 1975, eine revidierte von 1987, schließlich eine (heute) definitive von 2002. Von *Kosmos* für ein oder zwei Klaviere gibt es – ungeachtet vieler Zwischenfassungen, die in der Paul Sacher Stiftung einzusehen sind – zwei Versionen, wobei zwischen der ursprünglichen Fassung von 1961 und der letzten Revision 1999 38 Jahre liegen. *Steine* für Ensemble ist laut Werkliste zwischen 1985 und 1990 entstanden – es handelt sich um eine Bearbeitung des anläßlich des sechzigsten Geburtstags von Pierre Boulez entstandenen Ensemblewerks *Pierre-Idyll* (1984) – und wurde 1992 nochmals umgearbeitet. Die häufigen Revisionen liegen darin begründet, daß Eötvös, der in den neunziger Jahren großen Wert auf das Dirigieren seiner Uraufführungen legte, bei Aufführungen stets einiges bemerkte, das es zu verbessern galt. Das unmittelbare Erhören und Erarbeiten ist ein unabdingbarer Bestandteil seines Komponierens.

Als erfahrener Dirigent weiß Eötvös, daß die Probenarbeit meist zu kurz angelegt ist. Konsequenterweise schreibt er Kompositionen so, daß die Probenarbeit leicht fallen kann. So erfordere die Einstudierung des großen Orchesterwerks *Atlantis* vergleichsweise sehr wenig Vorbereitungszeit. Nicht, daß es ein einfaches Stück wäre, aber Eötvös kennt als Praktiker die Zeit fressenden Interpretationshürden und weiß sie zu umgehen. Eötvös' „einkomponierte Probenarbeit" kann auch witzige Züge annehmen, die deutlich auf spontane Situationen in der Arbeit mit Orchestern verweisen. Besonders einleuchtend wird dies im Werk *Steine*, das sicher kein geschlossen-stimmiges Meisterwerk ist, jedoch für sich beanspruchen kann, ein freundliches, experimentelles Konzeptstück zu sein, das im Konzertsaal gerade aufgrund der lebendigen Dialogstrukturen szenisch überzeugend realisiert werden kann. *Steine* ist im doppelten Sinne für Interpreten geschrieben: Zur Aufführung per se, aber eben auch als pädagogisch motivierte Komposition – „Hinhören, reagieren, erfinden, weitergeben; *Steine* verwendet spieltechnische Aufgaben, die beim Zusammenspiel von max. 6–8 Musikern gewöhnlich sind, aber nicht bei 22! Die größere Anzahl der Musiker erschwert den akustischen Kontakt, deshalb ist ein Dirigent zur Koordination nötig. *Steine* ist mit der pädagogischen Absicht komponiert, durch variable Instrumentalgruppen, im polyphonen Zusammenspiel die Ohren der Musiker zu trainieren, zu schärfen, die Reaktionsfähigkeit weiterzubilden."[19] Den Hintergrund der Werkentstehung bildete die Erfahrung, die Eötvös bei einer Probe als Dirigent machte und die er im Interview mit Zoltán Farkas erwähnt: „Die Idee ist mir gekommen, als ich einmal in Stuttgart Béla Bartóks *Wunderbaren Mandarin* dirigierte und dem Posaunisten sagte, er solle einmal auf das Fagott

---

19   Vorwort der Partitur.

hören. ‚Das Fagott? Ich habe noch nie gehört, was das Fagott spielt. Ich höre nur die Tuba.' Und es stellte sich heraus, daß das durchaus kein Scherz war, sie denken tatsächlich, der Dirigent wäre dazu da, um ihnen zu winken, damit sie ihm aus der Hand spielen können."[20] Um Routine, das heißt, das gewohnte Kommunikationsmuster zwischen Dirigent und Musiker aufzubrechen, läßt Eötvös im ersten Teil der insgesamt dreiteiligen Komposition ohne Dirigent spielen. Erst bei Ziffer 10 beginnt dieser mitzuwirken, interessanterweise ist sein Part ausnotiert: „Der Dirigent ist auch ein Mitspieler", heißt es im Vorwort der Partitur.

Im Sinne einer zusätzlichen Neu-Sensibilisierung der Musiker konfrontiert Eötvös sie mit einer zusätzlich ungewohnten Situation. Gerne löst er gebräuchliche Orchestergruppierung auf: in *Steine* befinden sich links vor dem Dirigenten die erste Violine und das Cello, rechts die zweite Violine plus Bratsche. Ähnliches gilt für die Position der Bläser: links erste Trompete, Posaune, Horn, rechts die zweite Trompete, Posaune, Horn. Der amplifizierte Kontrabaß wiederum befindet sich nicht rechts außen, sondern hinten in der elektrisch verstärkten Gruppe. Ebenfalls mithilfe von Kontaktmikrophonen verstärkt sind Harfe und Celesta.

Abbildung 1: Peter Eötvös, *Steine* für Ensemble (1985–90, rev. 1992), Aufstellung der Musiker (© by Editio Musica Budapest)

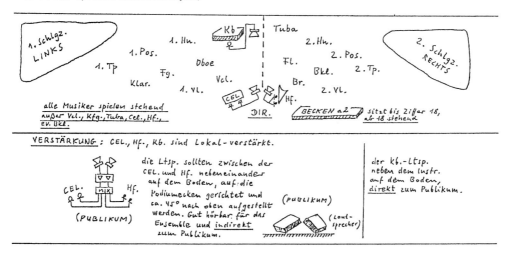

Daß „Komposition, Improvisation und Interpretation [...] im musikalischen Denken von Peter Eötvös als ein sehr enger Konnex zu begreifen"[21] sind, zeigt sich in *Steine* deutlich. Zu Beginn stehen Übernahmen gleicher, quasi verschmelzender Töne im Mittelpunkt, ohne daß ein Ensemblechef diesen Verschmelzungsprozeß mit Dirigiergebär-

---

20 „Musikmachen beginnt mit der Artikulation", in diesem Band, S. 78.
21 Thomas Schäfer im Booklet-Text der 2000 bei Kairos erschienenen CD mit den Werken *Chinese Opera*, *Shadows* und *Steine*, 0012082KAI.

den moderieren würde. Organisch wandert das e von der Oboe zur Altflöte, diese wiederum gibt ihren Part weiter an die B-Klarinette (an diesem Beginn von *Steine* steht ein aus den Buchstaben von Pierre Boulez' Namen geformtes „Grußsignal", siehe Abbildung 2, S. 277).

Wenn Eötvös das Kollektiv in einzelne, intime Dialoge auflöst, die zunehmend komplexer werden, sind bei den Spielern gute Ohren und die Fähigkeit zu sensiblem Zusammenspiel gefordert: Er treibt eine Art Spiel mit reflektierter Unmittelbarkeit. Wenn die erste Violine die zweite Violine in umgekehrter Strichweise imitiert, stellt sich die Aufgabe noch als relativ leicht dar (Ziffer 2). Später wird es komplizierter: das Cello beispielsweise soll ein Motiv der Baßklarinette übernehmen, dieses jedoch in komplementärer Dynamik wiederholen (Ziffer 6). Bei Ziffer 7 heißt es: „Oboe spielt vor, die zwei Violinen imitieren alles genau, nur aus dem viertönigen Tonvorrat spielen sie die Töne nicht, die gerade von der Oboe gespielt wurden."

In einem Beitrag über den Einfluß des Jazz im Œuvre von Eötvös führt Wolfgang Sandner die Auffassung Wolfgang Rihms an, daß es sich bei der Komposition um die „langsamste Form der Improvisation handele" – insofern, als sich im Akt der Niederschrift die Spontaneität des Einfalls bewahre.[22] Ferner betont Sandner zu Recht die Virulenz jazz-spezifischer Elemente in Eötvös Werken ab 1993; erwähnt werden *Triangel* (1993, rev. 2001), für dessen Realisierung ein „jazzerfahrener Schlagzeuger" erforderlich sei, *Paris-Dakar* für einen improvisierenden Solisten und Bigband (2000) sowie *Snatches of a conversation* für Doppeltrichter-Trompete, Rezitator und Ensemble (2001) – die beiden letztgenannten sind Kompositionen, die man „dem genuinen Jazz zurechnen könnte."[23]

Bekanntlich kann man sich gewissen Phänomenen von unterschiedlichen Seiten her nähern. Und hinsichtlich der „Losigkeit" vieler Eötvös-Werke kann es auch sein, daß diese aus seiner immensen Erfahrung „vor Ort" resultiert. *Shadows* für Flöte, Klarinette und Kammerorchester (1995–96) ist ein Beispiel von vielen. Dieses, von Eötvös als ein „ziemlich genaues Selbstbildnis" beschrieben,[24] klingt so ungebunden, daß es scheint, als vertraute Eötvös dem praxisnahen „Triebleben der Klänge" (Schönberg). Zahlreiche Dialogstrukturen mögen auch darauf zurückzuführen sein, daß es sich um „Theatermusik" – bekanntlich besitzt diese Kategorie in Eötvös' Schaffen über musiktheatralische Werke im engeren Sinn hinaus große Bedeutung – handelt. Hinzu kommt die Tatsache, daß es ein sehr privates Werk ist, das unmittelbar nach dem Tod seines Sohnes entstand. Aber hört man die häufigen Wiederholungen und die Lust an den organischen, klanglich berauschenden Raumwirkungen, so scheint es, als habe Eötvös es sich offensichtlich nicht im Komponierstüblein mit Fibonacci-Reihe, Strukturnetzen, Zahlenspielereien oder postseriellem Parameterdenken bequem eingerichtet. Seine Werke tragen durchaus Spuren der musikalischen Praxis – nicht zu ihrem Nachteil.

---

22 Wolfgang Sandner, *Durch die Welt streifen und sehen was von ihr hängen bleibt – Peter Eötvös und der Jazz*, in: *Identitäten*, S. 13.
23 Ebd.
24 *„Mich interessiert gerade das Gegenteil von mir"*, S. 65.

Abbildung 2: Peter Eötvös, *Steine* für Ensemble (1985–90, rev. 1992), Beginn
(© by Editio Musica Budapest)

Elisabeth Schwind

„Wohin ist alles nur entschwunden"
Peter Eötvös' Oper *Drei Schwestern* (1996–97)

Dramaturgen des Stillstands: Eötvös, Lachenmann, Sciarrino

Peter Eötvös' Oper *Drei Schwestern* (original: *Tri Sestri*) nach dem Stück von Anton Tschechow war von Anfang an eine Erfolgsgeschichte: Nach der Uraufführung im März 1998 an der Opéra de Lyon folgten sehr bald die deutsche Erstaufführung in Düsseldorf, dann Inszenierungen der niederländischen Nationale Reisopera und in Budapest. Die niederländische Produktion war dann, im September 2000, in Hamburg zu sehen, fast zeitgleich mit einer neuen Produktion in Freiburg im Breisgau. Fünf Inszenierungen in zweieinhalb Jahren – eine ansehnliche Bilanz in Anbetracht dessen, daß etliche zeitgenössische Werke nach ihrer Uraufführung im Orkus der Musikgeschichte verschwinden. Und seither wurden die Uraufführungsproduktion, aber auch andere der Inszenierungen von weiteren Häusern übernommen. Damit dürfte das Stück zu den wenigen musiktheatralischen Werken der letzten ein bis zwei Dekaden gehören, die Aussicht haben auf einen Status als künftige Klassiker. Einen ähnlichen Erfolg können nur noch Stücke wie Helmut Lachenmanns *Mädchen mit den Schwefelhölzern* (UA Hamburg 1997) oder die beiden Stücke von Salvatore Sciarrino, *Luci mie traditrici* (deutsch: *Die tödliche Blume*, UA Schwetzingen 1998) und *Macbeth* (UA Schwetzingen 2002) für sich verbuchen. Läßt sich der Erfolg dieser Stücke plausibel erklären? Und nebenbei: Ist es ein Zufall, daß sie in den späten neunziger Jahren bzw. zu Beginn des neuen Jahrhunderts uraufgeführt wurden? Sucht man nach Gemeinsamkeiten in den eigentlich recht unterschiedlichen Stücken von Eötvös, Lachenmann und Sciarrino, fällt neben der jeweils sehr bekannten Vorlage (Tschechow, Shakespeare, das Andersen-Märchen bzw. der historische „Kriminalfall" des Komponisten Gesualdo) auf der musikalischen Seite eine Ästhetisierung der Sprache auf, die selbst bei Lachenmann die durch die Verschränkung des Märchenstoffs mit einem Text von Gudrun Ensslin dezidiert gesellschaftskritische Stoßrichtung des Werks in den Hintergrund rückt. Es scheint, als gelange der in der Neuen Musik lange Zeit als vordergründige Qualität verpönte Begriff „Schönheit" in diesen Werken wieder zu neuem Recht – und das, obwohl gerade Lachenmann in seinem *Mädchen* die Mittel der radikalen Avantgarde weiterhin fortschreibt. Eine Ästhetik der Reduktion und der weitgehend kulminationslosen Dramatik gehen mit dieser „Schönheit" einher, Zustände des inneren oder äußeren Stillstands, der geronnenen Zeit, der Starre und der (buchstäblichen oder metaphorischen) Kälte finden so ihren Ausdruck – Tschechows *Drei Schwestern* bieten dafür einen ebenso geeigneten Ansatzpunkt wie das Märchen vom erfrierenden Streichholzmädchen, wo die Kälte leicht als soziale Kälte zu identifizieren ist. Und mit *Gelo à gelo* (deutsch: *Kälte*), wie Sciarrinos jüngstes Musiktheater (UA Schwetzingen 2006) heißt, ließe sich dessen spezifische Musiksprache sogar ganz allgemein beschreiben.

Die Dramaturgie der Reduktion und des Stillstands erlaubt paradoxerweise eine vorsichtige Rückkehr zur ebenfalls lange vermiedenen Narrativität, da diese durch die grundsätzlich angestrebte Handlungsarmut gleichsam in Schach gehalten wird. Die solcherart retardierte Erzählweise erleichtert den Zugang zu den Werken. Das gilt auch für Lachenmanns *Mädchen mit den Schwefelhölzern*, obwohl sich das Stück weitaus entschiedener als Eötvös' *Drei Schwestern*, entschiedener überhaupt als andere zeitgenössische Werke dem traditionellen Opernbegriff entzieht. Möglicherweise rührt der Erfolg des Werks *auch* daher, daß es auf einer vergleichsweise einfachen Vorlage beruht, deren Verlauf Lachenmann mit Hilfe seiner „Musique concrète instrumental" nachzeichnet und damit (trotz der Atomisierung des Textes bis zur totalen Unverständlichkeit) die narrative Struktur durch die Hintertür wieder einführt – und so ganz unterschiedliche Erwartungshaltungen befriedigt.

Die Dramaturgie von Lachenmanns *Mädchen*, die sich als Wechsel zwischen Erstarrung und daraus ausbrechenden, sich klangprächtig auffächernden Orchesterspielen beschreiben läßt, folgt dem Erzählablauf des Märchens mit den wiederkehrenden Halluzinationen des Mädchens beim Anzünden der Streichhölzer. In diesem einen Punkt verfährt Lachenmann also durchaus traditionell – und ermöglicht so einen relativ unmittelbaren Zugang zu seinem Werk, auch ohne daß die Komplexität der Partitur durchdrungen werden muß. Gleichwohl vermeidet er trotz sich wiederholender Handlungselemente Wiederholungen auf musikalischer Ebene. Demgegenüber machen sich sowohl Sciarrino als auch Eötvös die Psychologie der Wiederholung zunutze, wenn auch auf je eigene Art. Während Sciarrinos Musik die Wiederholung als unterschwellig wirksame Konstante kennt, die ihr wie das zyklische Atmen oder der Lidschlag einen organischen Rhythmus verleiht, verwendet Eötvös in den *Drei Schwestern* das Prinzip der Wiederholung auf einer großformalen Ebene als Mittel einer Dramaturgie. Sie soll im folgenden näher untersucht werden.

Tschechows kulminationslose Dramatik muß Eötvös' Vorstellungen einer Dramaturgie des Stillstands prinzipiell entgegen gekommen sein – dennoch folgen er und sein Librettist Claus H. Henneberg nicht dem formalen Ablauf von Tschechows *Drei Schwestern*. Tschechow markiert das Verharren der Schwestern in einer Art mentaler Starre gerade dadurch, daß er die äußere Zeit verrinnen läßt. Schon in den ersten Sätzen des Dramas häufen sich Jahreszahlen, Daten, Zeitangaben und erinnerte Momente in auffälliger Weise: „(Olga): Vater starb vor einem Jahr, gerade an diesem Tag, dem fünften Mai, an deinem Geburtstag, Irina. [...] Aber nun ist ein Jahr vergangen und wir erinnern uns daran leicht, du bist schon im weißen Kleid, dein Gesicht strahlt. (Die Uhr schlägt zwölf.) Damals schlug ebenso die Uhr [...]"[1] Insgesamt vergehen in Tschechows Drama vier Jahre, in denen Andrej und Natascha heiraten und zwei Kinder bekommen, Olga zur Schulleiterin berufen wird und Irina erst auf dem Telegraphenamt arbeitet und dann das Lehrerinnenexamen ablegt.

In Eötvös' *Drei Schwestern* hingegen spielt die Chronologie keine ausschlaggebende Rolle. Die vier Akte werden aufgelöst und zu drei Sequenzen neu zusammengesetzt, in denen Eötvös, wie er sagt, Tschechows „Geschichte ohne Helden" drei Mal erzählt, „und immer steht eine andere Person im Mittelpunkt."[2] Nach eigenem Bekunden

---

[1] Anton Tschechow, *Drei Schwestern*, Stuttgart: Reclam 1998, S. 5.

möchte Eötvös dadurch das Augenmerk auf die Dreiecksbeziehungen legen, in die die beteiligten Personen verwickelt sind: Irina wird von zwei Männern umworben – vom Baron Tusenbach und von dem zynischen Soljony –, Andrej steht zwischen den drei Schwestern und seiner dominanten Frau Natascha, und die dritte Sequenz zeigt Mascha zwischen ihrem biederen Ehemann Kulygin und dem in seiner Ehe ebenfalls glücklosen Oberstleutnant Werschinin. Die Dreiecksbeziehungen erfüllen dabei eine doppelte Funktion. Zum einen schaffen sie ein dramatisches Potential,[3] bei genauerem Hinsehen aber dienen sie zugleich der Dramaturgie des Stillstands: Sie zeigen jeweils eine Person in einer aporetischen Situation, die sie wie das sprichwörtliche Kaninchen vor der Schlange handlungsunfähig macht. Die „Lösungen" aus den Dreieckskonflikten werden quasi schicksalhaft an sie herangetragen: Irinas zwei Verehrer duellieren sich, wobei Tusenbach stirbt, Werschinin, in den Mascha sich verliebt, verläßt mit dem übrigen Militär die Stadt, und Andrej gerät in den Strudel der Spielsucht.

Das neben den „Dreiecken" eigentlich wesentliche dramaturgische Mittel des Stillstands ist die Wiederholung. Wo Tschechow die äußere Zeit verrinnen läßt, um die innere Stagnation zu betonen, dreht sich bei Eötvös alles im Kreise. Er führt die Personen immer wieder an den Ausgangspunkt zurück, um sie wieder von Neuem beginnen zu lassen. Schon der Text des Prologs ist dem Schluß von Tschechows Drama entnommen: „Der eine ging von uns, er ging für immer fort", heißt es da in Anspielung auf die Ereignisse, die erst noch erzählt werden müssen. Und: „wir bleiben ganz allein und leben von neuem." So ist von Anfang an klar, daß die Schwestern in einer Wiederholungsschleife stecken. Die Dreiecke signalisieren den Konflikt, die Kreise dessen Ausweglosigkeit.

Tatsächlich kehren von Sequenz zu Sequenz ähnliche Szenen, Handlungs- und musikalische Elemente wieder. Allerdings verfährt Eötvös dabei keineswegs so schematisch, wie er selbst vermuten läßt, wenn er sagt, er erzähle dieselbe Geschichte drei Mal. Zwar wird der Ablauf der Szenenfolge aus der ersten Sequenz in der zweiten Sequenz zunächst wiederholt, für die dritte Sequenz gilt das aber nicht mehr. Außerdem verkürzt sich die Länge der drei Sequenzen von Mal zu Mal – von elf auf neun und schließlich auf fünf Szenen. So spielt beispielsweise das Akkordeon als spezifisch russisches Instrument im Prolog eine besondere Rolle und steht hier für die Sehnsucht der Schwestern nach Moskau. Das prägnante Motiv, das Eötvös ihm zuordnet, wird an bestimmten Scharnierstellen der Oper wieder aufgegriffen. Zu den weiteren Bausteinen gehören das Thema der Rückwärtsgewandtheit, das von Irina exponiert wird („Wohin ist alles nur entschwunden"), Maschas Pfeifen, das die Streicher in glissandierten Bewegungen nachzeichnen, ein als „Refrain" bezeichnetes patternhaft rhythmisches Zwischenspiel, zu dem Natascha mit einer Kerze die Bühne überquert, das Zerbrechen der Uhr durch den betrunkenen Doktor oder die „Feuermusik", die mit ihren jähen Berg- und Talfahrten im Orchester die Schwestern aus ihrer Lethargie reißt und jeweils den Dreieckskonflikt signalisiert. Freilich handelt es sich nie um wörtliche Wiederholun-

---

2   Zitiert nach der „Höranleitung" auf der CD-Publikation *Drei Schwestern*, Deutsche Grammophon 459 694-2, CD 2, Track 16.

3   „Wenn es in der Theaterdramaturgie drei Konfliktpersonen gibt, beginnt das Spiel erst interessant zu werden." (Peter Eötvös, zitiert nach dem Programmheft der Freiburger Produktion, Spielzeit 2000/2001, S. 14).

gen. So wird beispielsweise Irinas „Wohin ist alles nur entschwunden" vom Beginn der ersten Sequenz in der zweiten Sequenz zusammengestaucht und verkürzt, oder der Refrain mit Natascha ist beim zweiten Mal aggressiver instrumentiert. Die Szene mit der zerbrechenden Uhr hingegen wird in der zweiten Sequenz ausgebaut, sie verweilt etwas länger beim Doktor, über dessen Selbstzweifel man nun auch etwas erfährt. In der dritten Sequenz hingegen scheint sich nicht mehr viel zu wiederholen. Irinas „Klage" zu Beginn ist weggelassen, auch der Refrain mit Natascha und Kerze fehlt und sie bricht nicht, wie in den beiden anderen Sequenzen, zu einem Rendezvous mit Protopopow auf. Der Doktor zerbricht die Uhr kein drittes Mal. Allerdings geht zu Beginn der Sequenz eine Teetasse zu Bruch – und wieder ist es der Doktor, der zerknirscht vor den Scherben steht. Was sich wiederholt, ist vor allem die Dramaturgie eines bogenförmigen Verlaufs, der in der Erstarrung („Pfeifen"/Liegetöne) beginnt, im Dreieckskonflikt (Feuermusik) aufbricht und wieder in die Erstarrung mündet (Abschied/Pfeifen/Sehnsuchtsmotiv, nun als Flageolett in der Bratsche). Offenbar genügen einige Reminiszenzen an die beiden vergangenen Sequenzen, um den Eindruck zu erzeugen, daß sich auch in der dritten Sequenz die Geschichte erneut wiederholt. Dadurch gelingt es Eötvös, den Eindruck der Vorhersehbarkeit auszuschalten, ohne jedoch den der Endlosschleife zu beeinträchtigen. Es gelingt ihm noch mehr: Rein praktisch gesehen ist die Wiederholungstechnik eine Hör- und Verstehenshilfe. Dramaturgisch gesehen ist sie ein Mittel, um die verfahrene Situation der drei Schwestern zu unterstreichen.

„Drei Schwestern" – eine reine Männersache

Alle fünf Frauenrollen seines Musiktheaters hat Peter Eötvös mit männlichen Stimmen besetzt – und so die „Drei Schwestern" zu einer reinen Männersache gemacht. Für die Schwestern selbst und die Schwägerin Natascha sind Countertenöre vorgesehen, für das Kindermädchen Anfisa ein Baß. Das ist ungewöhnlich – schließlich gibt es in der Geschichte der Oper zwar häufig Hosenrollen, in der Regel aber keine „Rockrollen". Über die Hintergründe dieser Entscheidung äußerte sich Eötvös im Vorfeld der Freiburger Inszenierung (bei der die Schwestern wiederum mit Frauen besetzt waren) im Herbst 2000 folgendermaßen: „Die Entscheidung, die Frauen mit Männern zu besetzen, war ein langsamer Prozeß. Der erste Gedanke war natürlich, die Frauenrollen mit Frauen zu besetzen. In dem Moment, wo es nicht mehr darum ging, den Tschechowschen Text zu realisieren, sondern ein eigenständiges Werk zu erschaffen, da habe ich gemerkt, daß es sich permanent um Dreiecksbeziehungen dreht. [...] Durch die Dreiecksbeziehungen geht es gar nicht so sehr um Männer- und Frauen-Beziehungen, vielmehr handelt es sich um eine physikalische Erscheinung, eine ständig stattfindende Rotation, weil drei vorhanden sind. [...] Daher kam ich darauf, daß die Frauen nicht unbedingt Frauen sein müssen, denn es geht nicht um das Geschlecht, sondern um Konflikte. So werden die Frauen von Countertenören gesungen, was natürlich sehr abstrakt ist."[4]
Es soll also, so Eötvös, nicht um das Geschlecht gehen, sondern um den abstrakten Konflikt. Allerdings stellt sich die Frage, ob in dem Moment, da Männer, zumal Coun-

---

4   Ebd.

tertenöre, in Frauenrollen gesteckt werden wie in Frauenkleider, die Aufmerksamkeit nicht erst recht auf die Geschlechter gelenkt wird, weil die gängigen Regeln der Rollenteilung plötzlich durchbrochen worden sind. Wahrscheinlich ist zumindest, daß dies Irritationen auslösen mag. In der Inszenierung von Stanislas Nordey für die Nederlandse Reisopera wurden die Geschlechterverwirrspiele noch weiter getrieben, indem man nicht nur darauf verzichtete, den männlichen Darstellern eine künstliche Weiblichkeit überzustülpen, sondern sie sogar Bart zum lässig über die Hose hängenden Hemd tragen ließ. Männer als Frauen – ist damit nun der Sexus eliminiert? Heben sich beide Geschlechter in einer Person zu einem Neutrum auf? Was passiert, wenn Männer in Frauenrollen schlüpfen? Zumal dann, wenn sie auch noch in Frauenlage singen?
Countertenöre im zeitgenössischen Musiktheater haben bereits eine gewisse Tradition, innerhalb der sich einige Spezifika für die Rollentypen dieses Stimmfachs herausgebildet haben.[5] Der erste Countertenor außerhalb der Wiederbelebung der Barockoper dürfte der Oberon in Benjamin Brittens Shakespeare-Oper *A Midsummernight's Dream* (1960) gewesen sein. Britten schrieb die Rolle für Alfred Deller, mit dessen Name die Wiederentdeckung des Countertenors als Solostimme verbunden ist. Es ist ein Gesang wie aus einer anderen Welt. Schön, fragil, entmaterialisiert – eben so, wie man sich die für Menschen unsichtbare Feenwelt vorstellen mag. Brittens Oberon wurde zum Urbild des Countertenors im zeitgenössischen Musiktheater. Inzwischen ist dieser Stimmtyp in Werken von Philip Glass über Georg Friedrich Haas bis zu Klaus Huber heimisch geworden. Auch in Salvatore Sciarrinos *Luci mie traditrici* taucht er auf. Auffälligerweise wird er oftmals in Kontexte gestellt, die in versunkenen Kulturen oder den Epochen der Alten Musik angesiedelt sind. Schon bei Benjamin Brittens Oberon ist das so. In dieser Partie ist die Entwicklung des Stimmfachs Countertenor aus der Alte-Musik-Bewegung noch deutlich spürbar. Ähnliches gilt für Sciarrinos *Luci mie traditrici*. Sogar Peter Eötvös charakterisiert die *Drei Schwestern* gerne als „Madrigal zu dreizehn Stimmen".[6] Auch hier also ist der Bezug zur Alten Musik latent vorhanden. Der meist als „körperlos" empfundene Stimmklang der Countertenöre prädestiniert sie überdies für Rollen aus der Welt der Geister und Götter. Offenbar traut man dem Countertenor, der als in Frauenlage singender Mann die Geschlechter zu überschreiten scheint, auch weitere Formen der Grenzüberschreitung zu. Die Erdenferne seines Stimmklangs suggeriert, daß er den Gesetzen des Hier und Jetzt enthoben ist. So tritt er als Gestalt fremder Kulturen oder mythischer Zeiten in Erscheinung – so wie der geheimnisumwobene Pharao Echnaton in der gleichnamigen Oper von Philip Glass aus dem Jahr 1984; oder wie der Knabe in Klaus Hubers Oper *Schwarzerde* (1997–2001), der wie die Personifizierung eines gefährdeten inneren Exils die Musik durchstreift, um ein altes armenisches Epos zu erzählen. Armenien steht hier für das „gelobte Land", das Land der Sehnsucht, deren Sprache uns fremd bleibt.
Michael Tippett pries seinerzeit die Stimme Alfred Dellers als „frei von emotionellen Nebensächlichkeiten, die uns von der absolut reinen Qualität ihrer Hervorbringung ablenken; es gibt keinen vergleichbaren Klang in der Musik, und wenige andere Klänge

---

5 Siehe auch Elisabeth Schwind, *Fremde Kulturen, mythische Zeiten. Countertenöre im zeitgenössischen Musiktheater*, in: NZfM 164 (2003), Nr. 6, S. 52–55.

6 Vgl. Pierre Moulinier, *Eine große zeitgenössische Oper*, in: Booklet zur CD-Publikation *Drei Schwestern*, Deutsche Grammophon 459 694-2, S. 32.

sind dermaßen wahrhaftig musikalisch."[7] Folgt man Tippett, so ist es, als stoße man mit einem Countertenor in eine Sphäre absoluter Wahrheit, in irgendetwas, das über unsere materielle Welt hinaus Bestand hat. Das wiederum deckt sich mit den Äußerungen des Countertenors Alain Aubin, der in der Uraufführung der *Drei Schwestern* die Rolle der Olga übernommen hatte: „Wir sind weder Männer noch Frauen, wir sind die Seelen der drei Schwestern."[8] Möglicherweise meinte Eötvös dasselbe, als er sagte, es gehe ihm nicht um das Geschlecht, sondern um den abstrakten Konflikt. Der Stimme des Countertenors wird von vornherein eine abstrakte Qualität zugestanden – unabhängig von der Frage, ob sich männliche und weibliche Merkmale gegenseitig zu einem Neutrum aufheben. Über diese Abstraktion gelangt man wiederum auf eine Ebene, auf der mit Mitteln der Stilisierung ein Spiel entwickelt werden kann, in dem die „weiblichen" Züge der Figuren noch verstärkt werden. Diese „paradoxe Wahrheit" entdeckte Eötvös beim japanischen Kabuki-Theater. Auch hier schlüpfen Männer in die Rollen von Frauen. Eötvös äußerte sich dazu folgendermaßen: „Ich war von der paradoxen Wahrheit dieser ,Travestien' völlig eingenommen. Die Präzision und Feinheit ihrer Gesten und Tongebung machten ihr Spiel völlig abstrakt und wirkten ,weiblicher' als dies eine Frau machen könnte. Das ist die Kraft der ,Travestie': Was durch den Unterschied gezeigt wird, ist, was es tatsächlich ist. Die Glaubwürdigkeit der Figuren ist außerordentlich verstärkt."[9] Vermutlich verdanken wir dieser Erfahrung die Countertenöre in den *Drei Schwestern*. Und sicherlich war der Regisseur der Uraufführungsproduktion in Lyon, Ushio Amagatsu, nicht zufälligerweise ein Japaner, der sich vom japanischen Nô-Theater anregen ließ. Wieder ist es eine fremde Kultur, in der uns die Countertenöre begegnen – insofern fügen sich Eötvös' *Drei Schwestern* nahtlos in die Reihe der zeitgenössischen musiktheatralischen Werke mit Countertenor ein. Nur stellen die Countertenöre bei Eötvös eben Frauen dar, worin sich die *Drei Schwestern* grundsätzlich von anderen Werken unterscheiden. Erstaunlicherweise kam bislang kaum ein Komponist auf die Idee, die Androgynität der Countertenor-Stimmen für weibliche Rollen zu nutzen. Selbst in der Geister- und Götterwelt sind sie – siehe Oberon – eindeutig dem männlichen Geschlecht zuzuordnen. Daß Eötvös anders verfährt, hängt offenbar mit der ostasiatischen Theatertradition zusammen, von der er sich inspirieren ließ.

Bleibt die Frage, was Japan mit Tschechow zu tun hat. Warum glaubt Eötvös, daß sich das, was ihn an den *Drei Schwestern* interessiert, in einer japanisierenden Ästhetik vermitteln läßt? Neben der Tendenz zur Abstraktion spielt da sicherlich auch die angestrebte Dramaturgie des Stillstands eine Rolle. Die Japanisierung ermöglichte eine „uniforme Melancholie" und „Unbeweglichkeit" der Figuren,[10] die die Dramaturgie des Stillstands weiter unterstützte. Man kann sogar noch weiter gehen: Dem ostasiati-

---

7   Zitiert nach Jürgen Kesting, *Die großen Sänger*, Bd. 3, Düsseldorf: Claassen 1986, S. 1708.
8   Zitiert nach Pierre Moulinier, *Eine große zeitgenössische Oper*, S. 35.
9   Zitiert nach Daniel Ender, *Durch Verfremdung der Wahrheit näher. Peter Eötvös' brisante Aktualisierung von Tschechows „Drei Schwestern"*, in: ÖMZ 57 (2002), Nr. 5, S. 20.
10 Die Inszenierung der Uraufführung wurde von Rachel Beckles Willson beschrieben in: *Sehnsucht als Motiv. Zur musikalischen Dramaturgie in Peter Eötvös' Oper „Die drei Schwestern"*, in: *Identitäten. Der Komponist und Dirigent Peter Eötvös*, hrsg. von Hans-Klaus Jungheinrich, Mainz: Schott 2005 (edition neue zeitschrift für musik), S. 17–24.

schen Denken, seiner Philosophie und seinen Religionen ist die Kreisförmigkeit bereits eingeschrieben. Und generell ist das Denken in Zyklen hier stärker verankert als im europäischen Denken. Eötvös und sein Regisseur Amagatsu benutzen Japan als Metapher und Assoziationskomplex für eine in Kreisen angelegte Dramaturgie, die Eötvös wiederum aus Tschechows Drama destilliert hat. In der Metapher „Japan" oder „Fernost" manifestiert sich Eötvös' Sicht auf Tschechows Drama.

Podium

Ulrich Mosch und Simon Obert

„Komponieren heute"
Themen und Fragen zum Roundtable am 29. November 2005[1]

Die Stellung der Musik der Gegenwart in der Gesellschaft hat sich in den letzten Jahren grundlegend verändert. Einen Diskurs in der breiteren Öffentlichkeit, wie er zur bildenden Kunst – Beispiele: Documenta in Kassel oder Biennale in Venedig – (noch) existiert, scheint es zum Thema Neue Musik nicht mehr zu geben. Die Feuilletons beschränken sich weitgehend auf Berichterstattung; im Fernsehen ist die zeitgenössische Musik weitgehend in Spartenkanäle abgedrängt. Offenbar fühlt sich niemand mehr herausgefordert zu einer leidenschaftlichen Debatte über Musik als Kunst und über den Musikbegriff, selbst in den Nischen nicht mehr. Freundliche Indifferenz ist selbst auf den heutiger Musik gewidmeten Festivals die vorherrschende Reaktion. Hat die zeitgenössische Musik ihre Kraft zu provozieren eingebüßt? Ist das ein Symptom dafür, daß das aktuelle Komponieren keine gesellschaftliche Relevanz mehr hat?
Die Struktur des Publikums hat sich grundlegend verändert. Es ist viel stärker segmentiert als früher. Wer in Konzerten mit Alter Musik oder Musik der Klassik und Romantik sitzt, kommt mit Neuer Musik oft gar nicht mehr in Berührung, und umgekehrt. Und das gilt natürlich ebenso für Popularmusik. Die zunehmende Segmentierung ist auch gesamtgesellschaftlich ein Phänomen. Hansjörg Paulis Frage vom Beginn der siebziger Jahre „Für wen komponieren Sie eigentlich?" stellt sich daher neu.
Wahrnehmung und Wahrnehmungsbedingungen von Musik haben sich grundlegend verändert. Die Allgegenwart von Klängen musikalischer Provenienz aufgrund der Möglichkeit der Klangreproduktion zerstört tendenziell den Sinn für Klangliches im allgemeinen wie für Klangkunst im besonderen. Die Fragmentierung der Wahrnehmung und die offenbar zunehmende Reduktion der durchschnittlichen Aufmerksamkeitsspanne verschärfen die Situation noch zusätzlich. Wahrnehmung von Musik braucht aber Zeit. Komplexe Musik, wie viele Kompositionen der Gegenwart es sind, steht damit quer zu den Trends der Zeit, bietet aber genau deshalb auch Möglichkeiten, um „Ohren und Geist zu lüften". Im Lauf der Geschichte hat sich das musikalische Material zunehmend erweitert, besonders radikal im 20. Jahrhundert, und zwar vom tonlich Klingenden zu jeder Art von Klanglichem. Als Komponistin oder Komponist steht man jedoch vor der Notwendigkeit, aus der Fülle des Möglichen auszuwählen. Welches sind die Selektionskriterien heute?
Tradition ist nicht das Bewahren der Asche, sondern das Weitertragen der Glut. Wo steckt unter den immensen Bergen der Asche heute noch Glut? Wo könnte grundsätzlich Neues liegen, das mehr ist als das bloß relativ Neue, wie es jedes „neue" Werk darstellt?

---

1 Grundlage der Diskussion war das hier veröffentlichte, allen Beteiligten im voraus zugestellte Papier von Ulrich Mosch und Simon Obert mit Themen und Fragen zu der in Rede stehenden Thematik. Mathias Spahlinger formulierte darauf reagierend zwei, hier auf S. 289 ebenfalls wiedergegebene Thesen.

Regulative Ideen wie der „Fortschrittsgedanke" scheinen heute keine große Rolle mehr zu spielen. Was ist an die Stelle solcher Ideen getreten? Zugleich ist seit langem ein gesellschaftliches „Fortschreiten" zu beobachten, das die Möglichkeit der Selbstzerstörung der Menschheit durch die Vernichtung ihrer Lebensgrundlagen erfaßt. Wohin sollte/könnte man noch fortschreiten?

Globalisierung scheint auch bei der Musik ein Thema zu sein, wenn man etwa an die Mobilität der Studierenden heute, an die Märkte für Musik oder auch an die Migration denkt. Gleichwohl gibt es kulturgeographisch fundierte Identitäten, die sich aus Herkunft und aktuellen Lebenskontexten speisen und ständig sich umbilden. Können sie das notwendige Gegengewicht zu den Globalisierungstendenzen bilden?

mathias spahlinger

thesen zum roundtable

die neue musik wird unterschätzt. in ihr lassen sich veränderungen des denkens und dessen geschichtlich-materieller grundlagen aufweisen, die nicht mit den paradigmenwechseln zu vergleichen sind, die wir aus der vergangenheit kennen. in der neuen musik ist das verhältnis der teile zum ganzen prinzipiell verändert, es bleibt in ihr fraglich, ob es ganzheiten, ein ganzes überhaupt gibt. sie ersetzt nicht negierte konventionen durch neue, sondern stellt mit jedem stück die frage neu: ist das musik? sie ist ein kind der aufklärung und „fortschritt im bewußtsein der freiheit".
das bürgertum hat abgedankt, politisch substantiell und als kulturträger. der einstige motor der demokratisierung bringt nur noch innovation an der oberfläche hervor, schein von veränderung ohne veränderung: „design bestimmt das bewußtsein". der neoliberalismus wird die probleme dieses planeten nicht lösen. die musiker, deren sache die neue musik ist, werden in dem maße auf neue ideen und zuhörer stoßen, in dem sie sich an denen orientieren, die, wie sie selbst meistens, nichts besitzen als ihre arbeitskraft und sich die frage stellen, wie macht ohne herrschaft zu erreichen ist, wie die politische macht der ökonomie demokratisch kontrolliert werden kann.

Musik aus einem Guß?
Ein Roundtable zum Thema „Komponieren heute" mit Peter Eötvös, Georg Friedrich Haas, Roland Moser, Isabel Mundry, Mathias Spahlinger und Ulrich Mosch (Moderation)

Ulrich Mosch: Guten Abend, meine Damen und Herren, ich begrüße Sie zu diesem großbesetzten Roundtable zum Thema „Komponieren heute" im Rahmen der ersten Arbeitsphase mit Peter Eötvös und freue mich, daß es offensichtlich auf lebhaftes Interesse stößt. Vorweg und noch bevor ich die einzelnen Teilnehmer vorstelle und wir ins Gespräch eintreten, gleich ein herzliches Dankeschön an die an der Diskussion Beteiligten, an die Komponistin und die Komponisten, die sich bereiterklärt haben, hier mitzudiskutieren.
Nun zur Vorstellung der Beteiligten: Zu meiner Linken, das brauche ich in diesem Rahmen kaum mehr zu sagen: Peter Eötvös. Er ist ja jetzt schon einige Tage sehr intensiv mit vielen von Ihnen an der Arbeit. Trotzdem möchte ich ganz kurz etwas zu seiner Person sagen: Er ist Komponist und Dirigent mit vielfältigen Tätigkeitsfeldern, hatte vor einem Jahr in Paris am Théâtre du Châtelet eine vielbeachtete Uraufführung seiner letzten Oper, *Angels in America* (2002–04) nach Tony Kushners gleichnamigem Theaterstück, und Ende Januar kommenden Jahres wird in Luzern, darüber hat er gestern schon ganz kurz gesprochen, sein neues Klavierkonzert uraufgeführt. Neben seiner ausgreifenden Interpretentätigkeit ist er auch als Hochschullehrer tätig; an der Musikhochschule Karlsruhe bekleidet er eine Professur für Dirigieren.
Zu seiner Linken sitzt Isabel Mundry. Sie lebt und arbeitet als Komponistin in Freiburg im Breisgau ...

Isabel Mundry: ... besonders arbeite ich dort ...

Ulrich Mosch: ... der Arbeitsschwerpunkt liegt also in Freiburg. Anfang September wurde – das hat vielleicht die eine oder der andere von Ihnen der Presse entnommen, oder Sie waren selbst dabei – eine Oper aus ihrer Feder an der Deutschen Oper in Berlin uraufgeführt. Diese Oper heißt: *Ein Atemzug – die Odyssee* (2003–04), ist eigentlich eher Musiktheater, ein choreographisches Theater, wenn man so will, also an dieser Grenzscheide angesiedelt. Sie unterrichtet als Professorin Komposition an der Musikhochschule in Zürich.
Ganz links außen, von Ihnen aus rechts außen, sitzt Mathias Spahlinger. Er lebt und arbeitet ebenfalls in Freiburg im Breisgau und hatte vor wenigen Tagen in Stuttgart die Uraufführung eines großen abendfüllenden Werkes für sieben Klaviere mit dem Titel *farben der frühe* (2005) mit einem Ensemble unter der Leitung von James Avery. Er ist in Freiburg an der Musikhochschule Leiter des Instituts für Neue Musik und ebenfalls Professor für Komposition.
Zu meiner Rechten sitzt Georg Friedrich Haas, soeben in Basel neu bestallt als Dozent für Komposition. Er ist hier in Basel kein Unbekannter, es gab in den vergangenen Jahren eine ganze Reihe von Aufführungen seiner Musik. Vor zwei Jahren brachte das Theater Basel sein Ensemblestück *in vain* (2000) als szenisches oder visuelles Theater

heraus. Am 4. Dezember, das heißt am Vorabend des Todestages von Mozart und im Blick auf das bevorstehende Mozart-Jahr, wird in Salzburg ein neues Stück für Chor und Orchester uraufgeführt mit dem Titel *Klangräume zu den unvollständigen Fragmenten des Requiems von Wolfgang Amadeus Mozart*.

Und ganz links außen, von Ihnen rechts außen, sitzt, ebenfalls kein Unbekannter in dieser Hochschule, Roland Moser, seit langen Jahren hier Kompositionsdozent. Er hatte, um nur zwei Werke aus jüngster Zeit zu nennen, in Witten letztens eine Uraufführung seines Stückes *Oszillation und Figur* (2003–04) aus einem größeren Komplex, der sich mit Themen der Romantik beschäftigt. Vor zwei Jahren wurde seine abendfüllende Oper *Avatar* (1992–93/2000–02) am St. Galler Theater uraufgeführt, die an der Oper in Gelsenkirchen im Frühjahr nächsten Jahres in deutscher Erstaufführung herauskommen wird.

Soweit die kleine Vorstellungsrunde. Nur noch ein Wort zu meiner Person: Ich bin Wissenschaftlicher Mitarbeiter an der Paul Sacher Stiftung in Basel und war an der Konzeption dieses Projektes zu Peter Eötvös beteiligt.

Komponieren heute – ein nicht gerade originelles Thema, werden Sie vielleicht denken. Und doch stellen sich in unserer Zeit, nicht anders als in früheren Zeiten auch, bei der künstlerischen Arbeit viele grundsätzliche Fragen: Das kompositorische Schaffen vollzieht sich nicht im luftleeren Raum, sondern hier und jetzt, in einer ganz bestimmten Zeit, in einem ganz konkreten gesellschaftlichen, historischen und nicht zuletzt kulturgeographischen Kontext, dem man sich nicht entziehen kann, zu dem man aber wohl oder übel Stellung nehmen muß beziehungsweise durch sein Handeln auch immer Stellung bezieht. Jeder, der Musik schreibt, tut es aus einer bestimmten Perspektive, nimmt eine bestimmte Haltung zur Tradition ein. Über einige der Fragen, die sich jedem schaffenden Künstler heute stellen, wollen wir heute abend versuchen, ins Gespräch zu kommen.

Die erste Frage, die ich gerne an die Komponisten um mich herum richten möchte, ist eine Frage, die Anfang der siebziger Jahre in einem kleinen Büchlein von Hansjörg Pauli schon formuliert wurde, allerdings in einem völlig anderen Zusammenhang, das heißt nach 1968, in einer stark politisierten Atmosphäre. Und diese Frage heißt: Für wen komponieren Sie eigentlich? Pauli stellte diese Frage damals einer kleinen Anzahl von Komponisten.[1] Ich will nur kurz erläutern, was mich und Simon Obert, der mit mir zusammen die Themenbereiche für die Diskussion vorstrukturiert hat,[2] zu dieser Frage bewogen hat. Wer in den fünfziger Jahren ins Konzert ging, konnte noch erleben, daß Bruno Maderna im selben Konzert eine Bearbeitung von Monteverdi auf modernen Instrumenten aufführte und daneben ein eigenes Stück. Heute ist so etwas, daß man, wie soll ich sagen, „unverfroren" mit einem historischen Traditionsbestand umgeht, eine Seltenheit geworden. Heute sind das verschiedene Sparten: Es gibt die Alte-Musik-Szene, es gibt die Neue-Musik-Szene. Das Musikleben hat sich sozusagen aufgespalten in verschiedene Publika. Und wenn Sie selbst einmal überlegen, in welche Konzerte Sie eigentlich gehen – sind Sie Grenzgänger zwischen diesen verschiedenen Welten oder nicht? –, so wird, denke ich, manch einem aufgehen, wie verschieden oder

---

1 Vgl. Hansjörg Pauli, *Für wen komponieren Sie eigentlich?*, Frankfurt am Main: Fischer 1971.
2 Siehe oben, S. 287f.

voneinander separiert inzwischen diese Welten sind. Dasselbe gilt natürlich und noch viel stärker für Kunstmusik und Popularmusik. So wäre meine erste Frage, und vielleicht darf ich sie direkt an Mathias Spahlinger richten: Für wen komponierst Du eigentlich?

Mathias Spahlinger: Das ist eine harte Frage. Laß uns kurz erinnern an das, was Du von Bruno Maderna erzählt hast. Das war das *Lamento d'Arianna* (1623) von Monteverdi, und das war damals völlig unbekannte Musik. Man konnte froh sein, daß man es in dieser „verfälschenden" Klanggestalt überhaupt gehört hat. Erst danach hat dann die Renaissance der Renaissance-Musik und die Renaissance der Musik vor der Renaissance begonnen, und man begann, sich wissenschaftlich damit auseinanderzusetzen. Man kann es auch als Chimäre bezeichnen, den Versuch, etwas klanggetreu wiederzugeben, weil das ja heute nicht auf dieselben Bewußtseinszustände, sondern auf ein historisches Bewußtsein trifft.
Ich möchte nicht eine gesellschaftliche Gruppe benennen, für die ich komponiere, sondern ich möchte sagen: Dieses historische Bewußtsein ist ein Produkt des Bürgertums. Davor gab es bekanntlich keine Konzerte, deren Programme nur aus Stücken von toten Komponisten bestanden. Das hat es erst zur Zeit Mendelssohns gegeben, und ein Kritiker schrieb einmal, es wäre schön, wenn solche Konzerte nicht mehr stattfänden. Mit diesem historischen Bewußtsein hat etwas eingesetzt, das eine Relativierung der eigenen geschichtlichen Situation ermöglicht. Das ist der Punkt, an dem ich eigentlich anknüpfen möchte und sagen, was für ein Potential in der Neuen Musik steckt, die ja keine neue Tradition ausbildet. Alle historischen, alle traditionellen Musiken, die wir kennen, auch die anderer Kulturen, haben musiksprachliche Eigenschaften, die man muttersprachlich lernt. Man braucht nur einmal zu versuchen, als ausgebildeter Musiker, irgendwelche arabischen Tonleitern nachzusingen. Das ist unmöglich! Man wird diesen Akzent, der dur/moll-tonal ist, niemals los, und es wird jemand, der in einem anderen Kulturkreis aufgewachsen ist, niemals die Dur/Moll-Tonalität so treffend intonieren, wie wir, die wir damit aufgewachsen sind. Dieser muttersprachliche Charakter wird von der Neuen Musik relativiert. Die Neue Musik kündet von einem Bewußtseinszustand, der natürlich mit dem ganzen historischen Hintergrund und mit den Produktionsbedingungen, die dafür die Voraussetzung sind, zusammenhängt. Die Neue Musik ist die erste Musik, die sozusagen autoreflexiv sich gegen sich selber wendet und den eigenen Ast absägt, auf dem sie sitzt, das eigene System Musik bestimmt negiert. Denn alle Eigenschaften, die die Neue Musik hat, fangen mit „a" an: Sie ist a-tonal, a-metrisch, a-rhythmisch, hat eine offene Form und ist a-thematisch, a-motivisch, und so fort. Das heißt – und ich falle mir jetzt selber ins Wort, da man so schnell mißverstehen kann, was ich mit Nachdruck propagiere, wenn ich gleichzeitig sage – die Neue Musik ist nicht muttersprachlich, und darum ist sie geeignet, überall auf dieser Welt gemacht zu werden, nicht als der bürgerliche Jargon, als der sie zuerst aufgetreten ist, sondern in einer verwandelten Form, nach den Prinzipien der Neuen Musik, die das Prinzip der Prinzipienlosigkeit ist. Diese Prinzipienlosigkeit gegen alle traditionellen Musiken der Welt zu wenden – und in diesem Sinne, nicht als der zufällige bürgerliche Jargon von Wien oder Moskau, mit dem es begonnen hat, sondern als dieser anti-traditionelle und selbstreflektorische Impuls ist die Neue Musik überall auf der Welt möglich, als

Selbstreflexion einer musikalischen Muttersprache. Für Leute, die so denken oder die das kapiert haben, für die komponiere ich.

Ulrich Mosch: Damit sind schon eine Menge Themen angesprochen. Das eine ist, in einer sehr interessanten Weise, das Thema der „Globalisierung". Du hast davon gesprochen, daß diese Musik im Prinzip überall möglich sei. Umgekehrt ist damit auch das Thema „kulturelle Verwurzelung einer Musik" berührt. Und das interessiert mich sehr. Du sprachst von Muttersprache – das heißt: Wir sind alle geprägt und auch jeder Komponist und jede Komponistin ist geprägt von der Musikkultur, in der sie aufgewachsen sind. Kann man denn, selbst wenn man noch so sehr reflektiert und immer wieder versucht, diese Mechanismen zu durchbrechen, kann man wirklich diese Verwurzelung abstreifen? Oder ist es nicht doch so, daß man letzten Endes auch über die Negation an diese Wurzeln gebunden bleibt? Ich fand das Beispiel der arabischen Musik, das Du gebracht hast, schlagend: Irgendwo sind wir durch und durch imprägniert, und wir können aus der Kultur, aus der wir stammen, nicht aussteigen. Du willst vielleicht auch nicht aussteigen aus der Kultur, sondern einen bestimmten Zustand der Musik reflektiert neu fassen, was Musik ist in einer anderen Form fassen. Aber darf ich die Frage mit der Verwurzelung an Sie richten, Herr Eötvös. Ihre Heimat – das war gestern in dem Dokumentarfilm von Judit Kele schon Thema – ist Transsylvanien, und nicht nur Ihre Heimat, dort kommen ja einige der großen Komponisten der ungarischen Musik des 20. Jahrhunderts her, dort scheint es einen besonderen Humus für Musik zu geben. Nun ist Ihre ganze Biographie durch wechselnde Kontexte geprägt: in Ungarn aufgewachsen, später dann eine wichtige Phase in Köln, dann Paris usw. Trotzdem sagen Sie, durch Instrumente, durch bestimmte Formen der Musik, auch der Artikulation des Rhythmischen sei diese Gegend, in der Sie verwurzelt sind, in Ihrer Musik präsent. Was bedeutet der Wechsel in andere kulturgeographische Welten für Ihr Komponieren? Sie haben sich in Köln ja mit Elektronik auseinandergesetzt, also mit etwas ganz anderem, bei dem die Tradition nicht ganz, aber weitgehend ausgeblendet ist. Erst später kommt wieder manches Moment aus Ihren frühen Jahren ins Spiel.

Peter Eötvös: Ich sehe die Komposition immer sehr persönlich als an den Komponisten gebunden. Daraus resultieren für mich zwei wesentliche Haltungen: Eine zeittypische allgemeine kompositorische Technik und kompositorische Sprache, die sich ständig verändert mit der Zeit. Und es gibt einige Personen, die diese Zeit formen oder ihr bestimmte Stempel aufdrücken können und damit eine Zeit charakterisieren. Daran zu denken, wie lange eine meiner Kompositionen noch gültig bleiben wird, das ist ein Begriff von Komposition, der vom Bürgertum bestimmt wurde. Vorher glaube ich nicht, daß sich ein Komponist – ein Bach oder ein Mozart – mit der Frage beschäftigt hat: Wie viele Jahrhunderte werden meine Stücke noch weiter gespielt? Man hat eher Werke für den täglichen Gebrauch verfaßt, und erst allmählich, wahrscheinlich im 19. Jahrhundert entstand dieser Gedanke, daß sie auch weiterzuleben hätten. Nicht zuletzt daher kommt es, daß die Orchesterbesetzung immer noch ungefähr so ist wie zu Haydns Zeiten. Wenn wir heute die Mehrzahl der großen sinfonischen Orchester in der Welt anschauen, dann sind sie vor allem dafür bestimmt, das Repertoire des 19. Jahrhunderts weiterzuspielen. Das ist, finde ich, ein sehr wesentlicher negativer Faktor für das Bewußtsein junger Komponisten, die meistens nicht bewußt eine neue Klangstruktur innerhalb des möglichen Orchesterbetriebs erreichen können oder wollen. Dieses Thema beschäftigt mich selbst seit zehn, zwölf Jahren, seit ich begonnen habe, wieder zu komponieren. Gleich zu Anfang entstanden zwei gegensätzliche Stücke: *Psychokosmos* für Cimbalom solo und traditionelles Orchester (1993), so der Untertitel, um zu betonen, daß es sich von dem anderen Werk dieser Zeit, *Atlantis* (1995), unterscheidet, das für ein nicht-traditionelles Orchester komponiert wurde. Jedenfalls wäre ich viel lokkerer, ruhiger, freier, wenn ich in dem Bewußtsein leben könnte: Was ich jetzt tue, tue ich für den Augenblick, und wenn das weiterlebt, ist es gut; wenn es nicht weiterlebt, macht das absolut nichts.

Ulrich Mosch: Darf ich anknüpfen mit einer Frage? Es geht ja jetzt um die Bedingungen des Komponierens: inwieweit man an die Interpreten denkt, auch an ein langes Überleben eines Werkes im Musikleben, daß es nicht verschwindet. Peter Eötvös hat unterstrichen, daß es für ihn in dieser Hinsicht verschiedene Kategorien von Kompositionen gibt. Das ist eine Position, was die Haltung zum eigenen Schaffen betrifft. Ich möchte jetzt gerne an Isabel Mundry eine Frage richten, die in eine ähnliche Richtung geht, und komme damit auch noch einmal zurück auf das Thema „Prägung durch die Umwelt, durch den Kontext, in dem wir leben". Du hast einmal sinngemäß formuliert: Musik oder eine Komposition sei eigentlich ein festgehaltener Moment eines Klanges, der dann auskomponiert werde. Interessant an der Aussage ist für mich, daß Du unmittelbar angefügt hast: durch „meine Erfahrung" geprägt, und das heißt natürlich auch durch die Klangerfahrung. Auf dieser Grundlage wird etwas hervorgebracht, was dann für die Hörer, das Publikum prägend ist. Offenbar ist an beides gedacht: geprägt sein und prägen. Von einer ganz anderen Seite kommt hier auch wieder – und wahrscheinlich gilt das für fast jeden Komponisten, aber Du hast das sehr explizit formuliert – dieses Moment der Arbeit aus einer konkreten Klangerfahrung heraus ins Spiel, in der konkreten Situation heute. Könntest Du das kommentieren?

Isabel Mundry: Ich dachte, es käme noch etwas zu der Frage hinzu: Ich habe jetzt noch auf den Begriff „Prägung" gewartet. Hier geistern ja irgendwie Vorstellungen von dem Kontext herum, aus dem heraus man meint zu kommen, und auch davon, was man meint, welche Nachwelt einen rezipieren wird. Ich nehme unsere Gegenwart als etwas sehr Gebrochenes wahr, was Zeitwahrnehmung überhaupt betrifft. Ich bin in einem Alter – noch ein letzter Zipfel einer bildungsbürgerlichen Tradition, der Großvater war Bach-Forscher, das wurde noch weitergetragen, aber mein Bruder zum Beispiel hat nur noch Zappa gehört. Und in Berlin, wo ich aufgewachsen bin, war sowieso der Zusammenbruch von geschichtlicher Kontinuität eine Alltagserfahrung. Ich denke, um noch einmal auf die Frage zurückzukommen: Für wen komponieren wir? Diese Frage spricht noch aus einem Geist heraus, wo wir einen Gesellschaftsbegriff hatten, der von der Vorstellung einer verhältnismäßig geschlossenen Gesellschaft ausgeht, davon daß territoriale Grenzen, Länder, Städte tatsächlich Innenräume erzeugen, die sich gesellschaftlich strukturieren, wo es Klassen gibt, wo es bestimmte kulturelle Landschaften gibt, die einander gegenseitig wahrnehmen und aufeinander reagieren. Ich muß sagen: Ich nehme die Gegenwart so nicht mehr wahr. Ich habe Kompositionsstudenten, die überhaupt das erste Mal im Studium eine Musik gehört haben, bei der ich davon ausging, daß jeder, der überhaupt auf die Idee kommt, Noten zu schreiben, sie irgendwie kennen müßte. Das wirft natürlich in umgekehrter Richtung die Frage auf: Wenn, sagen wir einmal, der geschichtliche Kontext, aus dem heraus Komponieren entstehen kann, inzwischen so vielfältig, so gebrochen, meinetwegen so globalisiert ist: In welchen Resonanzraum möchte man denn eigentlich überhaupt sprechen mit seiner eigenen Musik? Und da schließe ich mich Deiner Position durchaus an, Mathias, daß auch ich denke: Wenn wir uns eingestehen, daß es diese geschlossenen Gesellschaften nicht mehr gibt, dann ist es eine Vereinfachung zu glauben, daß sie einen trotzdem tragen werden. Meine kompositorische Erfahrung ist eine, daß ich letztlich die Fragezeichen, die ich bei der Gesellschaft setze und auch bei der Widerspiegelung von Kunst in Gesellschaft, zuallererst einmal aushalten muß als eine Erfahrung, die mir nicht diktiert, was jetzt richtiges und was falsches Komponieren ist. Ich bilde mir nicht ein – und damit würdige ich auch das potentielle Publikum –, das richtige Werk zu schreiben, das die Gegenwart zusammenfaßt, das sagt: Da entlang geht der Fortschrittspfeil. Ich finde die Gegenwart viel zu komplex, um solche Forderungen zu erheben. Gleichzeitig ist aber die Gegenerfahrung auch nicht davon geprägt zu sagen: Na ja, weil es Fortschritt eben nicht mehr gibt, weil sowieso keiner mehr weiß, was Gegenwart ist, kann ich machen, was ich will. Darauf würde ich sagen, daß im Komponieren tatsächlich eine Forderung besteht, diese Komplexität auszuhalten und auch mit ihr zu arbeiten, aber nicht in einem Sinne, alles müsse kompliziert sein und so weiter – Komplexismus –, sondern einfach in jenem Sinne, daß in dem Komponieren selbst eine gebrochene Gegenwart eingefangen ist, in der auch ich, ehrlich gesagt, nicht mehr sagen kann, daß die Tonalität abgegriffener ist als bestimmte Regelwerke, die sich von der Atonalität herleiten. All diese Fragen fallen heute zusammen, auch daß manche geschichtlichen Phänomene wieder zum Vorschein kommen. Wir werden zugeballert damit, von Vivaldi in tausend Versionen in tausend Kaufhäusern, aber es gibt natürlich auch schon eine Tradition von Neuer Musik, und es gibt eine absolut vielfältige ästhetische Gegenwart, die es, denke ich, erst einmal auszuhalten gilt, kompositorisch auszuhalten, indem ihre Komplexität gewürdigt wird und nicht darauf reagiert wird, indem man ein Dogma erstellt oder sagt, das ist meine Sprache. Augenblicklich ist es sehr heikel zu sagen: Ich bin der Komponist, der sich dadurch auszeichnet, daß er immer irgendwie für Korkenzieher schreibt. Das wäre für mich auch wieder eine Anpassung an ein Marktgetriebe, das sehr gern Kataloge haben möchte für diese Sprache, diese andere Sprache und jene Sprache und jene andere Sprache. Und um noch ein letztes zusagen: Ich finde deshalb auch diese Segmentierung des Publikums – ich bin mir nicht so sicher, ob das Publikum selbst eigentlich solche Segmentierungstendenzen in sich trägt, oder ob das letztlich eine Veranstalterkonstruktion ist, um besser berechnen zu können, wer wann in welches Konzert kommt. Meine Erfahrung ist, daß dort, wo Konzertprogramme aufgebrochen sind, wo Dinge, die man normalerweise lieber auseinanderhalten möchte, eben doch miteinander konfrontiert werden, durchaus offene Ohren vorhanden sind, weil das, wie ich vermute, absolut unserer Gegenwartserfahrung entspricht.

Ulrich Mosch: Da würde ich unbedingt zustimmen. Ich denke, alle die mit Musik Erfahrung haben – Musiker genauso wie andere, die zum Beispiel in der Vermittlung tätig sind – wissen: Man darf das Publikum nicht unterschätzen; das Publikum ist sehr häufig erfahrungsbereit und -fähig, wenn die Möglichkeit dazu besteht, wenn es Gelegenheiten gibt, den Dingen zu begegnen. Leider steht im Musikleben – was zeitgenössische oder Gegenwartsmusik betrifft vielleicht weniger als hinsichtlich des klassisch-romantischen Repertoires – dem ein anderer Trend entgegen: das Konzert als Dienstleistung. Man kauft sich sozusagen mit der Eintrittskarte eine bestimmte Form von Programmen mit Musik, die man kennt, und da möchte man nicht gestört werden durch irgendein neues Stück. Bei Festivals geht ein starker Trend in diese Richtung. Sobald es „Störendes" gibt, geht, wenn es nicht vermittelt wird, wenn man nicht weiß, warum das da ist, gleich der Verkauf zurück.

Du hast eine wichtige Sache angesprochen: Wenn ein Komponist oder eine Komponistin Stücke schreiben, so handeln sie, sie denken nicht über ihren Standort in der Gesellschaft nach und über all diese komplizierten Fragen. Wenn man sich da hinein verlieren würde, brächte man keine Note mehr zu Papier. Im Moment des Schreibens sind Entscheidungen zu treffen: Man muß sich zum Beispiel für ein bestimmtes Material entscheiden, mit dem man arbeitet. Da gehen wahrscheinlich Intuitionen mit bewußten Entscheidungen zusammen und mit äußeren Vorgaben, zum Beispiel was das Instrumentarium betrifft. Das ist ein hochkomplexer Prozeß. Aber Komponieren heißt ja zunächst einmal handeln und nicht, wie es das Geschäft der Historiker später ist, darüber nachzudenken, was man da eigentlich macht. Vieles geschieht einfach, entsteht. Und da wäre meine Frage an Georg Friedrich Haas: Wie kommen solche Entscheidungen zustande? Sie arbeiten immer wieder mit Mikrotonalität, mit besonderen Stimmungen. Das ist ein Aspekt der Komposition, der Sie schon sehr lange interessiert. Es ist ja nicht nur eine Neigung, ein Zufall, in diese Richtung zu gehen, sondern da spielen ja auch andere Dinge eine Rolle?

Georg Friedrich Haas: Ich möchte das Bonmot von Isabel aufgreifen: Mikrotonalität ist mein Korkenzieher. Denn welcher Komponist, welche Komponistin komponiert denn heute nicht mikrotonal? Heute setzen ja schon fast alle irgendwo Mikrotonalität ein, und ich denke mir manchmal, manche tun das vielleicht in einem wesentlich komplexeren und durchdachteren Sinne als ich selbst. Nur ich habe diesen Korkenzieher auf mir sitzen, und deswegen bekomme ich dieses Etikett. Ich würde gerne noch die Frage beantworten, für wen ich komponiere. Diese Frage kann ich ganz leicht und, wie ich glaube, sehr ehrlich beantworten: Ich habe einfach keine Zeit, wenn ich komponiere, und auch keine Lust, mir darüber den Kopf zu zerbrechen, was die Leute dazu sagen werden, weder in der Gegenwart und schon gar nicht in den nächsten fünfzig Jahren. Und ich glaube, jedem anderen Komponisten geht es auch so, daß er unglaublich allein ist mit sich und mit seinem Klang im Ohr. Im Grunde genommen komponiert man doch, wenn man ehrlich ist, nur für sich selbst. Für mich ist das sozusagen eine Überlebensstrategie. Ich weiß nicht, wie ich überleben könnte, ohne dieses Ventil zu haben, über das ich meine inneren Nöte, meine Ängste, meine Alpträume und meine Geschichte und alles das einfach loswerden kann. Ich habe nun die verblüffende Erfahrung gemacht, daß es immer wieder Menschen gibt, die genau das, was ich für mich getan habe, ganz gerne realisieren, weil sie darin auch etwas für sich finden. Ich glaube nicht, daß es mir geholfen hätte, wenn ich da jetzt abstrakte Überlegungen über den Zusammenhang und die Rahmenbedingungen angestellt hätte. Natürlich lebe ich nicht in einem geschichtsfreien Raum, natürlich habe ich die Geschichte um mich, habe ich die Gesellschaft um mich herum. Aber in dem Augenblick, in dem der Klang da ist und die Phantasie da ist, interessieren mich die nicht. Wahrscheinlich sind sie da, wahrscheinlich korrigieren sie mich, wahrscheinlich steuern sie mich, flüstern mir ein. Aber im Moment der Arbeit geht es nur um das rein Musikalische an sich. Und zufällig war es halt so, daß für mich die zwölf Halbtöne des temperierten Systems ein bißchen zu eng waren und ich eben das genauer und präziser formulieren wollte. Obwohl ich auch dann eine ganz merkwürdige Entwicklung durchgemacht habe: Ich hatte am Anfang eine unglaubliche Aversion gegen die ganzen Leute, die mit Obertonharmonik arbeiten, weil mir diese Obertonharmonik suspekt erschien in ihrer verkappten Tonalität, in diesem geschichtlichen Ballast, der da drinnen ist, bis ich dann irgendwann darauf gekommen bin, daß da eigentlich viel mehr drin steckt als in den anderen abstrakten Bereichen. Aber ich würde wirklich sagen: Dahinter ist kein Gefühl einer gesellschaftlichen Verantwortung und kein Gefühl, eine Marktnische entdeckt zu haben, die mir vielleicht die Überlebenschance für die nächsten dreißig Jahre sichert. Es ist ganz einfach: das Gefühl, da ist etwas, was unglaublich toll klingt, unglaublich intensiv klingt, tief klingt, und wo ich mich ausdrücken kann und es formulieren möchte. Hat das die Frage beantwortet?

Ulrich Mosch: Ja. Es ist eine sehr schöne Antwort darauf, weil zwei Momente stark in den Vordergrund rücken: Das eine ist die eigene Erfahrung, auch die Konfrontation mit dem Gegenstand, mit dem Klang, eine Art Dialog mit ihm; Sie haben es beschrieben als Allein-Sein mit der Musik. Und dann eben die andere Erfahrung, daß man, wenn man so arbeitet, trotzdem als gesellschaftliches Individuum handelt, weil andere darin etwas wiederfinden, was auch sie betrifft. Gesellschaftliches Handeln ist nicht nur, darüber zu reflektieren, wie Wirkungen aussehen könnten, sondern vollzieht sich auch und wohl primär durch Entscheidungen.

Georg Friedrich Haas: Das vollzieht sich durch Entscheidungen, aber nicht durch Planung – bei mir jedenfalls – der gesellschaftlichen Verantwortung. Wo ich das probiert habe, hat es nie funktioniert.

Ulrich Mosch: Es wäre sicher hochinteressant, über politische Musik und die Wünsche und Ideen, die damit verbunden sind, nachzudenken. Das ist aber nicht unser Thema. Die Frage: „Für wen komponieren Sie eigentlich?" möchte ich, wo sie von allen anderen schon beantwortet wurde, nun auch noch an Roland Moser richten. Vielleicht ist es ja doch eine Frage, die Dich bewegt?

Roland Moser: Ich habe dazu nichts grundsätzlich Neues zu sagen. Es ist bei mir ganz ähnlich wie bei Georg Friedrich Haas. Ich komponiere ganz sicher zunächst einmal für mich, weil ich neugierig bin, weil ich die Musik so interessant finde. Die Arbeit ist äußerst spannend. Das heißt nun aber nicht, daß ich mich irgendwie in einem Elfenbeinturm sehe. Ich nehme sehr gern auch Aufträge an, am liebsten natürlich von befreundeten Musikern. Beim Schreiben kann man sich dann wirklich vorstellen, daß es eine Art Kommunikation gibt. Schwieriger ist es bei einem Orchester. Das hat mir manchmal ziemliches Unbehagen bereitet. Wenn man dann nur wenige Proben hat, schmelzen viele Dinge, die man sich vorgestellt hat, schnell dahin. Ich glaube überhaupt, daß der Blick auf diese Orchester und Opernhäuser, daß heute etwas überbewertet wird. Es sind so viele interessante Ensembles gegründet worden, die hervorragend Neue Musik spielen. Die Szene hat sich dermaßen verändert, daß man überhaupt nicht mehr sagen kann, das repräsentative Musikleben finde in den Sinfoniekonzerten oder Opernhäusern statt. Ich glaube aber, wir gehen schon längst andere Wege, und wir haben auch ein Publikum. Das ist ganz unterschiedlich übrigens: Es gibt nicht einfach das Neue-Musik-Publikum, es gibt auch die gemischte Veranstaltung: Ich teile die Auffassung nicht, es gebe das nicht. Es gibt viele Interpretinnen und Interpreten, die ebenso gern Alte wie Neue Musik spielen und auf ganz selbstverständliche Weise interessante Programme kreieren. Dadurch kann neues Licht auf Neue wie auch Alte Musik fallen.

Ulrich Mosch: Ich würde gerne zwei Dinge, die angesprochen worden sind, aufnehmen: Das eine ist die Verfügbarkeit der Musik. Durch die Klangreproduktion ist ja Musik tendenziell zu jeder Zeit und in jeder Form verfügbar geworden. Man kann auf Tonträgern abrufen, welches Repertoire und welches Stück man auch immer möchte. Und leider kann man in unserem Alltag kaum einen Schritt mehr tun, ohne beschallt zu werden, selbst auf der Toilette, mit was auch immer. Das sind jedermanns Erfahrungen, die glaube ich ganz tief in uns auch das Komponieren berühren. Denn Komponieren heißt ja, mit Klängen zu arbeiten, Stücke zu schreiben, die in letzter Konsequenz zeitlich gestaltete Klänge sind. Ich glaube, daß die Fähigkeit, sich auf diese Dinge einzulassen, unter dieser Dauerbeschallung leidet. Ist das – ich stelle die Frage an alle – ein Thema für Sie, für Euch, diese dauernde Konfrontation mit reproduzierter Musik?

Isabel Mundry: Ich mache mal einen Anlauf: Auf diesem Thesenpapier steht die Frage, ob ein Komponist das Problem hat auszuwählen, welche Sprache er sprechen will. Ich denke, wenn man Komponieren mit dem Auswählen verwechselt, dann ist das Unternehmen schon gescheitert. Und von daher gefährdet mich auch nicht alles das, was ich unwillkürlich höre. Es nervt mich natürlich manchmal, es ist so laut. Aber es gefährdet nichts, weil ich denke: Komponieren heißt mit der Wahrnehmung umgehen, und Wahrnehmung kann nicht besser oder schlechter sein. Sie umgibt uns. Von daher versuche ich, komponierend eben dieses Wahrgenommene zu strukturieren. Das heißt jetzt nicht, daß alles vorkäme, was ich da höre. Aber natürlich könnte man zum Beispiel das ganze Durcheinander, was mich umgibt, auch als Polyphonie-Erfahrung deuten. Das wäre ein sehr billiger Transfer, ich gebe es zu. Ich will nur sagen, daß der Dreiklang vom Band, daß es sehr unwahrscheinlich ist, daß er meinen, was weiß ich, wie geformten Klang gefährdet. Um all diese Dinge geht es ja beim Komponieren nicht. Es geht um Zeiterfahrung, es geht um Wahrnehmung, es geht um Strukturierung, und es geht natürlich um Klangimagination. Auch jeder hier am Tisch kennt das, daß man manchmal schon den Eindruck hat, daß einen Dinge immens beeinflussen, daß man aber dann trotzdem diesen Einfluß bestimmt nicht im nächsten Stück so direkt wiederfinden kann, daß auch die Einflüsse, die direkt auf einen wirken, doch sehr subtile Wege gehen und man manchmal erst Jahre später begreift, worin dieser Einfluß eigentlich zuletzt lag.

Ulrich Mosch: Möchte noch jemand anders etwas dazu sagen?

Mathias Spahlinger: Nur ganz kurz. Ich glaube, da wird der Gegner irgendwie in der falschen Richtung gesucht. Ich glaube nicht, daß die Beschallung allüberall als solche die Gefährdung von Kultur ist. Es ist die Kommerzialisierung, die dahinter steckt, die ist eine immense Gefahr, sie ist sozusagen antikulturell. Aber was die Aufführungsorte oder die Aufführungsgelegenheiten betrifft, bin ich heilfroh, daß es zu den Errungenschaften der Neuen Musik gehört, daß der Konzertsaal oder das Opernhaus als Orte der absoluten Musik keineswegs die Orte sind, auf die sich die Erfahrung von Musik beschränkt. Ich würde eigentlich dem meisten, was in dem Zusammenhang hier gesagt worden ist, widersprechen wollen: Man denkt sehr wohl daran, für wen man komponiert, nur halt auf eine vermittelte Weise. Denn, wenn ich an mich selber denke – ich bin ja mein erster Zuhörer –, wenn ich sage, ich komponiere für mich, dann definiere ich mich als soziales Wesen und als Teilhaber an einer Teilkultur, und wenn ich als Jazz-Musiker denke, dann denke ich an den Jazz-Keller und weiß: Da wird geraucht, und da ist Lärm, und da wird mit Gläsern geklappert, und da ist ein Arbeitsbündnis zwischen den Spielern und den Zuhörern wie überall, wo Musik gemacht wird. Auf eine besondere Art ist definiert, wie hier Musik gemacht wird. Auch die soziale Rolle des Musikers ist definiert, anders als im Konzertsaal, aber sie ist ebenfalls definiert. Der Spieler entspricht der Erwartung oder geht ganz gezielt mit dieser Erwartung um und verhält sich als Musiker zu dieser Erwartung. Es gibt einen einzigen Jazz-Musiker – das war der Miles Davis –, der einmal in seinem Leben mit dem Rücken zum Publikum gespielt hat. Ansonsten gibt es das in der Jazz-Musik nicht, weil die Jazz-Gemeinde, wenigstens in den heroischen Jahren, den fünfziger Jahren, ein Bündnis gegen Rassismus oder was auch immer war. Die Jazz-Keller-Besucher und die Spieler haben am selben Strang gezogen. Es ist eine typisch kleinbürgerliche Attitüde, daß ein Musiker sich mit dem Rücken zum Publikum stellt und damit sagt: Mit Euch Idioten, Ihr zahlt zwar Eintritt, aber mit Euch will ich nichts zu tun haben, ich gehe in eine andere Richtung. Das gehört zur Selbstdefinition des Künstlers in bestimmten Kunstauffassungen natürlich dazu. Man definiert sich geradezu als der arme Poet, der unterm Regenschirm im Bett liegt in einem Zimmer, das nicht geheizt ist, der seine ewiggültigen Sinfonien komponiert und sich als Außenseiter fühlt. Das ist ja genau das, was in einer bestimmten Kunstauffassung vom Künstler erwartet wird. Er muß sich als Opfertier am Rande der Gesellschaft definieren, mit langen Haaren oder sonstwie als Abweichler, denn sonst wird er überhaupt nicht als Künstler wahrgenommen. Und das ist eine gesellschaftliche Rolle. Auch das Außenseitertum ist eine gesellschaftliche Rolle, die ich bestätige, durch das, was ich schreibe.

Ulrich Mosch: Ich möchte gerne noch einmal auf den Aspekt der Reproduktion zurückkommen. Ich kann Deine Auffassung nur teilen: Natürlich hat uns die Klangreproduktion ermöglicht, komplexe Musik vielfach zu hören, also nicht nur in einmaliger Konzerterfahrung, die ich immer noch für einzigartig und in vieler Hinsicht für notwendig halte. Ich glaube, es ist eine ganz eigene Situation, wenn wir Musik im Konzertsaal hören. Da gibt es eine Art Kommunikation zwischen Publikum und Musiker und umgekehrt auch, in beiden Richtungen. Das ist ein ganz entscheidendes Element für unsere musikalische Erfahrung. Aber auf der anderen Seite erlaubt natürlich die Reproduktion, ein Stück vielfach zu hören und uns ganz intensiv auch mit dem Klangobjekt auseinanderzusetzen. Die Frage nach der Überschwemmung oder Verschmutzung der Klangumwelt durch all diese Dinge zielt natürlich nicht primär auf die Komponisten, sondern vor allem auf die Hörer. Das heißt: Ich habe den Eindruck – Du, Roland, hast das angeschnitten – eines Schwundes von Erfahrung, von Kenntnissen, von bestimmter Musik, die man kennt. Dem steht aber andererseits zum Teil eine ungeheure Erfahrung, häufig wohl unbewußte Erfahrung gegenüber mit einer bestimmten Musik, die man ständig hört. Die Fortsetzung des tonalen Hörens und dessen tiefste Verankerung in unserem Wahrnehmungsvermögen hat ja sehr viel zu tun damit, daß die Musik, die wir hauptsächlich hören, eben diese Art von Musik ist – jetzt nicht bewußt hören, sondern daß wir überall, wo wir uns bewegen, mit dieser Musik konfrontiert sind. Im Hören des Publikums, wie auch immer man dieses im einzelnen faßt, vollziehen sich heute Veränderungen, die auch die Hörfähigkeit angehen. Ein Phänomen ist zum Beispiel die Frage der Konzentration. Wer kennt nicht das Phänomen, wenn man zu Hause ein komplexes Stück von sechzig Minuten Dauer hört, daß man zwischendrin nicht doch einmal schnell etwas zu knabbern holt. Die Reproduktionsform erlaubt ja gerade, die Musik an beliebiger Stelle zu unterbrechen und dann wieder einzusteigen. Umgekehrt aber die Erfahrung, sich dem im Konzert auszusetzen, sich hinzusetzen und zu sagen: So, jetzt höre ich mir ein Stück an, das meinetwegen sechzig Minuten dauert, das auszuhalten, sich dieser Erfahrung zu stellen scheinen viele nicht mehr bereit zu sein. Dort, habe ich den Eindruck, verändert sich etwas. Ich will das nicht pauschal kritisieren, aber dort gibt es Dinge, die sich grundlegend zu verändern scheinen. Vielleicht naiv habe ich mir vorgestellt, daß das ein Thema sein könnte für Komponisten: Erfahrungsfähigkeit beim Publikum, nicht bei den Komponisten selbst.

Isabel Mundry: Ich glaube, wir schreiben alle eher für das Konzert als für die Stereo-Anlage. Ich muß auch sagen: Es gibt viele Musik, die ich sehr mag, die ich aber eigentlich nur im Konzert hören möchte, weil es sich dort um ein anderes Ritual des Hörens handelt. Und man muß ja nicht negieren, daß das wirklich auch seinen tiefen Sinn hat. Ich denke, es werden viele Konkurrenzen erzeugt, auch viele Kritiken formuliert gegenüber der Neuen Musik, der zeitgenössischen Musik, weil eben das Radio und die Anlage so selbstverständlich geworden sind. Ich glaube, das ist eigentlich der Punkt: Wenn ich Seminare gegeben habe, auch für Nicht-Komponisten, dann war oft das Argument: Das würde ich mir zu Hause nicht anhören, als ob das ein ästhetisches Urteil wäre.

Ulrich Mosch: Gerade war die Rede von Kommunikation zwischen Musikern und Publikum in beiden Richtungen. Sie, Herr Eötvös, sind ein erfahrener Interpret, Sie haben sich als Interpret sehr viel mit der Musik der Gegenwart in allen Formen auseinandergesetzt – mit dem Ensemble InterContemporain und vielen Sinfonieorchestern und vorher schon mit dem Stockhausen-Ensemble. Wie sehen Sie diesen Aspekt der Konzertsituation? Als Dirigent ist man ja zunächst einmal Koordinator, man ist Klangbildner, wenn man so will, aber es gibt natürlich auch, das ist wahrscheinlich auch Ihre Erfahrung, die direkte Kommunikation mit dem Publikum, daß das Werk ein Stück weit auch von diesem Publikum mit gemacht wird?

Peter Eötvös: Ich weiß nicht, ob ich es schaffe, auf diese Frage direkt zu antworten. Was hier gesagt wurde, daß ein Komponist für sich komponiert, ist in meiner Praxis nicht vorgekommen. Schon als ich noch sehr jung war, war ich im „Betrieb", habe für Filme, für das Theater komponiert. Und auch später, als ich begonnen habe zu dirigieren, war ich in ständigem Kontakt mit einem Publikum, das heißt, ich habe ständig einem Publikum Stücke vermittelt. In dieser Praxis kann ich mir nicht vorstellen, etwas zu schreiben, von dem ich nicht weiß, für wen ich das schreibe. Es gibt allerdings kein allgemeines Publikum für mich, das konkrete Publikum ist für mich maßgebend. Ich habe auf verschiedenen Kontinenten gearbeitet, als Dirigent, als Komponist, als Zuhörer, und habe festgestellt, daß es bestimmte Kreise gibt, die auf bestimmte Weisen hören. Wie Mathias sagte: Die Neue Musik kann überall Gültigkeit haben. Aber auf welche Weise? Die meisten Veranstalter, mit denen ich in der letzten Zeit zusammengearbeitet habe, meistens Festivals, arbeiten daran, das Publikum zu vermischen. Das ist ein Ideal für die Zukunft, weil die frühere Praxis, Publika getrennt zu halten – das Abonnements-Publikum der Sinfoniekonzerte, das Neue-Musik-Publikum, dann das Pop-Publikum –, sich überlebt hat, das funktioniert nicht mehr. Vor ein paar Monaten habe ich zum Beispiel in Amsterdam ein Konzert dirigiert, veranstaltet vom Holland-Festival, wo eine isländische Soft-Pop-Gruppe – ich glaube Múm, ich kannte sie vorher nicht – gespielt hat, also vier junge Musiker, die ihre eigene Musik improvisiert haben, immer sehr leise und langsam, live-elektronisch, sehr schön, nicht atonal, sondern nur diatonisch. Dafür hat man in Amsterdam ungefähr dreitausend Leute erwartet. Das Konzert war so gestaltet: Vom Publikum aus gesehen auf der rechten Seite befand sich die isländische Pop-Gruppe, und mein Kammerorchester war auf der linken Seite aufgestellt. Das Ganze war ein Attacca-Konzert: Ein Stück spielte die Pop-Gruppe, das nächste Stück kam direkt danach von uns usw. Ich stand in der Mitte und habe vermittelt und dirigiert: Auf der rechten Seite leise diatonische Pop-Musik und auf der linken Seite ein klassisches Kammerorchester mit Stücken von Lachenmann und Xenakis – und das war die perfekte Wahl, weil das Publikum, das so etwas vorher nicht kannte, sehr empfänglich war für jene Ereignisse, die sich in solchen ziemlich radikalen Stücken Neuer Musik bieten. Das Konzert wurde riesig beklatscht. Das ist doch symptomatisch dafür, daß ein junges Publikum, das wir eigentlich nie in ein Neue-Musik-Konzert hineinkriegen würden, weil es sich nichts darunter vorstellen kann, doch den Weg finden kann zu dieser Musik. Eigentlich kann man wirklich jede Art von Musik anbieten. Wenn sie interessant ist, dann fühlt sich das Publikum sofort angesprochen. Und verschiedene Festivals auf der Welt arbeiten in letzter Zeit an unterschiedlichen Modellen, durch die eine Vielfalt von Musik erfahrbar gemacht werden kann. Das Schädlichste im ganzen 20. Jahrhundert war, glaube ich, Konzerte nur mit klassischer Avantgarde einzuführen. Gut, vielleicht noch schädlicher als diese Verengung war, Werke der Neuen Musik in konventionelle Konzerte hineinzuschmuggeln in einem Moment, als die Leute damit noch nichts anfangen konnten. Mittlerweile wird in vielen Großstädten durch langfristige Education-Projekte erreicht, daß allmählich eine Publikumsmischung möglich ist. Ich habe die Erfahrung gemacht, daß das Publikum offen ist für alles. Wesentlich ist die Art und Weise, in der einem Publikum Musik angeboten und vermittelt wird. Es geht auch darum, die Zuhörer gezielt zu informieren, zum Beispiel in Gesprächskonzerten. Diese Art Information hat jahrzehntelang gefehlt, und merkwürdigerweise nicht nur für die Neue Musik, sondern auch für die klassischen Repertoirestücke. Diese wurden immer und immer wieder gespielt, wobei die Leute längst vergessen haben, warum.

Ulrich Mosch: Sie haben jetzt ein sehr wichtiges Thema angesprochen: Vermittlung von Musik allgemein, nicht nur Musik der Gegenwart. Basel ist ein schönes Beispiel dafür mit der langen Tradition der Vermittlung und einem Publikum, das sehr offen ist gegenüber Gegenwartsmusik, entstanden über viele Jahrzehnte der Vermittlungstätigkeit. Die zentrale Figur in diesem Zusammenhang war Paul Sacher, der diese Funktion übernommen hatte. Mich würde jetzt noch, da wir uns bereits dem Ende des Gesprächs nähern, ein Aspekt sehr interessieren, der im ersten Statement von Mathias Spahlinger bereits angesprochen wurde: Er hatte die These formuliert, daß eigentlich jedes Stück Neue Musik die Musik sozusagen neu definiere. Wenn man nun die vergangenen Jahrzehnte anschaut – in den fünfziger Jahren gab es noch heiße Debatten um die Frage: Was ist Musik? Damals war es die serielle Musik, die diese Diskussion provoziert, herausgefordert hat, Atonalität natürlich früher auch schon. Man hat mit den untauglichsten Mitteln wissenschaftlich nachzuweisen versucht, daß das keine Musik mehr sei; da gibt es vieles, was heute allenfalls kulturhistorisch interessant ist. Wenn ich heute die Presse, die Feuilletons anschaue, so gibt es dort Debatten über die Hirnforschung, über Gen- und Stammzellenforschung, über andere große Themen. Die Musik aber in dem Sinne, daß sie herausforderte zu einem Kommentar oder zu einer Reaktion, vermisse ich zunehmend, und nicht nur in den Feuilletons. Man kann es auch an anderen Stellen sehen, bei den spezialisierten Festivals …

Isabel Mundry: … in Darmstadt …

Ulrich Mosch: … in Donaueschingen. Hier begegnet man häufig dem Phänomen der freundlichen Indifferenz. Egal, was gespielt wird, es wird überall geklatscht, vielleicht ein bißchen mehr, ein bißchen weniger. Aber es gibt eigentlich nicht mehr, was man vielleicht manchmal noch in ganz anderen Kontexten erlebt: den lebhaften Widerspruch. Man ist froh, wenn das Publikum überhaupt noch reagiert. Woran liegt es, daß die Musik diese Provokationskraft mindestens für die Kritiker oder für das Feuilleton nicht mehr hat? Ist das ein Resultat der bereits vielfach erwähnten Fragmentierung? Wie ist das zu erklären?

Mathias Spahlinger: Diese Musik ist eben uninteressant oder irrelevant. Deren Trägerschicht, jene, die sie produzieren und die sie hören, sind geschichtlich und politisch irrelevant heute. Das Bürgertum wird irrelevant. Es war der große Kulturträger, der die Konzerthäuser gebaut hat, und man kann das der Musik Beethovens anhören: Das war ein Auftreten der Bürger, der war gegen den Adel, der hat sich mit der bürgerlichen Revolution eins gefühlt und die Musik komponiert, für die die besitzende Klasse die Konzerthäuser hingestellt hat. Das war sozusagen aus einem Guß. Wenn wir hören – ich habe sofort die Ohren gespitzt –, in Afrika gibt es keine Neue Musik …

Peter Eötvös: … es gibt nur Musik …

Mathias Spahlinger: … so aus einem einfachen Grund: Die Neue Musik ist der ernsten Musik als Sahnehäubchen aufmoduliert sozusagen, und die bürgerliche Klasse war die Anschubklasse, die die Demokratisierung vorangetrieben hat und die den autonomen Bürger hervorgebracht hat und die auch die autonome Musik angeschoben hat. Da sitzt als Sahnehäubchen der Kleinbürger drauf, der Neue Musik macht. Der stammt von Lehrern ab oder von Pfarrern oder von Verwaltungsbeamten, Bankangestellten, oder er war wie Schönberg selber mal Banklehrling, da gibt es auch die Quereinsteiger, die nicht richtig studiert haben, aber die trotzdem Musik von Weltgeltung machen – das sind Kleinbürger. Das sind die, die oben nichts zu melden haben. Die oben haben nämlich gar keine Zeit zuzuhören. Und das sind die, die in den Abgrund der Proletarisierung blicken und hoffen, daß sie, wenn sie berühmt werden – es gibt den Spruch aus den amerikanischen Schwarzen-Ghettos, wo man sagt: Hier komme ich nur heraus als Boxer oder als Musiker. Das ist die Situation, in der wir uns befinden. In Afrika gibt es dieses spezifische Kleinbürgertum nicht, weil da der Familienclan eine viel größere Rolle spielt. Aber in Seoul gibt es das, und in Japan gibt es das, weil es da überall Kleinbürger gibt. Wenn wir verstehen wollen, was Neue Musik ist, dann müssen wir verstehen, daß wir Kleinbürger sind, und dann kapieren wir, was wir da eigentlich machen. Und auf die Frage: „Für wen komponieren Sie eigentlich?" würde ich antworten: Ich komponiere für das Proletariat, bei allem, was man daran mißverstehen kann – darüber was ich glaube, was Zukunft hat, könnten wir jetzt fünf Stunden reden. Aber in der Praxis komponiere ich für Sinfonieorchester und für Kammerensembles, und das sind Kleinbürger.

Roland Moser: Die Kleinbürger sind nicht erst heute erfunden worden. Offenbar gab es schon früher eine Diskussion über das, was Uli Mosch gesagt hatte. Ich denke, es gibt heute schlicht eine Überforderung durch diese Unübersichtlichkeit der Szene. Auch innerhalb der Neuen Musik ist die Szene absolut unübersichtlich, und es ist schwierig geworden, sich zu orientieren. Als die serielle Musik in den fünfziger Jahren aufkam, hat sie sogar ihre Thesen selbst formuliert. Man konnte ihnen dann zustimmen oder sie verwerfen oder zu beweisen versuchen, daß sie naturwidrig oder musikwidrig sind, oder was da alles geschehen ist. Aber heute scheint das niemanden zu interessieren. Man wird auch kaum je mehr gefragt um eine Partitur vor einer Uraufführung. Ich weiß nicht, wie meine Kollegen das erleben. Die Kritiker gehen hin und schildern ein paar Eindrücke. Diskussionen finden auch heute noch statt, aber in kleinsten Kreisen und nicht in der Öffentlichkeit.

Isabel Mundry: Ich bin nicht ganz zufrieden mit diesen Antworten. Wenn wir uns alle als Kleinbürger definieren, dann müssen wir uns trotzdem fragen …

Mathias Spahlinger: Das machen ja andere, das brauchst Du nicht selber zu tun.

Isabel Mundry: … ganz gleich, ob andere oder wir selber, dann ist trotzdem die spannende Frage: Warum hat sich das so verändert? Das ist ja noch keine Antwort auf die Frage: Warum gab es in der Nachkriegszeit noch eine bestimmte Vorstellung davon, daß wir alle am gleichen arbeiten, was dann auch Neugierde und Widerspruch erzeugt hat, und warum gibt es das heute nicht mehr? Ich muß auch sagen: Zunächst einmal müssen wir konstatieren, daß es das heute nicht mehr gibt. Aber ich persönlich leide darunter, und ich finde auch, daß wir das ändern sollten. In den einzelnen Beiträgen ist herausgekommen, daß wir doch meinen, beim Komponieren an etwas zu arbeiten, was nicht unbedingt auf der Straße liegt und was auch nicht unbedingt gleich anschlußfähig ist. Wir nehmen uns sehr viel Zeit, um einen, vielleicht relativ kurzen Gedanken auf den Punkt zu bringen. Und ich denke auch, es geht uns dabei um etwas. In der Schweiz ist die Situation nicht so brisant, aber in Deutschland wird augenblicklich andauernd die Frage gestellt: Braucht man noch Kompositionsprofessoren, braucht man Neue-Musik-Festivals? Allein diese Tatsache provoziert uns doch wieder anders, darüber nachzudenken, wie wir vermitteln, woran wir arbeiten. Erst einmal sollten wir uns untereinander verständigen, woran wir arbeiten. Ich denke, daß jeder für sich sicherlich die Frage meinetwegen nach dem Gelingen der eigenen Arbeit stellt: Was gilt eigentlich als gelungen? Wie lange brauche ich, um einen kompositorischen Gedanken auf den Punkt zu bringen? Wo ziehe ich Grenzen? Wo verliere ich mich solange auf einer Seite, daß sie vielleicht perfekt ist, die Sache aber trotzdem scheitert? Das sind ja wirklich Fragen, für die wir uns Zeit nehmen und für die wir auch finanziert werden. Insofern haben wir auch augenblicklich noch einen Ort in der Gesellschaft; es gibt Leute, die uns dafür bezahlen, diese exklusive Arbeit zu tun. Wenn sich nichts ändert, ist es ja gut und schön, aber es ändert sich eben etwas. Und die erste Überlegung, die wir anstellen sollten, ist, wie wir uns untereinander wieder verständigen darüber, woran wir eigentlich arbeiten und wie wir das tun. Hinter dieser Forderung steckt alles andere als die Vorstellung, es wieder vereinheitlichen zu wollen. Der Grund ist ein anderer, daß nämlich eine Notwendigkeit besteht. Der Grund ist nicht mehr, eine vereinheitlichende, neue Musiksprache zu entwickeln.

Peter Eötvös: Ich freue mich, daß es keine Richtungen mehr gibt. Und auch in der Programmauswahl geht es eigentlich nicht in erster Linie um bestimmte Richtungen als viel eher um bestimmte Werke. Werke, die von der Besetzung her machbar sind und für ein bestimmtes Publikum interessant sein können. Was ich damit sagen will, ist, daß letztlich die Werke und ganz spezifische Situationen bestimmen, was auf dem Tisch bleibt und womit wir arbeiten können. Natürlich gibt es Tendenzen: In Deutschland zum Beispiel ist das Repertoire, das im Konzert gespielt wird, wesentlich kleiner als in Holland oder in England. Es gibt einfach Länder, wo das Publikum offener ist für verschiedenes, besonders in Holland, das an einem Kreuzungspunkt verschiedener Kulturen steht. Dort habe ich wirklich ein unglaubliches Repertoire kennengelernt, viele Dinge, die ich vorher noch nie gehört hatte. Es hängt also schon sehr stark davon ab, in welchem Land und mit welchem bzw. für welches Publikum wir arbeiten. Was mich besonders frappiert, wenn ich in der ganzen Welt mit verschiedenen Orchestern, mit verschiedenen Veranstaltern zusammenarbeite, ist zu beobachten, wie jeder seinen kleinen praktischen Bereich pflegt. Und diese Bereiche sind sehr unterschiedlich. Worüber wir hier jetzt sprechen so im allgemeinen, das sieht in der Praxis doch nicht so aus. In der Praxis ist das viel gesünder.

Ulrich Mosch: Das ist doch ein sehr schönes Schlußwort. Wir haben hier sehr divergierende Positionen und unterschiedliche Temperamente am Tisch vereint und könnten sicher noch lange über einzelne Aspekte sprechen und uns austauschen. Das muß aber einer anderen Gelegenheit vorbehalten bleiben. Ich möchte mich bei Ihnen und Euch bedanken für diese angeregte Diskussion, auch bei Ihnen, dem Publikum, daß Sie ausgeharrt und mit Konzentration uns zugehört haben. Und ich hoffe, daß das Gespräch wenigstens etwas Erhellung vermittelt oder zumindest ein paar interessante Eindrücke gegeben hat. Vielen Dank, und einen schönen Abend.

Musik-Akademie Basel, 29. November 2005

Dokumentation

Das Peter-Eötvös-Studienjahr 2005/06
an der Hochschule für Musik der Musik-Akademie der Stadt Basel

Aufführungen mit Werken von Peter Eötvös

27. November 2005 *Shadows* für Flöte, Klarinette und Ensemble (1995–96/1997)
Anne-Laure Pantillon, Flöte; Etele Dósa, Klarinette; Ensemble für Neue Musik der Hochschule für Musik, Basel; Peter Eötvös, Leitung
Großer Saal der Musik-Akademie, Basel

12. Februar 2006 *Psychokosmos* für Cimbalom und Orchester (1993)
Matthias Würsch, Cimbalom; Symphonieorchester der Hochschule für Musik Basel; Peter Eötvös, Leitung
Musiksaal, Stadtcasino Basel

8. April 2006 *Kosmos* für Klavier (1961/1999), Fassung für Klavier solo
Moritz Ernst, Klavier
Großer Saal der Musik-Akademie, Basel

9. Juni 2006 *Kosmos* für Klavier (1961/1999), Fassung für zwei Klaviere
Moritz Ernst/Marco Scilironi, Klaviere
PSY für Flöte, Violoncello und Harfe (1996)
Yumi Tatsuke, Flöte; Chisaki Kito, Violoncello; Julia Wacker, Harfe
Neuer Saal der Musik-Akademie, Basel

13. Juni 2006 *Two Poems to Polly* for a speaking cello player (1998)
James Barralet, Violoncello
Großer Saal der Musik-Akademie, Basel

Aufführungen mit Peter Eötvös als Dirigent

27. November 2005 Witold Lutosławski: *Jeux vénitiens* für Orchester (1961)
Johann Sebastian Bach: *Fuga (ricercata) a sei voci* (aus dem *Musikalischen Opfer*) für Orchester gesetzt von Anton Webern (1935)
Luigi Dallapiccola: *Cinque frammenti di Saffo* (aus: *Liriche greche*) für Sopran und Kammerorchester (1942)
Peter Eötvös: *Shadows* für Flöte, Klarinette und Ensemble (1995–96/1997)
György Ligeti: *Kammerkonzert* für dreizehn Instrumentalisten (1970)

	Hedwig Fassbender, Sopran; Anne-Laure Pantillon, Flöte; Etele Dósa, Klarinette; Ensemble für Neue Musik der Hochschule für Musik, Basel; Peter Eötvös, Leitung Großer Saal der Musik-Akademie, Basel
12. Februar 2006	Claude Debussy: *La Mer* (1903–1905) *Drei symphonische Skizzen* L 109 Peter Eötvös: *Psychokosmos* für Cimbalom und Orchester (1993) Béla Bartók: *Der wunderbare Mandarin* op. 19 (1918/19, 1924) Pantomime in einem Akt nach einem Libretto von Menyhért Lengyel Matthias Würsch, Cimbalom; Symphonieorchester der Hochschule für Musik Basel; Peter Eötvös, Leitung Musiksaal, Stadtcasino Basel

Förderpreis

Die Hochschule für Musik Basel vergab im Studienjahr 2005/06 einen Förderpreis, der im Rahmen der Diplomfeier am 6. Juli 2006 durch den Direktor der HSM überreicht wurde:
Der Förderpreis in Höhe von 1.000 CHF für die beste Interpretation eines Kammermusikwerks von Peter Eötvös ging an die Pianisten Moritz Ernst und Marco Scilironi für ihre Interpretation des Werks *Kosmos* (1961/1999).

Lehrveranstaltungen

Ulrich Mosch: *Der Komponist Peter Eötvös*
Seminar für Studierende der Hochschule für Musik und des musikwissenschaftlichen Instituts der Universität; jeweils dienstags, 18–20 Uhr, Neuer Saal, Musik-Akademie Basel

25. Oktober 2005	Einführung: Grundfragen zu Biographie und Schaffen
1. November 2005	Kontext Köln – elektronische Werke
8. November 2005	dito (Gast: Erik Oña)
15. November 2005	Kontext Paris und Ensemble-Werke: *Shadows*
22. November 2005	dito (Gast: Roland Moser)
6. Dezember 2005	Schaffen für Musiktheater: *Drei Schwestern*

13. Dezember 2005	dito (Gast: Elisabeth Schwind)
20. Dezember 2005	Peter Eötvös als Interpret
10. Januar 2006	Kontext Budapest – *Kosmos* (Gast: Michael Kunkel)
17. Januar 2006	Komposition und Improvisation
24. Januar 2006	Analyse und Interpretation (zusammen mit Marcus Weiss)
31. Januar 2006	Orchester-Werke: *Psychokosmos*
7. Februar 2006	dito (Gast: Balz Trümpy)
14. Februar 2006	Peter Eötvös' Komponisten-Werkstatt (in Zusammenarbeit mit der Paul Sacher Stiftung)

Ulrich Mosch: *Zwischen struktureller Bindung und Improvisation: Peter Eötvös' Kompositionen der 1980er und 1990er Jahre*
Seminar für Studierende der Hochschule für Musik und des musikwissenschaftlichen Instituts der Universität; Sommersemester 2006, jeweils dienstags, 18–20 Uhr, Seminarraum des musikwissenschaftlichen Instituts der Universität Basel

Gespräche/Film/Roundtable

28. November 2005	Judit Kele, *The Seventh Door: ein filmisches Portrait von Peter Eötvös*, Frankreich/Ungarn 1998, 52 Minuten; Filmvorführung mit anschließendem Gespräch mit Peter Eötvös und Thomas Kessler, Moderation: Marcus Weiss Gare du Nord, Basel
29. November 2005	Roundtable zum Thema „Komponieren heute" mit Peter Eötvös, Georg Friedrich Haas, Isabel Mundry, Roland Moser und Mathias Spahlinger, Moderation: Ulrich Mosch Neuer Saal der Musik-Akademie, Basel

Werkverzeichnis Peter Eötvös

Dieses chronologische Werkverzeichnis basiert auf an verschiedenen Orten und auf der Homepage des Komponisten veröffentlichten Verzeichnissen. Nicht in jedem Falle, insbesondere bei zurückgezogenen Werken, konnten die Datierungen an Dokumenten zur Entstehung überprüft werden. Von den zahlreichen Jugendwerken wurden nur jene verzeichnet, die der Komponist selbst zu den gültigen Werken zählt. Bei verlegten Werken ist der jeweilige Verlag angegeben. Die Musikmanuskripte von Peter Eötvös werden verwahrt in der Sammlung Peter Eötvös der Paul Sacher Stiftung, Basel.

Solitude/Magány („Einsamkeit") für Kinderchor (1956, rev. 2001, 2006) – Text von Béla Kapuváry – Editions Salabert, Paris – Uraufführung: Budapest, 26. Oktober 2002.

A magyar romokon („Auf ungarischen Ruinen") für Mezzosopran (1959; unveröffentlicht) – Text von Dezső Kosztolányi – Uraufführung: Budapest, Oktober 2006.

Kosmos für ein oder zwei Klaviere (1961, rev. 1966, 1979, 1985, 1999) – Fassungen 1985 und 1999 bei Editions Salabert, Paris – Uraufführung: Budapest, Juni 1961.

Drei Madrigalkomödien (1963–89) – siehe die Einzelwerke *Insetti galanti* (1970, rev. 1989), *Hochzeitsmadrigal* (1963, rev. 1976) und *Moro lasso* (1963, rev. 1972) – Editions Salabert, Paris.

Hochzeitsmadrigal, Madrigalkomödie Nr. 2 für Vokalensemble (12 Stimmen) oder Chor (1963, rev. 1976) – Text von Gesualdo da Venosa – Editions Salabert, Paris – Uraufführung: Metz, November 1976.

Moro lasso, Madrigalkomödie Nr. 3 für Vokalensemble (12 Stimmen) oder Chor (1963, rev. 1972) – Text von Gesualdo da Venosa – Editions Salabert, Paris – Uraufführung: Budapest, April 1963.

Mese (Märchen/Tale/Conte), Sprachkomposition auf Tonband (1968) – Text aus ungarischen Volksmärchen – Uraufführung: Darmstadt, September 1968.

Cricket Music, „organized natural sounds" auf Tonband (1970) – Uraufführung: Budapest, Dezember 1970.

Insetti galanti, Madrigalkomödie Nr. 1 für Vokalensemble (12 Stimmen) oder Chor (1970, rev. 1989) – Text von Gesualdo da Venosa – Editions Salabert, Paris – Uraufführung: Paris, Februar 1990.

Feuermusik für Tonband (technisch umgeformte Klänge auf der Basis von Improvisationen mit Drehleier und ungarischer Zither) (1972) – siehe auch: *Music for New York* (1972/2001).

Music for New York für Tonband (*Feuermusik*) mit Saxophon- und Schlagzeug-Improvisationen (1972/2001).

„*Now, Miss!*", „Klangspiel" auf der Basis von Samuel Becketts Hörspiel *Embers* für Violine, elektrische Orgel, umgeformt durch Synthesizer, sowie Tonband (1972) – G. Ricordi & Co., München – Uraufführung: Öldorf, 15. August 1972.

Harakiri, Szene mit Musik für japanische Schauspielerin, einen Sprecher, zwei Shakuhachi (oder zwei Altflöten oder Sopransaxophone) und einen Holzhacker (Ausführender oder Musiker) (1973) – Text von István Bálint – G. Ricordi & Co., München – Uraufführung: Bonn, September 1973.

Elektrochronik für Tonband (1972–74).

Intervalles intérieurs für fünf Instrumente und Tonband (*Elektrochronik*) (1972–74/1981) – Editions Salabert, Paris – Uraufführung: La Rochelle, 1982.

Radames, Kammeroper (1975, rev. 1997) – Text vom Komponisten nach Antonio Ghislanzoni, András Jeles, László Najmányi und Manfred Niehaus – Schott Music, Mainz – Uraufführungen: Köln, März 1976 (1. Fassung); Budapest, Dezember 1997 (2. Fassung).

Windsequenzen für Ensemble (1975, rev. 1987, 2002) – Editio Musica Budapest – Uraufführungen: Budapest, 27. Dezember 1975 (1. Fassung als Teil der Kollektivkomposition *Hommage à Kurtág* (1975) von Peter Eötvös, Zoltán Jeney, Zoltán Kocsis, László Sáry und László Vidovszky); Szombathely, Juli 1989 (2. Fassung); Köln, September 2002 (3. Fassung).

Steine für Ensemble (1985–90, rev. 1992) – Editio Musica Budapest – Uraufführung: Frankfurt, November 1990.

Chinese Opera für großes Ensemble (1986) – Editions Salabert, Paris – Uraufführung: Paris, November 1986.

Brass – The Metal Space, Aktionsstück für sieben Blechbläser und zwei Schlagzeuger (1990) – G. Ricordi & Co., München – Uraufführung: Graz, Oktober 1990.

Fanfare pour TGV Massy für Blechbläser und Schlagzeug (1992).

Korrespondenz, Szenen für Streichquartett (1992–93) – G. Ricordi & Co., München – Uraufführung: Wotersen (Schleswig-Holstein), 3. Juli 1993.

Triangel, musikalische Aktionen für einen kreativen Schlagzeuger und 27 Musiker (1993, rev. 2001) – G. Ricordi & Co., München – Uraufführung: Stuttgart, 19. Februar 1994.

Thunder, Solo für eine tiefe Pauke (aus: *Triangel*) (1993) – G. Ricordi & Co., München – Uraufführung: Kyoto, 17. September 1994.

Derwischtanz für Klarinette solo oder 3 Klarinetten (aus: *Triangel*) (1993, rev. 2001) – G. Ricordi & Co., München.

Zwei Promenaden für Schlagzeug, Keyboard und Tuba („maskulin/feminin"; aus: *Triangel*) (1993/2001) – G. Ricordi & Co., München.

Psalm 151 (in memoriam Frank Zappa) für Schlagzeug solo oder vier Schlagzeuger (1993) – G. Ricordi & Co., München – Uraufführung: Stuttgart, 19. Februar 1994.

Psychokosmos für Cimbalom solo und traditionelles Orchester (1993) – G. Ricordi & Co., München – Uraufführung: Stuttgart, 19. Februar 1994.

Psy, 1. Fassung für Flöte, Violoncello und Cimbalom (oder Klavier oder Harfe oder Baßmarimba) (1993/1996), 2. Fassung für Flöte, Viola und Harfe (1993/2002) – G. Ricordi & Co., München – Uraufführungen: Mönchengladbach, 10. Juni 1997 (1. Fassung); Paris, November 2002 (2. Fassung).

Atlantis für Bariton, Knabensopran, Cimbalom, virtuellen Chor (3 Synthesizer) und Orchester (1995) – Text von Sándor Weöres – G. Ricordi & Co., München – Uraufführung: Köln, 17. November 1995.

Shadows, Fassung für Flöte, Klarinette und Kammerorchester (1995–96) – G. Ricordi & Co., München – Uraufführung: Ludwigshafen, 11. März 1996.

Shadows, Fassung für Flöte, Klarinette und Ensemble (1995–96/1997) – G. Ricordi & Co., München – Uraufführung: Budapest, 4. April 1997.

Tri Sestri (Three Sisters/Drei Schwestern/Trois sœurs), Oper in drei Sequenzen (1996–97) – Libretto von Claus H. Henneberg und Peter Eötvös nach dem gleichnamigen Theaterstück von Anton Tschechow – G. Ricordi & Co., München – Uraufführung: Lyon, 13. März 1998.

Two Monologues für Bariton und Orchester (aus: *Tri Sestri*) (1996–97/1998) – Text von Anton Tschechow – G. Ricordi & Co., München – Uraufführung: Frankfurt am Main, 21. Februar 1999.

Two Poems to Polly für einen sprechenden Cellisten (1998) – Text aus Lady Sarashina, *As I Crossed a Bridge of Dreams* – G. Ricordi & Co., München – Uraufführung: Düsseldorf, 28. September 1999.

Replica für Viola und Orchester (1998) – G. Ricordi & Co., München – Uraufführung: Milano, 29. März 1999.

As I Crossed a Bridge of Dreams, Szenen aus dem Japan des 11. Jahrhunderts – ein Klangtheater (1998–99) – Textzusammenstellung von Mari Mezei nach Lady Sarashina, *As I Crossed a Bridge of Dreams* – G. Ricordi & Co., München – Uraufführung: Donaueschingen, 16. Oktober 1999.

zeroPoints für Orchester (1999) – Schott Music, Mainz – Uraufführung: London, 27. Februar 2000.

Paris – Dakar für einen improvisierenden Solisten (Posaune oder Saxophon oder Klarinette oder Tárogató [Schnabelflöte] oder ein anderes Soloinstrument) und Bigband (2000) – Schott Music, Mainz – Uraufführung: Budapest, 28. März 2003 (Fassung mit Posaune als Soloinstrument).

Snatches of a Conversation für Doppeltrichter-Trompete, Rezitator und Ensemble (2001) – Schott Music, Mainz – Uraufführung: Basel, 25. November 2001.

Le Balcon, Oper in zehn Bildern (2001–02) – Text von Françoise Morvan in Zusammenarbeit mit Peter Eötvös und André Markowicz nach dem gleichnamigen Theaterstück von Jean Genet – Schott Music, Mainz – Uraufführung: Aix-en-Provence, 5. Juli 2002.

IMA („Gebet") für gemischten Chor und Orchester (2001–02) – Texte von Sándor Weöres und Gerhard Rühm – Schott Music, Mainz – Uraufführung: Köln, 13. September 2002.

Jet Stream für Trompete und Orchester (2002) – Schott Music, Mainz – Uraufführung: London, 15. Februar 2003.

Erdenklavier – Himmelklavier, in memoriam Luciano Berio, für Klavier (2003/2006) – Schott Music, Mainz – Uraufführungen: Tanglewood, 20. Juli 2003 (1. Fassung); Montreal, 9. Januar 2007 (2. Fassung).

Angels in America, Oper in zwei Teilen (2002–04) – Text von Mari Mezei nach dem gleichnamigen Theaterstück von Tony Kushner – Schott Music, Mainz – Uraufführung: Paris, 23. November 2004.

Un taxi l'attend, mais Tchékhov préfère aller à pied für Klavier (2004) – Schott Music, Mainz – Uraufführung: Montreal, 9. Januar 2007.

CAP-KO („**C**oncerto for **A**coustical **P**iano, **K**eyboard and **O**rchestra"), Béla Bartók gewidmet, Konzert für akustisches Klavier, Keyboard und Orchester (2005) – Schott Music, Mainz – Uraufführung: München, 26. Januar 2007.

Encore (Un taxi l'attend, mais Tchékhov préfère aller à pied), „für den 80. Geburtstag von György Kurtág", für Streichquartett (2005) – Schott Music, Mainz – Uraufführung: Neuhardenberg, 11. Juni 2006.

UNICEF (Ein Fünffingerstück, um eine Geschichte zu erfinden) für Klavier für Kinder (2005) – Universal Edition, Wien.

Seven (Memorial for the Columbia Astronauts) für Violine und Orchester (2006) – Schott Music, Mainz – Uraufführung: Luzern, 6. September 2007.

Sonata per sei für zwei Klaviere, drei Schlagzeuger und Sampler-Keyboard (2006) – Beruht auf CAP-KO (2005) – Schott Music, Mainz.

Natasha für Countertenor oder Sopran und Violine, Klarinette und Klavier (2006) – Text von Anton Tschechow – G. Ricordi & Co., München – Uraufführung: Schwetzingen, 1. Juni 2006.

Zurückgezogene Werke

Fragmente, Lieder für Sopran, Cimbalom und Orchester (1965) – Text von Attila József.
Passepied, Musik für fünf Instrumente für eine Choreographie (1969).
qip-piq für Ensemble (1970).
Airport Öldorf für Live-Elektronik (1973).
Für Mesias und Peter für Live-Elektronik (1973).
Il Maestro, Clownstück für einen Pianisten an zwei Flügeln (Steinway) (1974).
Intimus für Bariton und Violoncello (1974).
Leopold und Wolfgang für zwei Violinen und zwei Sprecher (1976).
Psalm für Orgel und Schlagzeug (1979).
Solmisation für acht Sänger und achtspuriges Tonband (1979).
Endless Eight I für zwölf Stimmen, zwei Schlagzeuger, elektrische Gitarre und zwei Hammondorgeln (1981).
Pierre-Idyll für achtzehn Instrumente (1984).
Pierre-Idyll für Orchester (1984/90) – Uraufführung: Frankfurt, 1992.
Endless Eight II – Apeiron musikon für acht Solostimmen, doppelten gemischten Chor, zwei Schlagzeuger und Synthesizer (1988–89).
Serenade, eine Balkonszene für Violine, Euphonium oder Kontrabaß und Tonband (1994).
Der Blick, Komposition mit instrumentalen Klängen und Augenbildern für Kopfhörer, Lautsprecher und Video (1997).
600 Impulse für Blechbläserensemble (2000) – Schott Music, Mainz – Uraufführung: Mainz, 7. Mai 2000.
désaccord (in memoriam B. A. Zimmermann) für zwei Bratschen (2001).

Theater- und Filmmusik (Ungarn 1962–1991)

Theatermusiken:
Georg Büchner, *Leonce és Léna* („Leonce und Lena", 1961).
Sean O'Casey, *Az ezüst kupa* („The Silver Tassie", 1961).
Tenessee Williams, *Üvegfigurák* („The Glass Menagerie", 1963).
Eugene O'Neill, *Amerikai Elektra* („Mourning becomes Electra", 1963).
Imre Madách, *Az ember tragédiája* („Die Tragödie des Menschen", 1964).
Michail Lermontov, *Hóvihar* („Schneesturm", 1964).
Luigi Pirandello, *Hat szerep keres egy szerzőt* („Sei personaggi in cerca d'autore", 1964).
Jean Anouilh, *Becket* („Becket, ou L'Honneur de Dieu", 1965).
József Katona, *Bánk Bán* („Ban Bánk", 1968).
William Shakespeare, *Téli rege* („The Winter's Tale", 1969).
William Shakespeare, *Athéni Timon* („Timon of Athens", 1969).

Kindertheatermusiken:
Twist Oliver („Oliver Twist", 1963).
Hét szem mazsola („Sieben Rosinen", 1965).
Ellopott bejárat („Gestohlener Eingang", 1965).
Foltos és Fülenagy („Fleckchen und Großohr", 1966).

Filmmusiken:
János Rózsa, *A tér* („Der Platz", 1962).
Pál Gábor, *Prométheusz* („Prometheus", 1962).

Pál Gábor, *A megérkezés* („Die Ankunft", 1962).
Károly Esztergályos, *Ötödik pozicióban* („An fünfter Position", 1962).
Pál Gábor, *Aranykor* („Goldenes Zeitalter", 1963).
Zoltán Fábri, *Nappali sötétség* („Tagesfinsternis", 1963).
István Bácskai-Lauró, *Igézet* („Bann", 1963).
István Szabó, *Álmodozások kora* („Zeitalter der Tagträume", 1964).
Iván Lakatos, *Mozaik* („Mosaik", 1964).
János Szücs, *Szomjúság* („Durst", 1965).
Mihály Szemes, *Az alvilág professzora* („Der Professor der Unterwelt", 1969).
Ferenc Kardos, *Egy őrült éjszaka* („Eine verrückte Nacht", 1969).
János Tóth, *Aréna* („Arena", 1969).
Zoltán Huszárik, *Amerigo Tot* (1969).
Károly Makk, *Macskajáték* („Katzenspiel", 1974).
Sándor Sára, *Tüske a köröm alatt* („Dorn unter dem Nagel", 1987).
Judit Elek, *Tutajosok* („Flößer", 1990).
Sándor Sára, *Könyörtelen idők* („Erbarmungslose Zeiten", 1991).

Diskographie

As I Crossed a Bridge of Dreams, Szenen aus dem Japan des 11. Jahrhunderts – ein Klangtheater (1998–99) – Textzusammenstellung von Mari Mezei nach Lady Sarashina, *As I Crossed a Bridge of Dreams* – Claire Bloom, Sprecherin; Mike Svoboda, Posaune; Gérard Buquet, Tuba; Klaus Burger, Saxophon; Mitglieder der Neuen Vocalsolisten Stuttgart; Leitung: Manfred Schreier – Col legno WWE 2CD 20075.

Atlantis für Bariton, Knabensopran, Cimbalom, virtuellen Chor (Synthesizer) und Orchester (1995) – Text von Sándor Weöres – Dietrich Henschel, Bariton; Knabensopran aus dem Kölner Domchor; Márta Fábián, Cimbalom; Sinfonieorchester des WDR, Köln; Leitung: Peter Eötvös – BMC Records CD 007.

Le Balcon, Oper in zehn Bildern (2001–02) – Text von Françoise Morivan in Zusammenarbeit mit Peter Eötvös und André Markowicz nach dem gleichnamigen Theaterstück von Jean Genet – 4., 9. und 10. Szene: Ensemble InterContemporain; Leitung: Peter Eötvös – Schott KAT 71-99 T 6912 (Peter Eötvös, CD Portrait, Werkverzeichnis/Work Catalogue).

Chinese Opera für großes Ensemble (1986)
  – Ensemble Modern; Leitung: Peter Eötvös – Musikprotokoll Steirischer Herbst 1990 MP 90 ORF 08
  – Ensemble InterContemporain; Leitung: Peter Eötvös – Erato ECD 75554.
  – Klangforum Wien; Leitung: Peter Eötvös – Kairos CD 0012082KAI.

Cricket Music, „organized natural sounds" auf Tonband (1970) – technisch realisiert von Peter Eötvös und András Székely im elektronischen Studio von Hungaroton – LP: Hungaroton SLPX 12602 stereo – CD: BMC Records CD 038.

Derwischtanz für Klarinette solo oder 3 Klarinetten (aus: *Triangel*) (1993/2001) – Csaba Klenyán, Klarinette – BMC Records CD 059 – BMC Records CD 072.

Drei Madrigalkomödien siehe:
  Insetti galanti (Nr. 1)
  Hochzeitsmadrigal (Nr. 2)
  Moro lasso (Nr. 3)

Elektrochronik für Tonband (1972–74) – Live-Aufnahme einer Improvisationssession im WDR in Köln 1974 mit Peter Eötvös und Messias Maiguashca, elektrische Orgel mit Klangumformung von Peter Eötvös – BMC Records CD 072.

Feuermusik für Tonband (1972) – technisch realisiert mittels Klangumformung auf der Basis von Improvisationen mit Drehleier und ungarischer Zither im Studio Öldorf – Feedback CD 2 (Elektronische Musik 1968–1976).

Feuermusik siehe auch: *Music for New York*

Harakiri, Szene mit Musik für japanische Schauspielerin, einen Sprecher, zwei Shakuhachi (oder zwei Altflöten oder Sopransaxophone) und einen Holzhacker (Ausführender oder Musiker) (1973) – Text von István Bálint – Tokk Ensemble, Tokio; Kaoru Ishii, Sprecher; Shizuo Aoki, Katsuya Yokoyama, Shakuhachi; Yasuori Yamaguchi, Holzhacker – BMC Records CD 038.

Hochzeitsmadrigal, Komödie in vier Bildern, Madrigalkomödie Nr. 2 für Vokalensemble (1963, rev. 1976) – Text von Gesualdo da Venosa – Collegium Vocale, Köln – Koch/Schwann CD 3-5037-2.

Hommage à Kurtág für Ensemble (1975) siehe: *Windsequenzen*

IMA für gemischten Chor und Orchester (2001–02) – Texte von Sándor Weöres und Gerhard Rühm – Rundfunkchor und Sinfonieorchester des WDR, Köln; Leitung: Sylvain Cambreling – BMC Records CD 085 – nur 3. Teil: Schott KAT 71-99 T 6912.

Insetti galanti, Madrigalkomödie Nr. 1 für Vokalensemble (1970, rev. 1989) – Text von Gesualdo da Venosa – Tomkins Ensemble, Budapest; Leitung Peter Eötvös – BMC Records CD 038.
Intervalles intérieurs für fünf Instrumente und Tonband (*Elektrochronik*) (1972–74/rev. 1981)
– Musiker des Ensemble InterContemporain – Erato ECD 75554.
– Musiker des UMZE Ensembles; Michael Svoboda, Posaune; Leitung: Peter Eötvös – BMC Records CD 092.
Jet Stream für Trompete und Orchester (2002)
– Markus Stockhausen, Trompete; BBC Symphony Orchestra, London; Leitung: Peter Eötvös – BMC Records CD 097.
– Markus Stockhausen, Trompete; Royal Philharmonic Orchestra, Stockholm; Leitung: Peter Eötvös – Schott KAT 71-99 T 6912.
– Håkan Hardenberger, Trompete; Göteborgs Symfoniker (Schwedisches Nationalorchester); Leitung: Peter Eötvös – Deutsche Grammophon 477 6150 GH.
Korrespondenz, Szenen für Streichquartett (1992–93) – Pellegrini Quartett – BMC Records CD 085.
Kosmos für ein oder zwei Klaviere (1961, rev. 1966, 1979, 1985, 1999)
– Dana Ciocarlie, Klavier – L'Empreinte digitale ED 13211.
– Andreas Grau, Götz Schumacher, Klavier – BMC Records CD 085.
Jazz-Improvisationen über Themen aus Peter Eötvös' Oper *Le Balcon* (2001–02) – Béla Szakcsi, Klavier; Gábor Gadó, elektrische Gitarre – BMC Records CD 097.
Mese (Märchen/Tale/Conte), Sprachkomposition auf Tonband (1968) – Text aus ungarischen Volksmärchen – Piroska Molnár, Stimme; technisch realisiert von Peter Eötvös und Werner Scholz am Studio für elektronische Musik des WDR in Köln – LP: Hungaroton SLPX 11851 stereo – CD: BMC Records CD 038.
Moro lasso, Madrigalkomödie Nr. 3 mit Masken für Vokalensemble (1963, rev. 1972) – Text von Gesualdo da Venosa – Collegium Vocale, Köln; Leitung Wolfgang Fromme – EMI-Electrola C-065-28830.
Music for New York für Tonband (*Feuermusik*) mit Saxophon- und Schlagzeug-Improvisationen (1972/2001) – László Dés, Saxophon; András Dés, Bodhrán – BMC Records CD 072.
Music for New York siehe auch: *Feuermusik*
„*Now, Miss!*", „Klangspiel" auf der Basis von Samuel Becketts Hörspiel *Embers* für Violine, elektrische Orgel, umgeformt durch Synthesizer, sowie Tonband (1972) – Peter Eötvös, elektrische Orgel; János Négyesy, Violine – BMC Records CD 072.
Paris-Dakar für einen improvisierenden Solisten und Bigband (2000) – László Gőz, Doppeltrichter-Posaune mit Harmonizer; Budapest Jazz Orchestra; Leitung: Gergely Vajda (Aufnahmeleiter: Peter Eötvös) – BMC Records CD 097.
Psalm 151 (in memoriam Frank Zappa) für Schlagzeug solo (1993) – Zoltán Rácz, Schlagzeug – BIS CD 948.
Psy, Trio für Flöte, Violoncello und Baßmarimba (1993/1996) – Gergely Ittzés, Flöte; Miklós Perényi, Violoncello; Zoltán Rácz, Marimba – BIS CD 948.
Psychokosmos für Cimbalom solo und Orchester (1993) – Márta Fábián, Cimbalom; BBC Symphony Orchestra, London; Leitung: Peter Eötvös – BMC Records CD 007.
Replica für Viola und Orchester (1998) – Kim Kashkashian, Viola; Netherlands Radio Chamber Orchestra; Leitung: Peter Eötvös – CD ECM New Series 1711, 289 465 420-2.
Shadows für Flöte, Klarinette und Kammerorchester (1996) – Dagmar Becker, Flöte; Wolfgang Meyer, Klarinette; Sinfonieorchester des Südwestfunks, Baden-Baden; Leitung: Peter Eötvös – BMC Records CD 007.
Shadows für Flöte, Klarinette und Ensemble (1996/1997) – Klangforum Wien; Leitung: Peter Eötvös – Kairos 0012082KAI.

Snatches of a Conversation für Doppeltrichter-Trompete, Rezitator und Ensemble (2001) – Marco Blaauw, Trompete; Omar Ebrahim, „Noise-Maker"; musikfabrik Ensemble für Neue Musik; Leitung: Peter Eötvös – BMC Records CD 097 – Schott KAT 71-99 T 6912.

Steine für Ensemble (1985–90, rev. 1992) – Klangforum Wien; Leitung: Peter Eötvös – Kairos CD 0012082KAI.

Tri Sestri (Three Sisters/Drei Schwestern/Trois sœurs), Oper in drei Sequenzen (1996–97) – Libretto von Claus H. Henneberg und Peter Eötvös nach dem gleichnamigen Theaterstück von Anton Tschechow – Alain Aubin, Gary Boyce, Vyatcheslav Kagan-Paley, Oleg Riaberts, Countertenor; Albert Schagdullin, lyrischer Bariton; Wojtek Drabowicz, Dietrich Henschel, Bariton; Marc Duguay, Peter Hall, Ivan Matiakh, Tenor; Jan Alofs, Denis Sedov, Nikita Storojev, Baß; Orchestre de l'Opéra de Lyon; Leitung: Kent Nagano und Peter Eötvös – Deutsche Grammophon 459 694-2.

Triangel, musikalische Aktionen für einen kreativen Schlagzeuger und 27 Musiker (1993) – Zoltán Rácz, Schlagzeug; UMZE Chamber Ensemble, Budapest; Leitung: Peter Eötvös – BIS CD 948.

Two Monologues für Bariton und Orchester (aus: *Tri Sestri*) (1998) – Text von Anton Tschechow – Wojtek Drabowicz, Bariton; SWR Sinfonieorchester Baden-Baden und Freiburg; Leitung: Peter Eötvös – BMC Records CD 038.

Two Poems to Polly für einen sprechenden Cellisten (1998) – Text aus Lady Sarashina, *As I Crossed a Bridge of Dreams* – György Déri, Violoncello/Sprecher – Hungaroton Classic HCD 32288.

Windsequenzen für Ensemble (1975, rev. 1987, 2002)
– István Matusz, Flöte; László Sáry, Harmonium; László Szabó, Tuba; Zoltán Rácz, große Trommel; János Joó, Englischhorn; László Vidovszky, Windimitation – LP: Hungaroton SLPX 12602 stereo.
– Klangforum, Wien; Leitung: Peter Eötvös – BMC Records CD 092.
– Ensemble des Új zenei stúdió, Budapest (als Bestandteil der Kollektivkomposition *Hommage à Kurtág* (1975) von Peter Eötvös, Zoltán Jeney, Zoltán Kocsis, László Sáry und László Vidovszky) – BMC Records CD 116.

zeroPoints für Orchester (1999)
– Göteborgs Symfoniker (Schwedisches Nationalorchester); Leitung: Peter Eötvös – BMC Records CD 063.
– Royal Philharmonic Orchestra, Stockholm; Leitung: Peter Eötvös – Schott KAT 71-99 T 6912.

Filmographie

The Seventh Door, Dokumentarfilm über Peter Eötvös von Judit Kele (1998)
    – ZDF/Arte – Les Films d'ici, Paris – 52 Minuten – 1 DVD.
    – Ideale Audience, Paris 2006 – 1 DVD [enthält auch: *György Kurtág: The Matchstick Man*].

En souvenir de Trois sœurs, Dokumentarfilm über die Produktion der *Tri Sestri* in Lyon von Judit Kele (1999) – 28 Minuten – Les Films d'ici, Paris.

Talentum – Eötvös Péter, Composer, Dokumentarfilm von Sára Balázs (2000) – 30 Minuten – DUNA TV Ungarn.

Trois sœurs, opéra en trois séquences de Peter Eötvös von Don Kent (2001) – Bühne: Ushio Amagatsu; Solisten; Orchestre philharmonique de Radio France; Leitung: Kent Nagano und Peter Eötvös – Koproduktion LGM, RM Associates, Théâtre musical de Paris Châtelet, MUZZIK.

Le Balcon, opéra en dix tableaux de Peter Eötvös von Andy Sommer (2002) – Bühne: Stanislas Nordey; Solisten; Ensemble InterContemporain; Leitung: Peter Eötvös – Koproduktion Bel Air Media und Festival Aix-en-Provence.

Bibliographie (Auswahl)

Texte und Statements von Peter Eötvös

[ohne Titel; zu *Moro lasso*], in: Programmheft *Wittener Tage für neue Kammermusik 1974*, Witten: Kulturamt der Stadt Witten 1974, S. 34 f.

Wie ich Stockhausen kennenlernte, in: *Feedback Papers* 16, Köln: Feedback-Studio 1978, Reprint Nr. 1–16, Köln: Feedback-Studio o. J., S. 421.

Peter Eötvös und Jean-Marie Adrien, *Time domain computation of three-dimensional acoustic field by retarded-potential technique holophonic synthesis*, in: *Proceedings of the International Computer Music Conference, Glasgow 1990*, San Francisco: Computer Music Association 1990, S. 108–111.

Chinese Opera, in: Booklet zur CD *Musikprotokoll '90. Ensemble Modern*, Graz: ORF (Musikprotokoll Steirischer Herbst 1990, MP 90 ORF 08) 1990, ohne Seitenzahl; französisch in: Booklet zur CD Peter Eötvös, *Chinese Opera, Intervalles intérieurs*, Paris: Erato (ECD 75554) 1990, S. 5.

Penser à Bruno Maderna, in: Programmbuch *Festival d'Automne à Paris 1991*, Paris: Festival d'Automne 1991, S. 52 f.

Donaueschingen – die NASA der neuen Musik, in: Programmbuch *Donaueschinger Musiktage 1996*, Saarbrücken: Pfau 1996, S. 26 f.

[ohne Titel; über György Kurtág], in: Booklet zur CD György Kurtág, *Játékok*, München: ECM Records (ECM New Series 1619, 453 511-3) 1997, ohne Seitenzahl; dasselbe in: *György Kurtág und Friedrich Hölderlin. Poiesis der Moderne*, Programmheft der. 5. Kultur- und Musik-Festtage des Goetheanums Dornach, hrsg. von Jurriaan Cooiman, Dornach: Goetheanum 1998, S. 70.

Psychokosmos, in: Booklet zur CD Peter Eötvös, *Atlantis*[, *Psychokosmos, Shadows*], Budapest: BMC Records (CD 007) 1998, ohne Seitenzahl (englisch und ungarisch).

Von der Notwendigkeit, die Grenzen zu öffnen [Dankrede von Peter Eötvös anläßlich der Entgegennahme des Musikpreises 2000 der Christoph und Stephan Kaske-Stiftung in München], www.beckmesser.de.

Steine, in: Booklet zur CD Peter Eötvös, *Chinese Opera, Shadows, Steine*, Wien: Kairos (CD 0012082KAI) 2000, S. 10.

Towards zeroPoints und *Beethoven ... by the Ensemble Modern*, in: Booklet zur CD Peter Eötvös, *zeroPoints*, Beethoven, Symphony No. 5, Budapest: BMC Records (CD 072) 2001, ohne Seitenzahl.

[ohne Titel; zu *Music for New York, Now, Miss!, Elektrochronik*], in: Booklet zur CD *Peter Eötvös, Electrochronicle*, Budapest: BMC Records (CD 063) 2001, o.S.

[ohne Titel; zu *Snatches of a Conversation, Jet Stream, Paris-Dakar*], in: Booklet zur CD Peter Eötvös, *Snatches*, Budapest: BMC Records (CD 097) 2004, o.S.

Einige Gedanken beim Lesen der Écrits *von Edgard Varèse*, in: *Edgard Varèse – Komponist, Klangforscher, Visionär*, hrsg. von Felix Meyer und Heidy Zimmermann, Mainz etc.: Schott 2006, S. 473; dasselbe englisch in: *Edgard Varèse: Composer, Sound Sculptor, Visionary*, hrsg. von Felix Meyer und Heidy Zimmermann, Woodbridge, Suffolk: Boydell 2006, S. 473.

Grüße an/Regards for Hanspeter Kyburz, in: *Roche Commissions: Hanspeter Kyburz*, hrsg. von der Carnegie Hall, New York, The Cleveland Orchestra, Lucerne Festival und Roche, Basel: Roche 2006, S. 71.

Homepage

www.eotvospeter.com

Gespräche

Zdenka Kapko-Foretic, *Kölnska skola avangarde*, in: *Zvuk. Jugoslavenska muzicka revija* 1980, Nr. 2, S. 50–55.

Tamás Váczi, *Beszélgetés Eötvös Péterrel: az elektronikus zenéről*, in: *Muzsika* 29 (1986), Nr. 12, S. 29–33 [deutsche Übersetzung in diesem Band, S. 35 ff.].

Bálint András Varga, *Eötvös Péter*, in: *3 kérdés 82 zeneszerző*, Budapest: Zeneműkiadó 1986, S. 101–109 [deutsche Übersetzung in diesem Band, S. 29 ff.].

Entretien avec Peter Eötvös, Gespräch mit Philippe Albèra, in: *Musique en création*, Programmbuch zum Festival d'Automne à Paris 1989, Paris: Contrechamps und Festival d'Automne 1989, S. 120–125.

Peter Eötvös: Interview par Claude Delangle, in: *A. P. E. S. Association Internationale pour l'Essor du Saxophone* 14, 1990, S. 14–18.

A zenei hang fizikai jelenség: Beszélgetés Eötvös Péter zeneszerző-karmesterrel [„Der musikalische Ton als physikalische Erscheinung: Ein Gespräch mit dem Komponisten und Dirigenten Peter Eötvös"; Gespräch mit László J. Győri], in: *Kritika* 21 (1992), Nr. 3, S. 31–33.

Michael Büttler, Peter Eötvös, Andreas Fischer, Simon Kalbhenn, Katharina Kutnewsky, Wilken Ranck, Galina Roreck, Ralf Soiron, Ulf Werner, *Das Sinfonieorchester: Perspektiven einer Institution, oder eine Institution ohne Zukunft? Statements bei einem Round-Table-Gespräch*, in: *… wir wissen doch genau, man klettert nicht über'n Tisch. 20 Jahre Junge Deutsche Philharmonie*, hrsg. von Birgit Achatz und Ulf Werner, Regensburg: ConBrio 1994, S. 90–100.

Ich sehe mich als „Testpiloten" für Neue Musik [Gespräch mit Renate Ulm], in: *„Eine Sprache der Gegenwart". musica viva 1945–1995*, hrsg. von Renate Ulm, München: Piper und Mainz: Schott 1995, S. 332–339.

„Meine Musik ist Theatermusik". Peter Eötvös im Gespräch mit Martin Lorber, in: *MusikTexte* 59, Juni 1995, S. 7–14 [in diesem Band, S. 43 ff.].

Interview zwischen Peter Eötvös und den Mitgliedern des Ensemble Modern, in: Broschüre *Ensemble Modern 96*, hrsg. vom Ensemble Modern, Frankfurt am Main 1996, S. 3–7.

„Zenénk nem rosszabb a múlt századinál" [„Unsere Musik ist nicht schlechter als jene des vergangenen Jahrhunderts"; Gespräch mit Marianna Nagy], in: *Népszabadság* 54 (1996), Nr. 184, S. 9.

„Utálom a hősöket" [„Ich hasse Helden"; Gespräch mit Tünde Szitha], in: *Muzsika* 41 (1998), Nr. 5, S. 22–25.

Stille sehen – Unsichtbares hören. Peter Eötvös im Gespräch mit Armin Köhler, in: Programmbuch *Donaueschinger Musiktagen 1999*, Saarbrücken: Pfau 1999, S. 73–75 [in diesem Band, S. 57 ff.].

„Die Oper ist nicht tot". Peter Eötvös im Gespräch mit Pierre Moulinier, in: Booklet zur CD Peter Eötvös, *Drei Schwestern*, Hamburg: Deutsche Grammophon (459 694-2) 1999, S. 36–40; dasselbe auch englisch und französisch, ebd., S. 16–20 bzw. S. 56–60.

Peter Eötvös spricht mit Zoltán Rácz, in: Booklet zur CD Peter Eötvös, *Psalm 151, Psy, Triangel*, Djursholm: Grammofon AB BIS (CD 948) 2000, S. 11–16; dasselbe auch englisch und französisch, ebd. S. 3–8 bzw. S. 19–24.

„Balance von Konstruktion und Improvisation". Peter Eötvös im Gespräch mit Wolfgang Stryi, in: *MusikTexte* 86/87, November 2000, S. 77 f.

Peter Eötvös, entre utopie et pragmatisme [Gespräch mit Christian Merlin], in: *Peter Eötvös: Trois Sœurs* (*L'Avant Scène Opéra*, Nr. 204), Paris: Éditions Premières Loges 2001, S. 64–74.

Eötvös Péter operája, a Három nővér magyarországi bemutatója elé [„Vor der ungarischen Erstaufführung von Peter Eötvös' Oper *Drei Schwestern*"; Gespräch mit Judit P. Csák], in: *Operaélet. A Budapesti Operabarátok Egyesületének lapja* 23 (2001), Nr. 2, S. 12–15.

Peter Eötvös in conversation about Three sisters [Gespräch mit Rachel Beckles Willson], in: *Tempo* 220, 2002, S. 11–13.

L'opera selon Peter Eötvös [Gespräch mit Omer Corlaix], in: *Musica falsa* 16, 2002, S. 58–61.

Von der Utopie des Metiers – Dirigieren als Praxis der Veränderung. Peter Eötvös im Gespräch mit Max Nyffeler, in: *NZfM* 163 (2002), Heft 1, S. 19–22 [in diesem Band, S. 60 ff.].

Zirkus und Chanson. Peter Eötvös über Le Balcon [Gespräch mit Christian Carlstedt], in: Programmbuch zur Produktion von *Le Balcon*, Theater Freiburg, Spielzeit 2002/2003, Freiburg im Breisgau: Theater Freiburg 2003, S. 10–13 [in diesem Band, S. 66 ff.].

Mária Albert, *Találkozások Ligetivel Miskolctól Münchenig. Eötvös Péter és Rácz Zoltán Ligeti Györgyről* [„Begegnungen mit Ligeti von Miskolc bis München: Peter Eötvös und Zoltán Rácz über György Ligeti"], in: *Muzsika* 46 (2003), Nr. 5, S. 17–19.

Zoltán Farkas, *Számomra a zenélés az artikulációval kezdődik. Földvári találkozás Eötvös Péterrel*, in: *Muzsika* 47 (2004), Nr. 9, S. 32–37 [deutsche Übersetzung in diesem Band, S. 75 ff.].

„*Mich interessiert gerade das Gegenteil von mir*". Schlussdiskussion mit Peter Eötvös zum Motto „Ungar und Weltbürger" [Gespräch zwischen Rachel Beckles Willson, Peter Eötvös, Péter Halász, Hans-Klaus Jungheinrich, Éva Pintér und Wolfgang Sandner], in: *Identitäten. Der Komponist und Dirigent Peter Eötvös*, hrsg. von Hans-Klaus Jungheinrich, Mainz: Schott 2005 (= *edition neue zeitschrift für musik*), S. 69–81.

„*Klangbildaufnahmen wie von einem Fotografen*". Wolfgang Sandner im Gespräch mit Peter Eötvös, in: *Identitäten. Der Komponist und Dirigent Peter Eötvös*, hrsg. von Hans-Klaus Jungheinrich, Mainz: Schott 2005 (= *edition neue zeitschrift für musik*), S. 59–67 [in diesem Band, S. 68 ff.].

„*Dann müssen wir das Stück eben noch einmal aufführen*". Peter Eötvös im Gespräch mit Jürgen Otten, in: *Berliner Philharmoniker. Das Magazin* 2005, Nr. 1, S. 9–12.

Bartóks Geist: zu Peter Eötvös' CAP-KO (2005). Florian Hauser im Gespräch mit Peter Eötvös, in: *Musica viva*, München, Programmheft zum 3. Orchesterkonzert, 26. Januar 2006, S. 16–20.

„*Das Orchester ist kein Relikt*". Peter Eötvös dirigiert das Orchester der Basler Musikhochschule [Gespräch mit Sigfried Schibli], in: *Basler Zeitung*, 9. Februar 2006, S. 18.

Texte über Peter Eötvös

Selbständige Publikationen
Peter Eötvös, Paris: Salabert 1994.
Peter Eötvös, München: Ricordi 2004.
Identitäten. Der Komponist und Dirigent Peter Eötvös, hrsg. von Hans-Klaus Jungheinrich, Mainz: Schott 2005 (= *edition neue zeitschrift für musik*), S. 69–81.

Aufsätze
András Zoltán Bán, *Trois sœurs – plus un...*, in: *Peter Eötvös: Trois Sœurs* (*L'Avant Scène Opéra*, Nr. 204), Paris: Éditions Premières Loges 2001, S. 83–87.

Georg Beck, Art. *Peter Eötvös*, in: *Komponisten der Gegenwart*, Loseblatt-Lexikon, hrsg. von Hanns-Werner Heister und Walter-Wolfgang Sparrer, München: text und kritik 1993 ff., 28. Nlfg., November 2004, 2 S.

ders., *Über Peter Eötvös*, in: Programmbroschüre *Gütersloh 2004: Peter Eötvös*, Gütersloh: Gütersloh – Theater & Konzerte 2004, S. 16–18.

ders., *Die Werke* [Einführungen zu *Chinese Opera*, *Music for New York*, *Psalm 151*, *Shadows*, *Snatches of a Conversation*, *Two Poems to Polly*, *Windsequenzen* sowie Jazzimprovisationen über Themen aus der Oper *Le Balcon*], in: Programmbroschüre *Gütersloh 2004: Peter Eötvös*, Gütersloh: Gütersloh – Theater & Konzerte 2004, S. 3–16.

Rachel Beckles Willson, *Wer ist Peter Eötvös?*, in: *Peter Eötvös*, München: Ricordi 2004, S. 15–18, englisch S. 5–8, französisch S. 25–28, ungarisch S. 35–38.

dies., *Sehnsucht als Mythos. Zur musikalischen Dramaturgie in Peter Eötvös' Oper Die drei Schwestern* [sic!], in: *Identitäten. Der Komponist und Dirigent Peter Eötvös*, hrsg. von Hans-Klaus Jungheinrich, Mainz: Schott 2005 (= edition neue zeitschrift für musik), S. 17–24.

Jean-François Boukobza, *Commentaire musical*, in: *Peter Eötvös: Trois Sœurs* (*L'Avant Scène Opéra*, Nr. 204), Paris: Éditions Premières Loges 2001, S. 8–63.

Jean-Michel Brèque, *Sur un Tchékhov recomposé, de l'authentique théâtre lyrique*, in: *Peter Eötvös: Trois Sœurs* (*L'Avant Scène Opéra*, Nr. 204), Paris: Éditions Premières Loges 2001, S. 76–82.

Thea Derks, *Peter Eötvös: Een componist dient het nieuwe te ontdekken*, in: *Entr'acte. Muziek journal*, Nr. 2, Amsterdam: Maart 1997, S. 6–9.

Stefan Drees, *Musik zum Sehen und zum Hören. Das Klangtheater „As I Crossed a Bridge of Dreams" von Peter Eötvös*, in: www.stefandrees.de (23. April 2007).

Evelyne Dreyfus, *Peter Eötvös*, in: *CNAC Magazine – Centre Georges Pompidou* 24 (1984), Nr. 9, S. 28.

Daniel Ender, *Durch Verfremdung der Wahrheit näher: Peter Eötvös' brisante Aktualisierung von Tschechows* Drei Schwestern, in: ÖMZ 57 (2002), Heft 5, S. 17–22.

Zoltán Farkas, *Die Gesichter von Peter Eötvös*, in: *Peter Eötvös*, München: Ricordi 2004, S. 19–23, englisch S. 9–12, französisch S. 29–33, ungarisch S. 39–43.

Stefan Fricke, *Über Peter Eötvös und ein komponiertes Harakiri*, in: *Zwischen Volks- und Kunstmusik: Aspekte der ungarischen Musik*, hrsg. von Stefan Fricke u. a., Saarbrücken: Pfau 1999, S. 178–186.

ders., Art. *Eötvös, Peter*, in: *Die Musik in Geschichte und Gegenwart. Allgemeine Enzyklopädie der Musik*, zweite, neubearbeitete Ausgabe, hrsg. von Ludwig Finscher, *Personenteil*, Bd. 6, Kassel etc.: Bärenreiter und Stuttgart – Weimar: Metzler 2001, Sp. 384–386.

Gütersloh 2004: Peter Eötvös, Programmbroschüre, Gütersloh: Gütersloh – Theater & Konzerte 2004.

Péter Halász, *Ein Sekler* [sic!] *als Weltbürger*, in: Programmbroschüre *Gütersloh 2004: Peter Eötvös*, Gütersloh: Gütersloh – Theater & Konzerte 2004, S. 18–21.

ders., *„Atlantis" – eine Reise in Raum und Zeit*, in: *Identitäten. Der Komponist und Dirigent Peter Eötvös*, hrsg. von Hans-Klaus Jungheinrich, Mainz: Schott 2005 (= edition neue zeitschrift für musik), S. 39–47.

Simone Hohmaier, *Mutual Roots of Musical Thinking: György Kurtág, Peter Eötvös and their Relation to Ernő Lendvai's Theories*, in: *Studia Musicologica Academiae Scientiarum Hungaricae* 43 (2002), Nr. 3/4, S. 223–234.

dies., *„Muttersprache Bartók" – Intervalldenken bei Peter Eötvös*, in: dies., *„Ein zweiter Pfad der Tradition". Kompositorische Bartók-Rezeption*, Saarbrücken: Pfau 2003 (zugl. Diss. Humboldt-Universität, Berlin 2002), S. 103–118.

Martina Homma, Art. *Eötvös, Peter*, in: *The New Grove Dictionary of Music and Musicians*, zweite Ausgabe, hrsg. von Stanley Sadie, Bd. 8, London: Macmillan 2001, S. 261–263.

Hans-Klaus Jungheinrich, *Eötvös und Stockhausen*, in: *Identitäten. Der Komponist und Dirigent Peter Eötvös*, hrsg. von Hans-Klaus Jungheinrich, Mainz: Schott 2005 (= edition neue zeitschrift für musik), S. 48–56.

Viktor Jusefovic, *Megfontolandó példa* [„Ein erwägenswertes Beispiel"], in: *Magyar zene* 28 (1987), Nr. 4, S. 437–444.

Maria Kostakeva, *Die neue Oper „Tri sestri" von Peter Eötvös: Reflexionen, ästhetische Fragen, Interpretationsprobleme*, in: *Das Orchester* 48 (2000), Heft 5, S. 7–11.

Christian Merlin, *La Dramaturgie de Trois Sœurs de Peter Eötvös: De la déconstruction littéraire d'une pièce de théâtre à la reconstruction musicale d'un opéra*, in: *Analyse musicale* 45, 2002, S. 49–52.

Pierre Moulinier, *Eine große, zeitgenössische Oper*, in: CD-Booklet *Drei Schwestern*, Hamburg: Deutsche Grammophon (459 694-2) 1999, S. 29–35; englisch S. 9–15, französisch, S. 49–55.

Ivo Nilsson, *Refreshing Simplicity, Extreme Clarity*, in: *Peter Eötvös*, München: Ricordi 2004, S. 13.

Rainer Nonnenmann, Art. *Eötvös, Peter*, in: *Musiklexikon*, zweite, aktualisierte und erweiterte Ausgabe, hrsg. von Harald Hassler, Bd. 1, Stuttgart – Weimar: Metzler 2005, S. 801.

Max Nyffeler, *Von der Utopie des Metiers. Peter Eötvös: Dirigieren als Praxis der Veränderung*, in: *NZfM* 163 (2002), Heft 1, S. 16–18.

Peter Eötvös: Trois Sœurs (*L'Avant Scène Opéra*, Nr. 204), Paris: Éditions Premières Loges 2001 [enthält Biographie, Werkverzeichnis, Diskographie, Bibliographie, Pressespiegel].

Éva Pintér, *Bittersüße Gesänge. Die Drei Madrigalkomödien von Peter Eötvös*, in: *Identitäten. Der Komponist und Dirigent Peter Eötvös*, hrsg. von Hans-Klaus Jungheinrich, Mainz: Schott 2005 (= edition neue zeitschrift für musik), S. 27–37.

Eckhard Roelcke, *Peter Eötvös*, in: *Der Taktstock. Dirigenten erzählen von ihrem Instrument*, Wien: Paul Zsolnay 2000, S. 128–131.

Wolfgang Sandner, *Durch die Welt streifen und sehen, was von ihr hängen bleibt. Peter Eötvös und der Jazz*, in: *Identitäten. Der Komponist und Dirigent Peter Eötvös*, hrsg. von Hans-Klaus Jungheinrich, Mainz: Schott 2005 (= edition neue zeitschrift für musik), S. 9–14.

Tibor Tallián, *... és újrakezdjük az életünket ... Eötvös Péter: Három nővér – Magyar Állami Operaház* [„... und wir beginnen unser Leben von Neuem ... Peter Eötvös: Drei Schwestern – Ungarische Staatsoper"], in: *Muzsika* 43 (2000), Nr. 6, S. 22–27.

Tri sestri: Oper in drei Sequenzen von Peter Eötvös, Programmheft zur Aufführung von *Drei Schwestern* am Stadttheater Bern, Spielzeit 2004/2005, Bern: Stadttheater Bern 2005.

Bálint András Varga, *Composing and/or Conducting. Peter Eötvös or his dilemma*, in: *The New Hungarian Quarterly* 28 (1987), Nr. 105, S. 218–225.

Bálint Veres, *Tudományos művészet: Tudomány és köznyelviség Eötvös Péter művészetében* [„Wissenschaftliche Kunst: Wissenschaft und Umgangsprachlichkeit in der Kunst von Peter Eötvös"], in: *Magyar zene* 43 (2005), Nr. 1, S. 65–76.

Dirk Wieschollek, *Grenzenlose Sprachvielfalt: Peter Eötvös*, in: *Fonoforum* 50 (2005), Nr. 2, S. 31–33.

Mária Zsoldos, *A közvetítő: 80 éve született Kroó György* [„Der Vermittler: Vor 80 Jahren wurde György Kroó geboren"], in: *Muzsika* 49 (2006), Nr. 8, S. 33 f.

Rezensionen (Auswahl)

Mária Albert, *Zajos angyalok hangos sikere: Eötvös Péter bemutatója Párizsban* [„Lauter Erfolg von lärmenden Engeln: Peter Eötvös' Uraufführung in Paris"; Rezension der Uraufführung von *Angels in America*], in: *Muzsika* 48 (2005), Nr. 2, S. 25 f.

Peter Becker, [ohne Titel; Rezension der bei BMC Records erschienenen CDs mit Peter Eötvös, *Atlantis*, *Psychokosmos* und *Shadows* (CD 007) und *Cricket Music*, *Harakiri*, *Insetti galanti*, *Mese* und *Two Monologues* (CD 038)], in: *NZfM* 163 (2002), Heft 1, S. 23.

Willem Bruls, *Leise aber voll* – Tri sestri *van Peter Eötvös*, in: *Documenta* 18 (2000), Heft 4, Gent: Mededelingen van het documentatiecentrum voor dramatische kunst 2000, S. 266–277.

Mária Feuer, *Fekete, fehér – igen! Eötvös Péter operájának bemutatója Lyonban* [„Schwarz, weiß – ja! Die Uraufführung von Peter Eötvös' Oper in Lyon"; Rezension von *Drei Schwestern*], in: *Muzsika* 41 (1998), Nr. 5, S. 27–30.

Márta Grabócz, *Két bemutató a párizsi elektronikus zenei hangszerkiállításon* [„Zwei Uraufführungen bei der Pariser Ausstellung elektronischer Instrumente"], in: *Magyar zene* 25 (1984), Nr. 3, S. 301–305.

Paul Griffiths, *Shadowplay. New recordings by Peter Eötvös*, in: *The Hungarian Quarterly* 42 (2001), Nr. 161, S. 145–153.

Werner M. Grimmel, *Spannendes Doppelportrait: Südfunk-„Atelier" Peter Eötvös/György Kurtág in Stuttgart*, in: *NZfM* 155 (1994), Heft 3, S. 60f.

ders., *Spannende Werkschau: „Atelier" mit Werken von Eötvös und Kurtág*, in: *Musica* 48 (1994), S. 165f.

Gisela Gronemeyer, *Unerhörte Experimentalklänge: Donaueschinger Musiktage 1999*, in: *Musik-Texte* 81/82, Dezember 1999, S. 131.

Reinhard Kager, *Auf Spurensuche: Die Donaueschinger Musiktage kreisten um Klang, Bild, Szene und Raum*, in: *NZfM* 160 (1999), Heft 6, S. 56f.

Gerhard Kramer, *Verstaubte Bordell-Elegie:* Le Balcon *von Peter Eötvös in einer Aufführung der Neuen Oper Wien*, in: *Das Orchester* 54 (2006), Heft 1, S. 42.

Peter Oswald, *Grenzüberschreitende Interaktionen: Zum Kompositionsseminar „Mouvements" (9.–24. 4.)*, in: *ÖMZ* 49 (1994), Heft 6, S. 360f.

Tibor Tallián, *Papok, katonák, polgárok után: Eötvös Péter,* Le Balcon *– Bemutató a Művészetek Palotájában* [„Nach Pfarrern, Soldaten und Bürgern: Peter Eötvös, *Le Balcon* – Uraufführung im Palast der Künste"], in: *Muzsika* 48 (2005), Nr. 5, S. 9.

Rundfunkmanuskript

Martin Lorber, *Theater ohne Worte oder: Ein Streichquartett schreibt sich Briefe. Peter Eötvös: „Korrespondenz (Szenen für Streichquartett)"*, 1992, Sendemanuskript für den Südwestrundfunk S 2 Kultur für die Sendung *Neue Musik kommentiert* am 16. Februar 1995.

Nachweise

Sándor Weöres, *Néma zene*, in: ders., *Egybegyűjtött írások*, Budapest: Magvető könyvkiadó 1975, S. 448–451; die Wiedergabe des ungarischen Originals richtet sich nach dieser Ausgabe; deutsche Übertragung von Erika Regös.

As I Crossed a Bridge of Dreams. Libretto von Mari Mezei zu Peter Eötvös' „Klangtheater" *As I Crossed a Bridge of Dreams* (1998–99), basierend auf *As I Crossed a Bridge of Dreams. Recollections of a Woman in Eleventh-Century Japan*, translated with an introduction by Ivan Morris, London: Penguin Classics 1975.

„*Das Beste ist, wenn man sich selber beeinflußt*". Peter Eötvös im Gespräch mit Bálint András Varga, Übersetzung aus dem Ungarischen: Péter Laki, Erstveröffentlichung in: Bálint András Varga, *3 kérdés 82 zeneszerző* [3 Fragen 82 Komponisten], Budapest: Zeneműkiadó 1986, S. 101ff.

Zeiten der Gärung. Peter Eötvös im Gespräch mit Tamás Váczi über elektronische Musik, Übersetzung aus dem Ungarischen: Péter Laki, Erstveröffentlichung: Tamás Váczi, *Beszélgetés Eötvös Péterrel – Az elektronikus zenéről*, in: *Muzsika* 29 (1986), Nr. 12, S. 29–33.

„*Meine Musik ist Theatermusik*". Peter Eötvös im Gespräch mit Martin Lorber, in: *MusikTexte* 59, Juni 1995, S. 7–13.

Stille sehen – Unsichtbares hören. Peter Eötvös im Gespräch mit Armin Köhler über das „Klangtheater" As I Crossed a Bridge of Dreams *(1998–99)*, in: Programmbuch *Donaueschinger Musiktage 1999*, Saarbrücken: Pfau 2005, S. 73–75.

Dirigieren als Praxis der Veränderung. Peter Eötvös im Gespräch mit Max Nyffeler, in: NZfM 163 (2002), Heft 1, S. 19–22.

Zirkus und Chanson. Peter Eötvös im Gespräch mit Christian Carlstedt über Le Balcon *(2001–02)*, in: Programmbuch zur Produktion von *Le Balcon*, Theater Freiburg, Spielzeit 2002/2003, S. 10–13.

Klangbildaufnahmen wie von einem Photographen. Peter Eötvös im Gespräch mit Wolfgang Sandner, in: *Identitäten. Der Komponist und Dirigent Peter Eötvös*, hrsg. von Hans-Klaus Jungheinrich, Mainz: Schott 2005 (= edition neue zeitschrift für musik), S. 59–67, © by Schott Music, Mainz.

„*Musikmachen beginnt mit der Artikulation*". Peter Eötvös im Gespräch mit Zoltán Farkas, Übersetzung aus dem Ungarischen: Péter Laki, Erstveröffentlichung: Zoltán Farkas, *Számomra a zenélés az artikulációval kezdődik. Földvári találkozás Eötvös Péterrel*, in: *Muzsika* 47 (2004), Nr. 9, S. 32–37.

Projektionen. Peter Eötvös im Gespräch mit Ulrich Mosch über Shadows *(1995–96/1997)*. Öffentliches Werkstattgespräch am 23. November 2005 in der Musikhochschule Basel nach einer öffentlichen Probe von *Shadows* für Flöte, Klarinette und Ensemble (1995–96/1997) mit Peter Eötvös und dem Ensemble für Neue Musik der Musikhochschule Basel, Originalbeitrag.

Dialog über ein Doppelleben. Peter Eötvös im Gespräch mit Michael Kunkel und Torsten Möller, Originalbeitrag.

Péter Laki, *Jenseits des Wortes. Die Sprachmagie von Sándor Weöres in der ungarischen Musik von Zoltán Kodály bis Peter Eötvös*, Originalbeitrag.

László Sáry, *Eine Brutstätte der Neuen Musik in Ungarn. Erinnerungen an Peter Eötvös und das Budapester Új zenei stúdió („Studio für Neue Musik")*, Originalbeitrag, Übersetzung aus dem Ungarischen: Péter Laki.

Simon Obert, *Musik als Ort der Erinnerung. Peter Eötvös'* Erdenklavier – Himmelklavier *(2003) und das Genre der Trauer- und Gedenkmusik*, Originalbeitrag.

Corinna Jarosch, *Die klingende Seite der Bilder. Zum japanischen Hintergrund von Peter Eötvös' „Klangtheater"* As I Crossed a Bridge of Dreams *(1998–99)*, in: Programmbuch MaerzMusik 2006, Berliner Fespiele, Berlin 2006, S. 107–112.

Michael Kunkel, *Zukunftsmusik. Das Klavierstück* Kosmos *(1961/1999) von Peter Eötvös*, Originalbeitrag.

Balz Trümpy, *Bild einer Seele. Peter Eötvös'* Psychokosmos *(1993)*, Originalbeitrag.

Ulrich Mosch, *Konstruktives versus „improvisierendes" Komponieren. Zu Peter Eötvös' Schaffen der achtziger und neunziger Jahre am Beispiel von* Chinese Opera *(1986) und* Shadows *(1995–96/97)*, Originalbeitrag.

Torsten Möller, *Spiele mit reflektierter Unmittelbarkeit. Peter Eötvös: Komponierender Interpret oder interpretierender Komponist?*, Originalbeitrag.

Elisabeth Schwind, *„Wohin ist alles nur entschwunden". Peter Eötvös' Oper* Drei Schwestern *(1996–97)*, Originalbeitrag.

Ulrich Mosch und Simon Obert, *„Komponieren heute". Themen und Fragen zum Roundtable am 29. November 2005*, Originalbeitrag.

mathias spahlinger, *thesen zum roundtable*, Originalbeitrag.

Musik aus einem Guß? Ein Roundtable zum Thema „Komponieren heute" mit Peter Eötvös, Georg Friedrich Haas, Roland Moser, Isabel Mundry, Mathias Spahlinger und Ulrich Mosch (Moderation), Originalbeitrag.

Peter Eötvös

Der ungarische Komponist und Dirigent wurde am 2. Januar 1944 in Székelyudvarhely (Transsylvanien) geboren. Bereits im Alter von vierzehn Jahren begann er, durch Vermittlung von Zoltán Kodály an der Musikakademie Budapest zunächst bei János Viski, später bei Ferenc Szabó Komposition und bei Ernő Szegedi Klavier zu studieren. 1966, ein Jahr nach dem Abschluß in Budapest, kam Eötvös mit einem Stipendium des DAAD an die Musikhochschule Köln, wo er seine Ausbildung bis 1968 durch Dirigierstudien bei Wolfgang von der Nahmer vervollständigen konnte. 1966 studierte er Komposition bei Bernd Alois Zimmermann. 1968 bis 1976 konzertierte er regelmäßig als Pianist und Schlagzeuger mit dem Stockhausen-Ensemble; 1971 bis 1979 arbeitete er als Assistent am elektronischen Studio des Westdeutschen Rundfunks in Köln. Nachdem Eötvös das 1978 auf Einladung von Pierre Boulez dirigierte Eröffnungskonzert des IRCAM in Paris mit dem Ensemble InterContemporain einen großen Erfolg beschert hatte, wurde er als musikalischer Leiter des Ensembles verpflichtet, eine Position, die er bis 1991 innehaben sollte. Daneben war er Chief Principal Conductor des BBC Symphony Orchestra (1985–1988), des weiteren Erster Gastdirigent des Budapester Festivalorchesters (1992–1995) und des Nationalen philharmonischen Orchesters in Budapest (1998–2001) sowie Chefdirigent des Radio-Kammerorchesters Hilversum (1994–2005). Seit 2003 ist er Erster Gastdirigent des Radio-Sinfonieorchesters des SWR in Stuttgart und des Sinfonieorchesters Göteborg.
Über das Dirigieren hinaus entfaltet Eötvös eine intensive pädagogische Tätigkeit vor allem als Dirigierlehrer. Zu diesem Zweck gründete er 1991 das Internationale Eötvös-Institut, eine Stiftung zur Förderung des Dirigentennachwuchses insbesondere auf dem Gebiet der Neuen Musik und der Musik der Gegenwart. Von 1992 bis 1998 bekleidete Eötvös eine Professur für Kammermusik an der Musikhochschule Karlsruhe. Nachdem er zwischenzeitlich an der Musikhochschule Köln Professor war, kehrte er 2002 als Professor für Dirigieren nach Karlsruhe zurück.
Neben der Tätigkeit als ausübender Musiker und als Pädagoge entstand ein umfangreiches kompositorisches Schaffen, dessen Schwerpunkte Ensemble- und Orchestermusik sowie das Musiktheater bilden. Vor allem in den siebziger Jahren experimentierte er auch mit elektronischen Mitteln. Darüber hinaus schrieb er von 1962 bis 1991 zahlreiche Theater- und Filmmusiken. Von den Musiktheaterwerken hatten besonders die vielfach nachgespielte Oper *Tre Sestri* (Trois sœurs) (1996–97) nach Anton Tschechows gleichnamigem Bühnenstück und *Angels in America* (2002–04) nach dem Theaterstück von Tony Kushner großen Erfolg. 2007 ist Peter Eötvös „Composer in residence" der Sommerausgabe des Lucerne Festivals. Seine Musikmanuskripte werden in der Sammlung Peter Eötvös des Archivs der Paul Sacher Stiftung, Basel, aufbewahrt.
Peter Eötvös' Schaffen als Komponist wie als Dirigent wurde mit zahlreichen Preisen ausgezeichnet. 1988 wurde er in Frankreich zum Officier de l'Ordre des Arts et des Lettres und 2003 zum Commandeur de l'Ordre des Arts et des Lettres ernannt; 1997 erhielt er den Bartók-Pásztory-Preis, 2002 den Kossuth-Preis, 2004 den Pro-Europa-Preis und 2007 den Frankfurter Musikpreis; er ist außerdem Mitglied der Akademien der Künste in Berlin und Dresden sowie der Széchenyi-Kunstakademie in Budapest.

Die Autorinnen und Autoren

Corinna Jarosch, geboren 1973 in Salzburg. Die Dramaturgin und Regisseurin studierte Neuere Deutsche Literatur, Musikwissenschaft und Philosophie zunächst in ihrer Heimatstadt Salzburg, schloß das Studium dann in Berlin an der FU ab. Theatererfahrungen konnte sie am Salzburger Landestheater, dem Kleinen Theater sowie bei den Salzburger Festspielen sammeln, wo sie unter anderem bei Peter Stein assistierte. Seit 1998 lebt sie in Berlin, war zunächst am Schloßpark-Theater unter Vertrag und zeigte hier auch eigene Inszenierungen. Engagements führten sie dann nach Italien, Wien und Hannover. In Berlin arbeitet sie als Dramaturgin und Regisseurin für freie Produktionen unter anderem im Rahmen der MärzMusik, an der Neuköllner Oper oder in Zusammenarbeit mit der LiederGalerie Hamburg/Berlin. Für die Reihe Klassik-Edition des ZEIT-Verlags schrieb sie mehrere Werkeinführungen und Komponistenportraits, die im Herbst 2006 erschienen sind.

Michael Kunkel, geboren 1969 in Winz-Niederwenigern/Ruhr. Studium der Musikwissenschaft und Allgemeinen Rhetorik in Tübingen, Promotion über *Samuel Beckett in der Musik von György Kurtág und Heinz Holliger* in Basel. Chefredakteur der Zeitschrift *Dissonanz/Dissonance*, Mitarbeiter der Gare du Nord/Basel (2003–2006) und beim *Tages-Anzeiger*. Seit 2007 Leiter der Forschungsabteilung der Hochschule für Musik der Musik-Akademie der Stadt Basel. Schriften vorwiegend zur zeitgenössischen Musik; Herausgebertätigkeit (unter anderem *Unterbrochene Zeichen. Klaus Huber an der Hochschule für Musik der Musik-Akademie der Stadt Basel. Schriften, Gespräche, Dokumente*, Saarbrücken: Pfau 2005).

Péter Laki, geboren 1954 in Budapest, wo er Klavier, Gesang und Musikwissenschaft studierte. Nach einem zweijährigen Besuch der Sorbonne kam er in die USA, wo er 1989 den Ph.D. in Musikwissenschaft erwarb. Seit 1990 arbeitet er als Musikologe beim Cleveland Orchestra und unterrichtet an verschiedenen amerikanischen Universitäten. Er hat zahlreiche Artikel über ungarische Musik veröffentlicht und den Studienband *Béla Bartók and his World* (Princeton University Press, 1995) herausgegeben. Seine Recherchen über Gyorgy Kurtág und Sándor Veress sind durch Studienaufenthalte in der Paul Sacher Stiftung gefördert worden. 2006/07 nahm er sowohl am *Colloque Bartók* des Genfer Conservatoire als auch am Symposium *Sándor Veress* im Rahmen des Musikfestivals Bern teil.

Torsten Möller, geboren 1969 in Bochum, studierte an der Berliner Humboldt Universität Musikwissenschaft, Kunstgeschichte und Soziologie. Er ist als Musikjournalist für Presse und Funk in Köln tätig, seine Schwerpunkte liegen in den Bereichen Musique concrète, multimediale Kunst, Musiknotation und Interpretation. Er gab die Notationssammlung *SoundVisions* (Saarbrücken: Pfau 2006) mit heraus und arbeitet in der Redaktion der Kölner Zeitschrift *KunstMusik*.

Ulrich Mosch, geboren 1955 in Stuttgart. Nach dem Abitur zunächst Studium der Schulmusik und Germanistik an der Staatlichen Hochschule für Musik und Theater und der Universität in Hannover; 1982 Abschluß mit dem Ersten Staatsexamen für das Lehramt. Anschließend Studium der Musikwissenschaft an der Technischen Universität in Berlin (bei Carl Dahlhaus und Helga de la Motte-Haber), dort 1991 Promotion. 2004 Habilitation an der Universität Salzburg. Assistent der Wissenschaftlichen Leitung beim Funkkolleg Musikgeschichte sowie am Staatlichen Institut für Musikforschung Preußischer Kulturbesitz in Berlin. Seit 1990 Wissenschaftlicher Mitarbeiter der Paul Sacher Stiftung in Basel. Dort als Kurator heute verantwortlich für 23 Nachlässe und Sammlungen von Musikhandschriften und anderen Dokumenten von Komponisten. Daneben verschiedentlich Unterrichtstätigkeit sowie Realisierung von Ausstellungen mit begleitenden Katalogen (*Canto d'amore. Klassizistische Moderne in Musik und bildender Kunst 1914–1935*, 1996 im Kunstmuseum Basel; „*Entre Denges et Denezy…*" *Dokumente zur Schweizer Musikgeschichte 1900–2000* in St. Moritz anläßlich des hundertjährigen Bestehens des Schweizerischen Tonkünstlervereins). Zahlreiche Publikationen vorwiegend zu Musik, Musikgeschichte und Musikästhetik des 20. Jahrhunderts.

Simon Obert, geboren 1970 in Ravensburg. Studium der Musikwissenschaft, Kunstgeschichte, Linguistik und Medienwissenschaft in Heidelberg, Zürich, Konstanz und Freiburg i.Br. Seit 2002 Assistent am Musikwissenschaftlichen Institut der Universität Basel. 2003/04 Forschungsaufenthalt in den USA mit einem Stipendium der Harvard University. 2006 Promotion mit einer Arbeit über musikalische Kürze zu Beginn des 20. Jahrhunderts.

László Sáry, geboren 1940 in Győr/Ungarn. Kompositionsstudium bei Endre Szervánszky an der Franz Liszt Musikakademie Budapest. 1970 Mitbegründer des Budapester Ensembles für zeitgenössische Musik *Új zenei stúdió* Budapest („Studio für Neue Musik"). Seit 1990 ist er musikalischer Direktor des „Katona-József"-Theaters in Budapest und unterrichtet musikalische Aufführungspraxis an der Universität für Theater und Film auf der Grundlage der von ihm seit Mitte der siebziger Jahre entwickelten Methode *Übungen zum kreativen Musizieren*. Neben der Arbeit mit Kindern, Laienmusikern, Schauspielern und professionellen Musikern unterrichtete Sáry nach dieser Methode auch im Rahmen des europäischen multikulturellen Programms *Die Musik als Quelle von Gleichgewicht und Toleranz*, das von Yehudi Menuhin initiiert wurde. Für sein kompositorisches Schaffen erhielt er zahlreiche Preise und Auszeichnungen, unter anderem 1993 den Bartók-Pásztory-Preis, 1998 eine Auszeichnung des International Rostrum of Electronic Music (IREM), 2000 die Staatsauszeichnung der Ungarischen Republik „Érdemes Művész" (Merited Artist). László Sáry ist ordentliches Mitglied der ungarischen Széchenyi Akademie für Literatur und Künste.

Elisabeth Schwindt, geboren 1964 in Trier. Studierte Musikwissenschaft und Germanistik in Freiburg i.Br. und promovierte 1996 über die Kompositionslehre der klassischen Vokalpolyphonie. Seither arbeitet sie als Musikwisssenschaftlerin und -kritikerin, zur Zeit als Musikredakteurin für den *Südkurier* in Konstanz. Ihr Hauptinteresse gilt der Musik nach 1945. Veröffentlichungen unter anderem in *NZfM* und *NZZ*.

Balz Trümpy, geboren 1946 in Basel. Verbrachte die Kindheit in Glarus. Musikalische Ausbildung am Konservatorium Basel: Klavier (Rolf Mäser, Paul Baumgartner), Musiktheorie (Jacques Wildberger, Robert Suter) und Komposition (Gerald Bennett). Kompositionsstudien bei Luciano Berio in Rom. Gleichzeitig Assistent Berios. Verschiedene Aufenthalte am IRCAM in Paris. Kunstpreis des Lions-Club Basel. Seit 1979 Dozent für Musiktheorie und Komposition an der Hochschule für Musik (Konservatorium) in Basel. Von 1982 bis 1987 außerdem stellvertretender Leiter des Konservatoriums Basel. Lebt in Nuglar bei Basel.

Neu in der Reihe Musik-Konzepte

Musik-Konzepte
Herausgegeben von
Ulrich Tadday

Heft 137/138
Klaus Huber
etwa 160 Seiten
ca. € 18,--
ISBN 978-3-88377-888-4

Das Heft widmet sich dem Komponisten Klaus Huber, der vor allem für seine groß angelegten Oratorienkompositionen bekannt ist und 2007 den Preis der Europäischen Kirchenmusik erhalten hat. Sowohl der mittelalterlichen als auch der seriellen Kompositionspraxis verpflichtet, vermeidet es Huber, auf marktgängige stilistische Merkmale festgelegt zu werden. Jenseits von Pauschalisierungen untersucht das Doppelheft Intensität, Offenheit und Komplexität der historischen Position Hubers sowie seines individuellen musikalischen Schaffens.

Sonderband
Musikphilosophie
etwa 220 Seiten, ca. € 22,--
ISBN 978-3-88377-889-1

Für die Philosophie stellte Musik immer schon eine Herausforderung dar. Nach Adorno hatte sie jedoch nur noch marginales Interesse an diesem Gegenstand. Dies ändert sich derzeit wieder: Der Sonderband greift aus Sicht von Philosophen das aktuelle Interesse an Musik auf und stellt Denkansätze zu dem Verhältnis von Zeitlichkeit und Zeiterfahrung, Wahrnehmung und begrifflichem Wissen, den Bedingungen des Verstehens nicht-sprachlicher Bedeutungen oder der nicht-räumlichen Gestaltwahrnehmung vor.

Die Reihe Musik-Konzepte erscheint mit vier Nummern im Jahr. Die Hefte können einzeln oder im vergünstigten Jahresabonnement bezogen werden (€ 45,--).

edition text + kritik
Levelingstraße 6a | 81673 München | Postfach 80 05 29 | 81605 München
info@etk-muenchen.de | www.etk-muenchen.de

Unterbrochene Zeichen
Klaus Huber an der
Hochschule für Musik der
Musik-Akademie der Stadt Basel –
Schriften, Gespäche, Dokumente
hrsg. von Michael Kunkel
272 S., zahlr., teils farbige Abb., br.
ISBN 978-3-89727-304-7, EUR 30,00

Ordnung und Chaos
Die Hochschule für Musik der
Musik-Akademie der Stadt Basel
im 100. Jahr ihres Bestehens
hrsg. von Michael Kunkel
167 S., zahlr. Abb., br.
ISBN 978-3-89727-299-6, EUR 12,00

Bildmusik
Gerhard Rühm
und die Kunst der Gegenwart
hrsg. von Joachim Brügge,
Wolfgang Gratzer und Otto Neumaier
140 S., zahlr. Abb., br.
ISBN 978-3-89727-335-1, EUR 18,00

www.pfau-verlag.de

St